「こども計画」に活かせる自治体総合施策221例

子育て・教育の地域共同システム

渡部（君和田）容子／渡部昭男

日本標準

> **はじめに**

こども計画と
自治体総合施策

本書の背景

　教育無償化をめぐって国レベルではこれまで，消費税の増税，行政改革による捻出，累進課税による増収，教育国債の発行，子ども保険の創設等々が提案されていた。それらの背景には，各々の教育・子育て観や社会像がある。すなわち，漸進的無償化のための財源をどのように確保し，公的支援や再配分をどう実施するかという具体的な仕組みの設計は，子育て・教育の国家システムの在り方と深く関わってくるのである。

　2017年12月に閣議決定された「新しい経済政策パッケージ」では，「幼児教育から小・中・高等学校教育，高等教育，更には社会人の学び直しに至るまで，生涯を通じて切れ目なく，質の高い教育を用意し，いつでも有用なスキルを身につけられる学び直しの場が，安定的な財源の下で提供される必要がある」としていた。

　また，2018年10月に公表された日本弁護士連合会（日弁連）の「若者が未来に希望を抱くことができる社会の実現を求める決議」では，「全ての若者が，『生まれた家庭』の経済力や性別など自ら選択できない条件に左右されることなく，試行錯誤をしながら，学び，就労し，生活基盤を構築できる公平な条件を整備するため，①就学前教育・保育から高等教育までの全ての教育の無償化」などの提案を行っていた。

　その際，教育無償化の財源論について，後者は「互いに租税を負担し連帯して支え合うこと」を提起していたが，前者が言う「安定的な財源」とは消費増税2％分の使途変更止まりであった。そして，その範囲での限定的な無償化となることが危惧された。すなわち，幼児教育・保育の無償化（2019年秋導入）は3〜5歳児を無償化したものの，0〜2歳児に関しては低所得層限定とした。また，高等教育の無償化も低所得層限定の大学等修学支援新制度（2020年春導入）にとどまったのである。

　これに対して，住民に距離が近い地方レベルでは，地域ニーズをベースにして子育て・教育の地域共同システムの合意を形成しやすく，国よりも早い時点から少子高齢化・人口減少対策，地方創生などの観点も加味した施策を打ってきた。国の政策・事業から流れ込んでくる予算をフルに活用しつつ独自予算も組み込んで，横出し・上乗せによるさまざまな施策を創出・展開し，出生数の維持や移住人口の増加に結びつけていた。

　岸田文雄首相（当時，以下省略）の年頭記者会見（2023年1月），こども基本法の施行・こども家庭庁の創設（2023年4月）を迎えて，「異次元の少子化対策」「こどもまんなか」等のキャッチフレーズのもとに，関連省庁・関連行政を横断化した総合的な政策の立案・計画・実施に国も向かいはじめたといえよう。「こども未来戦略」（2023年12月閣議決定）では，今後3年間の集中的な取

り組み「加速化プラン」により，ライフステージに沿った切れ目ない支援の構築をめざしている。

本書の願い

日本国憲法第26条の義務教育無償，児童権利条約第28条第1項 (b) 中等教育の「無償教育の導入」，国際人権A規約第13条第2項 (b) 中等教育・(c) 高等教育の「無償教育の漸進的導入」規定を合わせて，漸進的無償化を権利保障の鍵概念に据える。「漸進的無償化」とは，公費による子育て・保育・教育の拡充である。そうであるならば，法規範に加えて「子育て・教育の地域共同システム」についての住民／国民の合意形成が伴わなければ，漸進的無償化は進展しない。

国レベルに比して地方レベルでは，少子高齢化・人口減少のもとでの切実な地域ニーズを踏まえた合意形成が先行しており，一定の「子育て・教育の地域共同システム」像を形成・共有している。「子育て・教育の地域共同システム」の合意形成並びに漸進的無償化策が先行する自治体レベルの研究を通して，国家レベルにおける論議を逆照射し，国レベルの政策の論議や立案の合意形成に資することを企図している。

なお，総合施策とは，年齢段階別に途切れている施策をタテに繋ぐこと，及び縦割り行政で分断されている施策をヨコに繋ぐこと，の双方を意味しており，自治体における総合施策の分析・考察を通じて，教育学におけるこれまでの移行・接続・連携及び総合に係る研究の発展にも寄与すると考える。

自治体こども計画と自治体総合施策づくり

ところで，2023年度施行のこども基本法第10条は，自治体こども計画（都道府県こども計画，市町村こども計画）の策定を努力義務化している。

2023年12月22日に「こども大綱」が閣議決定されたことから，いよいよ各自治体ではこども計画の策定に本腰で向かうことになろう。このタイミングにおいて，こども家庭庁では通知「自治体こども計画策定のためのガイドラインを踏まえた自治体こども計画の策定について（依頼）」（2024年5月24日）を発出するとともに，「自治体こども計画策定のためのガイドライン」（以下，「ガイドライン」）をホームページに公表している。自治体こども計画の策定において踏まえるべき，その「ガイドライン」の概要[1]及び「こども大綱」の要点[2]を示しておく。

大変な作業になることが予想されるが，**子育て・教育の地域共同システムの創出を志向してきた市民・自治体議員・首長・自治体職員などにおいては，自治体総合施策を模索検討し，具体化するチャンス**ともいえよう。

子どもに関する諸計画の総合・一体化

自治体では子どもに関するさまざまな計画が策定され，推進されている。本書でも，第2〜8章において，子ども関連のどのような条例があり，計画が策定されているのかを，各自治体名の箇所に簡略に示している。

こども基本法が努力義務化している自治体こども計画は，既存の各法令に基づく諸計画と一体のものとして作成することができるとされている。すなわち，以下のようである[3]。

○子ども・若者育成支援推進法第9条に規定する，都道府県子ども・若者計画及び市町村子ども・若者計画
○子どもの貧困対策の推進に関する法律第9条に規定する，都道府県計画及び市町村計画
○その他の法令の規定により地方公共団体が作成する計画であってこども施策に関する事項を定めるもの
（例）
▷次世代育成支援対策推進法に基づく都道府県行動計画及び市町村行動計画
▷子ども・子育て支援法に基づく市町村子ども・子育て支援事業計画及び都道府県子ども・子育て支援事業支援計画

ほかにも，「少子化に対処するための施策の指針」（少子化社会対策基本法第7条第1項），「こどもの居場所づくりに関する指針」（2023年12月22日閣議決定），「幼児期までのこどもの育ちに係る基本的なビジョン（はじめの100か月の育ちビジョン）」（同），などを位置づけることが要請されている。

このように関連計画等を一体的に作成することにより，①こども施策に全体として横串を刺すこと，②住民にとって分かりやすいものとなること，③自治体行政の事務負担の軽減，が期待されるという（注1の「ガイドライン（概要版）」）。

「こどもまんなか社会」の実現

「こども大綱」を勘案した自治体こども計画を策定することで「こどもまんなか社会」の実現が目指されている。

「こどもまんなか社会」とは，「全てのこども・若者が，日本国憲法，こども基本法及びこどもの権利条約の精神にのっとり，生涯にわたる人格形成の基礎を築き，自立した個人としてひとしく健やかに成長することができ，心身の状況，置かれている環境等にかかわらず，ひとしくその権利の擁護が図られ，身体的・精神的・社会的に将来にわたって幸せな状態（ウェルビーイング）で生活を送ることができる社会」である（注2の「こども大綱（説明資料）」スライド2／具体的には同スライドにある黒丸印の9項目＋4項目）。

このような，全てのこども・若者が身体的・精神的・社会的に幸福な生活を送ることができる社会を実現していくことが，自治体こども計画の目的と考えられている。

「こども大綱」における「こども施策に関する基本的な方針」──6つの柱──

「こども大綱」では，日本国憲法・こども基本法及びこどもの権利条約の精神にのっとり，以下の6つの柱を基本的な方針としている（同スライド3）。

---

①こども・若者を権利の主体として認識し，その多様な人格・個性を尊重し，権利を保障し，こど

も・若者の今とこれからの最善の利益を図る。

②こどもや若者，子育て当事者の視点を尊重し，その意見を聴き，対話しながら，ともに進めていく。

③こどもや若者，子育て当事者のライフステージに応じて切れ目なく対応し，十分に支援する。

④良好な成育環境を確保し，貧困と格差の解消を図り，全てのこども・若者が幸せな状態で成長できるようにする。

⑤若い世代の生活の基盤の安定を図るとともに，多様な価値観・考え方を大前提として若い世代の視点に立って結婚，子育てに関する希望の形成と実現を阻む隘路の打破に取り組む。

⑥施策の総合性を確保するとともに，関係省庁，地方公共団体，民間団体等との連携を重視する。

「ライフステージに応じて切れ目なく対応し，十分に支援する」とは

「ガイドライン」では，こども・若者に対する支援が「特定の年齢で途切れることなく，自分らしく社会生活を送ることができるようになるまで続くことが重要」であり，子育て当事者に対しても「こどもの誕生前から，乳幼児期，学童期，思春期，青年期を経て，おとなになるまでを『子育て』と捉え，社会全体で支えていくことが重要」と解説している。

そして，「こども大綱」に提示された「ライフステージを通した重要事項」及び「ライフステージ別の重要事項」（同スライド4）を，具体例を交えて再掲している。

まず，【ライフステージを通した重要事項】（すべてのライフステージに共通する事項）は，以下の丸印の7項目である（注3の「ガイドライン（全体版）」p.8）。

○こども・若者が権利の主体であることの社会全体での共有等

　（こども基本法の周知，こどもの教育，養育の場におけるこどもの権利に関する理解促進 等）

○多様な遊びや体験，活躍できる機会づくり

　▷遊びや体験活動の推進，生活習慣の形成・定着

　▷こどもまんなかまちづくり

　▷こども・若者が活躍できる機会づくり

　▷こども・若者の可能性を広げていくためのジェンダーギャップの解消

○こどもや若者への切れ目のない保健・医療の提供

　▷プレコンセプションケアを含む成育医療等に関する研究や相談支援等

　▷慢性疾病・難病を抱えるこども・若者への支援

○こどもの貧困対策

　（教育の支援，生活の安定に資するための支援，保護者の就労支援，経済的支援）

○障害児支援・医療的ケア児等への支援

　（地域における支援体制の強化，インクルージョンの推進，特別支援教育 等）

○児童虐待防止対策と社会的養護の推進及びヤングケアラーへの支援

　▷児童虐待防止対策等の更なる強化

▷社会的養護を必要とするこども・若者に対する支援

▷ヤングケアラーへの支援

○こども・若者の自殺対策，犯罪などからこども・若者を守る取組

▷こども・若者の自殺対策

▷こどもが安全に安心してインターネットを利用できる環境整備

▷こども・若者の性犯罪・性暴力対策

▷犯罪被害，事故，災害からこどもを守る環境整備

▷非行防止と自立支援

次に，【ライフステージ別の重要事項】は，以下の丸印の3つのステージ別に列記されている（同 p.9）。

○こどもの誕生前から幼児期まで

▷妊娠前から妊娠期，出産，幼児期までの切れ目ない保健・医療の確保

▷こどもの誕生前から幼児期までのこどもの成長の保障と遊びの充実

○学童期・思春期

▷こどもが安心して過ごし学ぶことのできる質の高い公教育の再生等

▷こども・若者の視点に立った居場所づくり

▷小児医療体制，心身の健康等についての情報提供やこころのケアの充実

▷成年年齢を迎える前に必要となる知識に関する情報提供や教育

▷いじめ防止

▷不登校のこどもへの支援

▷こどもや保護者などからの意見を参考とする校則の見直し

▷体罰や不適切な指導の防止

▷高校中退の予防，高校中退後の支援

○青年期

▷高等教育の修学支援，高等教育の充実

▷就労支援，雇用と経済的基盤の安定のための取組

▷結婚を希望する方への支援，結婚に伴う新生活への支援

▷悩みや不安を抱える若者やその家族に対する相談体制の充実

こども計画策定の工程

こども計画策定の工程としては（注1の「ガイドライン（概要版）」スライド2），事前準備，調査，策定，完成，推進が示されている。とりわけ，「こども大綱」にある「こども・若者の社会参画・意見反映」（注2の「こども大綱（説明資料）」スライド5）を踏まえることが大切である。

はじめに 007

本書の構成

本書は，JSPS科学研究費による下記の共同研究をベースにしている。

- 渡部（君和田）容子：基盤研究（C）19K02465「子育て・教育の地域共同システムの在り方と漸進的無償化に係る自治体総合施策の研究」(2019-22)，23K02097「子育て教育の地域共同システム：横の連携及び縦の一貫性を備えた自治体総合施策の研究」(2023-25)
- 渡部昭男：基盤研究（C）19K02864「高等教育における経済的負担軽減及び修学支援に係る法・制度・行財政の日韓比較研究」(2019-22)，22K02702「コロナ禍における高等教育の経済的負担軽減及び修学支援に係る日韓比較研究」(2022-25)

序章では，岸田首相の「異次元の少子化対策」をめぐる論議が一つの焦点となった2023年第211回国会を主に対象として，近年の「少子化対応と教育無償化方策」に関連した審議および政策動向を追った。

第Ⅰ部：子育て・教育施策の水平的比較調査（計110自治体，第1～4章）は，都道府県，政令指定都市，中核市，施行時特例市という自治体の規模別に，子育てを含む教育費支援情報に関する自治体広報を調べ上げて，重要ないし特色があると思われる施策を調査したまとめである。

調査を始めた2019年度は，まず「47都道府県（第1章）」を対象に，①小中学生，②高校生等（中卒後），③大学生等（高卒後），④その他の4区分で，教育費支援策について情報を収集し，都道府県ごとの一覧を作成した。保健・福祉・教育・労働などの行政管轄を越えて，①②③のライフステージ別及び④のその他の区分において，47都道府県の特色ある施策を探った。そのうえで，各都道府県版の「漸進的無償化プログラム（就学前～高等教育段階）」を試作すべく，特徴的であった鳥取県・島根県・和歌山県・神奈川県・群馬県について訪問調査を実施し，担当者にインタビューして地域的・歴史的な背景・事情や現状を把握した。

次に，2020年以降のコロナ禍のもとでは，訪問調査や自治体職員へのインタビュー調査も制約を受けることになり，ホームページ等のウェブ情報をもとに広報調査を進める手法を採った。そして，2020年度に「20政令指定都市（第2章）」，「20中核市（当時の60中核市からの抽出．第3章）」，2021年度に「23施行時特例市（第4章）」を対象に，都道府県調査時の①～④にさらに⓪就学前段階を加えた5区分で，63市ごとの一覧を作成した。

合計「110自治体」における4ないし5区分の施策一覧の作成を通じて，特徴・特色のある自治体に着目して，就学前から高等教育にいたる利便性の高い「漸進的無償化プログラム（就学前～高等教育段階）」を検討・構想しようとしている。

第Ⅱ部：子育て・教育施策の重層的把握調査（計111自治体，第5～8章）は，第Ⅰ部の2019～21年度の調査が自治体の規模別に概要を把握し水平的に比較検討するものであったのに対して，「子育て・教育の地域共同システム」をより立体的・構造的・重層的に捉えるために，「国—都道府県（—圏域・郡）—市町村」を連関させた手法に切り替えたものである（2022年度以降）。

まず手始めに「大阪府及び府下43市町村（第5章）」に取り組み，以降は「鳥取県及び県下19

市町村（第6章），「滋賀県及び県下19市町（第7章）」，「京都府及び府下26市町村（第8章）」を対象（合計111自治体）に，実態の把握と分析を進めた。そして，111自治体別に，⓪就学前，①小中学生，②高校生等（中卒後），③大学生等（高卒後），④その他の5区分において，保健・福祉・教育・労働・移住定住などの行政管轄を越えた施策一覧表を作成した。そして，子育て・教育の施策の特徴・特色を洗い出し，自治体総合施策を創出する手がかりを得ようとした。

第Ⅲ部：子育て・教育の地域共同システム（第9～10章） では，特に「産後ケア事業（第9章）」並びに「高校・大学等の修学支援施策（第10章）」に焦点をあてて，「国—都道府県（一圏域・郡）—市町村」にみる相補関係・協働関係・役割分担などの考察を進めつつ，子育て・教育の地域共同システムのあり方を探っている。

なお，各自治体の基礎情報（人口，世帯数）については本書作成にあたり，調査年度より更新している。

本書の活用法

本書には，調査年にタイムラグはあるものの，第Ⅰ部：計110自治体，第Ⅱ部：計111自治体，すなわち「のべ221自治体」（たとえば，大阪府・大阪市，鳥取県，滋賀県・大津，京都府・京都市など，第Ⅰ部・第Ⅱ部で重複がある）別の施策の一覧表を収録している。

自治体こども計画を策定・改定・拡充したり，自治体総合施策づくりを進める際に，全国の同規模の自治体がどのような施策を展開しているのかという情報は，大いに参考になる。本書の巻末には「自治体索引」を設けているので，調査報告の小見出しに上がっている箇所はもちろん，それ以外でも当該自治体に言及した箇所が検索できる。

また，⓪就学前，①小中学生，②高校生等（中卒後），③大学生等（高卒後），④その他のライフステージなど5区分でのべ211自治体でどのような施策が打たれているかを知ることは，自治体総合施策として計画を練り上げるアイデアやヒントを得ることに繋がるであろう。その作業に資するように，**本書の巻末には，国など，都道府県，政令指定都市，中核市，施行時特例市，第Ⅱ部の別で「事項索引」を設けている。** ご活用いただきたい。

なお，自治体では年度ごとにホームページ情報を更新するところが少なくない。従って，一覧表に示した各情報のURLは古くなっていることもある。しかし，本書の一覧表から当該自治体の施策名称が確認（ないしキーワードが推測）できれば，URLが更新されていたとしても閲覧・入手したい情報に行きつくことは比較的容易であろう。

1）こども家庭庁 2024「自治体こども計画策定のためのガイドライン（概要版）」https://www.cfa.go.jp/assets/contents/node/basic_page/field_ref_resources/5f358887-4ab1-4c56-85ae-5f417e903dbb/43fe1850/20240524_policies_kodomo-keikaku_03.pdf（スライド1～2）（2024年9月1日閲覧）
2）こども家庭庁 2023「こども大綱（説明資料）」https://www.cfa.go.jp/assets/contents/node/basic_page/field_ref_resources/f3e5eca9-5081-4bc9-8d64-e7a61d8903d0/50d99367/20240123_policies_kodomo-taikou_24.pdf（スライド1～6）（2024年9月1日閲覧）
3）こども家庭庁 2024「自治体こども計画策定のためのガイドライン（全体版）」https://www.cfa.go.jp/assets/contents/node/basic_page/field_ref_resources/5f358887-4ab1-4c56-85ae-5f417e903dbb/356fb35b/20240524_policies_kodomo-keikaku_02.pdf（pdfデータの11/134）（2024年9月1日閲覧）

もくじ

はじめに　**こども計画と自治体総合施策** ……………………………………………… 003

序章　少子化対応と無償化方策
　　　─「異次元の少子化対策」─ ……………………………………………… 013

第Ⅰ部

子育て・教育施策の水平的比較調査
[計110自治体] ……………………………………………………………… 029

第1章　47都道府県における子育て・教育費支援情報 ………………… 030

第2章　20政令指定都市における子育て・教育費支援情報 ………… 068

第3章　抽出20中核市における子育て・教育費支援情報 …………… 089

第4章　23施行時特例市における子育て・教育費支援情報 ………… 109

第Ⅱ部

子育て・教育施策の重層的把握調査
[計111自治体] ……………………………………………………………… 129

第5章　大阪府及び府下43市町村における子育て・教育費支援情報 … 130

第6章　鳥取県及び県下19市町村における子育て・教育費支援情報 … 155

| 第7章 | 滋賀県及び県下19市町における子育て・教育費支援情報 ……… 173 |

| 第8章 | 京都府及び府下26市町村における子育て・教育費支援情報 … 189 |

第Ⅲ部

子育て・教育の地域共同システム ……………… 219

| 第9章 | 産後ケア事業に係る自治体施策 |
| | ──鳥取県・滋賀県を例に── …………………… 220 |

| 第10章 | 高校・大学等修学支援に係る自治体施策 |
| | ──大阪府・鳥取県・滋賀県・京都府を例に── ………………… 232 |

| 終章 | 切れ目ない一体的・総合的な支援へ |
| | ──「こども未来戦略」── ………………… 245 |

おわりに………………………………………………………………… 251

初出一覧………………………………………………………………… 253

図表・資料一覧………………………………………………………… 254

索　引（自治体索引・事項索引）…………………………………… 255

＊各章には各自治体の情報の調査年を記しています。情報は更新されていきますので，本書の一覧表や索引の見出しを
　参考に入手したい情報の最新版を確認してください。
＊「こども・子ども・子供」「障害・障がい」等の表記は統一せず，出典等に従っています。
＊QRコードは株式会社デンソーウェーブの登録商標です。

序章 少子化対応と無償化方策
――「異次元の少子化対策」――

0. はじめに

　岸田文雄首相の年頭会見（2023年1月4日）を契機に，「異次元の少子化対策」が第211回（同年1月23日～6月21日）の国会審議の主要なテーマの一つに浮上した。まずは，少子化対応と無償化方策，とりわけ妊娠・出産から高等教育までの一体的・総合的な経済的負担軽減・無償化策に係る論議がどのようになされたかを追ってみよう。

　国会会議録検索システム（https://kokkai.ndl.go.jp/#/）を用いて，「異次元の少子化対策」「教育無償化」「少子化and無償化」等で簡易検索すると該当箇所がヒットして概要を把握することができる（以下は2023年7月15日～8月16日閲覧による記載）。

　引用に際しては会議録中の漢数字を算用数字とし，回次と院・会議名と号数・年月日（発言者）の順で略記した（「……」は中略，「／」は段落区分を示し，必要な場合には括弧内に語句を補った）。

1. 年頭会見をめぐる反響

(1) 国会会議録でのヒット状況 ─

　「異次元の少子化対策」の用語は，第211回国会が最初ではない。国会会議録ではそれ以前に4件がヒットする。すなわち，①「仕組みや……予算的にも，これまでとは違う抜本的な，それこそ**異次元の少子化対策**（下線とゴチック太字は引用者，以下同じ）というものが，実は，この女性の活躍もそうですし，少子化の話も全部つながっている，国家として最大級の課題」（187衆・法務委4・2014.10.24　丸山穂高議員）というように，2014年第187回国会が初出である。

　その後に，②「今やるべきことは……異次元の金融緩和ではなく，**異次元の少子化対策**を行うこと。財源はこども国債。消費税は凍結」（198参・本会議28・2019.6.21　森ゆうこ議員），③「国立社会保障・人口問題研究所が予測していた人口減少のスピード，これは，出生数が大体80万人を割るのが2030年ちょっと先だという話だったわけですけれども，もう既に割りそうになっている……／そうすると，異次元緩和というのがございましたけれども，**異次元の少子化対策**として，例えば出産手当というものを創設して，子供一人当たりだと500万円ぐらい，思い切った支援をしていく」（208衆・予算委公聴会1・2020.2.15　小黒一正公述人［法政大学教授］），④「2016年，出生者数が100万人を割りました。えらいことになったと思っていたら，あれよあれよと，2020年84万人，2021年81万人，今年は80万人を切ってしまうのではないか……／これまでとは全く違った，まさに**異次元の少子化対策**を打っていかなければいけない」（210衆・内閣委3・2022.10.28　宮路拓馬議員）の3件がある。

　これに対して，岸田首相の年頭会見後の2023年第211回国会では，「103件206カ所」（2023.8.16現在）へ急増している。とはいえ「異

次元の金融緩和」（2013.4.4 日銀政策委員会・金融政策決定会合，黒田東彦総裁会見）が2013年第183回国会の会期途中から国会会議録に初登場し，4〜6月の3カ月間で「305件・540カ所」を記録したのに対して，「異次元の少子化対策」については，首相自身が「次元の異なる少子化対策」に言い換えるなど，「異次元の金融緩和」に比するとインパクトに欠けるものであった。数字的には，「次元の異なる少子化対策」を加えて「or検索」しても，1〜6月の6カ月間で「122件277カ所」（2023.8.16現在）止まりである。

その内訳は，本会議25件，予算委26件・同公聴会2件・同分科会7件，厚生労働委18件，財政金融委9件，文教科学・文部科学委7件などであった。

（2）施政方針演説に対する本会議での代表質問

①施政方針演説の概要

第211回国会召集（2023.1.23）の冒頭において，岸田首相は施政方針演説を行った。こども・子育て政策にかかわる部分は以下のようである（211衆・本会議1・2023.1.23，211参・本会議1・2023.1.23）。

> 我が国の経済社会の持続性と包摂性を考える上で，最重要課題と位置付けているのが，こども・子育て政策です。
>
> 急速に進展する少子化により，昨年の出生数は80万人を割り込むと見込まれ，我が国は，社会機能を維持できるかどうかの瀬戸際と呼ぶべき状況に置かれています。こども・子育て政策への対応は，待ったなしの，先送りの許されない課題です。
>
> こどもファーストの経済社会を作り上げ，出生率を反転させなければなりません。

> こども政策担当大臣に指示をした3つの基本的方向性に沿って，こども・子育て政策の強化に向けた具体策の検討を進めていきます。高等教育の負担軽減に向けた出世払い型の奨学金制度の導入にも取り組みます。
>
> 検討に当たって，何よりも優先されるべきは，当事者の声です。まずは，私自身，全国各地で，こども・子育ての当事者である，お父さん，お母さん，子育てサービスの現場の方，若い世代の方々の意見を徹底的にお伺いするところから始めます。年齢，性別を問わず皆が参加する，従来とは<u>次元の異なる少子化対策</u>を実現したいと思います。
>
> そして，本年4月に発足するこども家庭庁の下で，今の社会において必要とされるこども・子育て政策を体系的に取りまとめつつ，6月の骨太方針までに，将来的なこども・子育て予算倍増に向けた大枠を提示します。
>
> こども・子育て政策は，最も有効な未来への投資です。これを着実に実行していくため，まずは，こども・子育て政策として充実する内容を具体化します。そして，その内容に応じて，各種の社会保険との関係，国と地方の役割，高等教育の支援の在り方など，様々な工夫をしながら，社会全体でどのように安定的に支えていくかを考えてまいります。
>
> 安心してこどもを産み育てられる社会を創る。全ての世代，国民皆にかかわるこの課題に，共に取り組んでいこうではありませんか。

岸田首相は，「次元の異なる少子化対策」と言い換えたうえで，「こどもファーストの経済社会をつくり上げ，出生率を反転」，「こど

も家庭庁の下で，今の社会において，必要とされるこども・子育て政策を体系的に取りまとめ」，「6月の骨太方針までに，将来的なこども・子育て予算倍増に向けた大枠を提示」と述べたが，財源の明確な裏付けはなく，国会ではその真意や本気度に質疑が集中した。

②「異次元の少子化対策」を言い換えた理由

「異次元の少子化対策を次元の異なる少子化対策に言い換えたのはなぜですか」（211衆・本会議2・2023.1.25 大築紅葉議員）と問われて，岸田首相は「これは違いはありません」（同）と答弁している。ただし，言い換えの経緯については，「『異次元』の言葉は金融政策を巡って用いられる例が多かった。日銀の黒田東彦総裁が13年に異次元緩和を導入し，伝統的な金融政策と一線を画したことへの評価として使用された。従来の政策との連続性を断ち切るほどのものだという含意があった。少子化対策に関して同様に『異次元』と形容すると，政策の継続性が失われるという誤解を与えかねないとの声が与党内から出ていた」との新聞報道もある[1]。

③少子化を反転させる最後の勝負，フランスの成功例 [N分N乗方式，シラク三原則]

茂木敏充議員（自由民主党幹事長）は，まず「この10年が少子化を反転させる最後の勝負……／今こそ，大胆で前向きな政策を打ち出すべき」としたうえで，第二次世界大戦後のフランスでドゴール大統領が「家族の人数が増えれば増えるほど減税につながるN分N乗方式という画期的な税制を導入」したこと，及び1990年代以降のシラク三原則「子供を持つことが経済的にマイナスにならない，いつでも子供を預けられる場所がある，子供を持ってもキャリアでマイナスにならない」を成功例として紹介している。翻って，日本の少子化対策が進めるべき政策として，①子育てに対する経済的支援の抜本的拡充，②質の高い子育てサービスの充実，③働き方改革と女性活躍，の3つを挙げている。また，省庁横断の政府の関連府省会議での検討と併行して，「自民党においても，私が本部長を務める『こども・若者』輝く未来創造本部を中心に，活発な議論を進めていくことにしました」とエールを送っている（211衆・本会議2・2023.1.25）。

これに対して，岸田首相は「子ども・子育て政策への対応は，待ったなしの，先送りの許されない問題……／子ども・子育て政策は，最も有効な未来への投資」との認識を示し，「こども政策担当大臣の下，子ども・子育て政策として充実する内容を具体化します。そして，担当大臣によるたたき台の内容を踏まえ，私の下で更に検討を深め，6月の骨太方針までに，将来的な子ども・子育て予算倍増に向けた大枠を提示いたします」と応じている（同）。なお，N分N乗法式に関するコメントはないが，シラク三原則については，小倉將信少子化担当特命大臣が「茂木議員がシラク三原則を引用して挙げられた3つの柱とも軌を一にする……視点（引用者注：岸田首相から示された，①児童手当を中心とした経済的支援の強化，②幼児教育や保育の量，質両面からの強化と全ての子育て家庭を対象とした支援の拡充，③働き方改革の推進とそれを支える制度の充実，という基本的方向性）も踏まえまして……関係府省会議において，政策の整理を行い，3月末をめどに具体的なたたき台を取りまとめるべく，全力を尽くしてまいります」と補足している（同）。

④子育て応援トータルプラン，給付型奨学金の対象拡大，奨学金減額返還制度，0〜2歳児の支援の充実

石井啓一議員（公明党幹事長）は，公明党が2022年11月に「子育て応援トータルプラン」を発表して結婚，妊娠，出産から社会に巣立つまでのライフステージに応じた支援策の充実を提言していることを踏まえて，岸田首相が示した3つの基本的方向性について「公明党のトータルプランと軌を一にするもの」と評価したうえで，公明党のトータルプランも参考にして検討を進めてほしいと要望している。具体的には経済的支援について，児童手当の拡充，医療費助成の高3までの拡大，0〜2歳児の保育料無償化，給付型奨学金の対象拡大（年収600万円），貸与型奨学金の減額返還制度について質問している（211衆・本会議3・2023.1.26）。

岸田首相は，このうち高等教育に関して，「給付型奨学金等の対象拡大については，対象となる世帯年収の目安を600万円に引き上げるべきとの御提案も踏まえ，その年収目安を早急に明らかにできるよう進めてまいります」，「奨学金の減額返還制度については，ライフイベントを踏まえて柔軟に返還できるよう，御提案いただきました簡単な手続や利息負担の取扱い等に関して，具体的な枠組みをつくってまいります」と応答している（同）。

参議院本会議では，山口那津男議員（公明党代表）が，「これまで支援が手薄だった妊娠期から0〜2歳児に対して，身近で寄り添って相談に乗る伴走型相談支援と，妊娠時，出産時で合計10万円分の経済的支援のパッケージ……の事業が今後も恒久的に実施されることを担保するため，法律に位置付けるとともに，1歳，2歳の時点でもそれぞれ経済的支援を行うよう，財源を確保しつつ拡充すべき」こと，

「0〜2歳児をめぐっては，第二子以降からなど保育料無償化の段階的な対象拡大や，専業主婦家庭などの約6割を占める未就園児も保育サービスを定期的に利用できる環境整備，育児休業給付の対象となっていない離職者，自営業者，フリーランスに対する給付の創設など……0〜2歳児を中心とした子育て支援の充実」について，総理の答弁を求めている（211参・本会議4・2023.1.27）。

岸田首相は，「伴走型相談支援と経済的支援とをパッケージで行う事業については，今後も継続して実施していくことが重要……，安定財源を確保しつつ，その着実な実施に努めてまいります」，「御党からの提言も踏まえながら，今後，こども政策担当大臣の下，0から2歳児へのきめ細やかな支援を含め，子ども・子育て政策として充実する内容を具体化していきます」と応じている（同）。

⑤子育て予算倍増，チルドレンファースト，子育て支援こそ将来への投資，経済的理由で子どもを持てない人ゼロ，多様な家族の在り方

泉健太議員（立憲民主党党首）は，「防衛費倍増はどんどん具体化するのに，何年も前から我々がチルドレンファーストと訴えてきた子ども・子育て予算の倍増は，今から」，「倍増は，異次元ではなく最低限の少子化対策……子ども・子育て予算倍増は，どこから財源を確保するつもりなのか」と質している。そして，「子育て支援こそ，将来の経済成長，税収増，社会保障費の減少にもつながる将来への投資……この分野にこそ税を最優先に配分していくべき」，「経済的理由で子供を持てない人をゼロにする，政府はこれを目標にしませんか」と提案している（211衆・本会議2・2023.1.25）。

岸田首相は，「少子化の背景には，個々人の結婚や出産，子育ての願望の実現を阻む

様々な要因があり，いまだに多くの方の子供を産み育てたいという希望の実現には至っていないと認識」，「子ども・子育て政策は，最も有効な未来への投資……御指摘の経済的支援の強化を始め，個々の政策の内容や規模面はもちろんのこと，地域社会や企業の在り方も含めて，社会全体で子ども・子育てを応援するような，社会全体の意識を高め，年齢，性別を問わず皆が参加する，次元の異なる少子化対策を実現したい」と答弁している（同）。

参議院本会議では，水岡俊一議員（立憲民主党参議院議員会長）が，「次元が異なるということは，これまでの小粒で的外れな対策ではなく，例えば多様な家族の在り方を認めない現在の婚姻制度を改めたり，雇用制度などの社会構造やライフスタイルを抜本的に改革するなど，従来とは全く発想を変えてこそ異次元と言えるのではないでしょうか」と述べたうえで，「少子化対策の一環として，多様な家族の在り方を認めない婚姻制度を改革し，選択的夫婦別姓制度や同性婚を導入する考えはありますか」，「子供関連予算がOECDで最低水準であると岸田総理も発言しており，優先して確保するべきは防衛予算より子供予算……／防衛予算は5年間で43兆円をと明確……子ども・子育て予算はいつまでに幾らを投入するつもりでしょうか」と尋ねている（211参・本会議3・2023.1.26）。

岸田首相は，前者の「選択的夫婦別氏制度の導入については，現在でも国民の間に様々な意見があることから，しっかりと議論をし，より幅広い国民の理解を得る必要がある……。また，同性婚制度の導入については，我が国の家族の在り方の根幹に関わる問題であり，極めて慎重な検討を要するものである」と答えているが，後者の予算規模に関しては応答していない（同）。

⑥N分N乗方式，全国に先駆けた大阪の試み
（0歳から大学院卒までの教育費無償化）

馬場伸幸議員（日本維新の会代表）は，「晩婚化，非婚化の問題に光が当てられていない……。／人口減少に向かう悪循環から脱するには，若い世代にとって，出産と子育てが経済的にもキャリア形成のうえでも負担にならずプラスになると実感できる社会環境をつくり出すことが不可欠」とし，「ベーシックインカムなどをセーフティーネットとする日本大改革プランが実現するまでの過渡的措置として，個人ごとの課税方式を改め，子供の数が多い世帯ほど税負担を軽減するN分N乗方式を導入すべき」，「維新の会のリーダーシップにより，ゼロ歳児から大学院卒業までの教育費の無償化が大阪という一地域では実現しようとしています。……／全国に先駆けて大阪で進むこうしたまさに異次元の少子化対策に対して，政府も同調し，後押しをするとともに，優れた取組として全国に広げていくおつもりはありませんか」と質している（211衆・本会議3・2023.1.26）。

岸田首相は，N分N乗方式については「共働き世帯に比べて片働き世帯が有利になることや，高額所得者に税制上大きな利益を与えることなど，様々な課題がある」としつつも，「子ども・子育て政策は我が国の経済社会の持続性と包摂性を考えるうえで最重要政策であり，制度，予算，税制など幅広く必要な対応を検討」，「子供政策に関する地方自治体との連携等について……子供政策の具体的な実施を中心的に担っているのは地方自治体であり，地方自治体の取組状況を把握し，取組を促進するための必要な支援等を行うとともに，現場のニーズを踏まえた地方自治体の先進的な取組を横展開し，必要に応じて制度化していくことは重要」と応じている（同）。

序章

少子化対応と無償化方策

⑦自治体ガチャの改善，子育て教育施策の所得制限撤廃，教育国債の発行

玉木雄一郎議員（国民民主党代表）は，まず明石市による医療費や給食費などの5つの無償化を挙げ，「地方で取り組んでいるこうした実績を出した政策を国が全国一律で行うべき……住んでいる自治体によって子育て支援を受けられたり受けられなかったりする，まるで自治体ガチャのような状況は速やかに改善すべき」と述べた。また，「賃上げが実現したと思ったら，所得制限にひっかかって子育て，教育支援から外れる人が増える」ことについて子育て教育施策の所得制限撤廃の決断を迫った。ほかにも，年少扶養控除の復活，N分N乗方式の導入，教育国債の発行による家庭の経済事情に関係なく大学や大学院に無償で通えるようにすべきこと，等を提案している（211衆・本会議3・2023.1.26）。

岸田首相は，子育て・教育施策の所得制限撤廃について「特別児童扶養手当を始めとする各制度において所得制限を設けるかどうかは，個々の制度の目的や支援方法などに応じてそれぞれ判断される」，「国会での議論も踏まえつつ，子ども・子育て政策の強化について，こども政策担当大臣に指示をした基本的方向性に沿って具体策の検討を進めてまいりたい」と答えている。また，教育国債の提案について，「まず内容を具体化し，財源についても，その内容に応じて，各種の社会保険との関係，国と地方の役割，高等教育の支援の在り方など，様々な工夫をしながら，社会全体でどのように安定的に支えていくかを考えてまいります」と返している（同）。

⑧教育費負担の抜本的軽減，教育予算の抜本的増額

志位和夫議員（日本共産党委員長）は，異次元の子育て支援メニューに「一番大事な問題が抜け落ちてい（る）」として，2020年度内閣府実施の「少子化社会に関する国際意識調査」結果（育児支援の最重要政策はなにかとの質問に対し「教育費の支援，軽減」との回答が69.7％）を踏まえて，「その柱に教育費負担の抜本的軽減を据えるべき」，「世界で最高水準の学費，日本独自の高過ぎる大学の入学金，若者に数百万円もの借金を背負わせる貧しい奨学金制度，憲法で無償とされている義務教育での給食費などの重い負担，この中の一つでも抜本的に改善のメスを入れる」，「教育予算の抜本的な増額が必要」と質している（211衆・本会議3・2023.1.26）。

岸田首相は，「まずは，こども政策担当大臣の下，子ども・子育て政策として充実する内容を具体化します。あわせて，高等教育の負担軽減に向けた出世払い型の奨学金制度の導入にも取り組みます。そして，その内容に応じて，財源についても，各種の社会保険との関係，国と地方の役割，高等教育の支援の在り方など様々な工夫をしながら，社会全体でどのように安定的に支えていくかを考えてまいります」と答弁している（同）。

⑨子どもを安心して産み育てられる社会，望む者が高等教育を受けられる社会への転換

参議院本会議において，舩後靖彦議員（れいわ新選組）は，「この国を守るとは，あなたを守ることから始まる。れいわ新選組の基本理念です。その一丁目一番地は一人一人の所得向上であり，あらゆる分野における国内生産体制の回復です。れいわ新選組は，消費税廃止や一律給付金のように国民生活を底上げする経済政策を掲げています」と述べたうえで，「防衛費増額の前に，教育・保育予算を大胆に増やし，子供を安心して産み育てられ

る社会，家庭の条件にかかわらず，望む者が高等教育を受けられる社会への転換を図るべきと考えます」と問うている（211参・本会議4・2023.1.27）。

岸田首相は，「防衛力の抜本的強化は，国民の命や暮らしを守り抜くために必要です。その検討に際しては，戦後最も厳しく複雑な安全保障環境に対峙していく中で，国民の命を守り抜けるか，極めて現実的なシミュレーションを行いました。1年以上にわたって議論を積み重ねており，その過程において，必要となる防衛力の内容を積み上げ，防衛力の規模を導き出したうえで令和5年度予算に所要額を計上しており，必要な予算である」,「同時に，本予算には一般歳出の約6割を社会保障や教育などが占め，国民生活の向上に直結する経費など，必要な施策を盛り込んでいる」と答弁している（同）。

（3）年頭会見・施政方針演説への各紙の反響

「異次元の少子化対策」に係る主要各紙の反響は，以下のようである（五十音順）。

朝日新聞は，2023年1月5日付社説「首相年頭会見 新たな挑戦を言う前に」で「『異次元の』と銘打った少子化対策ひとつとっても，子育て予算倍増の安定財源をどう確保するのかなど，実現へのハードルは高い。掛け声倒れにせぬ実行力が問われる」，及び2023年1月28日付社説「子ども政策 具体化を先送りするな」で「こうした課題の検討を並行して進めることに異論はない。だがそれを，すでに具体化を急ぐよう指摘された政策の実行を先送りする方便にすることは許されない」というように，実行力・具体化に注文を付けている。

毎日新聞は，2023年1月14日付社説「『異次元』の少子化対策 児童手当増やすだけでは」で「加速する少子化への対応は，喫緊の課題だ。『異次元』と強調するのであれば，従来の政策の焼き直しでは意味がない」,「児童手当は子育て世帯の家計の足しにはなるが，抜本的な格差是正にはつながらない」,「社会で支える，そのための仕組みを作るのが政治の役割だ」と，コメントとしている。

日本経済新聞は，2023年1月15日付社説「少子化対策は社会の構造を変える覚悟で」で「実効性を伴う施策とするには，家族を持つことを難しくしている社会の構造的な問題にまで踏み込む必要がある」，及び2023年1月24日付社説「首相は負担増含め政策実現の道筋を示せ」で「首相は論戦を通じて，増税など負担増も含めた政策実現への道筋をしっかり示してほしい。……決意表明の域を出ていない」，さらに2023年1月28日付社説「実効ある少子化対策へ全体像の議論を」で「若い世代の結婚・出産への希望をどうかなえるか。全体像の議論をいち早く始めるべきだ」と，連続して社説を出している。

読売新聞は，2023年1月5日付社説「政策実現で難局に立ち向かえ」で「今年取り組む課題として，経済の好循環の実現に加えて『異次元の少子化対策』を挙げたのは妥当だ」，及び2023年1月21日付「『異次元』の対策どうまとめる」で「政府は様々な子育て支援策を講じてきた。だが，出生率向上にはつながっていない。それがなぜなのか，検証することが先決だ。／……総合的な対策を考えて欲しい」と指摘した。

序章

少子化対応と無償化方策

019

2.「こども・子育て政策の強化について（試案）」に係る国会審議

国会審議と併行した「異次元の少子化対策」に関連した特記事項は**表 序-2-1**のとおりである。

表 序-2-1　「異次元の少子化対策」関連の特記事項

2023.1.4	岸田首相年頭会見「異次元の少子化対策」
2023.1.19	「異次元の少子化対策」の実現に向けた関係府省会議の初会合
2023.1.23	第211回通常国会召集（～6.21），岸田首相の施政方針演説
2023.2.28	人口動態統計速報（2022年12月分）（厚生労働省公表）（出生数80万人割れ）
2023.3.31	こども・子育て施策の強化について（試案）～次元の異なる少子化対策の実現について～（関係府省会議，こども政策担当大臣）（加速化プランを含む）
2023.4.1	こども基本法の施行，こども家庭庁の創設
2023.6.2	2022年人口動態統計月報年計（概数）の概況（厚生労働省報道発表）（出生数77万747人／前年の81万1622人より4万875人減少。出生率（人口千対）は6.3／同6.6より低下。合計特殊出生率1.26／同1.30より低下）
2023.6.13	こども未来戦略方針決定（閣議決定）
2023.6.16	経済財政運営と改革の基本方針2023（骨太方針2023／閣議決定）（少子化対策・こども政策の抜本強化を含む）

(1)「こども・子育て政策の強化について（試案）」の概要

岸田首相の指示のもとに，こども政策の強化に関する関係府省会議の初会合が2023年1月19日に開催された（座長：小倉こども政策担当大臣，関連府省：内閣府，総務省，財務省，文部科学省，厚生労働省，國土交通省，庶務：内閣官房）。主な検討事項は以下の3つであった（申合せ，2023年1月19日）。

---

(1)児童手当を中心とした経済的支援の強化

(2)幼児教育・保育サービスの強化及び全ての子育て家庭を対象としたサービスの拡充

・学童保育や病児保育を含め，量・質両面からの強化

・伴走型支援，産後ケア，一時預かりなどのサービスの拡充 等

(3)働き方改革の推進とそれを支える制度の充実

・育児休業制度の強化 等

6回の開催を経てまとめられたのが，「こども・子育て政策の強化について（試案）～次元の異なる少子化対策の実現に向けて～」（2023年3月31日）（以下，試案）である。試案の本文は表紙を含めて21ページの分量で，ほかに概要版（スライド10枚），参考資料（スライド30枚），動画（YouTube約6分）が，こども家庭庁のホームページにアップされている（**資料 序-2-1参照**）。

試案は，「昨年の出生数は80万人を割り込み，過去最少となる見込みで，政府の予測よりも

資料 序-2-1　「こども・子育て政策の強化について（試案）」目次

はじめに

Ⅰ　こども・子育て政策の現状と課題
　1．これまでの政策の変遷～1.57ショックからの30年～
　2．こども・子育て政策の課題
　　(1)若い世代が結婚・子育ての将来展望が描けない
　　(2)子育てしづらい社会環境や子育てと両立しにくい職場環境がある
　　(3)子育ての経済的・精神的負担感や子育て世帯の不公平感が存在する

Ⅱ　基本理念
　1．若い世代の所得を増やす
　2．社会全体の構造・意識を変える
　3．全ての子育て世帯を切れ目なく支援する

Ⅲ　今後3年間で加速化して取り組むこども・子育て政策
　1．ライフステージを通じた子育てに係る経済的支援の強化
　2．全てのこども・子育て世帯を対象とするサービスの拡充
　3．共働き・共育ての推進
　4．こども・子育てにやさしい社会づくりのための意識改革

Ⅳ　こども・子育て政策が目指す将来像とPDCAの推進
　　～こどもと向き合う喜びを最大限に感じるための4原則～
　1．こどもを産み，育てることを経済的理由であきらめない
　2．身近な場所でサポートを受けながらこどもを育てられる
　3．どのような状況でもこどもが健やかに育つという安心感を持てる
　4．こどもを育てながら人生の幅を狭めず，夢を追いかけられる

おわりに

出典：こども家庭庁「こども・子育て政策の強化について（試案）」。https://www.cfa.go.jp/assets/contents/node/basic_page/field_ref_resources/81755c56-2756-427b-a0a6-919a8ef07fb5/2eaccd0d/20230402_policies_01.pdf(2024年9月1日閲覧)

8年早いペースで少子化が進んでい（る）」として，「2030年は少子化対策の分水嶺」，「2030年代に入ると，我が国の若年人口は現在の倍速で急減」，「これからの6～7年が，少子化傾向を反転できるかどうかのラストチャンス」という認識を示した（**資料 序-2-2**）。

そして，こども・子育て政策の基本理念に「①若い世代の所得を増やす，②社会全体の構造・意識を変える，③全ての子育て世帯を切れ目なく支援する」の3つを据え，今後3年間で取り組む「こども・子育て支援加速化プラン」（ライフステージを通じた子育てに係る経済的支援の強化，共働き・共育ての推進，全てのこども・子育て世帯を対象とするサービスの拡充，こども・子育てにやさしい社会づくりのための意識改革）を策定するとした。

資料 序-2-2 「こども・子育て政策の目指す社会像と基本理念とは～次元の異なる少子化対策の実現に向けて～」

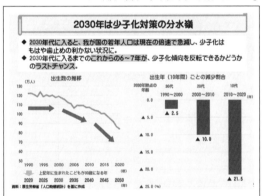

出典：首相官邸「こども・子育て政策の目指す社会像と基本理念とは」。https://www.kantei.go.jp/jp/kodomokosodateseisaku_kishida/index.html（2024年9月1日閲覧）

(2) 試案に係る国会審議

①「次元の異なる少子化対策」とは

坂本祐之輔議員は，「児童手当の所得制限撤廃など，我々立憲民主党が議員立法を提出する等訴え続けてきた政策がようやく盛り込まれたところもあれば，給食費の無償化など不十分なところも見受けられ（る）」としつつ，「副題として『次元の異なる少子化対策の実現に向けて』とありますが，……どこが異次元と言えるのか」と尋ねている（211衆・地域活性化・こども政策・デジタル社会形成に関する特別委5・2023.4.11）。

小倉大臣は，「第一に，制度のかつてない大幅な拡充をするものとして，児童手当の所得制限の撤廃，高校生までの延長，多子世帯の経済的負担を踏まえた手当額の拡充，第二に，長年の課題を解決するものとして，75年ぶりとなる保育士の配置基準の改善など，第三の点としては，時代に合わせて発想を転換するものとして，就労要件を問わない，こども誰でも通園制度の創設など，第四に，新しい取組に着手するものとして，授業料後払い制度の創設など，そして最後，第五点としては，地域・社会全体で『こどもまんなか』を実現するものとして，こども家庭庁の下で国民運動をスタートするなど」であると説明している。そして，「従来とは次元の異なる様々な施策，これを実現をすべく，先般，総理を議長としたこども未来戦略会議を設置をし，後藤大臣の会議運営の下，必要な政策強化の内容，予算，財源について更に議論を深めているところであり，6月の骨太の方針までに，将来的な子供，子育て予算倍増に向けた大枠をこうしたスケジュールの中で提示」したいと述べている（同）。

②育児休業制度の充実

以下では，ほぼライフステージの順に並べて，主要論議をみておきたい。

上田勇議員が「公明党の提言の内容をほぼ反映していただいたもの」と評価をしたうえで，育児休業制度の充実について問うている（211参・決算委2・2023.4.3）。

これに対して，小倉大臣は「週所定労働時間20時間未満の労働者についても雇用保険の適用拡大に向けた検討を進めること，自営業やフリーランス等の方について育児期間に係る国民年金保険料免除措置の創設に向けた検討を進めること」を盛り込んだことを説明し，「男性育休の取得促進は，国際的に見ても高水準にある女性の家事・育児関連時間を減らし，共働き，共育てを定着させていくための第一歩となること，雇用保険の適用拡大や自営業等の方の国民年金保険料免除措置の創設については，子育て期における仕事と育児の両立や多様な働き方を支えていくことにつなが（る）」と答弁している（同）。

③出産費用の保険適用の導入

遠藤良太議員・吉田とも代議員は，試案で「出産費用（正常分娩）の保険適用の導入を含め出産に関する支援等の在り方について検討を行う」とした真意を質し，保険適用外の自己負担分をバウチャー配布で補うことを提案した（211衆・厚生労働委8・2023.4.12）。

加藤勝信厚生労働大臣は，「出産の保険適用を含めた検討を行う中では，御指摘の自己負担の取扱いを始めとする様々な課題について，現行の出産育児一時金の取扱いとか状況，これらも踏まえてよく検討していきたい」と応じている（同）。

なお，天畠大輔議員は，「十分な財政措置を政府が講ずる必要」，「出産費用の保険適用の検討を進めるのであれば，出産育児支援一時金の一部負担について，年収153万円以上の後期高齢者に負担を強いるのではなく，政府が財政出動し，補うべき」と批判している（211参・厚生労働委7・2023.4.20）。

④産後ケア事業の全国展開

議員立法に自身も関わった阿部知子議員からは，「母子保健法の改正にのっとって，2年前から実施，各市町村に努力義務が課せられた」産後ケア事業について，2024年度末までの全国展開を危惧する発言があった（211衆・厚生労働委7・2023.4.5）。

自見はなこ大臣政務官は，当初の議員立法が「必要のある者」と広く規定をしていたことも踏まえて，「令和5年度の実施要綱のところから，対象者に関しましては産後ケアが必要な者ということに改めさせていただきまして，より一層ユニバーサルサービスであるということを明確化」，「令和5年度の予算におきましては，所得のいかんにかかわらず，産後ケアを必要とする全ての産婦を対象とする利用料の減免支援も創設」，「令和5年度もガイドラインの見直しを行うための調査研究を予定しておりまして，こうした取組を通じまして産後ケアを利用しやすい環境づくりを図り，より一層の全国展開，しっかりと進めてまいりたい」と応じている（同）。

⑤子どもの医療費助成・無償化

宮本徹議員は，試案において「子供医療費助成について，国民健康保険の減額調整措置を廃止する」ことを盛り込んだ理由を問い，さらに無償化を求めている（211衆・厚生労働委7・2023.4.5）。

これに対して，伊原和人厚生労働省保険局長は，「減額調整措置につきましては，各地方公共団体，自治体の方から廃止を求める声が非常に強くございます。／こうした中で，現在，新生児から高校生までの子供を見たときに，人口比で約9割の子供が医療費助成の対象になっている，こうしたことも踏まえまして，今般，高校生までを対象とする医療費

助成に対する減額調整措置，これを廃止していく方向で考えていきたい」と答えている（同）。

全国知事会・全国市長会・全国町村会からは「少子化対策は我が国における喫緊の国家的課題であることに鑑み，国の責任において，子どもの医療に関わる全国一律の制度を構築すべきである」との要望がだされていたが，国の制度としてこども医療費を無償化するところまでは，踏み込んでいない。

⑥保育士等の配置基準及び処遇の改善

井上哲士議員は，幼児教育・保育の質の向上に関連して職員の配置基準を「1歳児では6対1から5対1へ，4，5歳児は30対1から25対1へと改善する」としていることについて，75年ぶりに「配置基準そのものを改定する」のかと質している（211参・内閣委5・2023.4.4）。

小倉大臣は，最低基準としての配置基準自体の引き上げではなく，「施設に対する手厚い手当て」等による配置改善で対応したいと答えている（同）。

⑦所得制限撤廃とその財源

浜口誠議員は，「児童手当の所得制限撤廃ですとか，あるいは高校を卒業するまで児童手当の支給の期間を延長するといったことなど，……我が党［国民民主党：補注］の政策も織り込まれておりますので，大きな方向性としては応援していきたい」と述べたうえで，所得制限撤廃の財源としては教育国債を提案している（211参・決算委2・2023.4.3）。

岸田首相は，「政策の内容に応じて，各種の社会保険との関係，国と地方の役割，高等教育支援の在り方など，この様々な工夫をしながら，これ財源についても社会全体でどの

ように安定的に支えていくのか」考えていくとして，「今の段階で予断を持って財源について申し上げることは控えます」と回答している（同）。

⑧学校給食費などの無償化

堀場幸子議員は，無償化について「子供政策の費用というのは原則公費で負担するというのが無償化」，「無償化するということについて，国や自治体がその責務を負っているんだという強い意思表示でもある」としたうえで，小倉大臣の考えを質している（211衆・地域活性化・こども政策・デジタル社会形成に関する特別委5・2023.4.11）。

小倉大臣は「子育てに関する経済的負担の軽減は……大変重要……今回の加速化プランにおいても，学校給食費の無償化に向けた課題の整理，子供医療費助成に係る国民健康保険の減額調整措置の廃止，貸与型奨学金の減額返還制度の年収上限の引上げ，授業料減免及び給付型奨学金の拡大や，授業料後払い制度の導入などに取り組むことを盛り込んだ」としつつも，「国や地方公共団体の財政状況等も鑑みれば，子供，子育て政策の費用を一律に公費負担として無償とすることは難しい」との考えを示している。さらにタイムスケジュールを問われて小倉大臣は，「学校給食費の無償化に向けて，可能な限り早く課題の整理が進むよう，文科省とも連携をして取り組んでいきたい」と答えている（同）。

（3）試案への各紙の反響

試案への主要紙の反響は以下のようである。
朝日新聞は，2023年4月22日付社説「子ども政策　幅広い財源の議論を」で「基本に置くべきは，広く全世代で子育てを支え，所

得に対して負担が逆進的にならない制度にすることだ」,「15兆円もの防衛費拡大を決めたことが,議論の進め方としておかしい。政策の優先順位も再考すべき」と指摘している。

毎日新聞は,2023年4月1日付クローズアップ「少子化,要求噴出で混乱 政府対策たたき台」で「4月の統一地方選や衆参補選を前にアピールしたい自民党からさまざまな要求が出されて議論が混乱。閣議決定によらない,小倉将信こども政策担当相の『試案』との位置付けで収拾を図った」と経緯を紹介したうえで,「試案,火種残す」「財源の確保策焦点に」との2つの小見出しを設けて解説している。

日本経済新聞は,2023年4月1日付記事「児童手当の所得制限撤廃 少子化対策たたき台,給付が先行 構造改革,踏み込み不足」で「そもそもお金やサービスの給付を手厚くするだけで,若年層が結婚や妊娠を敬遠する傾向を変えられるわけでもない。子どもを産み育てることをためらいなく選べるような社会環境づくりこそが最も難しい問題だ」,「社会保障を守り,成長を続けられるか。『ラストチャンス』がかけ声倒れにならないよう個々の政策の実効性を見極める必要がある」とコメントしている。

読売新聞は,2023年4月28日付記事「少子化『異次元の対策』実現着実に 子育て支援団体 期待」で,「現金給付の拡充を柱に,若い世代が結婚や子育ての展望を描けるよう,社会の構造・意識改革を進める内容だ。子育て支援団体からは,着実な実現を求める声が上がっている」,「試案の全施策を実現すると最大8兆円が必要だとされる。財源には年金や医療,介護などの社会保険料の引き上げが有力視されているが,負担増への理解を得られるかは不透明だ」としている。

3.「こども未来戦略方針」に係る国会審議

(1)「こども未来戦略方針」の概要

試案がまとめられて1週間後,内閣総理大臣を議長とし,こども・子育て政策に係る関係閣僚,有識者,子育ての当事者・関係者,さらには関係団体の参画を求めて,全世代型社会保障構築本部の下にこども未来戦略会議が設けられた。その趣旨は,「長年の課題である我が国の少子化は,近年,その深刻さを増しており,静かなる有事とも言うべき状況である。社会経済の持続的な発展を実現し,社会保障制度や地域社会の維持を図るためにも,あらゆる政策手段を組み合わせて,従来とは次元の異なる少子化対策に果敢に取り組んでいく必要がある。／そのためには,こども・子育て政策の強化について,具体的な施策の内容,予算,財源の在り方について検討する」(全世代型社会保障構築本部決定,2023年4月7日)とされ,6回の会議開催を経て,「こども未来戦略方針～次元の異なる少子化対策の実現のための『こども未来戦略』の策定に向けて～」(以下,「戦略方針」)が閣議決定された(2023年6月13日)。そして,「経済財政運営と改革の基本方針2023」(骨太方針2023,2023年6月16日)にも盛り込まれた。

「戦略方針」は,表紙を含めて32頁に及ぶ分量である(**資料 序-3-1**)。

そこで,こども家庭庁ホームページの資料「こども未来戦略方針」(概要)(**資料 序-3-2**)によってその大筋を示す。

まず,Point 1「経済成長実現と少子化対策を『車の両輪』に」として「経済成長の実現:持続的で構造的な賃上げと人への投資・民間投資」＋「少子化対策:経済的支援の充実」

資料 序-3-1 「こども未来戦略方針」目次

```
I. こども・子育て政策の基本的考え方
II. こども・子育て政策の強化：3つの基本理念
  1. こども・子育て政策の課題
    (1) 若い世代が結婚・子育ての将来展望を描けない
    (2) 子育てしづらい社会環境や子育てと両立しにくい職場環境がある
    (3) 子育ての経済的・精神的負担感や子育て世帯の不公平感が存在する
  2. 3つの基本理念
    (1) 若い世代の所得を増やす
    (2) 社会全体の構造・意識を変える
    (3) 全てのこども・子育て世帯を切れ目なく支援する
III.「加速化プラン」～今後3年間の集中的な取組～
  III-1.「加速化プラン」において実施する具体的な施策
    1. ライフステージを通じた子育てに係る経済的支援の強化や若い世代の所得向上に向けた取組
    2. 全てのこども・子育て世帯を対象とする支援の拡充
    3. 共働き・共育ての推進
    4. こども・子育てにやさしい社会づくりのための意識改革
  III-2.「加速化プラン」を支える安定的な財源の確保
  III-3. こども・子育て予算倍増に向けた大枠
IV. こども・子育て政策が目指す将来像とPDCAの推進
  1. こどもを生み，育てることを経済的理由であきらめない
  2. 身近な場所でサポートを受けながらこどもを育てられる
  3. どのような状況でもこどもが健やかに育つという安心感を持てる
  4. こどもを育てながら人生の幅を狭めず，夢を追いかけられる
おわりに
```

出典：内閣官房「こども未来戦略方針」。https://www.cas.go.jp/jp/seisaku/kodomo_mirai/pdf/kakugikettei_20230613.pdf（2024年9月1日閲覧）

資料 序-3-2 「こども未来戦略方針」概要

出典：こども家庭庁「こども未来戦略方針」概要。(2024年9月1日閲覧)

資料 序-3-3 こども未来戦略方針MAP

出典：こども家庭庁「こども未来戦略方針リーフレット」（ここでは1枚目のMAPのみを掲載）。(2024年9月1日閲覧)

⇒「若者・子育て世代の所得を伸ばす」，Point2「『3兆円半ば』の規模」として「こども一人当たりの家族関係支出でOECDトップのスウェーデンに達する水準」，Point3「スピード感」として「今年度から：出産育児一時金の引き上げ，0～2歳の伴走型支援など」「来年度から：児童手当の拡充，『こども誰でも通園制度』の取組など」「さらに：先送り（段階実施）になっていた『高等教育の更なる支援拡充』，『貧困，虐待防止，障害児・医療的ケア児支援』を前倒し」と提示したうえで，「少子化対策『加速化プラン』」として「①若い世代の所得を増やす：児童手当，高等教育（大学等），出産，働く子育て世帯の収入増，住宅」，「②社会全体の構造や意識を変える：育休をとりやすい職場に，育休制度の抜本的拡充」，「③全てのこども・子育て世帯をライフステージに応じて切れ目なく支援」と要約している。

③については，さらにすごろく様の分かりやすい「こども未来戦略方針MAP」が添付されている（**資料 序-3-3**）。

（2）「戦略方針」に係る国会審議：安定的な財源の確保

「安定的な財源の確保」に絞って紹介する。

（見える化）

○こども家庭庁の下に，こども・子育て支援のための新たな特別会計（いわゆる「こども金庫」）を創設し，既存の（特別会計）事業を統合しつつ，こども・子育て政策の全体像と費用負担の見える化を進める。

（財源の基本骨格）

①財源については，国民的な理解が重要である。このため，2028年度までに徹底した歳出改革等を行い，それらによって得られる公費の節減等の効果及び社会保険負担軽減の効果を活用しながら，実質的に追加負担を生じさせないことを目指す。

歳出改革等は，これまでと同様，全世代型社会保障を構築するとの観点から，歳出改革の取組を徹底するほか，既定予算の最大限の活用などを行う。なお，消費税などこども・子育て関連予算充実のための財源確保を目的とした増税は行わない。

各党の立場を，第211回国会の最終盤に出された岸田内閣不信任決議案に係る討論から拾った（211衆・本会議34・2023.6.16）。

伊藤達也議員（自由民主党）は「今回の戦略方針では，3兆円台半ばまで予算規模の充実を図り，現在のこども家庭庁予算4.7兆円を最初の3年間で1.5倍に拡大することとしています。これにより，我が国の子ども・子育て関係予算は，一人当たりで，OECDのトップのスウェーデン並みの水準となります」と信任を表明している。

岡本三成議員（公明党）は，「公明党が強く主張してきた施策が数多く盛り込まれ，政府の本気度を感じました。……財源確保についても，まずは徹底した歳出改革等により実質的な追加負担を生じさせないことや，既定予算の最大限の活用，新たな支援金制度の構築など，道筋が示された意義は大変に大きいと考えています」と述べている。

石川香織議員（立憲民主党）は，「財源確保策の結論は年末に持ち越されました。／財源の一つとされている支援金制度の詳細は不明……／……所得税の累進性強化や1億円の壁を解消する金融所得課税改革など，格差を是正する税制改革を実行することで財源を捻出するべき」と不信任を表明している。

堀場幸子議員（日本維新の会）は，「つけ焼き刃の政策に加えて財源も宙に浮いているようでは，異次元の少子化対策など絵空事で終わるだけです。今，真に求められていることは，少子化の元凶となっている日本の社会経済システムそのものに大なたを振るう構造改革の断行に尽きます」としている。

浅野哲議員（国民民主党）は，「受益と負担のバランスを改善することは，言い換えれば，税負担，社会保険料負担を減らすことと，控除や給付，そして無償化などの公的支援を増やすことであり，児童手当の拡充の裏側で議論が進められている16歳から18歳の扶養控除廃止や子供保険なる社会保険料の上乗せは，子育て世代の負担を増やすことで，少子化対策に逆行する悪手」と断じている。

宮本徹議員（日本共産党）は，「若い世代の経済的安定には，雇用の正規化を進める法整備が不可欠ではありませんか。若い世代が最も求めている，国際公約でもある大学までの教育無償化をなぜやらないのですか。また，少子化対策の財源を医療や介護の歳出カットや庶民の負担増に求めるのは根本的な間違いだ」と指摘している。

（3）「戦略方針」への各紙の反響 ―

戦略方針への主要紙の反響は以下のようである。

朝日新聞は，2023年6月3日付社説「子ども政策 支え合いから逃げるな」及び同6月15日付社説「子ども政策 合意形成 先送りするな」と社説を重ねて出して，「追加負担は生じないなどとごまかさず，子育ての政策のために必要な支え合いだと正直に語るべきだ」と注文をつけている。

毎日新聞は，2023年6月15日付社説「少子化対策の首相会見『待ったなし』の覚悟見えぬ」において，「歯止めが掛からない少子化は日本が直面する最大の試練である。不退転の覚悟を持って正面から取り組むのが首相の責務だ」と強く迫っている。

日本経済新聞は，2023年5月24日付社説「育児支援の財源は消費税を封印するな」，6月3日付社説「少子化を克服する道筋も財源も見えない」，6月5日付社説「柔軟な働き方で『共育て』を」，6月14日付社説「財源も明示し少子化対策を前に進めよ」，6月22日付社説「将来への責任欠いた今国会の政策論議」，8月4日付社説「保育は子育てに欠かせぬ社会インフラだ」とテーマ別に頻繁に社説を出している。

読売新聞は，2023年6月3日付社説「少子化対策 安定財源の議論から逃げるな」で「少子化の危機を克服するには，今すぐに手を打たなければならない。政府は，安定的な財源の確保を急ぎ，有効な施策を講じるべきだ」，消費増税を含めて「負担増の議論から逃げるべきではない」と叱咤激励している。

おわりに：少子化対応の3層構造とシームレスでトータルな支援策

少子化対応は，①子育てと就労・所得保障との両立，②子育ての経済的負担軽減，③子育てに向かう心理的負担軽減・社会協働的支援の3層構造から成ると言われる。その点において，「こども・子育て政策の課題」として（1）若い世代が結婚・子育ての将来展望が描けない，（2）子育てしづらい社会環境や子育てと両立しにくい職場環境がある，（3）子育ての経済的・精神的負担感や子育て世帯の不公平感が存在するの3つを定めて，「基本理念」として（1）若い世代の所得を増やす，（2）社会全体の構造・意識を変える，（3）全ての子育て世帯を切れ目なく支援するという3つを掲げて，経済的負担軽減・無償化をその中に組み込んでいる点は評価できよう。

しかし，岸田首相の「幼児教育，保育の無償化，高校等の授業料支援，高等教育の無償化」（211参・本会議13・2023.4.7，211衆・予算委16・2023.5.24）という説明句が若い世代に共感をもって受け止められているとは言い難い。「こども未来戦略方針MAP」にあるような「河」（妊娠―出産―保育・幼児教育―小学校入学―中学校入学―高校入学―大学等進学）の流れは滔々とはしておらず，現段階ではあちらこちらで課題をかかえている。

0〜2歳児の保育無償化の対象は住民税非課税ないし第3子以降に限定されており，未就園児を除く0〜2歳児の保育所等利用者のうちで「無償化の対象になっているのは約1割」（野村知司厚生労働省大臣官房審議官，210衆・内閣委5・2022.11.4）止まりである。また，高校無償化と言いながら所得制限（年収目安910万円以上）により対象外となっているのは「おおむね2割」（寺門成真文部科学省大臣官房学習基

盤審議官，211衆・地域活性化・こども政策・デジタル社会形成に関する特別委5・2023.4.11）といわれている。さらに，大学等修学支援新制度で現在支援を受けている（住民税非課税年収目安380万円未満）のは「1割にも満たない」（山添拓議員，208参・予算委20・2022.6.3）のである。

「切れ目（の）ない支援」の用語がようやく国会審議に登場するようになってきたことからも分かるように少子化トレンドを絶ち反転させるには，シームレスでトータルな支援策をすべての自治体で整えることが急がれる。

注
1) 『日本経済新聞』2023年1月25日付記事「『異次元』『次元異なる』，違いはない」岸田文雄首相（総理番が選ぶ「きょうの一言」）https://www.nikkei.com/article/DGXZQOUA2595X0V20C23A1000000/（2024年9月1日閲覧）

第 I 部

子育て・教育施策の水平的比較調査

第 1 章 47都道府県における子育て・教育費支援情報

第 2 章 20政令指定都市における子育て・教育費支援情報

第 3 章 抽出20中核市における子育て・教育費支援情報

第 4 章 23施行時特例市における子育て・教育費支援情報

[計110自治体]

第1章　47都道府県における子育て・教育費支援情報

1. 教育無償化の法的根拠及び国の政策・制度の概要

（1）教育無償化を促す3層構造からなる法的根拠

　教育無償化を促す法的根拠は，日本国憲法，教育基本法，国際条約の3つである。

　国の最高法規である日本国憲法は，第26条で「その能力に応じて，ひとしく教育を受ける権利を有する」（第1項）と規定し，「義務教育は，これを無償とする」（第2項）としている。義務教育無償は例示であり，憲法改正をしなくても幼児教育，高校教育，高等教育も無償化することができる。

　そして，教育基本法は「教育の機会均等」を定めている（1947年法第3条，2006年法第4条）。経済的地位によって「教育上差別されない」と明記してあり，修学困難者への「奨学の措置」（学費減免や給付型奨学金など）を国と自治体に義務づけている。

　さらに，国際人権A規約（社会権規約）が中等教育・高等教育の無償化の法理を補強してくれている。これが有名な「無償教育の漸進的な導入」（漸進的無償化）条項である。日本はこの条項を留保していたが，2012年に留保撤回を国連に通告し，中等教育・高等教育の漸進的無償化を国際社会に公約した。それ以降，政権にかかわりなく今も，日本政府はこの漸進的無償化条項に拘束されている（**資料1-1-1**）。

資料1-1-1　経済的，社会的及び文化的権利に関する国際規約（社会権規約）第13条2（b）及び（c）の規定に係る留保の撤回（国連への通告）について

> 　日本国政府は，昭和41年12月16日にニューヨークで作成された「経済的，社会的及び文化的権利に関する国際規約」（社会権規約）の批准書を寄託した際に，同規約第13条2（b）及び（c）の規定の適用に当たり，これらの規定にいう「特に，無償教育の漸進的な導入により」に拘束されない権利を留保していたところ，同留保を撤回する旨を平成24年9月11日に国際連合事務総長に通告しました。
>
> 　この通告により，日本国は，平成24年9月11日から，これらの規定の適用に当たり，これらの規定にいう「特に，無償教育の漸進的な導入により」に拘束されることとなります。
>
> **（参考）**
>
> 　社会権規約13条2（b）及び（c）《抜粋》
>
> **第13条2**
>
> 1. （b）種々の形態の中等教育（技術的及び職業的中等教育を含む。）は，すべての適当な方法により，**特に，無償教育の漸進的な導入により**，一般的に利用可能であり，かつ，すべての者に対して機会が与えられるものとすること。
>
> 2. （c）高等教育は，すべての適当な方法により，**特に，無償教育の漸進的な導入により**，能力に応じ，すべての者に対して均等に機会が与えられるものとすること。
>
> （注）我が国は，社会権規約を批准した際，上記規定の適用に当たり，強調文字部分に拘束されない権利を留保。

出典：外務省「経済的，社会的及び文化的権利に関する国際規約（社会権規約）第13条2（b）及び（c）の規定に係る留保の撤回（国連への通告）について（2012年9月）」https://www.mofa.go.jp/mofaj/gaiko/kiyaku/tuukoku_120911.html（2024年9月1日閲覧）

（2）就学前段階

　まず国の政策・制度を概観しておきたい。

　就学前段階については，2019年10月から国の政策として幼児教育・保育の無償化が実施予定であった（子ども・子育て支援法の一部を改正する法律2019.5.17公布／幼稚園・保育所・認定

資料1-1-2　保育園・認定こども園・幼稚園など

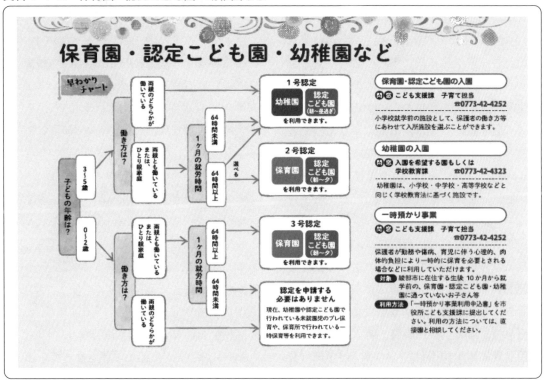

出典：綾部市子育て応援マガジン『あや・ほっと』p.17（2021年3月時点の情報）。https://www.city.ayabe.lg.jp/cmsfiles/contents/0000002/2646/ayahotto.pdf（2024年9月1日閲覧）

こども園などを利用する3〜5歳児クラスの子ども，住民税非課税世帯の0〜2歳児クラスの子どもの利用料無料）。自治体施策が大きく変わるタイミングであったため，2019年実施の都道府県調査では就学前段階は取り扱っていない。

　新しい幼児教育・保育サービスに関しては自治体がさまざまに分かりやすい広報を工夫しているが，たとえば京都府綾部市は資料のような早わかりチャートを作成し公開している（**資料1-1-2**）。

（3）義務教育段階

　義務教育段階については，まず授業料は国公立校では不徴収となっている（教育基本法第5条）。一方，私立校に関して，「私立小中学校等に通う児童生徒への経済的支援に関する実証事業」（2017〜21年度）が時限的に実施されていた（年収400万円未満かつ資産保有額600万円以下の世帯対象，最大で年額10万円の授業料を減額［学校が代理受領］）。その後，この事業を継承している自治体もある（東京都など）。

　次に，国公私立を問わず，教科用図書は無償給付となっている（義務教育諸学校の教科用図書の無償に関する法律1962.3.31公布，義務教育諸学校の教科用図書の無償措置に関する法律1963.12.21公布）。

　その他の教育費支援としては，①特別支援教育就学奨励費（特別支援学校への就学奨励に関する法律1954.6.1公布），②就学援助制度（就学困難な児童及び生徒に係る就学奨励についての国の援助に関する法律1956.3.30公布，など），③教育扶助制度（生活保護法）がある。

　①の特別支援教育就学奨励費は，特別支援

学校の幼児・児童・生徒（幼稚部・高等部を含む）または特別支援学級・通級指導を利用する児童・生徒を対象に、通学費、給食費、教科書費、学用品費、修学旅行費、寄宿舎日用品費、寝具費、寄宿舎からの帰省費などの該当費目・支援額を認定して支弁する制度である。

②の就学援助制度は、前述のように教育基本法の修学困難者への「奨学の措置」（1947年法第3条では「奨学の方法」）の義務規定を受け、具体的には学校教育法第19条「経済的理由によって、就学困難と認められる学齢児童生徒の保護者に対しては、市町村は、必要な援助を与えなければならない」との定めを受けて実施されている。生活保護法に定める要保護者及び市町村が認めた準要保護者を対象に、学用品費、体育実技用具費、新入学児童生徒学用品費等、通学用品費、通学費、修学旅行費、校外活動費、医療費、学校給食費、クラブ活動費、生徒会費、PTA会費などを援助する（自治体によっては準要保護の範囲を工夫して奨学援助の対象を広くしているところもある）。

③の教育扶助制度は、生活保護法の定める8種類の扶助の一つで、義務教育を受けるために必要な学用品費等に関して一定額が支払われる。教育扶助に含まれない項目は就学援助制度でカバーし、高校段階では教育扶助ではなく生業扶助から賄うことになる。

市町村が実施主体の就学援助や、福祉部門が担当する教育扶助及び児童手当、児童扶養手当（ひとり親家庭対象）、特別児童扶養手当（障害児家庭対象）、ひとり親家庭支援、養護児童支援、生活福祉資金貸付（社会福祉協議会）などを、都道府県レベルの教育費支援情報に含めてどのように広報するか、対応はさまざまである。

（4）後期中等教育段階（高校等）

後期中等教育段階（高校等）については、高等学校等就学支援金（高等学校等就学支援金の支給に関する法律2010.3.31公布、2013.12.4改正）、高等学校等奨学給付金（2014年度〜高等学校等修学支援事業費補助金（奨学のための給付金））、貸与型奨学金（日本学生支援機構より2005年度より一括交付金に含めて都道府県に移管）の制度並びにその他の修学支援制度（2014年度〜家計急変への支援、学び直しへの支援、在外教育施設の高等部生徒への支援）がメニューとして全国共通にある。加えて、2020年度から「私立高校実質無償化」と称する政策がスタートしており、標準世帯で年収目安590万円未満の場合、私立高校全日制においては39万6000円（全日制の授業料の平均）が支給上限額となっている（**資料1-1-3**）。

本科に加えて、専攻科・別科（特別支援学校を含む）についても、2020年度から対象となった。

自治体ではさらに、国の制度（高校等就学支援金、奨学給付金）への上乗せや横出し、授業

資料1-1-3　私立高校授業料実質無償化

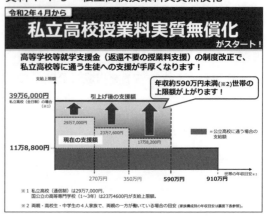

出典：文部科学省「2020年4月からの『私立高等学校授業料の実質無償化』リーフレット」p. 1。https://www.mext.go.jp/content/20200117-mxt_shuugaku01-1418201_1.pdf（2024年9月1日閲覧）

料等の減免措置，遠距離通学者への交通費補助などを行っているところもあり，これまた対応はさまざまである。

（5）高等教育段階（大学等）

高等教育段階（大学等）については，都道府県調査の後の2020年度から大学等修学支援法が施行された（大学等における修学の支援に関する法律2019.5.17公布，低所得世帯の学生を対象にした授業料等減免と学資（給付型奨学金）支給，**資料1-1-4**）。

調査当時実施されていた文部科学省系列の「専門学校生への効果的な経済的支援の在り方に関する実証研究事業」（2015年度～）などは変わることが予想された。なお，大学等修学支援法の対象は学生の1割程度止まりであった。

ほかには，厚生労働省系列で都道府県が行う医師・看護師などの養成確保，さらに社会福祉協議会等が行う介護人材・保育士の養成確保を目的とした修学資金・返還免除策などがある。

2. 広報の収集及び一覧の作成

各都道府県のホームページ（以下，HP）において，子育て・教育費支援の項目を中心に関連情報を収集し（閲覧日は2019年8月15日～9月25日），人口，世帯数を加えて[1]都道府県別に一覧表にした。その際，後述する島根県が作成した総括冊子を参考に，①**小中学生**，②**高校生等**（中卒後），③**大学生等**（高卒後），④**その他**，の4区分（本文中では①②③④と略記）で情報のタイトルとURLを整理し，特色ある施策・広報に下線を引き，本文中でも下線を引き，ゴシック体にした。

「奨学金.Net」[2]，文部科学省「都道府県別私立高校生への授業料等支援」[3]，日本学生支援機構「【地方創生の推進】都道府県における奨学金返還支援制度」[4]，地域医療振興協会「へき地ネット」[5]，厚生労働省「介護福祉士等修学資金貸付事業実施主体所在案内」[6]なども参照した。

なお，渡部（君和田）容子（2022）『教育費支援情報に関する自治体の広報のあり方』（JSPS 19K02465科研費研究成果報告書，麦の郷印刷）から元データが入手できる（下のQRコードでアクセスしたサイトの最下段にある当該論文 [(1)：第1章，(2)：第2章，(3)：第3章，(4)：第4章]の「名前／ファイルpdf」をクリックすると入手でき，一覧表も自由に拡大が可能）。

資料1-1-4　世帯収入によって支援を受けられる額が変わるの？

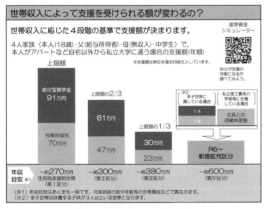

出典：文部科学省「高等教育の修学支援新制度について」。
https://www.mext.go.jp/content/20240404-mxt_gakushi_100001062_1.pdf（2024年9月1日閲覧）

3. 北海道・東北7道県

（1）北海道

【人口：503万9100人・世帯数：276万574世帯】

　①では，「就学援助ポータルサイト（文部科学省）」にリンクが張られているが，照会先の市町村の一覧やリンクはない。②では，独自施策として私立高等学校等授業料軽減制度や

表1-3-1　北海道

①小中学生，②高校生等，③大学生等，④その他
①就学援助制度について［教育庁義務教育課］ http://www.dokyoi.pref.hokkaido.lg.jp/hk/gky/syuugakuenjyo.htm
②高等学校等就学支援金制度について［同高校教育課］ http://www.dokyoi.pref.hokkaido.lg.jp/hk/kki/shugakushienkin.htm 北海道公立高校生等奨学給付金のご案内［高校教育課］ http://www.dokyoi.pref.hokkaido.lg.jp/hk/kki/syougakukyuufukin.htm （私立学校）教育費の負担軽減について［総務部法務・法人局学事課］ http://www.pref.hokkaido.lg.jp/sm/gkj/kyoikuhihutankigen.htm （含む＊私立高等学校等授業料軽減制度） 高等学校生徒遠距離通学費等補助事業について［高校教育課］ http://www.dokyoi.pref.hokkaido.lg.jp/hk/kki/akd/hojyojigyoutop.htm 公立高等学校生徒に対する授業料等の免除・奨学金の貸付等［高校教育課］ http://www.dokyoi.pref.hokkaido.lg.jp/hk/kki/gakusikin1.htm
③大学等修学のための経済的支援情報サイト［総合政策部政策局総合教育推進室］ http://www.pref.hokkaido.lg.jp/ss/sky/daigaku_keizaitekisien.htm （含む＊北海道内市町村における大学等高等教育機関での修学等に係る各種支援制度） 子どもの大学進学等に係る各種支援制度［保健福祉部子ども未来推進局子ども子育て支援課］ http://www.pref.hokkaido.lg.jp/hf/kms/kodomo/shougakukin.htm 北海道医師養成確保修学資金制度［同地域医療推進局地域医療課］ http://www.pref.hokkaido.lg.jp/hf/cis/ishikakuho/tiikiwaku.htm 北海道立看護学院等看護職員課程修学資金及び北海道看護職員養成修学資金［同医務薬務課］ http://www.pref.hokkaido.lg.jp/hf/iyk/kanngo/mezasu.htm
④アイヌの人たちの生活向上のために［環境生活部アイヌ政策推進局アイヌ政策課］ http://www.pref.hokkaido.lg.jp/ks/ass/new_seikatsukoujou.htm ひとり親へのサポート［子ども子育て支援課］ http://www.pref.hokkaido.lg.jp/hf/kms/ikuji/single.html 生活福祉資金制度について［保健福祉部福祉局地域福祉課］ http://www.pref.hokkaido.lg.jp/hf/feg/seikatuhukusisikinn.htm ほっかいどう子育て応援ガイド［子ども子育て支援課］ http://www.pref.hokkaido.lg.jp/hf/kms/kosodate/guide.pdf 北海道の奨学金［奨学金ネット］ （含む＊梅津奨学院・コープさっぽろ社会福祉基金・北海道労働福祉共済会・北海道教職員組合，北海道民医連・JA北海道厚生連奨学金制度　など） https://奨学金.net/hkd.html

高等学校生徒遠距離通学費等補助事業が打たれている。③では，総合政策部政策局総合教育推進室が「大学等修学のための経済的支援情報サイト」を設けて，『大学等修学のための経済的支援の手引き』（全24頁），「北海道内市町村における大学等高等教育機関での修学等に係る各種支援制度」（14管内別），「子どもの貧困対策に関する教育支援の主な取組」のPDFデータの提供及び関係機関等へのリンクがなされており，利便性が高い。④では，アイヌの人たちの生活向上策が独自に位置づくとともに，カラー版両面1枚の簡便チラシ「ほっかいどう子育て応援ガイド」が分かりやすい。

（2）青森県

【人口：119万7980人・世帯数：58万6624世帯】

　①では，「就学援助ポータルサイト」に繋がるとともに，市町村教育委員会の照会先が一覧になっている。②では，「中学生・高校生の保護者の方ご存じですか？ 学びを支える修学支援制度」という2017年度版のチラシはあるものの，ネット上には個々の情報がランダムにアップされており全体像がつかみにくい。就学支援金＆奨学給付金，県立校＆私立校の各情報間にリンクを張るだけで，より検索しやすくなる。私立高校生への独自の授業料等支援がある。③では，「オールあおもり大学・専修学校等魅力発信『青森県が行う主な奨学金制度等について』」（総務部総務学事課）が概括的な一覧になっており，問い合わせ先をクリックすると関連するサイトに飛べるようになっている。医師，看護師等，介護人材，保育士に加えて獣医師職員養成修学資金が設けられている。

表1-3-2　青森県

①小中学生, ②高校生等, ③大学生等, ④その他
①就学援助制度［教育庁学校教育課総務・調整グループ］ https://www.pref.aomori.lg.jp/bunka/education/shugakuenjoseido.html
②県立高等学校等における「高等学校等就学支援金制度」について ［教育庁学校施設課財務グループ］ https://www.pref.aomori.lg.jp/bunka/education/koutougakkoutousyuugakusienkinn.html 「青森県立高等学校標準修業年限超過者等就学支援金制度」について［同上］ https://www.pref.aomori.lg.jp/bunka/education/choukasha.html 県立高等学校等における「学び直し支援金制度」について［同上］ https://www.pref.aomori.lg.jp/bunka/education/manabinaoshi.html 青森県国公立高校生等奨学のための給付金［同上］ https://www.pref.aomori.lg.jp/bunka/education/shougakuyuufukin.html 青森県立高等学校授業料等の免除制度［同上］ http://www.pref.aomori.lg.jp/bunka/education/jugyoryo.html （私立高校）奨学のための給付金［総務部総務学事課学事振興グループ］ （含む＊私立高校生震災復興・創生支援活動費補助事業） https://www.pref.aomori.lg.jp/soshiki/soumu/gakuji/gakuji-shinko.html 青森県私立高等学校等就学支援費補助金・青森県私立学校被災幼児生徒授業料等減免補助金・青森県私立中学校経済的支援実証事業費補助金［同上］ http://www.pref.aomori.lg.jp/soshiki/kyoiku/e-seisaku/files/kouhou_201712_02.pdf 高等学校奨学金の貸与を希望される方へ［公益財団法人青森県育英奨学会］ https://www.pref.aomori.lg.jp/bunka/education/koukoushougakukin-taiyo.html 青森県高等学校定時制課程及び通信制課程修学奨励金 ［教育庁教職員課高等学校人事グループ］ https://www.pref.aomori.lg.jp/bunka/education/teitsutaiyo.html
③大学入学時奨学金事業・学生寮事業・大学奨学金事業［公益財団法人青森県育英奨学会］ https://www.pref.aomori.lg.jp/bunka/education/syogakukin-boshuu.html 医師修学資金制度［健康福祉部医療薬務課良医育成支援グループ］ https://www.pref.aomori.lg.jp/soshiki/kenko/iryo/ishisyugakushikin.html 看護師等修学資金について［同医療指導グループ］ http://www.pref.aomori.lg.jp/soshiki/kenko/iryo/kanngositousyuugakusikinn.html 青森県獣医師職員養成修学資金について［農林水産部畜産課衛生・安全グループ］ https://www.pref.aomori.lg.jp/soshiki/nourin/chikusan/vetsyuugakusikinn.html 介護福祉士等修学資金貸付事業の概要［社会福祉法人青森県社会福祉協議会］ http://aosyakyo.or.jp/wordpress/wp-content/uploads/743dd49b407a9611269a0730644cb9e5-1.pdf 介護人材再就職準備金貸付事業の概要・留意点［同上］ http://aosyakyo.or.jp/wordpress/wp-content/uploads/6f8e55a547d129a96d3fa14c238baa79-1.pdf 保育士修学資金等貸付事業・保育士再就職準備金貸付事業［同上］ http://aosyakyo.heteml.jp/aosyakyo.or.jp/?page_id=69402 オールあおもり大学・専修学校魅力発信「青森県が行う主な奨学金制度等について」［総務部総務学事課］ http://a-gakusei.com/archives/280
④ひとり親家庭（母子家庭，父子家庭等）の方のために［健康福祉部こどもみらい課家庭支援グループ］ http://www.pref.aomori.lg.jp/life/family/f-hitorioya1.html 生活福祉資金の貸付け［社会福祉法人青森県社会福祉協議会］ http://aosyakyo.or.jp/citizens/生活福祉資金の貸付け/ 青森県の奨学金［奨学金ネット］ （含む＊八戸市・むつ市・十和田市　奨学金　など） https://奨学金.net/aomori.html

（3）岩手県

【人口：116万2395人・世帯数：52万5619世帯】

　①では，就学援助に関する情報が県のHPにアップされていない。②では，教育委員会の教育企画室予算財務担当（公立校），同教育企画室総務担当（同奨学給付金），知事部局の政策地域部学事振興課私学振興担当（私立校）並びに公益財団法人岩手育英奨学会（奨学金）の情報が個々にアップされていて，分かりに

表1-3-3　岩手県

①小中学生, ②高校生等, ③大学生等, ④その他
①就学援助制度＝県のHPに特に広報なし
②公立高等学校の授業料制度について［教育委員会事務局教育企画室予算財務担当］ https://www.pref.iwate.jp/kyouikubunka/kyoiku/ippan/gyousei/1006216.html 岩手県公立高等学校学び直し支援金について［同上］ https://www.pref.iwate.jp/kyouikubunka/kyoiku/ippan/gyousei/1006217.html 公立高等学校生徒等奨学給付金のお知らせ［教育企画室総務担当］ https://www.pref.iwate.jp/kyouikubunka/kyoiku/ippan/koho/1006269.html 私立高等学校就学支援金（政策地域部学事振興課私学振興担当） https://www.pref.iwate.jp/kyouikubunka/kyoiku/shigaku/1006751/1006752.html 私立高等学校生徒等奨学給付金のお知らせ［同上］ https://www.pref.iwate.jp/kyouikubunka/kyoiku/shigaku/1006754.html 奨学金案内［公益財団法人岩手育英奨学会］ http://www.iwate21.net/ikuei-syougaku/
③医学生奨学金について［保健福祉部医療政策室医務担当（医療）］ https://www.pref.iwate.jp/kurashikankyou/iryou/seido/ishikakuho/1002929.html 岩手県看護職員修学資金貸付制度の概要［同（看護）］ https://www.pref.iwate.jp/kurashikankyou/iryou/seido/kangoshi/1002943.html 岩手大学法科大学院進学者地域貢献奨学金［岩手大学］ https://www.iwate-u.ac.jp/campus/fee/scholarship/law-school.html 岩手大学教育学部教育職就職支援奨学金［岩手大学］ https://www.iwate-u.ac.jp/campus/fee/scholarship/edusien.html 岩手県市町村医師養成修学生［岩手県国民健康保険団体連合会］ https://www.iwate-kokuho.or.jp/ippan/doctor-youkou.html いわて産業人材奨学金返還支援制度［公益財団法人いわて産業振興センター］ http://www.joho-iwate.or.jp/scholarship/
④生活福祉資金のご案内［岩手県社会福祉協議会］ http://www.iwate-shakyo.or.jp/kenmin/shikin.html ひとり親家庭等支援［トップページ＞くらし・環境＞福祉］ https://www.pref.iwate.jp/kurashikankyou/fukushi/jidou/1003880/index.html いわての学び希望基金［教育委員会事務局教育企画室総務担当］ （含む＊奨学金，教科書購入費等の給付，被災地生徒運動部活動支援費補助，大学等進学支援一時金の給付） https://www.pref.iwate.jp/kyouikubunka/kyoiku/ippan/koho/1006260/1006262.html 岩手県の奨学金［奨学金ネット］ （含む＊一関市・奥州市・北上市・久慈市・遠野市・花巻市・葛巻町　奨学金など） https://奨学金.net/iwate.html

第Ⅰ部　子育て・教育施策の水平的比較調査

くい。③では，医師，看護職員に加えて，岩手大学において**法科大学院進学者地域貢献奨学金，教育学部教育職就職支援奨学金**が設けられている。ものづくり産業の担い手の確保定着のために「**いわて産業人材奨学金返還支援制度**」が設けられている。④では，東日本大震災津波被害を受けた幼児・児童・生徒・学生等の支援のために「**いわての学び希望基金**」が設置されている。

（4）宮城県

【人口：221万5938人・世帯数：102万1832世帯】

①では，就学援助に関して市町村の一覧やリンクはない。「**拡大教科書相談窓口**」情報が特設されている。②では，高校教育課就学支援チーム（県立校），私学・公益法人課私学助成班（私立校），高校教育課奨学金担当の情報が個々にアップされている。一方，「**被災生徒奨学資金のページ**」は公私立校共通であるとともに，「**他の奨学金**」は東日本大震災みやぎこども育英基金奨学金，高校生を対象とした奨学金制度を有する県内の市町村，他団体の奨学金，高等学校等卒業後の奨学金などの情報が概括されている。私立高校生への授業料等支援がある。③では，医学生・看護学生修学資金事業のほかに，**ウェルカム奨励金**（特定診療科医師確保奨励金交付事業）がある。④では，ひとり親家庭への支援を網羅した「ひとり親家庭支援ほっとブック」が作成公開されている。

（5）秋田県

【人口：91万9398人・世帯数：41万9865世帯】

①では，就学援助に関する情報が県のHPにアップされていない。②では，教育庁高校教育課（県立高校），教育庁総務課（私立高校），

表1-3-4　宮城県

①小中学生，②高校生等，③大学生等，④その他
①就学援助制度［義務教育課］ https://www.pref.miyagi.jp/site/gikyou-sie/ses-top.html 拡大教科書相談窓口［同上］ https://www.pref.iwate.jp/kyouikubunka/kyouiku/ippan/koho/1006260/1006262.html
②県立高等学校等授業料について［高校教育課就学支援チーム］ （含む＊授業料の減免について） https://www.pref.miyagi.jp/site/sub-jigyou/kan-jugyouryou.html 公立高等学校の授業料及び受講料等の不徴収について［同上］ https://www.pref.miyagi.jp/site/sub-jigyou/kan-hutyousyuu.html 高等学校等就学支援金制度について［同上］ https://www.pref.miyagi.jp/site/sub-jigyou/kan-syuugakushiennkinn.html 宮城県国公立高校生等奨学給付金について［同上］ https://www.pref.miyagi.jp/site/sub-jigyou/kan-syogakukyuufukin.html （私立高校）就学支援金制度［私学・公益法人課私学助成班］ http://www.pref.miyagi.jp/site/shigaku/shuugakushienkin.html 宮城県私立高校生等奨学給付金［同上］ http://www.pref.miyagi.jp/site/shigaku/kyufu.html 授業料軽減制度の概要［同上］ http://www.pref.miyagi.jp/site/shigaku/jyosei-keigen-s.html 入学者選抜手数料等の免除について［同上］ https://www.pref.miyagi.jp/site/sub-jigyou/kan-nyugakutesuryou-menjyo.html 宮城県高等学校定時制及び通信教育振興奨励費補助金［同上］ https://www.pref.miyagi.jp/uploaded/attachment/109963.pdf 高等学校育英奨学資金貸付（奨学金）について［高校教育課奨学金担当］ http://www.pref.miyagi.jp/site/sub-tyo-shogakukin/tyo-shogakukin-gaiyo.html 被災生徒奨学資金のページ［就学支援チーム］［同上］ https://www.pref.miyagi.jp/site/sub-tyo-shogakukin/tyo-shogakukin-hisai.html 他の奨学金［同上］ https://www.pref.miyagi.jp/site/sub-tyo-shogakukin/tyo-shogakukin-ta.html
③みやぎの医師確保の取組み［医療人材対策室医療定着推進班］ ［含む＊医学生修学資金貸付制度，ウェルカム奨励金（特定診療科医師確保奨励金交付事業）］ http://www.pref.miyagi.jp/site/doctor/ 看護学生修学資金貸付事業［同看護班］ https://www.pref.miyagi.jp/soshiki/iryoujinzai/kango004-kango-syuugakusikin.html
④各種生活福祉資金の貸付［宮城県社会福祉協議会］ http://www.miyagi-sfk.net/system/loan/node_5561 ひとり親家庭支援ほっとブック［子ども・家庭支援課家庭生活支援班］ https://www.pref.miyagi.jp/soshiki/kodomo/hitorioya-book.html https://www.pref.miyagi.jp/uploaded/attachment/699256.pdf 宮城県の奨学金［奨学金ネット］ （含む＊石巻市・仙台市　奨学金　など） https://奨学金.net/miyagi.html

表1-3-5　秋田県

①小中学生，②高校生等，③大学生等，④その他
①就学援助制度＝県のHPに特に広報なし
②県立高等学校の授業料・就学支援金について［教育庁高校教育課］ https://www.pref.akita.lg.jp/pages/archive/9392 秋田県高校生等奨学給付金制度について［同上］ https://www.pref.akita.lg.jp/pages/archive/9665 秋田県高校生等奨学給付金制度について（私立高等学校）［教育庁総務課］ https://www.pref.akita.lg.jp/pages/archive/11051 奨学金事業の紹介［公益財団法人秋田県育英会］ http://www.akita-ikuei.jp/scholarship/index.html
③秋田県の医師支援策［健康福祉部医務薬事課医療人材対策室］ http://common3.pref.akita.lg.jp/ishikakuho/detail.html?cid=6&id=1235 秋田県看護職員修学資金について［同上］ https://www.pref.akita.lg.jp/pages/archive/2503 介護福祉士修学資金等貸付事業について［秋田県社会福祉協議会］ http://www.akitakenshakyo.or.jp/p_topic.php?p=5&id=488 秋田県奨学金返還助成制度について［あきた未来創造部移住・定住促進課］ https://www.pref.akita.lg.jp/pages/archive/34797 各寮の概要［秋田県育英会］ http://www.akita-ikuei.jp/dormitory/index.html
④生活福祉資金［秋田県社会福祉協議会］ http://www.akitakenshakyo.or.jp/p_topic.php?p=3&id=21 ひとり親家庭のしおり［健康福祉部地域・家庭福祉課］ https://www.pref.akita.lg.jp/pages/archive/11351 秋田県の奨学金［奨学金ネット］ （含む＊湯沢市・大館市・潟上市・北秋田市・仙北市・能代市・由利本荘市・横手市　奨学金　など） https://奨学金.net/akita.html

公益財団法人秋田県育英会の情報が個々にアップされている。私立高校に関して，奨学給付金の情報はあるが，就学支援金及び県独自の授業料等支援（文部科学省資料には「あり」記載）に関する独自情報はみられない。③では，「航空機」「自動車」「医療機器」「情報」「新エネルギー」の5業種への就職者を対象とした**奨学金返還助成制度**がある。④では，ひとり親家庭への支援を網羅した「ひとり親家庭のしおり」が作成公開されている。

（6）山形県

【人口：101万8385人・世帯数：41万3897世帯】

①では，就学援助に関して市町村の一覧やリンクはない。②では，教育庁総務課予算担当（県立校就学支援金等），高校教育課経理・奨学金担当（国公立奨学給付金），学事文書課私学宗務担当（私立校奨学給付金）の情報が個々に

表1-3-6　山形県

①小中学生，②高校生等，③大学生等，④その他
①就学援助制度＝県のHPに特に広報なし
②公立高校の授業料と就学支援金・学び直し支援金［教育庁総務課予算担当］ https://www.pref.yamagata.jp/bunkyo/kyoiku/koto/7700001kennritukoukoujyugyouryoushuugakusiennkinn.html 奨学のための給付金（国公立高等学校等）［高校教育課経理・奨学金担当］ https://www.pref.yamagata.jp/bunkyo/kyoiku/koto/6700013kyufukin.html 山形県内奨学金事業一覧［同上］ https://www.pref.yamagata.jp/ou/kyoiku/700013/shougakukin/H30shogakukinjigyo.pdf 奨学のための給付金（私立高等学校等）［学事文書課私学宗務担当］ https://www.pref.yamagata.jp/bunkyo/kyoiku/koto/7020023siritsushougaku.html
③山形県医師修学資金［地域医療対策課医師・看護師確保対策室］ http://www.pref.yamagata.jp/ou/kenkofukushi/090013/ishikakuho_top/igakusei.html 山形県看護職員修学資金貸与事業について［同看護師確保対策担当］ http://www.pref.yamagata.jp/kenfuku/iryo/kango/8090013scholarship.html 介護福祉士修学資金等貸付制度のご案内［山形県福祉人材センター］ https://www.ymgt-shakyo.or.jp/jinzai/kaigofukushi-kashitsuke/index.html 山形県若者定着奨学金返還支援事業［産業政策課地域産業振興室］ http://www.pref.yamagata.jp/ou/shokokanko/110001/syogakukinhenkansien.html 学生寮について［公益財団法人やまがた育英会］ http://yamagata-ikueikai.com/dormitory.html
④生活福祉資金［山形県社会福祉協議会］ http://www.ymgt-shakyo.or.jp/diary.cgi?id=a2 ひとり親家庭への支援について［子ども家庭課家庭福祉担当］ https://www.pref.yamagata.jp/ou/kenfuku/kosodate/qanda/7010002publicdocument201107199454816721.html ひとり親福祉のしおり［子育て推進部子ども家庭］ https://www.pref.yamagata.jp/ou/kosodatesuishin/010002/kateifukushi/pdf/hitorioyashoiri.pdf 山形県の奨学金［奨学金ネット］ （含む＊天童市・南陽市・上山市・酒田市・東根市・最上市　奨学金　など） https://奨学金.net/yamagata.html

アップされている。私立高校に関して，奨学給付金の情報はあるが，就学支援金及び県独自の授業料等支援（文部科学省資料では「あり」記載）に関する独自情報はみられない。一方，「**山形県内奨学金事業一覧**」（全10頁）（高校教育課経理・奨学金担当作成）は県内の奨学金事業を一覧にしており利便性が高い。③では，医師・看護職員・介護福祉士等の修学資金事業がある。公務員・医師・看護師・介護福祉士・保育士を対象に，**山形県若者定着奨学金返還支援事業**が設けられている。④では，ひとり親家庭への支援を網羅した「ひとり親福祉のしおり」が作成公開されている。

(7) 福島県 ─────────

【人口：177万7409人・世帯数：78万3269世帯】

　①②では，教育委員会のHPに「**就学援助・奨学金**」のサイトがあり，「福島県奨学資金，高等学校等就学支援金，高校生等奨学給付金，就学奨励について，就学援助関連情報について，返還例」の項目別に格納された諸情報にアクセスできる。③では，エネルギー関連産業・医療関連産業・ロボット関連産業・環境リサイクル関連産業・輸送用機械関連産業・電子機械関連産業・ICT関連産業・6次化関連産業への就職者を対象に，**福島県の将来を担う産業人材確保のための奨学金返還支援事業**が設けられている。④では，児童家庭課のサイトに「ひとり親家庭」欄に関連情報が一覧になって掲示されるとともに，ひとり親家庭への支援を網羅した「ふくしまシングルママ＆パパ　ハンドガイド」が作成公開されている。

表1-3-7　福島県

①小中学生，②高校生等，③大学生等，④その他
②就学援助・奨学金[福島県教育委員会] https://www.pref.fukushima.lg.jp/site/edu/list601-1863.html
③医師を志す学生に対する支援[医療人材対策室医師確保担当] http://www.pref.fukushima.lg.jp/sec/21045d/gakusei-shien.html 保健師等修学資金についてについて[同看護職員確保担当] https://www.pref.fukushima.lg.jp/sec/21045d/kansenkangokango12.html 介護福祉士修学資金等貸付について[福島県社会福祉協議会] http://www.fukushimakenshakyo.or.jp/1000/untitled.htm <u>福島県の将来を担う産業人材確保のための奨学金返還支援事業</u>[福島県雇用労政課] http://www.pref.fukushima.lg.jp/sec/32011c/shougakukin-ninntei.html http://www.pref.fukushima.lg.jp/uploaded/attachment/318389.pdf
④生活福祉資金貸付制度の案内[福島県社会福祉協議会] http://www.fukushimakenshakyo.or.jp/1000.1201.htm ひとり親家庭[児童家庭課] https://www.pref.fukushima.lg.jp/sec/21035a/ ふくしまシングルママ＆パパ　ハンドガイド[子育て推進部子ども家庭] https://www.pref.fukushima.lg.jp/uploaded/attachment/300160.pdf 福島県の奨学金[奨学金ネット] （含む*須賀川市・白河市・郡山市・南相馬市・相馬市・伊達市　奨学金　など） https://奨学金.net/hukushima.html

---

4. 関東7都県

(1) 茨城県 ─────────

【人口：277万6173人・世帯数：124万5567世帯】

　茨城県HPで「トップページ＞茨城で学ぶ＞教育」と進むと「私立学校，茨城県教育委員会」の見出しにアクセスできる。「茨城県教育委員会（外部サイトへリンク）」をクリックし，

表1-4-1　茨城県

①小中学生，②高校生等，③大学生等，④その他
②困ったときは（よくある質問）＞学校教育関係 https://www.edu.pref.ibaraki.jp/board/qa/faq/index.html#gakko 就学援助制度について[教育庁義務教育課] https://www.edu.pref.ibaraki.jp/board/gakkou/shochu/syuen/index.html 県立高校の授業料について[同総務企画部財務課] https://www.edu.pref.ibaraki.jp/board/qa/faq/kyouiku/jyugyo.html 奨学のための給付金制度について[同上] https://www.edu.pref.ibaraki.jp/board/qa/faq/kyouiku/kyuhu.html 県立高校授業料等の免除制度について[同上] https://www.edu.pref.ibaraki.jp/board/qa/faq/kyouiku/menjo.html 奨学金を借りるには[同学校教育部高校教育課] https://www.edu.pref.ibaraki.jp/board/qa/faq/kyouiku/shogaku.html
②茨城で学ぶ＞私立学校 www.pref.ibaraki.jp/manabu/kyoiku/daigaku-shiritsu-kokuritsugakko/index.html 私立高等学校等就学支援金・授業料減免事業[総務部総務課私学振興室] http://www.pref.ibaraki.jp/somu/somu/shigaku/private-school/school/2018shugaku.html 奨学のための給付金（私立学校生徒向け）[同上] http://www.pref.ibaraki.jp/somu/somu/shigaku/private-school/kyuhukin/index.html 授業料減免制度[同上] http://www.pref.ibaraki.jp/somu/somu/shigaku/private-school/tsuichion/index.html
③茨城県医師修学資金貸与制度のご案内・茨城県地域医療医師修学資金貸与制度のご案内 HPリニューアルのためにサイト情報不明 看護師等修学資金[保健福祉部医療人材課人材育成] https://www.pref.ibaraki.jp/hokenfukushi/jinzai/ikusei/isei/div/nurse/educate/loan/index.html 修学資金等貸付事業[茨城県社会福祉協会] http://www.ibaraki-welfare.or.jp/福祉の仕事・研修/修学資金等貸付事業/
④生活福祉資金のご案内[茨城県社会福祉協議会] http://www.ibaraki-welfare.or.jp/地域福祉関連活動/生活福祉資金のご案内/ ひとり親家庭の福祉[県南県民センター地域福祉室] http://www.pref.ibaraki.jp/somu/nanse/chiiki/fukushi/hitorioya/hitorioya.html 茨城県の奨学金[奨学金ネット] （含む*つくばみらい市・大洗町・神栖市・結城市・古川市・常総市　奨学金　など） https://奨学金.net/ibaraki.html

「ホーム＞困ったときは（よくある質問）＞学校教育関係」で，①②に関連した就学援助（東日本大震災被災を含む），県立高校の授業料（就学支援金を含む），奨学給付金制度，県立高校授業料等の免除制度，奨学金，の情報が入手できる。「就学援助制度について」では，照会先の市町村の一覧とリンクがある。なお，「ホーム＞学校教育＞小・中学校教育」にも「就学援助」の見出しを掲げると分かりやすい。「奨学金を借りるには」では，茨城県奨学資金，茨城県高等学校等奨学資金，茨城県育英奨学資金，茨城県高等学校定時制課程及び通信制課程修学奨励資金の情報を得ることができる。②のうち，私立校については，「茨城で学ぶ＞教育＞私立学校」をクリックすると，就学支援金（授業料等支援を含む），奨学給付金，授業料免除に関連した各見出しが表示されている。なお，教育委員会（公立校）と知事部局（私立校）の情報が関連づけられていると分かりやすい。③④は，表の通りである。

（2）栃木県 ——————————

【人口：186万6944人・世帯数：83万295世帯】

「ホーム＞福祉・医療＞こども＞子育て支援＞子育て・保育情報＞経済的な支援制度」では医療費助成制度・医療費給付制度・児童手当などが一覧になっているが，教育費支援に関する一覧は発見できない。①では，就学援助に関する情報が県のHPにアップされていない。②では，「ホーム＞教育・文化＞学校教育＞高等学校」の「奨学金情報」サイトにおいて，高等学校等就学支援金，奨学給付金，奨学金などの関連情報にアクセスできるようになっているが，「修学支援制度・奨学金」というような表題になっていないために概括したサイトであることが分かりにくい。③で

は，「高校生の皆様へ（栃木県は未来のドクターを応援します！）」（とちぎ地域医療支援センター）が，栃木県医師修学資金貸与制度を含めて，「医師になるには」「栃木県の医師確保対策」を高校生向けに分かりやすく説明している（産婦人科医にも独自の修学資金あり）。また，製造業への就職者を対象に，奨学金返還支援事業を設けている。④では，「ひとり親家庭のための支援制度」のサイトにおいて，経済的支援として児童扶養手当，ひとり親家庭医療費助成制度，母子父子寡婦福祉資金貸付制度の3種が見出しに上がっている。

表1-4-2　栃木県

①小中学生，②高校生等，③大学生等，④その他
①就学援助制度＝県のHPに特に広報なし
②奨学金情報［総務課］ （含む＊就学支援金・授業料等支援，奨学給付金，奨学金） http://www.pref.tochigi.lg.jp/m01/syougakukinjyouhou.html 奨学金を希望する方へ［公益財団法人栃木県育英会］ http://www.tochiiku.sakura.ne.jp/scholarship.php
③高校生の皆様へ（栃木県は未来のドクターを応援します！）［とちぎ地域医療支援センター］ http://www.pref.tochigi.lg.jp/e02/welfare/iryou/ishikakuho/miraidoctor.html 医学生のための修学資金（産科医修学資金）について 　　　　　　［保健福祉部医療政策課地域医療担当］ http://www.pref.tochigi.lg.jp/e02/welfare/iryou/ishikakuho/igakukatei.html 栃木県看護職員修学資金貸与制度［同看護職員育成担当］ http://www.pref.tochigi.lg.jp/e02/kangosyugakushikin.html 各種貸付制度について［栃木県社会福祉協議会］ http://www.tochigikenshakyo.jp/service/shien/kashitsuke.html 保育士修学資金等貸付のご案内［とちぎ保育士・保育所支援センター］ https://www.tochigi-hoikushi-center.org/kasituke_student.php 学生寮入寮を希望する方へ［栃木県育英会］ http://www.tochiiku.sakura.ne.jp/news.php?eid=00061（建替え休止中） とちぎ未来人材応援奨学金支援助成金［労働政策課雇用対策担当］ http://www.pref.tochigi.lg.jp/f06/work/koyou/koyou/miraijinzaiouensyougakukin.html
④生活保護制度及び各種支援資金［栃木県社会福祉協議会］ http://www.tochigikenshakyo.jp/service/shien/ ひとり親家庭のための支援制度［こども政策課］ http://www.pref.tochigi.lg.jp/e06/welfare/kodomo/hitorioya/1178523555005.html 栃木県の奨学金［奨学金ネット］ （含む＊足利市・宇都宮市・上三川町・大田原市・鹿沼市・佐野市・栃木市・那珂川町　奨学金　など） https://奨学金.net/tochigi.html

第Ⅰ部　子育て・教育施策の水平的比較調査　　039

（3）群馬県

【人口：184万6917人・世帯数：82万9872世帯】

「トップページ＞子育て・教育・文化・スポーツ＞子育て・青少年＞子育て」と進むと，①②③④を網羅した「『子育て』に関するお助け制度の一覧」にアクセスできる。当サイトでは，「出産／保育／教育資金／医療／資格・就労／母（父）子家庭／障害児，児童施設入所者・退所者／小・中学生／高校生等／特別支援学校／交通遺児／その他」の13区分別に整理されており（関連区分への重複分類あり），生まれてから就労までのさまざまな「お助け制度」が発見できるようになっている。利便性の高い広報のあり方として一つのモデルとなろう。また，高校入学予定者向けに，「**高校生対象の就修学支援制度のごあんない**」（高校生等対象の奨学金・資金貸付制度一覧，スケジュールを含む）をコンパクトに収めたリーフレットを作成公表している。

表 1-4-3　群馬県

①小中学生，②高校生等，③大学生等，④その他
①②③④「子育て」に関するお助け制度の一覧［こども未来部こども政策課］ https://www.pref.gunma.jp/03/bw01_00018.html
②「高校生対象の就修学支援制度のごあんない」［教育委員会管理課］ http://www.numata-hs.gsn.ed.jp/office/docs/h27_shugaku_shien.pdf
④応援しています！ひとり親家庭［こども未来部児童福祉課］ https://www.pref.gunma.jp/03/d3610004.html 群馬県の奨学金［奨学金ネット］ （含む＊太田市・桐生市・渋川市・高崎市・館林市・千代田町・下仁田町・片品村　奨学金　など） https://奨学金.net/gunma.html

（4）埼玉県

【人口：714万8405人・世帯数：334万8023世帯】

「総合トップ＞文化・教育＞ 学校教育」と進み，「小中学校」で①関連を，「授業料」及び「奨学金」で②関連を，「大学進学のための経済的支援情報の提供」で③関連を，入手

表 1-4-4　埼玉県

①小中学生，②高校生等，③大学生等，④その他
①就学援助制度について［教育局財務課学校教育助成担当］ http://www.pref.saitama.lg.jp/f2204/enjo.html
②高校生の学費負担を支援します！［同財務課授業料・奨学金担当］ https://www.pref.saitama.lg.jp/f2204/j-s/index.html
③大学進学のための経済的支援ガイド［同上］ https://www.pref.saitama.lg.jp/f2204/shingaku/taikendan.html https://www.pref.saitama.lg.jp/f2204/shingaku/documents/29daigakusinngakusienngaido.pdf 埼玉県医師育成奨学金［保健医療部医療人材課医師確保対策担当］ https://www.pref.saitama.lg.jp/a0709/ishiikusei-shougakukin/ 埼玉県看護師等育英奨学金貸与制度について［同看護・医療人材担当］ http://www.pref.saitama.lg.jp/a0709/ikueishougakukinn/ 埼玉県介護福祉士修学資金［埼玉県社会福祉協議会］ https://www.fukushi-saitama.or.jp/site/problem_5.html 埼玉県保育士修学資金貸付について［同上］ https://www.fukushi-saitama.or.jp/site/problem_11.html
④生活福祉資金などの貸付制度［同上］ https://www.fukushi-saitama.or.jp/site/problem.html 母子及び父子並びに寡婦福祉資金貸付制度のごあんない［福祉部少子政策課］ https://www.pref.saitama.lg.jp/a0607/boshifushikafukashitsuke.html 埼玉県の奨学金［奨学金ネット］ （含む＊伊那町・春日部市・上里町・川越市・行田市・熊谷市・さいたま市・狭山市・草加市・秩父市・鶴ヶ島市・所沢市・戸田市・滑川町・新座市・飯能市・東松山市・深谷市・八潮市・蕨市　奨学金　など） https://奨学金.net/saitama.html

できる。①では，照会先として市町村教育委員会の一覧がある。②について，中学校3年生保護者向けに修学支援制度を紹介したリーフレット「**高校生の学費負担を支援します！**」（全4頁）が日本語・英語・中国語・韓国朝鮮語・タガログ語・ポルトガル語で作成公開されている。そこでは，教育費を，入学料・授業料（高等学校等就学支援金制度［国公私立］，入学料・授業料減免制度［国公立］，父母負担軽減事業補助制度［私立］）／授業料以外の教育費（奨学のための給付金制度［国公私立］，父母負担軽減事業補助制度［私立］）／教育費全般（埼玉県高等学校等奨学金制度［国公私立］），の3区分に整理し説明している。③では，意欲や能力のある高校生が一人でも多く，大学へ進学する夢を実現できることを願って，『**大学進学のための経済的支援ガイド**』（全34頁）が作成公開され，大学の入学料・授業料減免制度，給付型奨学金，貸与型奨学金，教育ローンについて解説と情

報提供がなされている。ほかに，医師，看護師等，介護福祉士，保育士対象の修学資金制度が別建ての情報となっている。④は，表の通りである。

（5）千葉県 ——————————

【人口：611万275人・世帯数：291万2718世帯】

「ホーム＞教育・文化・スポーツ＞教育・健全育成＞学校教育」に進むと，「小中教育」の見出しはあるが，①に係る就学援助に関する情報は県のHPにアップされていない。②については，「高校教育」「奨学金・就学援助」の見出しから県立校の就学支援金，奨学給付

表 1-4-5　千葉県

①小中学生，②高校生等，③大学生等，④その他

①就学援助制度＝県のHPに特に広報なし

②県立高校の入学料・授業料等[教育庁企画管理部財務課財務指導室会計指導班]
（含む＊就学支援金，奨学給付金，減免制度）
http://www.pref.chiba.lg.jp/kyouiku/zaimu/jugyouryoutou/index.html
私立高等学校等授業料減免制度（平成26年度以降入学生）
[総務部学事課私学振興班]
https://www.pref.chiba.lg.jp/gakuji/shiritsutou/gakuhi-josei/genmen/26ikougenmen.html
千葉県の修学援助制度・紹介リーフレット[同上]
https://www.pref.chiba.lg.jp/gakuji/shiritsutou/gakuhi-josei/genmen/documents/gennmennsin.pdf
千葉県の奨学金制度[教育庁企画管理部財務課育英班]
http://www.pref.chiba.lg.jp/kyouiku/zaimu/enjo/shougakukin/index.html

③千葉県医師修学資金貸付制度[健康福祉部医療整備課医師確保・地域医療推進室]
https://www.pref.chiba.lg.jp/iryou/ishi/ishikakuho/gakusei/kashitsuke.html
千葉県保健師等修学資金貸与制度[同看護師確保推進室]
https://www.pref.chiba.lg.jp/iryou/ishi/kangoshi/shikin/kashitsuke.html
介護福祉士修学資金等貸付事業のお知らせ[千葉県社会福祉協議会]
http://www.chibakenshakyo.net/publics/index/197/#page-content
保育士修学資金等貸付事業のお知らせ[同上]
http://www.chibakenshakyo.net/publics/index/233/

④ちば健康福祉ブック[健康福祉部健康福祉指導課企画情報班]
https://www.pref.chiba.lg.jp/kenshidou/shien/book/index.html
各種資金[同上]
https://www.pref.chiba.lg.jp/kenshidou/shien/book/shikin.html
ひとり親家庭の健康福祉[同上]
https://www.pref.chiba.lg.jp/kenshidou/shien/book/hitori-kenkou.html
千葉県の奨学金[奨学金ネット]
（含む＊旭市・市川市・浦安市・香取市・木更津市・千葉市　奨学金　など）
https://奨学金.net/chiba.html

金，減免制度などの情報が得られる。私立校に関しては，「ホーム＞教育・文化・スポーツ＞教育・健全育成＞私立学校　＞学費等の助成制度メニュー」で，千葉県の独自施策を含めた関連情報が入手できる。リーフレット**「千葉県の修学援助制度」**（全6頁）（総務部学事課私学振興班）が作成公表されており，分かりやすい。③では，医師・保健師等・介護福祉士・保育士に係る修学資金事業がある。④では，**『ちば健康福祉ブック』**（健康福祉部健康福祉指導課企画情報班）が作成公表されており，手当・助成などの諸情報が網羅的に一覧・入手できる。

（6）東京都 ——————————

【人口：1326万4486人・世帯数：707万4034世帯】

①②に関連して，「トップページ＞入学・転入学／授業料等＞授業料・入学料・支援制度等＞**就学を支援する事業のご案内**」のページがあり，「教育庁が所管する事業」として都立高校・都立中等教育学校後期課程・都立特別支援学校高等部に係る授業料，就学支援金，奨学給付金，給付型奨学金，就学奨励など，「生活文化局が所管する事業」として奨学金制度（育英資金事業），「福祉保健局が所管する事業」として母子福祉資金・父子福祉資金，生活福祉資金，受験生チャレンジ支援（学習塾，各種受験対策講座，通信講座，補習教室の受講料や，高校や大学などの受験料の捻出が困難な一定所得以下の世帯に必要な資金の貸付を行う），「区市町村が所管する事業」として就学援助制度（照会先の区市町村の一覧とリンクあり）が掲げられている。私立学校については，「トップページ＞私立学校＞保護者負担軽減」のページに，就学支援金（学び直し支援金），授業料軽減助成金，奨学給付金，入学支度金，私立小中学校等就

学支援実証事業費補助金，私立幼稚園等園児保護者負担軽減事業，その他の保護者負担軽減事業がリスト一覧になっている（「保護者負担軽減」のページを上位に位置づけると概括したページであることが分かりやすい）。③では，介護職員を対象に，都独自に奨学金返還支援制度を設けている。④は，表の通りである。

表1-4-6　東京都

①小中学生，②高校生等，③大学生等，④その他
①②就学を支援する事業のご案内 　［含む＊就学援助，都立高校等の就学支援金，奨学給付金，奨学金制度など］ 　http://www.kyoiku.metro.tokyo.jp/admission/tuition/tuition/enrollment_support.html
②［私立学校］保護者負担軽減［東京都生活文化局］ 　http://www.seikatubunka.metro.tokyo.jp/shigaku/hogosha/
③東京都地域医療医師奨学金制度［東京都地域医療支援センター］ 　http://www.fukushihoken.metro.tokyo.jp/iryo/sonota/tiikiiryoushiensenta/isishougakukin/index.html 看護師等修学資金貸与事業［東京都福祉保健局医療政策部医療人材課看護担当］ 　http://www.fukushihoken.metro.tokyo.jp/iryo/shikaku/syugaku/ 介護福祉士・社会福祉士養成施設在学者向け修学資金貸付事業 　　　　　　　　　　　　　　［東京都社会福祉協議会］ 　https://www.tcsw.tvac.or.jp/jinzai/shikin1.html 保育士修学資金貸付事業［同上］ 　https://www.tcsw.tvac.or.jp/jinzai/kashitsuke-hoiku.html 介護職員奨学金返済・育成支援事業［高齢社会対策部介護保険課介護人材担当］ 　http://www.fukushihoken.metro.tokyo.jp/kourei/hoken/shougakukin.html
④生活福祉資金貸付制度について［生活福祉部地域福祉課生活援助担当］ 　http://www.fukushihoken.metro.tokyo.jp/smph/seikatsu/seikatusikinn_fukushi.html ひとり親家庭支援［東京都保健福祉局］ 　http://www.fukushihoken.metro.tokyo.jp/kodomo/hitorioya_shien/index.html ひとり親家庭サポートガイド［東京都ひとり親家庭支援センター］ 　http://www.fukushihoken.metro.tokyo.jp/kodomo/hitorioya_shien/kankoubutu/supportguide.files/supportguide.pdf 東京都の奨学金［奨学金ネット］ 　（含む＊日野市・小金井市・武蔵野市・八王子市・青梅市・清瀬市・東村山市・町田市・府中市，新宿区・足立区・板橋区・江戸川区・大田区・葛飾区・北区・品川区・杉並区・文京区・世田谷区　奨学金　など） 　https://奨学金.net/tokyo.html

表1-4-7　神奈川県

①小中学生，②高校生等，③大学生等，④その他
①就学援助制度＝県のHPに特に広報なし
②わたくしたちの生活と進路［教育委員会教育局支援部子ども教育支援課］ 　（含む＊入学検定料等減免，就学支援金，奨学給付金，私立学費補助，奨学金など） 　http://www.pref.kanagawa.jp/docs/v3p/cnt/f6687/
③神奈川県地域医療医師修学資金貸付制度について［健康医療局保健医療部医療課］ 　http://www.pref.kanagawa.jp/docs/t3u/cnt/f14030/ 神奈川県看護師等修学資金［同上］ 　http://www.pref.kanagawa.jp/docs/t3u/cnt/f5510/documents/syuugakusikingasapouto.html 介護福祉士等修学資金貸付制度・介護職員実務者研修受講資金貸付制度について［福祉子どもみらい局福祉部地域福祉課］ 　http://www.pref.kanagawa.jp/docs/n7j/cnt/f535601/p15706.html 保育士修学資金貸付等事業について［同次世代育成課］ 　http://www.pref.kanagawa.jp/docs/n7j/cnt/f520048/
④生活福祉資金等の貸付［神奈川県社会福祉協議会］ 　http://www.knsyk.jp/s/shiru/kashitsuke_kyoiku.html ひとり親家庭支援制度のご案内［福祉子どもみらい局子どもみらい部子ども家庭課］ 　http://www.pref.kanagawa.jp/docs/he8/hitorioya-support/index.html ひとり親家庭のみなさんへ［同家庭福祉グループ］ 　http://www.pref.kanagawa.jp/docs/he8/hitorioya-support/documents/hitorioya_leaflet-h30.pdf 神奈川県の奨学金［奨学金ネット］ 　（含む＊大井町・寒川町・川崎市・箱根町・二宮町・平塚市・三浦市・山北町・横須賀市　奨学金　など） 　https://奨学金.net/kanagawa.html

育支援課）が作成公表されている。その中の「15．就学援助制度」では入学検定料等減免制度，就学支援金，奨学給付金，私立高校学費補助金，県奨学金，市町村奨学金，その他の学費助成などの情報が，「17．神奈川県公立高等学校にかかる諸経費等」では受検料，入学料，授業料の情報が入手できる。中学校での進路指導の一環に位置づける発想は面白い。③④は，表の通りである。

（7）神奈川県 ─────────

【人口：894万8525人・世帯数：437万899世帯】

　①に係る就学援助に関する情報は県のHPにアップされていない。②では，各年度版の中学校進路指導資料『わたくしたちの生活と進路』（全21頁）（教育委員会教育局支援部子ども教

5. 中部10県

(1) 新潟県

【人口：211万6527人・世帯数：89万9157世帯】

　①では，市町村の就学援助に関する情報は県のHPにアップされていないが，新潟県就学援助費（医療費・学校給食費）支給に関する情報がある（県立中学校・県立中等教育学校前期課程及び県立特別支援学校小中学部在籍の経済的理由による就学困難者を対象に医療費及び学校給食費を援助）。②については，「新潟県ホーム＞教育・文化＞高等学校教育」のページに関連情報がある。そのうち，「就学支援金制度・奨学のための給付金制度」の見出し区分では就学支援金，奨学給付金の情報が，「**奨学金ガイド**」の見出し区分では新潟県奨学金，日本学生支援機構，新潟県内市町村の奨学金，民間団体の奨学金等についての情報が得られる。

この「**奨学金ガイド**」（全34頁）には，③④に関係した「大学生等のための修学支援制度」「特定の専門分野を専攻する学生のための修学支援制度」「生活困窮世帯・ひとり親世帯のための支援制」の情報も収録されており，利便性が高い。③では，**獣医師確保修学資金貸与事業，Ｕターン転職した者を対象とした奨学金等返還支援制度**が設けられている。

(2) 富山県

【人口：99万7087人・世帯数：41万6665世帯】

　「ホーム＞分野別案内＞くらし・健康・教育＞教育・子育て＞学校」に進むと，「お知らせ」

表1-5-1　新潟県

①小中学生，②高校生等，③大学生等，④その他
①就学援助制度＝市町村実施のものに関しては県のHPに特に広報なし。新潟県就学援助費（医療費・学校給食費）支給要綱［教育庁保健体育課学校給食係］ http://www.pref.niigata.lg.jp/hokentaiiku/1356840088138.html
②③④奨学金ガイド［教育庁高等学校教育課］ http://www.pref.niigata.lg.jp/kotogakko/1222020128706.html http://www.pref.niigata.lg.jp/HTML_Article/593/179/h31shogakukin-gaido_218084.pdf
③医師養成修学資金貸与制度［新潟県医師・看護職員確保対策課医師確保係］ https://www.ishinavi-niigata.jp/support/scholarship-system/training-scholarship/ 新潟県看護職員臨時修学資金制度に関するお知らせ［医師・看護職員確保対策課］ http://www.pref.niigata.lg.jp/ishikango/1356755887779.html 介護福祉士等修学資金貸付制度［新潟県社会福祉協議会］ http://www.fukushiniigata.or.jp/job/sikin/ <u>新潟県獣医師確保修学資金貸与事業について［畜産課家畜衛生係］</u> http://www.pref.niigata.lg.jp/chikusan/1356894874821.html <u>Ｕターン転職した方の奨学金等の返還を支援します［新潟暮らし推進課］</u> http://www.pref.niigata.lg.jp/kurashi/1356888818141.html
④生活福祉資金貸付制度［新潟県社会福祉協議会］ http://www.fukushiniigata.or.jp/seikatsu/msystem/ ひとり親家庭の方が利用できる制度について［児童家庭課］ http://www.pref.niigata.lg.jp/jidoukatei/1194279091055.html 新潟県の奨学金［奨学金ネット］ （含む＊魚沼市・新潟市・柏崎市・村上市　奨学金　など） https://奨学金.net/nigata.html

表1-5-2　富山県

①小中学生，②高校生等，③大学生等，④その他
①就学援助制度＝県のHPに特に広報なし
②富山県国公立高等学校奨学のための給付金について［教育委員会県立学校課学事係］ http://www.pref.toyama.jp/cms_sec/3003/kj00014616.html （私立）高等学校等就学支援金制度について［総合政策局企画調整室私学振興担当］ http://www.pref.toyama.jp/cms_sec/1002/kj00015295.html 富山県私立高等学校等奨学給付金について［同上］ http://www.pref.toyama.jp/cms_sec/1002/kj00014545.html 富山県奨学資金制度［教育委員会県立学校課学事係］ http://www.pref.toyama.jp/cms_sec/3003/kj00011813.html
③富山県地域医療確保修学資金貸与制度［厚生部医務課医師・看護職員確保対策班］ http://www.pref.toyama.jp/cms_sec/1204/kj00011685-002-01.html http://www.pref.toyama.jp/cms_sec/1204/kj00011685-003-01.html 富山県地域医療再生修学資金貸与制度［同上］ http://www.pref.toyama.jp/cms_sec/1204/kj00011685-004-01.html 富山県医学生等修学資金貸与条例（含む＊歯科医・獣医師） http://www.pref.toyama.jp/sections/1103/reiki_int/reiki_honbun/i001RG00000546.html 富山県看護学生修学資金貸与与［同保健看護係］ http://www.pref.toyama.jp/cms_sec/1204/kj00017502.html 介護福祉士等修学資金貸与制度・保育士就職準備金等貸与制度［富山県社会福祉協会］ https://www.toyama-shakyo.or.jp/jinzai/kakusyukashitsuke/#subtop 青雲寮［公益財団法人富山県学生寮］ http://www.toyama-ryo.or.jp/ <u>理工系・薬学部生対象奨学金返還助成制度［総合政策局 移住・UIJターン促進課］</u> http://www.pref.toyama.jp/cms_sec/1019/kj00019118.html
④生活福祉資金貸付制度［富山県社会福祉協議会］ http://www.tochigikenshakyo.jp/service/shien/ ひとり親家庭等の支援について［厚生部子ども支援課］ http://www.pref.toyama.jp/cms_sec/1201/kj00003388.html 富山県の奨学金［奨学金ネット］ （含む＊朝日町・魚津市・高岡市・砺波市・富山市・滑川市・南砺市　奨学金　など） https://奨学金.net/toyama.html

第Ⅰ部　子育て・教育施策の水平的比較調査

「トピックス」等が新着から降順にアップされていて，教育費支援情報をまとめて概観するサイトはみつけられなかった。①に係る就学援助に関する情報は県のHPにアップされていない。②では，国公立校の就学支援費に関する情報が見当たらない。ネット上では「すべての子どもの安心と希望の実現に向けた取組み」[7]と題した過去のパワーポイントスライドが発見できたが，こうした取り組み一覧の最新情報がHP上において公開され，各情報とリンクされていると分かりやすい。なお，厚生労働省の事業を受けて「自立援助ホーム入所者就学援助事業」（自立援助ホームに入居し，大学等に就学している20〜22歳の入所者に対して生活費等を援助することにより，要保護児童を大学卒業まで継続的に支援する）が2017年度から予定されていた。③では，<u>理工系・薬学部生対象奨学金返還助成制度</u>がある。④は，表の通りである。

表1-5-3　石川県

①小中学生，②高校生等，③大学生等，④その他
①就学援助制度＝県のHPに特に広報なし
②高校生等への新たな就学支援制度について［教育委員会庶務課］ https://www.pref.ishikawa.lg.jp/kyoiku/syomu/jyugyouryou.html 育英資金申請，各種申請・届出など［同上］ https://www.pref.ishikawa.lg.jp/kurashi/kyoiku/shogakukin/index.html
③石川県緊急医師確保修学資金貸与者［健康福祉部地域医療推進室］ https://www.pref.ishikawa.lg.jp/iryou/support/tokubetuwakubosyuu.html 石川県看護師等修学資金について［健康福祉部医療対策課］ https://www.pref.ishikawa.lg.jp/iryou/kangoshuugakushikin.html 介護福祉士修学資金（貸与）［石川県社会福祉協会］ https://www.isk-shakyo.or.jp/qualification/learn_fund.html 石川富山明倫学館［石川富山明倫学館］ https://www.pref.ishikawa.lg.jp/soumu/gakuseiryou/gakuseiryou.html 石川県ものづくり人材奨学金返還支援助成制度 ［いしかわ就職・定住総合サポートセンター］ https://www.jobcafe-ishikawa.jp/company/program/assistance/
④生活福祉資金のご案内［石川県社会福祉協議会］ https://www.isk-shakyo.or.jp/local/welfare_fund.html 相談と各種申し込み［石川県母子・父子福祉センター］ http://www.spacelan.ne.jp/~kenboren/application.html 石川県の奨学金［奨学金ネット］ （含む*かほく市・七尾市　奨学金　など） https://奨学金.net/ishikawa.html

援助成制度が設けられている。④は，表の通りである。

（3）石川県

【人口：109万374人・世帯数：48万4158世帯】

　①では，就学援助に関する情報は県のHPにアップされていない。②では，「ホーム＞くらし・教育・環境＞教育・学校＞奨学金」に進むと，育英資金,地域医療支援医師修学資金,生活福祉資金などの見出しはあるが，それらから就学支援金，奨学給付金の情報にすぐにはアクセスできない。別途の「高校生等への新たな就学支援制度について」のページには，「公立高等学校授業料無償制の見直しについて」「石川県教育費負担軽減奨学金について」が簡単に記載され，詳細については文部科学省HP「高校生等への修学支援」へのリンクで代替している。③では，理系大学院修了者を対象に石川県ものづくり人材奨学金返還支

（4）福井県

【人口：73万5618人・世帯数：29万10世帯】

　①では，就学援助に関する情報は県のHPにアップされていない。②では，県立校，私立校，就学支援金，奨学給付金，奨学金の情報が個々に掲載されており，全体が捉えにくい。③では，<u>福井県U・Iターン奨学金返還支援補助金</u>が設けられている。東京に男子学生寮がある。④では，<u>児童養護施設入所者自立支援資金貸付金</u>（返還免除あり）がある。

表 1-5-4　福井県

①小中学生, ②高校生等, ③大学生等, ④その他
①就学援助制度＝県のHPに特に広報なし
②県立高等学校の入学料・授業料・就学支援金について [学校振興課] http://www.pref.fukui.jp/doc/gakushin/jyugyouryou-gaku.html 福井県高校生奨学給付金のご案内 [高校教育課改革推進グループ] https://www.pref.fukui.lg.jp/doc/koukou/kyuuhukin/kyuuhukin.html 私立高等学校および高等課程を有する私立専修学校に対する授業料等の減免補助 [大学私学課] http://www.pref.fukui.jp/doc/daishi/syugakusien.html 福井県私立高校生等奨学給付金について [同上] https://www.pref.fukui.lg.jp/doc/daishi/syougakukyuufu.html 福井県奨学金制度のご案内 [高校教育課] http://www.pref.fukui.lg.jp/doc/koukou/syougakukin1.html
③医師をめざす高校生のあなたへ》福井県医師確保修学資金のご案内 [地域医療課] http://www.pref.fukui.jp/doc/iryou/iryojyujisya/syogakukinseido.html 福井県看護師等修学資金 [同上] http://www.pref.fukui.jp/doc/iryou/iryojyujisya/kangositousyuugakusikin.html 介護福祉士および社会福祉士修学資金貸付 [福井県社会福祉協会] http://www.f-shakyo.or.jp/static/00000002/000/00003713.html 保育士修学資金貸付 [同上] http://www.f-shakyo.or.jp/static/00000002/000/00003723.html 学生寮 [武生郷友会] https://takefugoyukai.jp/ 福井県U・Iターン奨学金返還支援補助金支援対象者募集 [定住交流課] http://www.pref.fukui.jp/doc/wakatei/uisyougakukin/syougakukinbosyuu.html
④生活福祉資金および臨時特例つなぎ資金について [福井県社会福祉協議会] http://www.f-shakyo.or.jp/static/00000002/002/00000709.html 児童養護施設入所者自立支援資金貸付金 [同上] http://www.pref.fukui.jp/doc/kodomo/jidouyougo/jidouyougo-kashituke.html ひとり親家庭等のサポートガイドブックの発行について [子ども家庭課家庭福祉グループ] https://www.pref.fukui.lg.jp/doc/kodomo/hitorioyakatei/hitorisupportguide.html https://www.pref.fukui.lg.jp/doc/kodomo/hitorioyakatei/hitorisupportguide_d/fil/supportguide.pdf 福井県の奨学金 [奨学金ネット] （含む＊越前市・鯖江市　奨学金　など） https://奨学金.net/fukui.html

表 1-5-5　山梨県

①小中学生, ②高校生等, ③大学生等, ④その他
①就学に関する支援 [山梨県教育委員会教育庁義務教育課] https://www.pref.yamanashi.jp/gimukyo/10672458093.html
②私立高等学校等に通学する生徒の支援制度について　　　　　　　　　　　[山梨県県民生活部私学・科学振興課] https://www.pref.yamanashi.jp/shigaku-kgk/shuugaku/koukousei.html 管理奨学担当 [高校教育課] https://www.pref.yamanashi.jp/koukoukyo/index.html 公益財団法人山梨みどり奨学会 （含む＊交通被災遺児奨学金・育英奨学金・修学奨励金） https://www.yamanashi-midori.org/
③医師修学資金について [山梨県福祉保健部医務課] https://www.pref.yamanashi.jp/imuka/ishikakuho/kakuhojigyo/shugakushikin.html 山梨県看護職員修学資金 [同看護担当] https://www.pref.yamanashi.jp/imuka/kango_syugakushikin.html 各種資金の貸付 [山梨県社会福祉協議会] （含む＊社会福祉士・介護福祉士・保育士など） http://www.y-fukushi.or.jp/renew/work_learn/index.html 山梨県ものづくり人材就業支援事業 [山梨県産業労働部産業人材育成課] https://www.pref.yamanashi.jp/sangyo-jin/syuugyohojyokin/syuugyohojyo_top.html
④生活福祉資金の概要 [山梨県社会福祉協議会] http://www.y-fukushi.or.jp/renew/consult/seikastu_fukushi_shikin.html ひとり親家庭支援 [同上] https://www.pref.yamanashi.jp/kodomo-fukushi/40_026.html 山梨県の奨学金 [奨学金ネット] （含む＊南アルプス市　奨学金　など） https://奨学金.net/yamanashi.html

学給付金，授業料減免制度，就学支援金，学び直し支援金の一覧情報が得られる。公立校については，教育委員会高等教育課の「管理奨学担当」欄において，奨学金，奨学給付金，減免制度，就学支援金，学び直し支援金などのリスト別情報が得られる。③では，製造業における高度な知識又は技術を有する人材の育成及び確保を図るために奨学金返還支援制度**山梨県ものづくり人材就業支援事業**が設けられている。④は，表の通りである。

（5）山梨県 ───────────

【人口：78万5469人・世帯数：35万8102世帯】

①では，就学援助の解説が短く掲載されているが，市町村の一覧やリンクはない。②では，「トップ＞教育・子育て＞高等学校＞奨学金制度＞私立高等学校等に通学する生徒の支援制度について」において，私立校関係について，高等学校等入学準備サポート事業給付金，奨

（6）長野県 ───────────

【人口：198万6578人・世帯数：86万4274世帯】

①では，就学援助に関する情報は県のHPにアップされていない。②では，「ホーム＞学校教育」の「学校情報」欄にあるリスト名をクリックすれば，高校の授業料・入学に関す

表 1-5-6　長野県

①小中学生，②高校生等，③大学生等，④その他
①就学援助制度＝県のHPに特に広報なし
②長野県の奨学金制度［教育委員会事務局高校教育課］ https://www.pref.nagano.lg.jp/kyoiku/koko/gakko/gakko/shogakukin/index.html
③医師確保対策（含む＊長野県医学生修学資金）［健康福祉部医療推進課医師確保対策室］ https://www.pref.nagano.lg.jp/kenko/iryo/ishikakuho/index.html 看護職員修学資金制度の概要［健康福祉部医療推進課］ https://www.pref.nagano.lg.jp/iryo/kenko/iryo/jujisha/gaiyo.html 介護福祉士・社会福祉士修学資金貸付事業［長野県社会福祉協議会］ http://park19.wakwak.com/~nagano-shafuku-j/syuugaku0.html#1 保育士修学資金貸付等事業について［県民文化部こども・家庭課］ https://www.pref.nagano.lg.jp/kodomo-katei/hoiku/kasituke.html （ルートイングループ寄附金等活用）長野県飛び立て若者奨学金［同上］ https://www.pref.nagano.lg.jp/kodomo-katei/koutou/tobitate.html 長野県県内大学進学・就学奨学金［同上］ https://www.pref.nagano.lg.jp/kodomo-katei/kensei/soshiki/soshiki/kencho/kodomo/index.html
④生活福祉資金貸付制度［長野県社会福祉協議会］ http://www.nsyakyo.or.jp/life/loan.php ひとり親家庭への支援［県民文化部こども・家庭課］ https://www.pref.nagano.lg.jp/kodomo-katei/kensei/soshiki/soshiki/kencho/kodomo/index.html 母子・父子・寡婦福祉のしおり［同上］ https://www.pref.nagano.lg.jp/kodomo-katei/kensei/soshiki/soshiki/kencho/kodomo/documents/hukusisiorir1.pdf 長野県の奨学金［奨学金ネット］ （含む＊中野市・須坂市・塩尻市・岡谷市・大町市　奨学金　など） https://奨学金.net/nagano.html

る費用，就学支援金，奨学給付金，授業料の減免，長野県の奨学金制度などの情報が得られる。そして，「長野県の奨学金制度」のページでは高等学校等奨学金，高等学校等遠距離通学費，高等学校定時制通信制課程修学奨励金が解説されている。③では，2015年度から**長野県飛び立て若者奨学金**（ルートイングループからの寄附をもとに基金を創設／児童養護施設等に入所していた大学等進学者を対象）を実施している。また，**長野県県内大学進学・就学奨学金**が独自に設けられているが，広報の扱いは大きくはない。④は，表の通りである。

（7）岐阜県

【人口：190万445人・世帯数：80万5628世帯】

①では，就学援助に関する情報は県のHPにアップされていない。②では，「トップ＞教育・文化・スポーツ・青少年＞県内学校＞岐阜県立高等学校等の入学金・授業料等について」のページで公立校の就学支援金・学校諸経費の情報が，「トップ＞教育・文化・スポーツ・青少年＞県内学校＞私学振興＞私立学校の振興に関すること」のページの「私立高校生等への支援」欄で私立校の就学支援金，授業料軽減補助金，奨学給付金，奨学金の情報が，得られる。教育財務課（公立校）と私学振興・青少年課（私立校）の情報が錯綜しており，すぐには分かりにくい。③④は，表の通りである。

表 1-5-7　岐阜県

①小中学生，②高校生等，③大学生等，④その他
①就学援助制度＝県のHPに特に広報なし
②岐阜県立高等学校等の入学金・授業料等について［教育委員会教育財務課］ https://www.pref.gifu.lg.jp/kyoiku/kennai-gakko/koto-gakko/17773/nyugakukin.html 高校生等奨学給付金（奨学のための給付金）［教育財務課，私学振興・青少年課］ https://www.pref.gifu.lg.jp/kyoiku/kennai-gakko/koto-gakko/17773/koukousei-syougakukyuuhu.html 私立高校生等への支援［環境生活部私学振興・青少年課］ https://www.pref.gifu.lg.jp/kyoiku/kennai-gakko/shigaku-shinko/c11151/ 奨学金を利用希望される方へ［教育財務課，私学振興・青少年課］ https://www.pref.gifu.lg.jp/kyoiku/kennai-gakko/koto-gakko/17773/syougakukinnriyoukibou.html
③岐阜県医学生修学資金のご案内［健康福祉部医療福祉連携推進課］ https://www.pref.gifu.lg.jp/kodomo/iryo/ishi-kangoshi/11230/igakusei-shugaku-shikin-boshu.html 介護福祉士等修学資金及び再就職準備金［岐阜県社会福祉協議会］ http://www.winc.or.jp/contents/services/kaigo-shugaku/ 保育士修学資金 http://www.winc.or.jp/contents/services/hoiku-shugaku/
④生活福祉資金貸付制度［同上］ http://www.winc.or.jp/contents/services/shikin/ ひとり親家庭 https://www.pref.gifu.lg.jp/kodomo/kekkon/hitorioya/ 岐阜県の奨学金［奨学金ネット］ （含む＊岐阜市・大垣市・羽島市・高山市・飛騨市・関ケ原町・海津市・下呂市・中津川市・恵那市・瑞浪市・土岐市・多治見市・富加町・美濃市・関市・郡上市・神戸町・本巣市・山県市・輪之内町　奨学金　など） https://奨学金.net/gihu.html

（8）静岡県

【人口：349万4563人・世帯数：156万7050世帯】

①では，照会先の市町一覧がある。②では，「ホーム＞組織別情報＞教育委員会＞教育委員会高校教育課トップページ＞**高校生等の修学支援**（就学支援金制度等）**の御案内**」のページで，就学支援金制度／奨学給付金／その他の修学支援制度（家計急変への支援，学び直しへの支援）／奨学金貸与制度の4区分で整理・紹介されている。そのページから，公私立別，奨学金別の手続きに飛べるようになっており，分かりやすい。③④は，表の通りである。

表1-5-8　静岡県

①小中学生，②高校生等，③大学生等，④その他
①就学援助事業のお知らせ［教育委員会義務教育課］ http://www.pref.shizuoka.jp/kyouiku/kk-060/shuugaku.html
②高校生等の修学支援制度の御案内［教育委員会高校教育課］ （含む＊就学支援金，奨学給付金，その他の修学支援支援制度，奨学金貸与制度） http://www.pref.shizuoka.jp/kyouiku/kk-050/syugakusien.html 私立高等学校等就学支援金等助成［文化・観光部総合教育局私学振興課］ http://www.pref.shizuoka.jp/bunka/bk-140/genmen.html
③静岡県医学修学研修資金［健康福祉部地域医療課］ http://fujinokuni-doctor.jp/igakuse/shogakukin-gaiyou.html 静岡県看護職員修学資金貸与制度について［同上］ https://www.pref.shizuoka.jp/kousei/ko-450/jinzai/syuugaku.html 保育士・介護福祉士資格取得等への支援（奨学金等・貸付事業）［静岡県社会福祉協議会］ http://www.shizuoka-wel.jp/money/保育士・介護福祉士資格取得等への支援/
④生活福祉資金貸付制度［同上］ http://www.shizuoka-wel.jp/money/lend/ ひとり親家庭への支援制度について知りたい［静岡県中部健康福祉センター福祉課］ https://www.pref.shizuoka.jp/kousei/ko-760/hitorioyakatei.html 静岡県の奨学金［奨学金ネット］ （含む＊静岡市　奨学金　など） https://奨学金.net/shizuoka.html

（9）愛知県

【人口：719万8958人・世帯数：325万2832世帯】

①では，就学援助に関する情報は県のHPにアップされていない。②では，「ホーム＞組織でさがす＞学事振興課私学振興室＞高等学

表1-5-9　愛知県

①小中学生，②高校生等，③大学生等，④その他
①就学援助制度＝県のHPに特に広報なし
②高等学校等における助成制度［学事振興課私学振興室助成グループ］ https://www.pref.aichi.jp/soshiki/shigaku/0000003280.html 愛知県立高等学校入学料・授業料について［教育委員会事務局財務施設課課管理グループ］ https://www.pref.aichi.jp/soshiki/zaimusisetsu/0000032316.html 愛知県高等学校等奨学金の御案内［同高等学校教育課奨学グループ］ https://www.pref.aichi.jp/soshiki/kotogakko/0000006059.html
③愛知県地域医療確保修学資金［医務課地域医療支援室医師確保推進グループ］ https://www.pref.aichi.jp/soshiki/imu/chiikiwaku2.html 愛知県看護修学資金について［保健医療局健康医務部医務課看護対策グループ］ https://www.pref.aichi.jp/soshiki/imu/0000006578.html 介護福祉士等修学資金・保育士修学資金［愛知県社会福祉協議会］ http://www.aichi-fukushi.or.jp/intoro/jinzai/
④生活福祉資金貸付制度の概要［同上］ http://www.aichi-fukushi.or.jp/intoro/minsei/kikin_gaiyo.html ひとり親家庭（あいちはぐみんネット）［健康福祉部子育て支援課計画・推進グループ］ http://www.pref.aichi.jp/kosodate/hagumin/growing/single.html 愛知県の奨学金［奨学金ネット］ （含む＊安城市・一宮市・大府市・岡崎市・刈谷市・高浜市・知立市・東海市・常滑市・豊田市・名古屋市・みよし市　奨学金など） https://奨学金.net/aichi.html

校等における助成制度」において，各学校種（課程）別で就学支援金，入学料補助金，授業料軽減補助金，奨学給付金のリストがあり，クリックすると該当ページに飛べるようになっている。ほかに，「ホーム＞組織でさがす＞財務施設課＞愛知県立高等学校入学料・授業料について」，「ホーム＞教育・子育て＞子ども・青少年＞青少年育成・団体活動＞愛知県高等学校等奨学金の御案内」のページがある。③④は，表の通りである。

（10）三重県

【人口：169万4928人・世帯数：77万3563世帯】

①では，就学援助に関する情報は県のHPにアップされていない。②では，「トップページ＞スポーツ・教育・文化＞学校教育＞奨学金・授業料・給付金」において，就学支援金，

表1-5-10　三重県

①小中学生，②高校生等，③大学生等，④その他
①就学援助制度＝県のHPに特に広報なし
②奨学金・授業料・給付金／修学支援制度のご案内 　　　　　　　　[教育委員会事務局教育財務課修学支援班] 　http://www.pref.mie.lg.jp/KYOZAIMU/HP/singakusien/ 　index.htm チラシ「進学後の教育費負担をサポートします！各種支援制度のご案内」[同上] （上記の日本語の他に英語・ポルトガル語・スペイン語・フィリピノ語・中国語版がある） 　http://www.pref.mie.lg.jp/common/content/000814953.pdf その他制度のご案内[同上] 　http://www.pref.mie.lg.jp/KYOZAIMU/HP/ 　singakusien/000198500.htm
③医師修学資金[医療保健部地域医療推進課] 　http://www.pref.mie.lg.jp/common/03/ci600004766.htm 看護修学資金（三重県保健師助産師看護師等修学資金）[同医師・看護師確保対策班] 　http://www.pref.mie.lg.jp/IRYOS/HP/84303023357.htm 介護福祉士修学資金[三重県社会福祉協議会] 　http://www.miewel-1.com/seikatsu/fukusi-sikin/kaifuku- 　syugaku.html 保育士修学資金貸付制度[子ども・福祉部少子化対策課保育サービス・幼保連携班] 　http://www.pref.mie.lg.jp/KODOMOK/HP/m0075200016.htm
④生活福祉資金貸付事業[三重県社会福祉協議会] 　http://www.miewel-1.com/seikatsu/index.html ひとり親家庭へのサポート[子ども・福祉部子育て支援課子育て家庭支援班] 　http://www.pref.mie.lg.jp/D1KODOMO/000117889.htm 三重県の奨学金[奨学金ネット] （含む*御浜町・紀宝町・紀北町・川越町・伊賀市・志摩市・名張市・熊野市・南伊勢町・尾鷲市・伊勢市・松阪市・鈴鹿市・菰野町・四日市市　奨学金　など） 　https://奨学金.net/mie.html

奨学給付金，修学奨学金の情報が入手できるとともに，簡潔にまとめたカラー版1枚チラシ「**進学後の教育費負担をサポートします！各種支援制度のご案内**」（日本語・英語・ポルトガル語・スペイン語・フィリピノ語・中国語の6か国語版）が作成公開されている。また，「**その他制度のご案内**」として，県内市町の奨学金制度及び三重県・各種団体の奨学金制度の一覧，国の教育ローン（日本政策金融公庫，国民生活事業）及び日本学生支援機構のリンクがある。③④は，表の通りである。

---

6. 近畿6府県

（1）滋賀県

【人口：137万1161人・世帯数：58万8980世帯】

　①では，就学援助に関する情報は県のHPにアップされていない。②では，「滋賀県教育委員会トップページ＞入試情報・修学支援」の「授業料に関すること」欄で県立校の授業料，減免制度，学び直し資金の情報が，「奨学資金に関すること」欄で奨学給付金，奨学資金の情報が得られる。私立校については，「滋賀県＞県民の方＞子育て・教育＞私立学校・県立大学・平和学習」で就学支援金，奨学給付金の情報が得られる。③④は，表の通りである。

表1-6-1　滋賀県

①小中学生，②高校生等，③大学生等，④その他
①就学援助制度＝県のHPに特に広報なし
②授業料に関すること[教育委員会事務局 高校教育課修学支援係] 　https://www.pref.shiga.lg.jp/edu/nyuushi/zyugyo/ 奨学資金に関すること[同上] 　https://www.pref.shiga.lg.jp/edu/nyuushi/syogaku/ 高等学校等就学支援金[滋賀県総務部私学・県立大学振興課] 　https://www.pref.shiga.lg.jp/ippan/kosodatekyouiku/ 　kyouiku/11035.html 滋賀県私立高等学校等奨学のための給付金[同上] 　https://www.pref.shiga.lg.jp/ippan/kosodatekyouiku/ 　kyouiku/11034.html
③滋賀県医学生修学資金[医療政策課内 医師キャリアサポートセンター] 　https://www.pref.shiga.lg.jp/ippan/kenkouiryouhukushi/ 　iryo/15679.html 滋賀県看護職員修学資金等貸付金について[健康医療福祉部医療政策課] 　https://www.pref.shiga.lg.jp/ippan/kenkouiryouhukushi/ 　iryo/14897.html 介護福祉士修学資金貸付について[滋賀県社会福祉協議会] 　http://www.shigashakyo.jp/jinzai/jinzai/30_kaigo_syugaku/ 　index.html 保育士修学資金貸付事業[同上] 　http://www.shigashakyo.jp/jinzai/jinzai/syugaku-shikin/ 　hoiku_syugaku/kasituke-index.html
④生活福祉資金貸付制度について[滋賀県社会福祉協議会] 　http://www.shigashakyo.jp/top/kasituke/index.html ひとり親家庭のための支援 　https://www.pref.shiga.lg.jp/ippan/kosodatekyouiku/ 　kosodate/304592.html ひとり親家庭等のしおり[健康医療福祉部子ども・青少年局] 　https://www.pref.shiga.lg.jp/file/attachment/5119031.pdf 滋賀県の奨学金[奨学金ネット] （含む*甲賀市・日野町・高島市・東近江市　奨学金　など） 　https://奨学金.net/shiga.html

（2）京都府 ──────────

【人口：241万3389人・世帯数：119万3446世帯】

①②③を通して，京都府教育委員会は乳幼児期から大学卒業後におよぶ『**就・修学及び進学・就職を支援するための援護制度一覧**』（全117頁）（日本語・英語・韓国朝鮮語・中国語の4か国語版）を作成公表している。また，府民サービスをさまざまに検索できる「**京都府府民サービス・ナビ**」のサイトがあり，キーワードで検索すると容易に情報が入手できる。③では，医師及び看護師の修学資金制度一般に加えて，京都府北部における医師確保（**府内北部5市2町奨学金制度情報**）や看護師確保（**京都府北部地域看護職魅力発信ガイドブック・チラシ**）がアップされている。また，京都府内の中小企業の人材確保と従業員の定着及び若者の負

担軽減を図るために就労・奨学金返済一体型支援事業を設けている，④は，表の通りである。

（3）大阪府 ──────────

【人口：847万9129人・世帯数：428万5359世帯】

①では，就学援助に関する情報は府のHPにアップされていない。②では，「ホーム＞教育・学校・青少年＞公立高等学校＞**奨学金について**」のページで，高校・大学・専門学校等の進学希望者・在学生のための奨学金制度等を紹介した「中学3年生及び保護者の皆さま向け」（全2頁），「高校3年生及び保護者の皆さま向け」（全2頁），「奨学金制度のご案内」（全15頁），「奨学生等指導資料」（全28頁）の4種のワード＆PDFデータが入手できる。③④は，表の通りである。

表1-6-2　京都府

①小中学生，②高校生等，③大学生等，④その他
①②③就・修学及び進学・就職を支援するための援護制度一覧［京都府教育委員会］（日本語・英語・韓国朝鮮語・中国語版） http://www.kyoto-be.ne.jp/kyoto-be/cms/?action=common_downloadmain&upload_id=5819 京都府府民サービス・ナビ 「HOME＞サービス一覧」補助・融資・減免＞学校・学費」22種の一覧 http://navi.pref.kyoto.lg.jp/
③京都府地域医療確保奨学金制度［京都府地域医療支援センター］（含む*府内北部5市2町奨学金制度情報） http://www.pref.kyoto.jp/drkyoto/cope/scholarship/ 京都府看護師等修学資金貸付制度について［健康福祉部医療課医務・看護担当］ http://www.pref.kyoto.jp/iryo/1278569842647.html 京都府北部地域看護職魅力発信ガイドブック・チラシ［健康福祉部医療課］ http://www.pref.kyoto.jp/iryo/documents/web_guidebook_nuese_appeal_low.pdf http://www.pref.kyoto.jp/iryo/documents/web_flyer_nuese_appeal_low.pdf 介護福祉士修学資金等貸付事業［京都府社会福祉協議会］ http://www.kyoshakyo.or.jp/career/careworkerbusiness.html 保育士修学資金貸付事業［同上］ http://www.kyoshakyo.or.jp/career/childminderbusiness.html
④生活福祉資金［京都府社会福祉協議会］ http://www.kyoshakyo.or.jp/service/service2/s21/ ひとり親家庭（母子家庭・父子家庭）には［健康福祉部家庭支援課］ https://www.pref.kyoto.jp/kateishien/ouen_16hitorioyakatei.html 京都府の奨学金［奨学金ネット］ （含む*京都市・亀岡市・京丹後市・城陽市・宇治田原町・福知山市・京丹波町・和束町　奨学金　など） https://奨学金.net/kyoto.html

表1-6-3　大阪府

①小中学生，②高校生等，③大学生等，④その他
①就学援助制度＝府のHPに特に広報なし
②奨学金について［教育庁教育振興室高等学校課生徒指導グループ］ http://www.pref.osaka.lg.jp/kotogakko/syogaku201904/index.html
③域医療確保修学資金［健康医療部保健医療室医療対策課医療人材確保グループ］ http://www.pref.osaka.lg.jp/iryo/isikakuho/sikintaiyo.html 看護師等修学資金［同上］ http://www.pref.osaka.lg.jp/iryo/kango1/shugakusikin.html 介護・福祉 応援貸付金［大阪府社会福祉協議会］ http://www.osakafusyakyo.or.jp/fcenter/Cms/Public/topic/16 保育士を応援する貸付金［同上］ http://www.osakafusyakyo.or.jp/fcenter/Cms/Public/topic/57
④あなたの生活をサポートする5つの資金［大阪府社会福祉協議会福祉資金グループ］ http://www.osakafusyakyo.or.jp/sikinbu/index.html ひとり親家庭等への各種情報［福祉部子ども室子育て支援課推進グループ］ http://www.pref.osaka.lg.jp/kateishien/boshikatei/ 大阪府の奨学金［奨学金ネット］ （含む*大阪市・泉佐野市・茨木市・狭山市・貝塚市・河内長野市・堺市・大東市・高槻市・豊中市・箕面市・八尾市・枚方市　奨学金　など） https://奨学金.net/osaka.html

（4）兵庫県

【人口：529万7431人・世帯数：251万6097世帯】

①では，就学援助に関する情報は県のHPにアップされていない。②では，公立＆私立，県＆市町の修学支援制度を網羅した兵庫県教育委員会財務課「高校生等に対する修学支援制度ガイドブック」（全66頁）が作成公開されている（財務課ページからPDFデータが入手できるようにすると分かりやすい）。③では，兵庫県，神戸市，姫路市，尼崎市，明石市及び西宮市で中小企業の人材確保や若年者の県内就職・定着を図るために兵庫型奨学金返済支援制度を設けている。④は，表の通りである。

表1-6-4　兵庫県

①小中学生，②高校生等，③大学生等，④その他

①就学援助制度＝県のHPに特に広報なし

②高校生等に対する修学支援制度ガイドブック［兵庫県教育委員会事務局財務課］
http://www.hyogo-c.ed.jp/~zaimu-bo/zaimu-syougakukin/shougakukin/shuugakushienn29.pdf
奨学金［公益財団法人兵庫県高等学校教育振興会］
http://www.pure.ne.jp/~syougaku/syougakukin.html

③兵庫県養成医師制度について［健康福祉部健康局医務課医療人材確保班］
https://web.pref.hyogo.lg.jp/kf15/ishisyugakushikin.html
2019年度兵庫県立病院看護師修学資金被貸与者募集［病院局管理課］
https://web.pref.hyogo.lg.jp/bk02/ha02_000000032.html
看護師修学資金貸与希望者募集［社会福祉法人兵庫県社会福祉事業団］
https://www.hwc.or.jp/data/staff-nurse.html
介護福祉士等修学資金の手引き［兵庫県社会福祉協議会］
https://www.hyogo-wel.or.jp/dl/syuugaku-tebiki-30.pdf
保育人材確保対策貸付事業について　説明＆様式　　［公益社団法人兵庫県保育協会］
https://www.hyogo-hoikukyokai.or.jp/style_jinzai_kakuho.html
中小企業就業者確保支援事業（兵庫型奨学金返済支援制度）について［産業労働部政策労働局労政福祉課雇用就業班］
https://web.pref.hyogo.lg.jp/sr04/shogakukin.html

④生活福祉資金貸付制度のごあんない［兵庫県社会福祉協議会］
http://www.hyogo-wel.or.jp/public/loan.php
生活福祉資金のしおり［同上］
http://www.hyogo-wel.or.jp/dl/seikatsuhukushikin.pdf
母子父子寡婦福祉資金貸付［健康福祉部少子高齢局児童課］
https://web.pref.hyogo.lg.jp/kf12/hw10_000000044.html
兵庫県の奨学金［奨学金ネット］
（含む＊明石市・神戸市・三田市・西宮市・芦屋市・伊丹市・川西市・宝塚市・加西市・赤穂市・三木市　奨学金　など）
https://奨学金.net/hyogo.html

（5）奈良県

【人口：129万7909人・世帯数：59万6262世帯】

①では，就学援助に関する情報は県のHPにアップされていない。②では，奈良県・奈良県教育委員会「高校生等への修学支援」（全8頁）が作成公開されており，公私立校の就学支援金／奨学給付金／奨学金（修学支援奨学金・育成奨学金）／その他の教育支援金（生活福祉資金・母子父子寡婦福祉資金・日本学生支援機構奨学金）／その他の修学支援（学び直しへの支援・家計急変への支援）の5区分で情報が整理されている。③では，奈良県が重点的に取り組む分野（文化芸術分野）で必要となる人材を確保するとともに，県内定着を促進することを目的として，奨学金返還支援策として奈良県文化芸術振興奨学金事業が設けられている。④は，表の通りである。

表1-6-5　奈良県

①小中学生，②高校生等，③大学生等，④その他

①就学援助制度＝県のHPに特に広報なし

②高校生等への修学支援［教育委員会事務局学校支援課授業料奨学金係・奈良県地域振興部教育振興課私学係］
http://www.pref.nara.jp/secure/98138/R1版_修学支援リーフレット.pdf

③医師確保修学資金貸与制度［医療政策部医師・看護師確保対策室］
http://www.pref.nara.jp/isikangosi/naradr/medical/loan.html
奈良県看護師修学資金［同上］
http://www.pref.nara.jp/isikangosi/nsouennet/highschool/scholar/
奈良県文化芸術振興奨学金事業［地域振興部教育振興課教育企画係］
http://www.pref.nara.jp/47984.htm

④生活福祉資金貸付制度［奈良県社会福祉協議会］
http://nara-shakyo.jp/publics/index/61/
ひとり親家庭支援［こども家庭課］
http://www.pref.nara.jp/12073.htm
奈良県の奨学金［奨学金ネット］
（含む＊御所市　奨学金　など）
https://奨学金.net/nara.html

（6）和歌山県

【人口：90万4367人・世帯数：43万5700世帯】

①②③④について，小・中学生，高校・大学等への進学者又は在学者，大学理系学部・研究科に在籍する大学3年生・大学院1年生，特別支援学校児童・生徒，医師・看護職員を志望する者，保育士を志望する者，介護福祉士を志望する者，農林業への就業を希望する者，母子父子家庭等，生活保護受給世帯，児童養護施設退所者の11区分にわたる情報を網羅した和歌山県教育委員会『**就学・修学・就職のための給付・貸付制度のご案内**』（全13頁）が作成公開されている。③では，介護福祉士・社会福祉士・保育士修学資金など10種の資金を一覧にした「**福祉人材確保及び自立支援のための返還免除付き貸付事業のご案内**」が分かりやすい。また，県内の製造業・情報通信業の企業へ就職する大学生等を対象に**奨学金返還助成制度**を設けている。④は，

表1-6-6　和歌山県

①小中学生，②高校生等，③大学生等，④その他
①就学援助制度＝県のHPに特に広報なし
①②③④就学・修学・就職のための給付・貸与制度のご案内［和歌山県教育委員会］ https://www.pref.wakayama.lg.jp/prefg/500600/d00153327_d/fil/goannnai31.pdf
③和歌山県医師確保修学資金制度［福祉保健部健康局医務課］ https://www.pref.wakayama.lg.jp/prefg/050100/ishisyugaku/ishisyuugaku.html 和歌山県看護職員修学資金のご案内［同看護班］ https://www.pref.wakayama.lg.jp/prefg/050100/kango/kango_syugakushikin.html 福祉人材確保及び自立支援のための返還免除付き貸付事業のご案内 （介護福祉士・社会福祉士・保育士など）［和歌山県社会福祉協議会］ https://www.wakayamakenshakyo.or.jp/ 和歌山県中核産業人材確保強化のための奨学金返還助成制度 　　　　　　　［商工観光労働部商工労働政策局 労働政策課］ https://www.pref.wakayama.lg.jp/prefg/060600/01shin/uturnshushoku/syougakukin_001.html
④生活福祉資金貸付事業教育支援資金のご案内［和歌山県社会福祉協議会］ https://waken.godaioa.jp/~kenhp/uploadfiles/kenhp/7260/index.html ひとり親家庭に関する福祉制度［子ども未来課］ https://www.pref.wakayama.lg.jp/bcms/prefg/040200/seido/F2/f2.html 和歌山県の奨学金［奨学金ネット］ （含む*田辺市・新宮市・九度山町・高野町　奨学金　など） https://奨学金.net/wakayama.html

表の通りである。

7. 中国5県

（1）鳥取県

【人口：53万4698人・世帯数：23万6150世帯】

①は，『**学校生活ガイドブック（小・中学校編）**』（全56頁，9カ国10言語版）の情報に含まれて紹介されている。②では，「教育委員会＞高等学校課＞授業料，就学支援金，証明書発行等＞県立高等学校の授業料について」において県立校の授業料等，就学支援金，学び直し支援，授業料減免，奨学金制度が，「教育委員会＞人権教育課＞育英奨学室＞奨学金制度」で奨学給付金等が，個々に説明されている。「『**鳥**

表1-7-1　鳥取県

①小中学生，②高校生等，③大学生等，④その他
①「学校生活ガイドブック（小・中学校編）」［教育委員会人権教育課］ （日本語，英語，中国語〈繁体字・簡体字〉，フィリピノ〈タガログ語〉，韓国・朝鮮語，スペイン語，ポルトガル語，タイ語，ロシア語の9か国10言語版） https://www.pref.tottori.lg.jp/item/338104.htm#moduleid197100
②県立高等学校の授業料について［同高等学校課］ https://www.pref.tottori.lg.jp/87663.htm 学金制度［同育英奨学室］ https://www.pref.tottori.lg.jp/95339.htm 「鳥取県高校生等奨学給付金」のご案内［同上］ （日本語・英語・ロシア語・韓国語・中国語・モンゴル語の6か国語版） https://www.pref.tottori.lg.jp/95339.htm
③医療従事者を目指す方への貸付制度（医師・看護師・理学療法士・作業療法士・言語聴覚士）［福祉保健部健康医療局医療政策課］ https://www.pref.tottori.lg.jp/47563.htm 鳥取県介護福祉士等修学資金のお知らせ［鳥取県社会福祉協議会］ http://www.tottori-wel.or.jp/p/hukushi/4/ 保育士修学資金貸付［鳥取県子育て・人材局子育て王国課］ https://www.pref.tottori.lg.jp/285925.htm 保育士修学資金貸付のしおり［同上］ https://www.pref.tottori.lg.jp/secure/1170813/R1syuugakushikin.pdf 鳥取県未来人材育成奨学金支援助成金［交流人口拡大本部ふるさと人口政策課］ https://www.pref.tottori.lg.jp/251627.htm
④生活福祉資金貸付制度（福祉資金・教育支援資金）のご案内［社会福祉協議会］ http://www.tottori-wel.or.jp/p/chiiki/kashi_top/kashi/ 鳥取県ひとり親家庭等支援サイト［一般社団法人鳥取県母子寡婦福祉連合会］ http://www.tori-hitorioya.com/ 鳥取県の奨学金［奨学金ネット］ （含む*琴浦町・日吉津村・倉吉市・岩美町・若桜町・日野町　奨学金　など） https://奨学金.net/totori.html

第Ⅰ部　子育て・教育施策の水平的比較調査　051

取県高校生等奨学給付金』のご案内」チラシは6カ国語版が作成公開されている。③では，医師・看護師・理学療法士・作業療法士・言語聴覚士を包括して「**医療従事者を目指す方への貸付制度**」として説明されている。保育士修学資金の実施主体は鳥取県社会福祉協議会であるが，鳥取県子育て・人材局に**子育て王国課**を設けて「**保育士修学資金貸付のしおり**」（全6頁）を出して対応している。製造業，IT企業，薬剤師の職域，建設業，建設コンサルタント業，旅館ホテル業，保育士・幼稚園教諭，農林水産業に県内就職者を対象に，**鳥取県未来人材育成奨学金支援助成金**という奨学金返還支援制度を設けている。④では，一般社団法人鳥取県母子寡婦福祉連合会に委託して「鳥取県ひとり親家庭等支援サイト」を運営している。

（2）島根県

【人口：64万1037人・世帯数：28万6314世帯】

　①②③④島根県教育委員会人権同和教育課「**就学・修学・就職のための給付・貸付・減免制度等の概要**」（全40頁）は，小・中学校等に通う人，中学校等を卒業した人，高校等を

卒業した人の3者を対象に関連情報を網羅したものであり，毎年作成公開されている。その内の37情報を見やすく一覧にしたものが「**学びを支える経済的な制度の主なもの**」（全2頁），高校生等に関連した就学支援金，奨学給付金，授業料減免制度，特別支援教育就学奨励費，定時制課程等就学奨励資金制度，奨学金・就（修）学資金制度について簡略に説明したものが「**高校等での学びを経済的に支える制度について**」（全4頁）である。③では，島根県内の中山間地域・離島の企業等へ就職して専門の国家資格等を目指す者を対象に**奨学金返還助成制度**を設けている。④は，表の通りである。

（3）岡山県

【人口：181万5987人・世帯数：84万677世帯】

　①では，照会先の市町村のリストがある。

表 1-7-2　島根県

①小中学生，②高校生等，③大学生等，④その他
①②③④就学・修学・就職のための給付・貸付制度等のご案内［人権同和教育課］ https://www.pref.shimane.lg.jp/education/kyoiku/dokyo/shikin/ 就学・修学・就職のための給付・貸付・減免制度等の概要［人権同和教育課］ https://www.pref.shimane.lg.jp/education/kyoiku/dokyo/shikin/index.data/seido_gaiyou_sasshi.pdf 学びを支える経済的な制度の主なもの［同上］ https://www.pref.shimane.lg.jp/education/kyoiku/dokyo/shikin/index.data/seido_ichiran.pdf 高校等での学びを経済的に支える制度について［同上］ https://www.pref.shimane.lg.jp/education/kyoiku/dokyo/shikin/index.data/koukou_hogosyamuke.pdf
③島根県奨学金返還助成制度［公益財団法人島根県育英会］ https://www.shimane-ikuei.or.jp/exemption/106
④島根県の奨学金［奨学金ネット］ 　（含む＊松江市・益田市　奨学金　など） 　https://奨学金.net/shimane.html

表 1-7-3　岡山県

①小中学生，②高校生等，③大学生等，④その他
①就学援助制度について［教育委員会財務課］ http://www.pref.okayama.jp/page/466991.html
②授業料等［同上］ http://www.pref.okayama.jp/soshiki/143/index-2.html 私立高校生等への就学支援制度について［総務部総務学事課］ http://www.pref.okayama.jp/page/detail-81814.html 私立高校生等への修学支援制度の拡充［同上］ http://www.pref.okayama.jp/uploaded/life/81814_2117765_misc.pdf 岡山県の高校生のための奨学金・貸付金・給付金制度［同生涯学習課］ http://www.pref.okayama.jp/uploaded/life/561784_4525224_misc.pdf
③医学部医学科（岡山大学）への進学を考えている方へ［保健福祉部医療推進課］ http://www.pref.okayama.jp/page/detail-113238.html 岡山県看護学生奨学資金貸与制度について［保健福祉部医療推進課］ http://www.pref.okayama.jp/page/557162.html 介護福祉士修学資金貸付制度・社会福祉士修学資金貸付制度 　　　　　　　　　［岡山県社会福祉協議会］ http://fukushiokayama.or.jp/workwelfare/介護福祉士修学資金貸付制度・社会福祉士修学資金貸付制度/
④生活福祉資金貸付制度［同上］ http://www.osakafusyakyo.or.jp/sikinbu/index.html ひとり親家庭等への支援［保健福祉部子ども家庭課］ http://www.pref.okayama.jp/page/detail-4522.html 岡山県の奨学金［奨学金ネット］ 　（含む＊井原市・岡山市・笠岡市・吉備中央町・倉敷市・瀬戸内市・高梁市・津山市・備前市・和気町　奨学金　など） 　https://奨学金.net/okayama.html

②では，「トップページ＞組織で探す＞教育委員会＞財務課」のページの項目「授業料等」に，県立校の授業料等，就学支援金，奨学給付金，授業料減免制度の情報が，「トップページ＞組織で探す＞総務部＞総務学事課＞私立高校生等への就学支援制度について」のページで私立校の就学支援金，納付金減免補助金，奨学給付金の情報が得られる。生涯学習課「岡山県の高校生のための奨学金・貸付金・給付金制度」（全2頁）は，奨学金等を給付型・貸与型に区分してリストにしている。なお，総務学事課「私立高校生等への修学支援制度の拡充」（1頁）は，年度を追って県独自施策を含めた私立高校生等への修学支援制度の拡充を図示しており分かりやすい。③④は，表の通りである。

（4）広島県 ————————

【人口：268万9518人・世帯数：129万739世帯】

　①では，照会先の市町村の一覧とリンクがある。②では，教育委員会教育支援推進課（公立校）の情報は個々に探す必要があるが，学事課私学振興グループ（私立校）の情報は就学支援金，授業料等軽減補助金，奨学給付金の情報が一括して掲載されている。私学振興グループ「生徒・保護者向けリーフレット」（全2頁）も出されている。③では，地域医療関連情報ページの項目「医師を目指す高校生の方へ」には，広島大学医学部ふるさと枠，岡山大学医学部地域枠コース，自治医科大学の入試情報とともに，広島県・尾道市・庄原市・安芸太田町・神石高原町・府中市・北広島町の医師等関連の奨学金情報の一覧とリンクがある。④は，表の通りである。

表 1-7-4　広島県

①小中学生，②高校生等，③大学生等，④その他
①就学援助制度について[教育委員会教育支援推進課] https://www.pref.hiroshima.lg.jp/site/kyouiku/05junior-1st-syuugaku-ennzyo-syuugaku-ennzyo.html
②県立高等学校の授業料について[同上] https://www.pref.hiroshima.lg.jp/site/kyouiku/06senior-2nd-jugyouryou-seido.html 県立高等学校の授業料の減免について[同上] https://www.pref.hiroshima.lg.jp/site/kyouiku/06senior-2nd-jugyouryou-genmmen.html 広島県高校生等奨学給付金（奨学のための給付金）について[同上] https://www.pref.hiroshima.lg.jp/site/kyouiku/06senior-2nd-syougakukyuufukin.html 広島県高等学校等奨学金について[同上] https://www.pref.hiroshima.lg.jp/uploaded/attachment/355529.pdf 私立高等学校授業料等の負担軽減について[学事課私学振興グループ] https://www.pref.hiroshima.lg.jp/soshiki/44/jugyouryoukeigen.html 生徒・保護者向けリーフレット[同上] https://www.pref.hiroshima.lg.jp/uploaded/life/588212_1787990_misc.pdf
③地域医療関連情報「医師を目指す高校生の方へ」[広島県地域医療支援センター] http://www.dn-hiroshima.jp/www/contents/1361162877491/index.html 広島県助産師修学資金について[健康福祉局医療介護人材課医療人材グループ] https://www.pref.hiroshima.lg.jp/site/nurse-net/josanshishuugakushikin.html 介護福祉士修学資金・社会福祉士修学資金貸付事業[広島県社会福祉協議会] https://www.hiroshima-fukushi.net/work/07expense/
④生活福祉資金等の貸付制度[同上] https://www.hiroshima-fukushi.net/prefectural/loan/ ひとり親家庭に対する支援制度について[こども家庭課] https://www.pref.hiroshima.lg.jp/site/hitoritoya/1243992450007.html ひとり親家庭のためのしおり[広島県] https://www.pref.hiroshima.lg.jp/uploaded/attachment/353661.pdf 広島県の奨学金［奨学金ネット］ （含む*広島市・福山市・府中市・三次市・庄原市・大竹市・廿日市市・安芸高田市　奨学金　など） https://奨学金.net/hiroshima.html

（5）山口県 ————————

【人口：129万794人・世帯数：64万2709世帯】

　①の就学援助に関する情報は県のHPにアップされていない。②では，山口県HPの「トップページ＞教育・文化・スポーツ＞就学援助」のページにおいて，教育庁教育政策課（国公立校）と県学事文書課（私立校）の情報が個々にリスト化されており，クリックすると各情報が得られる。③④では，山口県教育委員会HPの「トップページ＞組織から探す＞教育政策課＞教育相談・相談窓口一覧」のペー

ジに「教育資金」の項目があり，医師・看護師・獣医学生の修学資金，生活福祉資金，ひとり親家庭向けの修学資金などの問い合わせ先が一覧になっている。また，県内産業を支える高度な専門知識を有する人材を確保するため，工学・理学・農学の理系大学院生，薬学部学生を対象に山口県高度産業人材奨学金返還補助制度を設けている。

表 1-7-5　山口県

①小中学生，②高校生等，③大学生等，④その他
①就学援助制度＝県のHPに特に広報なし
②トップページ＞教育・文化・スポーツ＞就学援助［山口県HP］ https://www.pref.yamaguchi.lg.jp/kyouiku/gakkou/shuugakuenjo.html
③山口県医師修学資金（地域医療再生枠）のご案内［医療政策課］ https://www.pref.yamaguchi.lg.jp/cms/a11700/isishuugakusikin/saisei.html 山口県医師修学資金（緊急医師確保対策枠）のご案内［同上］ https://www.pref.yamaguchi.lg.jp/cms/a11700/isishuugakusikin/kinkyu.html 看護師等修学資金貸付制度のご案内［健康福祉部医療政策課看護指導班］ https://www.pref.yamaguchi-nurse-net.jp/students/exam_1 山口県獣医学生修学資金貸付制度案内［畜産振興課衛生・飼料班衛生グループ］ https://www.pref.yamaguchi.lg.jp/cms/a17600/syuugaku20120308001.html 介護福祉士修学資金貸付［山口県社会福祉協議会］ http://www.yamaguchikensyakyo.jp/index/page/id/271 山口県高度産業人材奨学金返還補助制度について［産業戦略部総務調整班］ https://www.pref.yamaguchi.lg.jp/cms/a11400/shougakukin/shougakukin.html
④生活福祉資金等各種貸付資金のご案内［山口県社会福祉協議会］ http://www.yamaguchikensyakyo.jp/index/page/id/184 ひとり親家庭の皆さんへ［こども家庭課］ https://www.pref.yamaguchi.lg.jp/cms/a11800/kateihukushi/itiran.html https://www.pref.yamaguchi.lg.jp/cmsdata/d/0/9/d09d297f89e1b0f92b4ad51c4d7a92ff.pdf 山口県の奨学金［奨学金ネット］ （含む＊下松市・下関市・周南市・光市・防府市・山口市　奨学金など） https://奨学金.net/yamaguchi.html

8. 四国 4 県

(1) 徳島県

【人口：70万2215人・世帯数：33万1948世帯】

徳島県HPは，入口がサービス区分や行政組織区分ではなく，「一般の方／事業者の方／県外の方／県政情報」や「注意・お願い／資格・試験／募集／イベント・講座／許認可・届出／助成・融資／相談／調査・資料／その他」に独自に区分されており，検索に慣れる

表 1-8-1　徳島県

①小中学生，②高校生等，③大学生等，④その他
①就学援助制度＝県のHPに特に広報なし
②高等学校等就学支援金制度について 　　　　　　　　［教育委員会グローバル・文化教育課就学支援担当］ https://www.pref.tokushima.lg.jp/ippannokata/kyoiku/gakkokyoiku/5025670/ 高等学校授業料等減免制度［同上］ https://www.pref.tokushima.lg.jp/ippannokata/kyoiku/gakkokyoiku/5025772/ 徳島県奨学のための給付金事業について［同上］ https://www.pref.tokushima.lg.jp/ippannokata/kyoiku/gakkokyoiku/2014061800040/ 徳島県奨学金貸与制度の概要［同上］ https://www.pref.tokushima.lg.jp/ippannokata/kyoiku/gakkokyoiku/2003052100023/ 私立高等学校等の授業料軽減補助事業について［経営戦略部総務課学事調査担当］ https://www.pref.tokushima.lg.jp/ippannokata/kyoiku/gakkokyoiku/2009021800079/
③徳島県医師修学資金貸与制度［徳島県地域医療支援センター］ https://www.t-cm.jp/regional/index.html 徳島県保健師，助産師，看護師及び准看護師修学資金貸与条例［徳島県HP］ https://reiki.pref.tokushima.lg.jp/reiki_honbun/o001RG00000413.html 介護福祉士等修学資金［徳島県社会福祉協議会］ http://fukushi-tokushima.or.jp/shikin/kaigo/ 保育士修学資金［同上］ http://fukushi-tokushima.or.jp/shikin/hoikushi 徳島県奨学金返還支援制度「助成候補者」募集［政策創造部県立総合大学校本部］ 全国公募枠 https://www.pref.tokushima.lg.jp/ippannokata/sangyo/shushokushien/5028976/ 県内公募枠 https://www.pref.tokushima.lg.jp/ippannokata/sangyo/shushokushien/5029256/
④生活福祉資金制度［徳島県社会福祉協議会］ http://e-fukushi.jp/seifuku/index.php?page=pp_03kyoikusikin# ひとり親家庭のしおり［県民環境部次世代育成・青少年課こども未来応援室］ https://www.pref.tokushima.lg.jp/ippannokata/kenko/kosodateshien/2010091500035/ https://www.pref.tokushima.lg.jp/ippannokata/kenko/kosodateshien/2010091500035/ 徳島県の奨学金［奨学金ネット］ （含む＊鳴門市・三好市　奨学金　など） https://奨学金.net/tokushima.html

までに時間を要する。

①の就学援助に関する情報は県のHPにアップされていない。②では，「徳島県＞一般の方＞教育・文化・観光＞学校教育」と進んでも，「許認可・届出」の項目に奨学金，奨学給付金の情報が，「助成・融資」の項目に授業等減免制度，就学支援金，私立校の授業料軽減補助事業の情報が格納されているので分かりにくい。③では，徳島県内の事業所に正規職員として就業を希望する者（公務員を除く）を対象に，<u>奨学金返還支援制度</u>が設けられている。④は，表の通りである。ひとり親家庭に関しては，他県同様に関連情報を一括した冊子，県次世代育成・青少年課こども未来応援室「<u>ひとり親家庭のしおり</u>」（全9頁）が作成公開されている。

（2）香川県 ─────────

【人口：93万1557人・世帯数：43万5421世帯】

①については，FAQページにある「経済的理由で小・中学校への就学が困難なときは…」で教育扶助と就学援助の2種のあることが記載されているが，市町村の一覧やリンクはない。②では，香川県教育委員会高校教育課のページにある「授業料・奨学金・給付金」の項目で県立高校の授業料等，奨学給付金，奨学金の情報が，総務部総務学事課の「高等学校等の授業料等の負担軽減について」のページで私立校の就学支援金，授業料軽減補助，奨学給付金，奨学金の情報が入手できる。③では，卒業後県内に就職定着し地域の中核的企業等を担う人材と成り得る者を対象に，<u>奨学金返還支援制度</u>を設けている。④は，表の通りである。

表1-8-2　香川県

①小中学生，②高校生等，③大学生等，④その他
①経済的理由で小・中学校への就学が困難なときは[教育委員会義務教育課] https://www.pref.kagawa.lg.jp/kenkyoui/gimu/schoolfaq.html
②授業料・奨学金・給付金[教育委員会高校教育課] https://www.pref.kagawa.lg.jp/kenkyoui/koko/index.html 高等学校等の授業料等の負担軽減について[総務部総務学事課] https://www.pref.kagawa.lg.jp/content/dir4/dir4_2/dir4_2_3/wm2lwo161129132815.shtml
③香川県医学生修学資金貸付制度について[医務国保課総務・医事グループ] https://www.pref.kagawa.lg.jp/imu/soumuiji/index2-4-1.htm 香川県看護学生修学資金貸付制度[かがわナースナビ] https://kagawa-kango.com/n_navi/contents/careerup/scholarship/ 介護福祉士・社会福祉士修学資金貸付事業[香川県社会福祉協議会] http://www.kagawaken-shakyo.or.jp/fukushi/shikin29.html 香川県保育士修学資金貸付事業について[同上] http://www.kagawaken-shakyo.or.jp/fukushi/shikin_hoikushi.html 香川県大学生等奨学金[政策部政策課] https://www.pref.kagawa.lg.jp/seisaku/daigaku/index.html 日本学生支援機構第一種（無利子）奨学金を活用した返還支援制度[同上] https://www.pref.kagawa.lg.jp/seisaku/henkanshien/
④生活福祉資金貸付制度[香川県社会福祉協議会] http://www.kagawaken-shakyo.or.jp/consultation/kashitsuke2.html ひとり親家庭のしおり[香川県HP] https://kagayaku-kagawa.jp/uploads/app_child_rearings/3/5/35-attach03-20190329140838.pdf 香川県の奨学金[奨学金ネット] （含む＊三豊市・高松市・さぬき市・東かがわ市　奨学金　など） https://奨学金.net/kagawa.html

（3）愛媛県 ─────────

【人口：129万6344人・世帯数：64万2774世帯】

①では，就学援助に関する情報は県のHPにアップされていない。②では，「ホーム＞教育・文化・スポーツ＞学校教育＞高等学校」のページにおいて公立校の授業料，就学支援金（文科省HPリンク），奨学給付金（同前）の情報が，「ホーム＞教育・文化・スポーツ＞学校教育＞私立学校」のページにおいて私立校の奨学給付金（同前），授業料減免事業の情報が，入手できる。③では，ものづくり産業分野・IT関連分野，観光分野に就職する者を対象に，<u>愛媛県中核産業人材確保のための奨学金返還支援制度</u>を設けている。④は，表の通りである。

第1部　子育て・教育施策の水平的比較調査

表 1-8-3 愛媛県

①小中学生，②高校生等，③大学生等，④その他
①就学援助制度＝県の HP に特に広報なし
②県立高校・中等教育学校の授業料等について［教育委員会事務局 高校教育課］ https://www.pref.ehime.jp/k70400/jyugyoryo.html 愛媛県高等学校等奨学のための給付金について［同上］ https://www.pref.ehime.jp/k70400/shogakukyuhukin.html 高等学校等就学支援金制度について［総務部私学文書課］ https://www.pref.ehime.jp/h10600/1197791_1903.html 愛媛県私立高等学校授業料減免事業について［同上］ https://www.pref.ehime.jp/h10600/1191947_1903.html 愛媛県私立高等学校等奨学のための給付金について（私立用）［同上］ https://www.pref.ehime.jp/h10600/shogakukyuhu.html 愛媛県奨学資金［教育委員会教育総務課教職員厚生室厚生事業係］ https://ehime-c.esnet.ed.jp/kouseishitsu/syougakukin/syougakutop.htm
③医師確保奨学金制度［保健福祉部医療対策課］ https://www.pref.ehime.jp/h20150/doctorbank/attach/06shougakukin/shougakukin.html#tiikiwaku 介護福祉士等修学資金貸付事業［愛媛県社会福祉協議会］ https://www.ehime-shakyo.or.jp/study/介護福祉士等修学資金貸付事業/ 保育士修学資金等貸付事業［同上］ https://www.ehime-shakyo.or.jp/study/保育士修学資金等貸付事業/ 愛媛県中核産業人材確保のための奨学金返還支援制度について ［経済労働部産業人材室］ https://www.pref.ehime.jp/h30580/syougakukinn/henkansienseido.html
④生活福祉資金貸付事業［愛媛県社会福祉協議会］ https://www.ehime-shakyo.or.jp/support/生活福祉資金貸付事業/ ひとり親家庭［愛媛県HP］ https://www.pref.ehime.jp/kenko/kekkon/hitorioya/index.html ひとり親家庭のしおり［保健福祉部生きがい推進局子育て支援課］ https://www.pref.ehime.jp/h20300/ikusei/kosodate/hitori/documents/r1hitorioyasiori.pdf 愛媛県の奨学金［奨学金ネット］ （含む＊今治市・内子町・上島町・西条市・松山市　奨学金　など） https://奨学金.net/ehime.html

（4）高知県

【人口：66万9657人・世帯数：34万3610世帯】

①では，照会先の市町村の一覧と可能範囲でのリンクがある。また，県文化生活スポーツ部私学・大学支援課「私立小中学生等に対する支援」をアップし，私立小中学校等修学支援実証事業に加えて県独自の授業料減免補助金を解説している。②では，「ホーム＞組織から探す＞教育委員会事務局＞高等学校課」のページのサイドメニュー「授業料」において公立校の授業料，就学支援金，減免制度，奨学給付金の情報が，「奨学金」において奨学金の情報が，「ホーム＞組織から探す＞文化生活スポーツ部＞私学・大学支援課」の「私立高校生等に対する支援」において私立校の就学支援金，授業料減免補助金，奨学給付金の情報が得られる。③では，獣医師希望者向けの修学資金貸与事業，産業人材定着支援のための高知県産業人材定着支援事業（奨学金返還支援制度）を設けている。④は，表の通りである。

表 1-8-4 高知県

①小中学生，②高校生等，③大学生等，④その他
①就学援助制度について［教育委員会小中学校課］ http://www.pref.kochi.lg.jp/soshiki/310301/shugakuenjo.html 私立小中学生等に対する支援［文化生活スポーツ部私学・大学支援課］ http://www.pref.kochi.lg.jp/soshiki/140901/2018073100150.html
②高知県立中学校・高等学校授業料［教育委員会高校教育課］ https://www.pref.kochi.lg.jp/soshiki/311701/jyugyouryou.html 「高知県高校生等奨学給付金」申請のご案内［同上］ https://www.pref.kochi.lg.jp/soshiki/311701/jyugyouryou-kyuuhukin.html 高知県高等学校等奨学金［同奨学金担当］ http://www.pref.kochi.lg.jp/soshiki/311701/shogakukin.html 私立高校生等に対する支援［文化生活スポーツ部私学・大学支援課］ http://www.pref.kochi.lg.jp/soshiki/140901/2018073100136.html
③医師を目指す方への奨学金［健康政策部医療政策課］ https://www.pref.kochi.lg.jp/soshiki/131301/2017032800308.html 看護師を目指す方への奨学金［同上］ https://www.pref.kochi.lg.jp/soshiki/131301/kango-syougakukinn.html 高知県獣医師養成確保修学資金貸与事業（高校生等対象）の実施について［農業振興部畜産振興課］ http://www.pref.kochi.lg.jp/soshiki/160901/2019070200171.html 介護福祉士等修学資金貸付制度について［高知県社会福祉協議会］ http://www.kochiken-shakyo.or.jp/document/?group=grp28 保育士修学資金について［同上］ http://www.kochiken-shakyo.or.jp/document/?group=grp29 高知県産業人材定着支援事業（奨学金返還支援制度） ［文化生活スポーツ部私学・大学支援課］ https://www.pref.kochi.lg.jp/soshiki/140901/2017011600271.html
④貸付制度―「自立のための貸付制度」―［同上］ http://www.kochiken-shakyo.or.jp/document/?group=grp81 ひとり親家庭等福祉のしおり［地域福祉部児童家庭課］ http://www.pref.kochi.lg.jp/soshiki/060401/files/2016070400297/H30hukusinosiori.pdf 高知県の奨学金［奨学金ネット］ （含む＊中土佐町　奨学金　など） https://奨学金.net/kouchi.html

9. 九州・沖縄8県

(1) 福岡県

【人口：499万7249人・世帯数：246万1692世帯】

①では，就学援助と教育扶助の説明がなされ，照会先の機関・市町村の一覧（リンク）がある。②では，教育委員会高校教育課管理係「**令和元年度教育費の支援制度のお知らせ**」の広報に遭遇できれば，公私立校の就学支援金，奨学給付金，授業料減免（公立校），授業料軽減補助（私立校），奨学金，入学支度金，県立定時制・通信制課程修学奨励費，同定時制課程夜食費補助に関する情報一覧が得られる。③④は，表の通りである。

表1-9-1　福岡県

①小中学生，②高校生等，③大学生等，④その他
①就学困難な児童，生徒のためには［福岡県HP］ http://www.pref.fukuoka.lg.jp/contents/shugaku-enjo.html
②令和元年度教育費の支援制度のお知らせ［教育委員会高校教育課管理係］ http://www.pref.fukuoka.lg.jp/contents/kyoikuhi1.html
③福岡県地域医療医師奨学金について［医療指導課医師・看護職員確保対策室］ http://www.pref.fukuoka.lg.jp/contents/ishi-syogakukin.html 福岡県看護師等修学資金貸付金について［同上］ http://www.pref.fukuoka.lg.jp/contents/kango-sikin.html 介護福祉士修学資金等貸付制度［福岡県社会福祉協会］ http://www.fuku-shakyo.jp/jigyo/kaigosyugaku/info.html 福岡県保育士修学資金［同上］ http://www.fuku-shakyo.jp/jigyo/hoikusyugaku/hoikusyugaku.html
④生活資金に関する相談［同上］ http://www.fuku-shakyo.jp/jigyo/shikin/shikin.html 福祉のしおり　ひとり親家庭・寡婦の皆さんへ［福祉労働部児童家庭課］ http://www.pref.fukuoka.lg.jp/uploaded/life/367111_54110798_misc.pdf 福岡県の奨学金［奨学金ネット］ （含む＊久留米市・直方市・八女市・筑後市・大野城市・宗像市・古賀市・糸島市・芦屋町・福智町　奨学金　など） https://奨学金.net/fukuoka.html

(2) 佐賀県

【人口：79万1450人・世帯数：33万7599世帯】

①では，就学援助に関する情報は県のHPにアップされていない。②では，教育委員会

表1-9-2　佐賀県

①小中学生，②高校生等，③大学生等，④その他
①就学援助制度＝県のHPに特に広報なし
②高等学校等就学支援金制度（公立）のご案内［教育委員会教育総務課］ http://www.pref.saga.lg.jp/kiji00332458/index.html 高等学校等就学支援金制度（公立）のご案内［同上］ http://www.pref.saga.lg.jp/kiji00332458/index.html 佐賀県育英資金　制度の概要［同上］ https://www.pref.saga.lg.jp/kyoiku/kiji00332505/index.html 【私立】高等学校等就学支援金制度（新制度）［総務部法務私学課］ http://www.pref.saga.lg.jp/kiji00363113/index.html
③佐賀県医師修学資金等貸与制度のご案内［健康福祉部医務課］ http://www.pref.saga.lg.jp/kiji00334931/index.html 介護福祉士修学資金等貸付制度［佐賀県社会福祉協会］ http://www.sagaken-shakyo.or.jp/kasituke_kaigofukusi.html 保育士修学資金等貸付制度［同上］ http://www.sagaken-shakyo.or.jp/kasituke_syugaku.html
④生活福祉資金貸付制度のご案内［同上］ http://www.sagaken-shakyo.or.jp/kasituke.html 佐賀県ひとり親家庭のしおり［健康福祉部こども家庭課］ https://www.pref.saga.lg.jp/kiji003592/index.html 佐賀県の奨学金［奨学金ネット］ （含む＊唐津市・鳥栖市・武雄市・小城市　奨学金　など） https://奨学金.net/saga.html

教育総務課（公立校）と県総務部法務私学課（私立校）が作成した情報が個々に掲載されている。③④は，表の通りである。

(3) 長崎県

【人口：127万6677人・世帯数：62万1996世帯】

①では，就学援助に関する情報は県のHPにアップされていない。②では，「ホーム＞分類で探す＞観光・教育・文化＞教育情報＞修学支援制度」のページにおいて，教育庁教育環境整備課「県立高等学校の授業料など」で授業料，就学支援金，減免制度の情報が，「**公立高等学校等離島高校生修学支援費補助金について**」で離島からの進学者に対して通学費・帰省費・居住費の補助制度の情報が，「**公的な主な奨学金について紹介します**」で長崎県育英会の奨学金，各市町の奨学金，各種貸付金事業の情報が得られる。また，「ホーム＞分類で探す＞観光・教育・文化＞小・中・高等学校＞**長崎県の私立高校における授業料・校納金の負担軽減について**」のページで，私立校の就学支援金，授業料軽減，奨学給付金

第Ⅰ部　子育て・教育施策の水平的比較調査

表 1-9-3　長崎県

①小中学生，②高校生等，③大学生等，④その他
①就学援助制度＝県のHPに特に広報なし
②県立高等学校の授業料など[教育庁教育環境整備課] https://www.pref.nagasaki.jp/bunrui/kanko-kyoiku-bunka/gakkokyoiku/kenritugakkoujugyouryou/jugyouryou/ <u>公立高等学校等離島高校生修学支援費補助金について</u>[同上] https://www.pref.nagasaki.jp/bunrui/kanko-kyoiku-bunka/gakkokyoiku/shuugakusien/ritoukoukousei/ <u>公的な主な奨学金について紹介します</u>[同上] https://www.pref.nagasaki.jp/bunrui/kanko-kyoiku-bunka/gakkokyoiku/shuugakusien/shougakukin/ <u>長崎県の私立高校における授業料・校納金に対する負担軽減について</u>[総務部学事振興課] https://www.pref.nagasaki.jp/bunrui/kanko-kyoiku-bunka/shochuko/jugyoryo/https://www.pref.nagasaki.jp/shared/uploads/2019/01/1548921616.pdf
③医学修学資金貸与制度[医療人材対策室] https://www.pref.nagasaki.jp/bunrui/hukushi-hoken/iryo/isinoyousei/igakushugakusikin/ <u>長崎県看護職員修学資金</u>[同上] https://www.pref.nagasaki.jp/bunrui/hukushi-hoken/iryo/shuugyou-shien/kango-shuugakushikin/ 資格取得希望者・社会福祉事業関係者等向け貸付事業[長崎県社会福祉協議会] （含む＊介護福祉士，保育士） http://www.nagasaki-pref-shakyo.jp/section/jinzai/jigyo/jinzai_kashitsuke_top.php <u>産業人材育成奨学金返済アシスト事業</u>[若者定着課] http://www.pref.nagasaki.jp/bunrui/kanko-kyoiku-bunka/gakkokyoiku/assist/
④福祉の貸付・生活福祉資金[長崎県社会福祉協議会] http://www.nagasaki-pref-shakyo.jp/section/shikin/ <u>長崎県母子父子寡婦福祉資金貸付金</u>[こども家庭課] https://www.pref.nagasaki.jp/object/tetsuduki-shinsei/tetsuduki-shinseikankei/165529.html <u>長崎県の奨学金</u>[奨学金ネット] （含む＊長崎市　奨学金　など） https://奨学金.net/nagasaki.html

表 1-9-4　熊本県

①小中学生，②高校生等，③大学生等，④その他
①就学援助制度＝県のHPに特に広報なし
②奨学金・補助金[熊本県HP] http://www.pref.kumamoto.jp/hpkiji/pub/List.aspx?c_id=3&class_set_id=1&class_id=1112 <u>進学のための経済的な支援</u>[総務部私学振興課] http://www.pref.kumamoto.jp/kiji_24865.html
③医師修学資金貸与[健康福祉部健康局医療政策課] http://iryou.pref.kumamoto.jp/resident/loan <u>熊本県看護師等修学資金貸与について</u>[同上看護班] https://www.pref.kumamoto.jp/kiji_10018.html 熊本県介護 福祉士・社会福祉士修学資金貸付事業[熊本県社会福祉協議会] http://www.fukushi-kumamoto.or.jp/one_html3/upload/p2111_231_1H31年度チラシ（介護修学資金）.pdf 保育士修学資金貸付事業[同上] http://www.fukushi-kumamoto.or.jp/one_html3/pub/default.asp?c_id=113 <u>ふるさとくまもと創造人材奨学金返還等サポート制度</u>[企画振興部企画課政策班] https://www.kumakatsusupport.pref.kumamoto.jp/kiji00383/index.html https://www.kumakatsusupport.pref.kumamoto.jp/kiji00383/3_83_119_up_tx3n640a.pdf
④生活福祉資金等の貸し付け[同上] http://www.fukushi-kumamoto.or.jp/top/default_c5.asp <u>熊本県ひとり親家庭サポートブック</u>[子ども家庭福祉課] https://www.pref.kumamoto.jp/common/UploadFileOutput.ashx?c_id=3&id=18596&sub_id=9&flid=184295 <u>熊本県の奨学金</u>[奨学金ネット] （含む＊熊本市・阿蘇市　奨学金　など） https://奨学金.net/kumamoto.html

及び通学費補助金（12km以上通学者対象）の情報が得られる。③では，将来の地域産業を担うリーダーとなる人材の確保・定着を進めるために，製造技術者等，建築・土木・測量技術者等，情報処理・通信技術者等，観光関連産業などへの就職希望者を対象に，**産業人材育成奨学金返済アシスト事業**という奨学金返還支援制度を設けている。④は，表の通りである。

>奨学金・補助金」のページにおいて，公私立校の就学支援金，奨学給付金，私立校の授業料等減免補助制度の情報が得られる。また，総務部私学振興課「**進学のための経済的な支援**」では熊本県育英資金，生活福祉資金貸付，母子父子寡婦福祉資金貸付の情報が得られ，関連ページにリンクがある。③では，若者の県内就職・定着及び県内企業等の将来の中核を担う人材確保のために，**ふるさとくまもと創造人材奨学金返還等サポート制度**という奨学金返還支援制度を設けている。④は，表の通りである。

（4）熊本県

【人口：170万2977人・世帯数：78万8209世帯】
　①では，就学援助に関する情報は県のHPにアップされていない。②では，「ホーム＞分類から探す＞学び・子育て＞教育・生涯学習

（5）大分県

【人口：109万5185人・世帯数：53万2717世帯】
　①では，照会先の市町村の一覧とリンクがある。②では，大分県HPのトップページには注目ワード「**授業料支援**」があり，クリッ

クすると，「高等学校授業料等支援（就学支援，授業料減免，奨学給付金）」に進む。そのページにある「県立高等学校」「私立高等学校」の２種のボタンをクリックすると各担当組織のページ（公立校：教育財務課学校運営支援班（授業料等，就学支援金，奨学給付金），私立校：私学振興・青少年課（就学支援金・授業料減免，奨学給付金））に飛んで関連情報が入手できる。③では，獣医師の**修学資金貸与制度**がある。また，ものづくり産業の将来を担う人材の県内就職及び定着を促進するため，県内の中小製造業または中小情報サービス業に「研究者」「開発技術者」「製造技術者」「情報処理・通信技術者」として６年間就業する者を対象に，**奨学金返還支援制度**を設けている。④は，表の通りである。

表 1-9-5　大分県

①小中学生，②高校生等，③大学生等，④その他
①就学援助制度について［教育財務課学校運営支援班］ https://www.pref.oita.jp/site/kyoiku/post-210.html
②トップページ>授業料支援>県立高等学校［教育委員会教育財務課］ https://www.pref.oita.jp/soshiki/31120/ トップページ>授業料支援>私立高等学校［私学振興・青少年課］ https://www.pref.oita.jp/soshiki/13255/ 奨学生の募集について［公益財団法人大分県奨学会］ http://www.d-b.ne.jp/syogaku/index.html
③大分県医師研修資金貸与制度の概要［医療政策課］ 　https://www.pref.oita.jp/soshiki/12620/kensyusikin.html 　大分県の看護師等修学資金貸与制度［公益社団法人大大分県看護協会］ 　https://www.oita-kango.com/sutudent.html#4 **大分県職員（獣医師）について**［畜産振興課］ 　https://www.pref.oita.jp/soshiki/15450/oita-jyuishi.html 介護福祉士等修学資金等貸付事業［大分県社会福祉協議会］ 　http://www.oitakensyakyo.jp/jigyou/資金貸付事業#k2 保育士修学資金貸付制度［同上］ 　http://www.oitakensyakyo.jp/jigyou/資金貸付事業#k4 **未来の大分県産業を担う若者の奨学金の返還を大分県が応援します！**［雇用労働政策課］ https://www.pref.oita.jp/soshiki/14580/scholarship-return-support.html
④生活福祉資金について［同上］ 　http://www.oitakensyakyo.jp/jigyou/%e7%94%9f%e6%b4%bb%e7%a6%8f%e7%a5%89%e8%b3%87%e9%87%91%e3%81%ab%e3%81%a4%e3%81%84%e3%81%a6 ひとり親家庭への支援［こども・家庭支援課］ 　https://www.pref.oita.jp/soshiki/12480/hitorioyasien.html 大分県の奨学金［奨学金ネット］ （含む*大分市・別府市・中津市・日田市・臼杵市・津久見市・由布市　奨学金　など） 　https://奨学金.net/oita.html

（6）宮崎県

【人口：104万9118人・世帯数：52万4217世帯】

①では，就学援助に関する情報は県のHPにアップされていない。②では，「トップ>暮らし・教育>教育・生涯学習>その他」において公立校の授業料・就学支援金，奨学給付金，宮崎県育英資金貸与事業の情報が，「トップ>暮らし・教育>教育・生涯学習>私立学校」において私立校の奨学給付金の情報が得られる。③では，獣医師の**修学資金貸与制度**がある。また，地域や産業を担う若者の県内への就職と定着を促進するために**ひなた創生のための奨学金返還支援事業**という奨学金返還支援制度を設けている。④は，表の通りである。

表 1-9-6　宮崎県

①小中学生，②高校生等，③大学生等，④その他
①就学援助制度＝県のHPに特に広報なし
②県立高等学校授業料について［教育委員会高校教育課管理担当］ 　https://www.pref.miyazaki.lg.jp/kokokyoiku/kurashi/kyoiku/index.html 宮崎県国公立高等学校等奨学給付金について［同上］ 　https://www.pref.miyazaki.lg.jp/kokokyoiku/kurashi/kyoiku/page00126.html 宮崎県育英資金貸与事業［同財務福利課育英資金室］ 　https://www.pref.miyazaki.lg.jp/ikueishikin/kurashi/kyoiku/index-02.html 宮崎県私立高等学校等奨学給付金について 　　　　　　［総合政策部みやざき文化振興課文教担当］ 　https://www.pref.miyazaki.lg.jp/miyazaki-bunkashinko/kurashi/kyoiku/page00459.html
③宮崎県医師修学資金貸与制度について［福祉保健部医療薬務課］ 　https://www.pref.miyazaki.lg.jp/iryoyakumu/kenko/iryo/ishishugakushikin.html 宮崎県看護師等修学資金のご案内［同看護担当］ 　https://www.pref.miyazaki.lg.jp/iryoyakumu/kenko/iryo/20160112171614.html 宮崎県職員獣医師修学資金貸与者の募集 　　　　［農政水産部畜産新生推進局家畜防疫対策課防疫企画担当］ 　https://www.pref.miyazaki.lg.jp/shinsei-kachikuboeki/shigoto/chikusangyo/20160630160330.html 介護福祉士等修学資金貸付制度［宮崎県社会福祉協議会］ 　https://www.mkensha.or.jp/mimiyori/m0902.html 保育士修学資金［同上］ 　https://www.mkensha.or.jp/loan/h_syugaku.html 「ひなた創生のための奨学金返還支援事業」とは…［雇用労働政策課］ 　http://choice-miyazaki.com/scholarship_project/
④生活福祉資金貸付制度の概要［宮崎県社会福祉協議会］ 　https://www.mkensha.or.jp/comfort/pdf/comfort51_03.pdf ひとり親家庭（宮崎県HP） **https://www.pref.miyazaki.lg.jp/kenko/kodomo/hitorioya/index.html** 宮崎県の奨学金［奨学金ネット］ （含む*都城市・延岡市・日南市・小林市　奨学金　など） 　https://奨学金.net/miyazaki.html

第Ⅰ部　子育て・教育施策の水平的比較調査

（7）鹿児島県

【人口：156万305人・世帯数：79万8090世帯】

①では，「教育費助成」のページが就学援助制度の説明になっており，照会先の市町村の一覧，PDFの概要資料及びリンクがある。②では，「ホーム＞教育・文化・交流＞学校教育＞教育助成」のページに，就学支援金，奨学給付金，奨学金のメニューリストがあり，クリックすると情報が入手できる。③では，鹿児島県の獣医師職員（家畜衛生及び公衆衛生）として農政部・くらし保健福祉部への勤務を希望する獣医学生対象の県事業，及び鹿児島県の獣医師職員（産業動物獣医師等）として農政部への勤務を希望する獣医学生対象の国事業の2種の**獣医師確保対策修学資金**が設けられている。**鹿児島県大学等奨学金返還支援制度**もある。④は，表の通りである。

表 1-9-7　鹿児島県

①小中学生，②高校生等，③大学生等，④その他

①教育費助成［教育庁義務教育課］
http://www.kagoshima.jp/ba04/kyoiku-bunka/school/josei/q-a-5-8.html
外国人の子どもの就学機会［同上］
http://www.pref.kagoshima.jp/ba04/kyoiku-bunka/school/josei/gaikoujin.html

②教育助成［鹿児島県HP］
http://www.pref.kagoshima.jp/kyoiku-bunka/school/josei/index.html

③医師修学資金貸与制度［くらし保健福祉部保健医療福祉課医療人材確保対策室］
https://www.pref.kagoshima.jp/ae03/kenko-fukushi/doctorbank/taisaku/syuugakutaiyo1.html
獣医師確保対策修学資金の募集について［農政部畜産課管理係］
http://www.pref.kagoshima.jp/ag07/sangyo-rodo/nogyo/tikusan/topics/tikanri2015.html
鹿児島県介護福祉士修学資金等貸付制度のご案内［鹿児島県社会福祉協議会］
http://www.kaken-shakyo.jp/minsei/31kashituke.html
鹿児島県保育士修学資金貸付等事業のご案内［同上］
http://www.kaken-shakyo.jp/minsei/r1_hoikukashituke.html
鹿児島県大学等奨学金返還支援制度［公益財団法人鹿児島県育英財団］
http://www.kagoshima-ikuei.jp/wish/return_support_adult/

④生活福祉資金貸付制度とは？［鹿児島県社会福祉協議会］
http://www.kaken-shakyo.jp/minsei/min21_1.htm
母子父子寡婦福祉資金の貸付制度［こども福祉課］
http://www.pref.kagoshima.jp/ae08/kenko-fukushi/kodomo/teate/documents/4219_20160906190252-1.pdf
鹿児島県の奨学金［奨学金ネット］
（含む＊薩摩川内市・阿久根市・西之表市・肝付町・霧島市・日置市・南さつま市　奨学金　など）
https://奨学金.net/kagoshima.html

（8）沖縄県

【人口：146万770人・世帯数：68万3620世帯】

①では，照会先の市町村の一覧とリンクがあるだけでなく，**カラーチラシ，テレビCM（4種），ラジオCM（3種）**も作成公表されている。②では，「ホーム＞学校教育の充実＞学生の方への情報＞学費の援助や奨学資金を受けるには」のページにおいて，高校等進学の際の支援制度，奨学金関係，定時制・通信制課程修学奨励金貸与制度，沖縄県国際交流・人材育成財団などの見出し情報が入手できる。**チラシ「高校等進学を目指す生徒とその保護者の皆様へ」**（1頁）は，就学支援金，奨学給付金，奨学金などの情報が簡潔な表になっている。③④は，表の通りである。

表 1-9-8　沖縄県

①小中学生，②高校生等，③大学生等，④その他

①就学援助制度について［教育庁教育支援課］
https://www.pref.okinawa.jp/edu/shien/syuugakuenzyo.html
カラーチラシ［同上］
https://www.pref.okinawa.jp/edu/shien/documents/leaflet_1.pdf
テレビCM（4種）・ラジオCM（3種）

②学費の援助や奨学資金を受けるには［教育庁教育支援課］
https://www.pref.okinawa.jp/edu/shien/jujitsu/gakuse/gakuhi.html
高校等進学を目指す生徒とその保護者の皆様へ［同上］
https://www.pref.okinawa.jp/edu/shien/jujitsu/gakuse/documents/syuugakusiennh30.pdf

③沖縄県看護師等修学資金の貸与について［保健医療部保健医療総務課］
https://www.pref.okinawa.lg.jp/site/hoken/hokeniryo/kango/kango/h31kangonintei.html
介護福祉士等修学資金貸付制度について［沖縄県社会福祉協議会］
http://www.okishakyo.or.jp/html/jinken/0905201002/
保育士確保のための貸付事業について［同上，子ども生活福祉部子育て支援課］
https://www.pref.okinawa.jp/site/kodomo/kosodate/h28kasituke.html

④生活福祉資金情報［沖縄県社会福祉協議会］
http://www.okishakyo.or.jp/hukusisikin/
母子父子寡婦福祉資金貸付金の御案内［子ども生活福祉部青少年・子ども家庭課］
https://www.pref.okinawa.jp/site/kodomo/shonenkodomo/25402.html
ひとり親家庭を応援します！［同上，公益社団法人沖縄県母子寡婦福祉連合会］
https://www.pref.okinawa.jp/site/kodomo/shonenkodomo/boshi/documents/hitori-oyakatei-wo-ouen-shimasu2804.pdf
沖縄県の奨学金［奨学金ネット］
（含む＊沖縄市・那覇市・うるま市　奨学金　など）
https://奨学金.net/oki.html

10. 広報・施策の特徴

以上に掲げた47都道府県の一覧表は2019年時点のものであるが，当該自治体の概要及び特色を知るうえで参考になる。以下では，いくつかの特色ある試みを順に紹介する。

その際，2024年現在（2024年5月1日閲覧）の情報に更新する作業を適宜行った。更新作業を通じて，今も続いている施策，現在は確認できない情報などが明らかとなり興味が尽きない。

(1) 就学・修学・就職に係る給付・貸付制度などの関連諸制度・諸サービスを教育階梯別等に分類し網羅した広報 ──【島根県，京都府，和歌山県】

島根県教育委員会人権同和教育課『就学・修学・就職のための給付・貸付・減免制度等の概要』[8]は，小・中学校等に通う人，中学校等を卒業した人，高校等を卒業した人の3者を対象に関連情報を網羅したものであり，毎年作成公開されている（2024年度版：全47頁）。そのうちの39情報を見やすく一覧にしたものが「子どもたちの学びを支える経済的な制度の主なもの」[9]（2024年度版：全2頁），高校生等に関連した就学支援金，奨学給付金，授業料減免制度，特別支援教育就学奨励費，定時制課程等就学奨励資金制度，奨学金・就（修）学資金制度について簡略に説明したものが「高校等での学びを経済的に支える制度について」[10]（2023年度版：全4頁）である。

表1-7-2島根県は調査時点の2019年の一覧であるが，その後に政策企画局政策企画監室「専門職を目指して県内進学・県内就職を希望する人のための奨学金等一覧」[11]が追加されている（2022年3月末時点の情報一覧：全48頁）。

ほかに，京都府教育委員会は乳幼児期から大学卒業後におよぶ『就・修学及び進学・就職を支援するための援護制度一覧』[12]（2024年度版：全117頁）を，和歌山県教育委員会は「あなたの『これから』のための応援サポート」と銘打った『就学・修学・就職のための給付・貸付制度のご案内』[13]（2024年度版：全37頁）を作成公開している。

(2)「子育て」をテーマに教育費支援情報も含めて網羅的に編集した広報 ──【群馬県】

表1-4-3群馬県にあるように，2019年の調査当時，こども未来部こども政策課が「『子育て』に関するお助け制度の一覧」[14]サイトを設けていた。当サイトでは，「出産／保育／教育資金／医療／資格・就労／母（父）子家庭／障害児／児童施設入所者・退所者／小・中学生／高校生等／特別支援学校／交通遺児／その他」の13区分別に整理されており（関連区分への重複分類あり），詳細情報のページや該当のリンク先に飛べる機能もあって，生まれてから就労までのさまざまな「お助け制度」が発見できるようになっていた。利便性の高い広報のあり方の一モデルとして注目し，訪問して担当者にもお話をうかがったが，その後の機構再編やHPリニューアルにより，残念ながら現在は確認できない。

(3) 漢字にルビをふったり多言語版を用意した広報 ──【京都府，埼玉県，三重県，鳥取県】

京都府の冊子は，日本語版は漢字にもルビをふるとともに，英語版・韓国朝鮮語版・中国語版を用意していた。

埼玉県教育委員会（教育局教育総務部財務課授

業料・奨学金担当）と埼玉県総務部（学事課高等学校担当）によるリーフレット「**中学校3年生保護者の皆さまへ　高校生の学費負担を支援します！**」は，日本語，英語，中国語，韓国語，タガログ語，ポルトガル語，スペイン語の7カ国語で用意されている[15]。

三重県教育委員会（教育財務課修学支援班）は，「三重県教育委員会では，高等学校等における教育費負担を軽減するために，3つの支援制度をご用意しています」として，「授業料を助成します：就学支援金」「返済不要の給付金：奨学給付金」「無利子の貸付金：修学奨学金」を紹介したチラシ「**高校進学後の教育費負担をサポートします！**」（1頁）を，日本語，英語，ポルトガル語，スペイン語，フィリピノ語，中国語の6カ国語で用意している[16]。

鳥取県教育委員会（人権教育課）は，『**学校生活ガイドブック（小・中学校編）**』[17]を，日本語（全60頁）及び日本語に準じて，英語，中国語（繁体字・簡体字），フィリピノ語（タガログ語），韓国・朝鮮語，スペイン語，ポルトガル語，タイ語，ロシア語，ベトナム語の9カ国10言語で用意している。

この冊子は，日本の学校制度，就学手続き等について，教育内容について，進級・進学について，教育費について，就学費の援助等について，主な年間行事の例，学校の一日，学校でのきまり，学校紹介（小学校），同（中学校），部活動について・入部届（中学校用），家庭環境票，各種届，案内・通知文，健康関係の16章で構成されている（日本語版のみ「付録〔単語・会話集（学校用語）〕」あり）。訪問調査してうかがったところでは，ページの見開きを日本語版と同じにすることで，担任等の懇談者・説明者が仮にその言語が分からなくとも，該当箇所を的確に指し示すことができるように非常に工夫されている。

（4）中学校進路指導資料として編集した広報
【神奈川県】

神奈川県教育委員会（教育局支援部子ども教育支援課）は，中学校進路指導資料として『**わたくしたちの生活と進路**』[18]（本編・活用編（指導案・授業実践例・ワークシート）・ホームページ活用のすすめ）を作成公表している。

本編の冊子（2018年度版：全48頁）は，「充実した中学校生活をめざして」「自分の生活を振り返る」「『学ぶ』ということ」「地域の人たちとのふれあい」「自分を知る」「夢の実現に向けて」「職業について知る（職業と資格）」「働く人から学ぼう～職業講話・職場体験などを通して～」「生き方を求めて」「『社会に出る』ということ」，の10章で構成されている。

資料編「15. 就学援助制度」では，「高校に進学したいと考えていますが，学資の援助にはどのようなものがあるのでしょうか」との問いかけのもとに，「高校生の就学援助制度の概要」が3ページにわたって解説されている。具体的には，「県の制度」として，公立高等学校の入学検定料等減免制度，同就学支援金制度，神奈川県高校生等奨学給付金（国公立高等学校），私立高等学校等の学費支援制度，神奈川県高等学校奨学金，母子父子寡婦福祉資金の概要と照会先，「市町村の奨学金制度」として30市町村の奨学金の一覧と照会先，「その他の学費助成制度」として交通遺児育英会奨学金，あしなが奨学金の照会先を掲載している。また，本編に対応した活用編では指導案・ワークシート・資料が掲載されており，進路指導を実際に行う際の指導参考書として役立っている。

（5）高校進学予定者・高校生・保護者を対象に国・都道府県等の関連制度を分かりやすく一覧・解説・図示した広報 ──【群馬県，奈良県，兵庫県，大阪府】

高校段階の支援情報は，すでに述べたように，国の制度，都道府県の事業などがさまざまにあり，複雑かつ用語も類似していてきわめて分かりにくい。そこで，文部科学省HPの関連サイトにリンクを張って説明を済ませる自治体も少なくない。一方，埼玉県の「**中学校3年生保護者の皆さまへ　高校生の学費負担を支援します！**」のように，自治体が独自に工夫した広報もある。

群馬県教育委員会（発行：管理課，編集・デザイン：就学支援研究チーム）は，「**高校入学予定者のみなさんへ　高校生等対象の就修学支援制度のごあんない**」[19]と題した，カラフルで分かりやすいリーフレット（全4頁，二つ折り）を出している。1頁目では，「高校ってどのくらいのお金が必要なの？」の問いかけから始めて，「公立高校平均約29万円，私立高校平均67万8千円（年額）」の内訳を円グラフで示し，その後に「就修学支援のしくみ」（就学支援金，奨学給付金）を解説している。見開きの2〜3頁目では「高校生等対象の奨学金・資金貸付制度一覧」（貸与型7種・給付型1種）を，4頁目では「奨学金・資金貸付制度のスケジュール」（中3〜高1）を図示し，空きスペースに「随時申請ができる資金貸与制度・給付型奨学金」7種を表示している。

奈良県・奈良県教育委員会は連名で，「国や奈良県は，みなさんが高等学校等へ進学した後も安心して教育が受けられることを目的として，みなさんの修学を支援する制度を設けています」とのリード文のついたパンフレット「**高校生等への修学支援**」[20]（全8頁）を作成公開している。

同パンフレットには，2頁目：高等学校等就学支援金（県立・市町村立高等学校，県立大学附属高等学校）・授業料軽減補助金（国公立高等学校等，県立大学附属高等学校），3頁目：高等学校等就学支援金（私立高等学校等）・授業料等軽減補助金（同），4頁目：高校生等奨学給付金（国公立・私立高等学校等），5頁目：高校生等奨学給付金Q&A，6頁目：高校奨学金制度（修学支援奨学金・育英奨学金），7頁目：その他の教育支援金（生活福祉資金貸付制度，福祉系高校修学資金貸付制度，母子父子寡婦福祉資金），8頁目：その他の修学支援について（家計急変への支援）が収録されている。

一方，頁数が増すことをいとわずに，諸制度・諸事業を「網羅した冊子」を作成公開している場合もある。

兵庫県教育委員会（財務課）の『**高校生等に対する修学支援制度ガイドブック**』[21]（2024年度版：全77頁）は，兵庫県の各部局が所管する事業一覧，兵庫県内の各市町が所管する事業一覧を網羅的に収録している。

冊子の冒頭には，「兵庫県及び県内各市町においては，経済的な理由により修学が困難な方に対して奨学資金の貸与などにより修学を奨励しております。／近年の経済的不況に起因する失業，倒産，災害等による経済的負担増など，さまざまな要因により高校生等のみなさんの修学に影響を与える状況があります。／このたび，高校生等のみなさんが安心して勉学に打ち込めるよう環境づくりを支援するため，本県及び県内各市町の『修学支援制度』をまとめたガイドブックを改正しました。／本ガイドブックがその支援の一助となれば幸いと考えております」と作成の意図を述べ，それぞれに一覧を掲げた後に1事業1頁ずつに概要を示している。

大阪府教育庁は，高校段階を含めた奨学金

制度，政府・民間の教育ローン，市町村奨学金制度・市町村入学資金などを一覧にした『**奨学金等指導資料**』[22]（2024年度版：全30頁）の冊子を作成公開している（関連情報のURLも可能な範囲で記載）。また，『**奨学金制度のご案内**』[23]（2024年度版：全18頁）も出しており，「奨学金制度とは，経済的理由により進学をあきらめることなく，自らの能力や適性等にあった進路を自由に選択できるよう支援していく制度で，先輩奨学生から返還されたお金を財源として，新たな奨学生に貸与していく制度です。／奨学金には，日本学生支援機構，大阪府育英会奨学金があり，また，家庭事情に応じて母子・父子・寡婦福祉資金貸付や生活福祉資金貸付などさまざまな制度があります。／奨学金は，将来の社会を担う人づくりを支援するためのものです。このリーフレットは，これら制度を十分理解し，有効に活用いただくために作成いたしました」との解説が冒頭でなされている。

兵庫県や奈良県のようなメッセージ，高校生等（若い読み手）への語りかけは，作成する自治体側（作成者側）の思いが込められており興味深い。

（6）高校卒業後の大学等修学に関する情報を特にまとめた広報──【兵庫県，北海道，青森県，埼玉県，新潟県】

さらに支援情報が錯綜しているのが，高校卒業後の大学等への修学の関してである。

その中で上述の兵庫県では，大学等への進学にあたり，さまざまな奨学金や融資制度を紹介した『**高校生のための大学等進学用奨学金ガイドブック**』[24]（2024年度：全35頁）を用意している。

北海道では行政局学事課が「大学等修学の

ための経済的支援情報サイト」[25]を設けている。そこでは国の情報にリンクを張るとともに，独自資料として奨学金・減免制度・教育ローンや貸付制度を解説した北海道総務部教育・法人局学事課「**大学等修学のための経済的支援の手引き**」[26]（2024年7月一部改訂：全34頁）を作成公開している。

また，同サイトには，簡便な「**大学等修学のための経済的支援に係る高校生向けリーフレット**」[27]（2024年7月：全4頁），14管内（空知，石狩，後志，胆振，日高，渡島，檜山，川上，留萌，宗谷，オホーツク，十勝，釧路，根室）別の「**北海道内市町村における大学等高等教育機関での修学等に係る各種支援制度**」，「**道内市町村における奨学金返還支援の取組**」も公開している。

青森県では，青森県内の大学・短大・専修学校等のオール青森が集結した進学相談フェア[28]を開催するとともに，「**青い森進学ガイド**」（全8頁）も作成公開している。

2019年調査当時，青森県総務部総務学事課のサイトには「青森県が行う主な奨学金制度等について」のページがあり，大学等進学に係る「経済的理由により修学困難な生徒に対する支援」「独立行政法人日本学生支援機構奨学金」「特定の資格の取得を要件とするもの」の一覧を掲げて紹介していたが，今は「**あおもり若者定着奨学金返還支援制度**」[29]が大きく報じられている。

埼玉県教育委員会（教育局財務課 授業料・奨学金担当）は「**大学進学のための経済的支援情報の提供**」[30]サイトを設けるとともに，今も冊子『**大学進学のための経済的支援ガイド**』[31]（2018年版：全36頁）をアップしている。そして，引き続き，その意図を「この資料集を使ってお伝えしたいこと」として，「平成29（2017）年3月現在，埼玉県では57.6％，全国では

54.8％もの生徒が大学へ進学しています。今や，2人に1人以上が大学へ進学をする時代となっています。／その一方で，経済的理由から大学への進学を断念することや，大学進学後に退学をする事態が生じています。また，大学は卒業できたが，学生時代に借りた奨学金の返還が困難になるという事態も発生しています。／これは，大学へ進学する前に，進学後の生活や学業にかかる費用等に関する情報が不足していたことが一つの要因になっているのではないか，と考えられます。／このことから，埼玉県教育委員会では，大学進学を考える高校生や保護者をはじめ，高等学校の教員などを対象に，大学進学のための経済的支援について情報提供を行うこととしました。／この資料集に掲載している情報をきっかけに，意欲や能力のある高校生が一人でも多く，大学へ進学する夢を実現していただくことを願っています」と語りかけている。巻末には「先輩たちの事例」を載せており，進学希望の高校生等を活用対象に想定していることが分かる。

新潟県教育委員会（教育庁高等学校教育課）は，大学や専門学校に進学する方が利用できる制度，低所得・ひとり親世帯の方が利用できる制度，国の教育ローン，高校在学中に利用できる制度，さまざまな団体の修学支援制度，奨学金に関するあれこれ，を収めた『奨学金ガイド』[32]（2024年4月版：全33頁）を作成公開している。

（7）医師，看護職員，介護職員，保育士，獣医師など特に力を入れている職業分野に向けたメッセージ性の強い広報 ──【栃木県，京都府，鳥取県】

医師，看護職員，介護職員，保育士など特定職種を対象にした修学資金が多くの都道府県で設けられている。

上述の新潟県の『奨学金ガイド』には，獣医師を目指す人への修学資金も掲載されている。ほかにも，青森，岩手，宮城，秋田，山形，茨城，栃木，群馬，石川，福井，岐阜，鳥取，島根，広島，徳島，愛媛，佐賀，長崎，熊本，大分，宮崎，鹿児島，沖縄の計24県（2019年時点から増えた4県に下線）に同様の修学資金があるという[33]。

メッセージ性の強い広報として，たとえば栃木県医療政策課（とちぎ地域医療支援センター）の「高校生の皆様へ（栃木県は未来のドクターを応援します！）」[34]は，「医師を目指している皆さんとその家族を支援するため，医学部受験の段階から，医師になるための様々な情報を発信します！」とのリード文を置いている。

京都府では，府内5市3町からなる「京都府地域医療確保奨学金制度」[35]，「京都府北部地域看護職魅力発信ガイドブック・チラシ」[36]など，特に北部地域の医師・看護師の確保に力を入れた発信となっている。

鳥取県の「医療従事者を目指す方への貸付制度」[37]には，医師，看護職員に加えて，理学療法士・作業療法士・言語聴覚士修学資金が含まれている。また，鳥取県は「子育て王国推進」を掲げており，「保育士等修学資金貸付制度」[38]とともに，保育士・幼稚園教諭の業種を含む奨学金返還助成制度「鳥取県未来人材育成奨学金支援助成金」[39]を設けている。

（8）市町村段階の奨学金や就学援助情報をリスト化した広報 ──【沖縄県】

都道府県の広報の中には，市町村の事業情報を収集して包括的に提供したものも少なくない。奨学金に関しては，上述の北海道，兵庫県などがそうであった。また，就学援助に

関しても，照会先の市町村の一覧・リンクを示したところがあった。

沖縄県教育委員会（教育庁教育支援課）は，「**就学援助制度について**」[40]のサイトで各市町村にリンクを張るとともに，「**安心して学べる環境づくりシュウガクエンジョ**」[41]のカラフルな一枚チラシを作成し，テレビCM4種，ラジオCM3種を流して，積極的な活用を県民に促している。

（9）漸進的無償化に係る自治体総合施策の創出に向けて ————

教育費支援情報を一覧にしていないところでも，ひとり親家庭に関しては包括的で利便性の高い一覧冊子等を作成広報する工夫が一般化している。子育て・教育に係る自治体総合施策（さらには漸進的無償化に係る自治体総合施策）の創出を都道府県レベルにおいて展望するには，まずは個々に設けられている制度や打れている事業を関連づけてとらえることが重要である。

総合化に向けた現状の評価と課題の明確化には，都道府県の行政内部での作業や努力とともに，主体であり当事者である住民自身による点検及び参与・参画の営みが肝要となろう。まさに，こども基本法施行に伴ってこども家庭庁が志向するところの，「こどもまんなか」の観点とその具体化が重要となっている。広報のあり方の検討と改善は，その第一歩といえよう。

注

※以下のウェブサイトは，改めてすべて2024年9月1日閲覧にて確認済み。ただし調査時から内容が更新されている場合もあるので，最新の情報については要確認。
1) 各都道府県の人口・世帯数は，2024年1月1日現在の住民基本台帳による。
2) 奨学金Net https://xn--kus49bd41h.net/
3) 文部科学省「都道府県別私立高校生への授業料等支援」http://www.mext.go.jp/a_menu/shotou/mushouka/detail/__icsFiles/afieldfile/2018/10/30/1343868_06_1_1_1.pdf

4）独立行政法人 日本学生支援機構「【地方創生の推進】都道府県における奨学金返還支援制度」https://www.jasso.go.jp/shogakukin/chihoshien/seido/sousei_ken.html
5）公益社団法人 地域医療振興協会「へき地ネット」https://www.hekichi.net/
6）厚生労働省「介護福祉士等修学資金貸付事業実施主体所在案内」https://www.mhlw.go.jp/bunya/koyou/kaigo_roudou/ichiran3.html
7）富山県「すべての子どもの安心と希望の実現に向けた取組み」https://www.pref.toyama.jp/documents/2237/01182973.pptx
8）島根県教育委員会人権同和教育課『就学・修学・就職のための給付・貸付・減免制度等の概要』https://www.pref.shimane.lg.jp/education/kyoiku/dokyo/shikin/index.data/seido_gaiyou.pdf
9）島根県教育委員会人権同和教育課「令和6年度 子どもたちの学びを支える経済的な制度の主なもの」https://www.pref.shimane.lg.jp/education/kyoiku/dokyo/shikin/index.data/R6_seido_ichiran.pdf
10）島根県教育委員会人権同和教育課「高校等での学びを経済的に支える制度について」https://www.pref.shimane.lg.jp/education/kyoiku/dokyo/shikin/index.data/R5_seido_hogosha.pdf
11）島根県政策企画局政策企画監室「専門職を目指して県内進学・県内就職を希望する人のための奨学金等一覧」https://www.pref.shimane.lg.jp/admin/seisaku/keikaku/shimanesousei/project.data/syogakukin_ichiran.pdf
12）京都府教育委員会学校教育課「就・修学支援，奨学金等（援護制度等）」『就・修学及び進学・就職を支援するための援護制度一覧』https://www.kyoto-be.ne.jp/gakkyou/cms/?p=4092
13）和歌山県教育委員会「あなたの『これから』のための応援サポート」https://www.pref.wakayama.lg.jp/prefg/500600/d00210248_d/fil/R6_leaflet.pdf
14）群馬県『「子育て」に関するお助け制度の一覧」https://www.pref.gunma.jp/03/bw01_00018.html（2024年9月1日現在閲覧不可）。現在は、同ホームページにて、健康福祉部＞こころの健康センター＞一人で悩まず相談しましょう！（群馬県内の相談機関一覧）にて、心の病気など／労働／多重債務／法律扶助相談／犯罪被害／生活困難／高齢者／女性／青少年・子ども，等への相談窓口やリンク先の紹介がされている。https://www.pref.gunma.jp/page/19873.html
15）埼玉県「中学校3年生保護者の皆さまへ　高校生の学費負担を支援します！」（7カ国語）https://www.pref.saitama.lg.jp/f2204/j-s/index.html
16）三重県教育委員会「進学後の教育費負担をサポートします！」（6カ国語）https://www.pref.mie.lg.jp/KYOZAIMU/HP/singakusien/index.htm
17）鳥取県『学校生活ガイドブック（小・中学校編）』（9カ国語・10言語）https://www.pref.tottori.lg.jp/302310.htm
18）神奈川県『わたくしたちの生活と進路』（本編・活用編・ホームページ活用のすすめ）https://www.pref.kanagawa.jp/docs/v3p/cnt/f6687/watashin.html
19）群馬県教育委員会「高校入学予定者のみなさんへ　高校生対象の就修学支援制度のごあんない」https://www.pref.gunma.jp/uploaded/attachment/615192.pdf
20）奈良県・奈良県教育委員会「高校生等への修学支援」https://www.pref.nara.jp/secure/159093/8p%20shugakushien.pdf
21）兵庫県教育委員会財務課『高校生等に対する修学支援制度ガイドブック』https://www.kobe-c.ed.jp/skt-hs/attach/get2/1294/0
22）大阪府教育庁『奨学金等指導資料』https://www.pref.osaka.lg.jp/documents/9243/04_shidou_06.pdf
23）大阪府教育庁『奨学金制度のご案内』https://www.pref.osaka.lg.jp/documents/9243/03_annai_06.pdf
24）兵庫県教育委員会事務局 財務課『高校生のための大学等進学用奨学金ガイドブック』https://dmzcms.hyogo-c.ed.jp/akashi-hs/NC3/wysiwyg/file/download/23/4687
25）北海道「大学等修学のための経済的支援情報サイト」https://www.pref.hokkaido.lg.jp/sm/gkj/95213.html
26）北海道総務部教育・法人局学事課「大学等修学のための経済的支援の手引き」https://www.pref.hokkaido.lg.jp/fs/1/0/4/9/5/6/4/9/_tebiki.R6.5.pdf
27）北海道総務部教育・法人局学事課「大学等修学のための経済的支援に係る高校生向けリーフレット」https://www.pref.hokkaido.lg.jp/fs/1/0/4/9/5/6/5/3/_Leaflet.R6.5.pdf
28）青森県「オール青森 進学相談フェア」https://all-aomori.com/
29）青森県「あおもり若者定着奨学金返還支援制度」https://www.pref.aomori.lg.jp/soshiki/kodomo/wakamono/aomori_syogakukin_henkansien.html
30）埼玉県「大学進学のための経済的支援情報の提供」https://www.pref.saitama.lg.jp/f2204/shingaku/top.html
31）埼玉県教育委員会『大学進学のための経済的支援ガイド』https://www.pref.saitama.lg.jp/documents/68404/29daigakusinngakusienngaido.pdf
32）新潟県教育庁高等学校教育課『奨学金ガイド』https://www.pref.niigata.lg.jp/uploaded/attachment/404686.pdf
33）公益社団法人 中央畜産会「獣医学生向けの修学資金募集一覧」https://jlia.lin.gr.jp/eisei/syugaku/p4.html
34）栃木県「高校生の皆様へ（栃木県は未来のドクターを応援します！）」http://www.pref.tochigi.lg.jp/e02/welfare/iryou/ishikakuho/miraidoctor.html
35）京都府「京都府地域医療確保奨学金制度」https://www.pref.kyoto.jp/drkyoto/cope/scholarship/
36）京都府「京都府北部地域看護職魅力発信ガイドブック・チラシ」https://www.pref.kyoto.jp/iryo/nurse_appeal.html
37）鳥取県「医療従事者を目指す方への貸付制度」https://www.pref.tottori.lg.jp/47563.htm
38）鳥取県「保育士等修学資金貸付制度」https://www.pref.tottori.lg.jp/286037.htm
39）鳥取県「鳥取県未来人材育成奨学金支援助成金」https://www.pref.tottori.lg.jp/251627.htm
40）沖縄県「就学援助制度について」https://www.pref.okinawa.jp/kyoiku/edu/1008819/1008843/1008787.html
41）沖縄県教育委員会「安心して学べる環境づくりシュウガクエンジョ」https://www.pref.okinawa.jp/_res/projects/default_project/_page_/001/008/787/leaflet_1.pdf

第2章 20政令指定都市における子育て・教育費支援情報

0. はじめに

　20政令指定都市（以下，政令市）を対象に，ホームページ（以下，HP）において子育て・教育費支援の項目を中心に関連情報を収集し，自治体の基本情報としての人口・世帯数[1]，政令指定都市への移行年月日[2]のほか，こどもの権利条例等[3]や貧困対策等[4]も加えて（閲覧日：2020年5月15日〜5月30日），政令市別に一覧表にした。

　政令市の一覧表は，第1章：都道府県調査で用いた①小中学生，②高校生等（中卒後），③大学生等（高卒後），④その他，に加えて，国の無償化方針のもと2019年10月から自治体施策が始まった⓪就学前を追加した5区分で，情報のタイトル［作成部署等］とURLを整理し，特色あると思われる施策・広報に下線を引き，文中でも同様に下線を引きゴシック体とした（以下，第3章〜第8章まで同じ）。なお，2020年調査が新型コロナウイルス感染症の緊急事態対応の時期とも重なったため，2020年調査時点ではコロナ禍関連の取り組みも含めて検討している。

　政令市は，当初は人口100万人以上の5大市（横浜・名古屋・京都・大阪・神戸）であったが，その後に地方の拠点市（北九州，札幌・川崎・福岡，広島，仙台［移行年順］）に拡がり，平成になって人口要件を70万人に引き下げて新たに9市が加わり（千葉，さいたま，静岡，堺，新潟・浜松，岡山，相模原，熊本［同］），現在の20市となった。

　指定都市市長会は，そのHPにアップした

図 2-0-1　全国の政令指定都市

パンフレットにおいて「指定都市20市の面積は国土の3％に過ぎませんが日本全体の20％を超える約2780万人が居住し，GDPの合計額は100兆円を超えます」との解説を掲げ，自治体全体に占めるその位置づけの大きさを示している（同会「パンフレット」[5]より）。

　法的に政令市とは，地方自治法の第12章大都市等に関する特例にある，第252条の19（指定都市の権能）第1項において規定される「政令で指定する人口50万以上の市」（法的な略称は「指定都市」）を指す。

　そして，「次に掲げる事務のうち都道府県が法律又はこれに基づく政令の定めるところにより処理することとされているものの全部又は一部で政令で定めるものを，政令で定め

るところにより，処理することができる」とされ，その権能は（都）道府県とほぼ同じとみなされている。「次に掲げる事務」とは，児童福祉，民生委員，身体障害者の福祉，生活保護，行旅病人及び行旅死亡人の取扱，社会福祉事業，知的障害者の福祉，母子家庭及び父子家庭並びに寡婦の福祉，老人福祉，母子保健，介護保険，障害者の自立支援，生活困窮者の自立支援，食品衛生，医療，精神保健及び精神障害者の福祉，結核の予防，難病の患者に対する医療等，土地区画整理事業，屋外広告物の規制に関する事務であり，具体的には政令に委ねられている（第3章**資料3-0-1**参照）。

また，都道府県が行う教員採用試験（県費負担教職員の任免）を政令市も実施することができる。子育て・教育費支援についても，国の諸制度を具体的に運用するとともに，政令市として横出し・上乗せして充実させ，独自施策を打つ等している。そして，施策の仕組みや理念・意義を分かりやすく権利主体（住民）に届ける役割が期待されるが，大都市ゆえの特徴や工夫，困難への対処が予測される。

以下，2020年調査に基づいて，20政令市を北から順に述べる。

1. 子育て・教育費支援情報

(1) 札幌市 ─────────

【人口：195万6928人・世帯数：110万4953世帯，移行年月日：1972年4月1日／「子どもの最善の利益を実現するための権利条例」2008，「札幌市子どもの貧困対策計画」2018-22】

市HPには読み上げ，色合い変更，自動翻訳（英語，簡体中文，繁体中文，韓国語）の機能

表2-1-1　札幌市

⓪就学前，①小中学生，②高校生等，③大学生等，④その他

⓪児童手当［札幌市子ども未来局子育て支援部子育て支援課手当給付係］
http://kosodate.city.sapporo.jp/mokuteki/money/kodomo/1124.html
幼児教育・保育の無償化について［札幌市子ども未来局子育て支援推進担当］
http://kosodate.city.sapporo.jp/mokuteki/azukeru/hoiku/youzikyouikuhoikumushouka/7504.html

①就学援助［教育委員会学校教育部教育推進課］
http://www.city.sapporo.jp/kyoiku/top/information/syugakuenjyo.html
小学校入学準備金（就学援助）［同上］
http://www.city.sapporo.jp/kyoiku/top/information/enjo/nyugakumae.html
特別支援教育就学奨励費［同上］
http://www.city.sapporo.jp/kyoiku/top/information/shorei/documents/hp.pdf

②札幌市高等学校等生徒通学交通費助成制度［同上］
https://www.city.sapporo.jp/kyoiku/top/information/kotsuhijosei.html
札幌市特別奨学金［子ども未来局］
https://www.city.sapporo.jp/kodomo/kosodate/guide/kodomo-boshi/jigyo_07.html

②③札幌市奨学金［教育委員会学校教育部教育推進課］
https://www.city.sapporo.jp/kyoiku/top/information/syogakukin.html

③札幌市保育士修学資金貸付事業について［子ども未来局子育て支援部子育て支援課］
https://www.city.sapporo.jp/kodomo/kosodate/hoikusikakuho/hoiku.html
同　募集要項［札幌市社会福祉協議会］
https://www.sapporo-shakyo.or.jp/files/00040/00005428/01y.syuugaku.pdf
さっぽろ圏奨学金返還支援事業を実施します！［経済観光局雇用推進部］
https://www.city.sapporo.jp/keizai/koyo/syougakukin/syougakukin.html
授業料減額免除制度について［札幌市立大学］
https://daigakujc.jp/c.php?u=00140&l=03&c=00470&PHPSESSID=c413c899ba3f24b1463fe28ed0889a78

④生活福祉資金（コロナ対応を含む）［同上］
https://www.sapporo-shakyo.or.jp/consult/loan/
ひとり親家庭サイト［子ども未来局］
http://kosodate.city.sapporo.jp/mokuteki/money/hitorioya/index.html
ひとり親家庭向け制度周知チラシ［同上］
http://kosodate.city.sapporo.jp/material/files/group/1/20190906.pdf
シングルママ・パパのためのくらしガイド［同上］
http://kosodate.city.sapporo.jp/material/files/group/1/20190904.pdf

があるほか，外国語ページとして英語，簡体中文，韓国語，ロシア語を用意している。教育費支援としては，「サイトマップ＞助成・手当＞子育て・教育」において16種の関連情報がリスト化されている。なお，「さっぽろ子育て情報サイト」が運営されている。

⓪**就学前**に関しては，児童手当，幼児教育・保育の無償化などの情報がある。

①**小中学生**に関して，就学援助情報は教育

委員会サイトにあるが，子ども未来局サイトからもたどり着けるようになっている。2020年度の就学援助申請は，新型コロナウイルス感染症対応のために締切りが「5月29日」に延長されている。別途申請である小学校入学準備金も，同様の扱いとなっている。特別支援教育就学奨励費は，市立小中学校で学ぶ障害児（特別支援学級，通級指導，通常学級）も就学奨励費の助成対象であることを周知するものである。②高校生等に関して，札幌市奨学金は経済的理由による修学困難な高校生・大学生等を対象とした給付型奨学金である。ただし，生活困難世帯の生徒に対して技能習得に必要な学資を支給する特別奨学金（子ども未来局）との併給はできない。高等学校等生徒通学交通費助成は，石狩管内の高校等へ公共交通機関で通う札幌市内在住者に，通学定期券代の月額1万3千円を超える額の2分の1を助成するものである。③大学生等に関して，上述の札幌市奨学金のほかに保育士修学資金貸付事業（返還免除あり）がある。さっぽろ圏奨学金返還支援事業は，札幌市が認定する企業等へ就職しさっぽろ圏（札幌市，小樽市，岩見沢市，江別市，千歳市，恵庭市，北広島市，石狩市，当別町，新篠津村，南幌町，長沼町の計12市町村）内に居住した者の奨学金返還を，就職後2〜4年目に年間最大18万円を3年間（最大54万円）支援する制度である（年間100人）。札幌市立大学HPには，授業料減免制度の案内がある。
④その他として，入学準備金や生活福祉資金などの貸付案内がある。札幌市の子ども未来局が作成したひとり親家庭向けの『シングルママ・パパのためのくらしのガイド』（PDFデータで表紙等を含めて全24頁／以下同じ）には諸制度が網羅され「子どもの年齢からみる主な支援制度」一覧が工夫されている。

（2）仙台市 ——————————

【人口：106万6362人・世帯数：54万3162世帯，移行年月日：1989年4月1日／「つなぐ・つながる仙台子ども応援プラン」2018-22】

市HPには読み上げ，色合い変更機能があるほか，英語，簡体中文，繁体中文，韓国語，スペイン語，フランス語，ロシア語，ベトナム語，タイ語も用意されている。サイトマップの「ホーム＞くらしの情報」から進んで，「学ぶ・楽しむ・活動する＞教育＞仙台市教育委員会トップページ＞各種手続き・相談＞各種申請・手続き＞奨学金等について」において，高等教育の修学支援新制度（文部科学省），奨学金（日本学生支援機構），高等学校等育英奨学金貸付（宮城県），仙台市高等学校等修学資金借入支援制度（仙台市），就学援助制度（仙台市）の5種が案内されている。また，別途に「手続きと相談＞生活に困ったとき＞教育・保育の相談」において，就学援助制度，市立高等学校授業料減免，保育料の減免の3種が案内されている。ほかに，育児を応援する行政サービスガイド「仙台市ママフレ」が運用されている。

⓪就学前に関しては，児童手当のほかに，2019年8月に開催された説明会時の資料などが案内されている。保育施設等の利用者負担額の軽減，多子減免制度を含む「教育・保育給付認定における利用者負担額等（月額）」の情報サイトにはアクセスしづらい。

①小中学生に関して，就学援助と入学前支給の情報が得られる。入学者選抜手数料の免除とは，東日本大震災により被災した者の市立中等教育学校等の入学者選抜手数料の免除制度である。②高校生等に関して，市施策として市立高等学校授業料減免のほかに，高等学校等の教育に必要な資金の融資を日本政策

金融公庫から受けた者に対して在学期間中に支払った利子を補給する**高等学校等修学資金借入支援制度**がある。**③大学生等**に関して，**仙台市奨学金支援事業**は仙台市の産業を担う人材を確保し若者が地元に定着することを目的に，仙台市と協力企業とが費用を出し合い，協力企業に入社した学生の奨学金返還を支援するものである（2020～22年度に新卒者として対象企業に正規雇用された者［既卒3年以内を含む］，年間18万円を上限に3年間支援，年間70名程度で3年間合計210名程度）。

④その他として，入学準備金や生活福祉資金などの貸付案内がある。子供未来局が出している冊子『**ひとり親サポートブック「うぇるびぃ」**』（全85頁）は，「激変期　生活の転換への対応」「移行期　自立をめざして」「自立期　健やかで安心な生活を」の3部構成で活

表2-1-2　仙台市

⓪就学前，①小中学生，②高校生等，③大学生等，④その他
⓪児童手当［子供未来局子供保健福祉課］ http://www.city.sendai.jp/kodomo-jigyo/kurashi/kenkotofukushi/kosodate/teate/jidoteate.html 幼児教育・保育の無償化について［子供未来局認定給付課］ http://www.city.sendai.jp/nintechosa/mushouka.html 教育・保育給付認定における利用者負担額等（月額）［仙台市］ http://www.city.sendai.jp/kodomo-kankyosebi/kurashi/kenkotofukushi/kosodate/hoikujo/shokibo/documents/04_r2_hoikuryouhyou_0401.pdf
①就学援助制度［教育局学事課］ http://www.city.sendai.jp/shogakuchose/kurashi/manabu/kyoiku/inkai/kakushu/shinse/enjo.html 就学援助新入学学用品費入学前支給（小学校）について［同上］ http://www.city.sendai.jp/shogakuchose/kurashi/manabu/kyoiku/inkai/kakushu/shinse/shinnyugaku.html
①②入学者選抜手数料の免除について［同上］ http://www.city.sendai.jp/shogakuchose/kurashi/manabu/kyoiku/inkai/kakushu/shinse/menjo.html
②市立高等学校授業料減免［同上］ http://www.city.sendai.jp/shogakuchose/kurashi/tetsuzuki/sekatsu/kyoiku/jugyo.html 高等学校等修学資金借入支援制度［同上］ http://www.city.sendai.jp/shogakuchose/kurashi/manabu/kyoiku/inkai/kakushu/shinse/shien.html
③仙台市奨学金支援事業を実施しています［経済局地域産業支援課］ https://www.city.sendai.jp/koyotaisaku/syogakukin/syogakukin_kigyo.html
④各種資金の貸付のご案内［仙台市社会福祉協議会］ http://www.shakyo-sendai.or.jp/n/purpose/purpose3/lending ひとり親サポートブック「うぇるびぃ」［子供未来局］ http://www.city.sendai.jp/kate/kurashi/kenkotofukushi/kosodate/hitorioya/shienjigyo/documents/r2wellbeing.pdf

用可能な諸情報を掲載している。その中の，「幼稚園／保育施設／小・中・高等学校等に関する助成や優遇制度」において，幼児教育・保育の無償化，保育施設等の利用者負担額の軽減，多子減免制度，児童生徒就学援助費，高等学校等修学資金借入支援制度，高等学校等就学支援金，私立高等学校授業料軽減事業，高校生等奨学給付金，高等教育の修学支援制度をわずか3頁でコンパクトに紹介している。

（3）さいたま市

【人口：134万5012人・世帯数：64万263世帯，移行年月日：2003年4月1日／「さいたま子ども・青少年のびのび希望（ゆめ）プラン〔改訂版〕」2015-19，「第2期さいたま子ども・青少年のびのび希望（ゆめ）プラン」2020-24】

市HPには読み上げ，色変更，ふりがな，自動翻訳（英語，韓国語，中文）の機能がある。サイトマップの「トップページ＞子育て・教育」へと進むと，ライフステージ別に，育児・保育／教育／生涯学習の3区分がある。「育児・保育＞手当・助成金」には児童扶養手当，児童手当，母子・父子・寡婦福祉資金貸付制度，新型コロナウイルス感染症対応の臨時特別給付金などの，「教育＞金銭的支援」には就学援助制度，入学準備金・奨学金の貸付，交通遺児等奨学金，勤労者支援資金融資などの情報が案内されている。ほかに，子育てポータルサイト「さいたま子育てWEB」が運営されている。

⓪就学前に関しては，児童手当・児童扶養手当のほかに，幼児教育・保育の無償化の概要が解説されている。

①小中学生に関して，就学援助（ダウンロードファイルは3言語版あり）と入学前支給，**交通遺児等奨学金**（月2000円）の情報が得られる。

②**高校生等**に関して，授業料減免制度があるがその情報にはアクセスしづらい。**入学準備金・奨学金**（返還免除あり）は高校・大学等をあわせた貸付制度である。③**大学生等**に関して，**保育士及び介護福祉士の修学資金貸付**が用意されている。

④**その他**として，入学準備金や生活福祉資金などの各種資金の貸付のほかに，「ひとり親家庭の支援」サイトが設けられ，『**ひとり親家庭ガイドブック**』（全32頁）が公開されている。

表 2-1-3　さいたま市

⓪就学前，①小中学生，②高校生等，③大学生等，④その他
⓪児童手当［子ども未来局／子ども育成部／子育て支援政策課］ https://www.city.saitama.jp/007/001/003/p017220.html 児童扶養手当［同上］ https://www.city.saitama.jp/002/003/005/p017033.html 幼児教育・保育の無償化の全体像［子ども未来局／幼児未来部／幼児政策課］ https://www.city.saitama.jp/003/001/009/p061807.html
①就学援助制度（学用品費等の援助）について［教育委員会／学校教育部／学事課］ https://www.city.saitama.jp/002/003/p000694.html （ダウンロードファイル：日本語版，英語版，中国語版あり） 小学校入学準備金の支給（就学援助制度）［同上］ https://www.city.saitama.jp/003/002/003/p061055.html 交通遺児等奨学金の支給［同上］ https://www.city.saitama.jp/003/002/003/p001394.html
②高等学校授業料等の減免［さいたま市］ https://www.city.saitama.jp/006/008/004/004/015/p018010_d/fil/kyo1-3.pdf
②③入学準備金・奨学金の貸付け［教育委員会／学校教育部／学事課］ https://www.city.saitama.jp/003/002/003/p000076.html 同　【返還免除制度】のご案内［同上］ https://www.city.saitama.jp/003/002/003/p000076_d/fil/hennkannmennjiyo.pdf
③保育士修学資金貸付事業を実施します［子ども未来局／幼児未来部／幼児政策課］ https://www.city.saitama.jp/003/001/015/001/p049521.html 福祉分野等での修学や働く方の支援資金［さいたま市社会福祉協議会］ https://www.fukushi-saitama.or.jp/site/problem_2.html
④生活福祉資金などの貸付制度［同上］ https://www.fukushi-saitama.or.jp/site/problem_1.html ひとり親家庭の支援［さいたま市］ https://www.city.saitama.jp/007/002/006/index.html ひとり親家庭ガイドブック［［子ども未来局／子ども育成部／子育て支援政策課］ https://www.city.saitama.jp/002/003/005/p044445_d/fil/01_zentai.pdf

（4）千葉市

【人口：97万8899人・世帯数：48万7045世帯，移行年月日：1992年4月1日／「千葉市こども未来応援プラン～子どもの貧困対策推進計画～」2017-21】

　千葉市は，「こどもを産み育てたい，こどもがここで育ちたいと思うまち『ちば』の実現」を基本理念にこども未来局を置いており，市HPには「こども未来局長からのメッセージ」もアップされている。市HPにはふりがな，読み上げの機能があり，英語，中文，韓国語，スペイン語のページのほか多言語生活情報のサイトも紹介されている。「ホーム＞子育て・教育」には「保育・教育・健全育成」「子育て・家庭」のメニューがある。「保育・教育・健全育成＞保育所・幼稚園・認定こども園」には幼児教育・保育の無償化，私立幼稚園就園奨励費補助の情報が，「保育・教育・健全育成＞児童・生徒への援助・相談」には就学援助制度，奨学金等の情報が，「子育て・家庭＞子育てへの助成」には児童手当の情報がある。厚生労働省作成の中学生・高校生向け進路支援冊子『○カツ！～あなたの○活応援します～』もアップされている。ほかに，育児を応援する行政サービスガイド「子育てナビ」が運用されている。

　⓪**就学前**に関しては，児童手当，幼児教育・保育の無償化の情報がある。

　①**小中学生**に関して，就学援助制度，同入学準備金，特別支援教育就学奨励費制度の情報が得られる。②**高校生等**に関して，教育委員会サイトの「**奨学金等の情報**」は高等学校等就学支援金，奨学給付金に加えて，千葉市育英資金，千葉県奨学資金，千葉県私立高等学校等授業料減免制度，千葉県私立高等学校入学金軽減制度などの情報が提供されている。③**大学生等**に関して，**保育士修学資金貸付**が

表 2-1-4　千葉市

⓪就学前，①小中学生，②高校生等，③大学生等，④その他

⓪児童手当 [こども未来局こども未来部こども企画課]
https://www.city.chiba.jp/kodomomirai/kodomomirai/
kikaku/jidouteate.html
幼児教育・保育の無償化について [こども未来局こども未来部幼保
支援課]
https://www.city.chiba.jp/kodomomirai/kodomomirai/shien/
musyouka-index.html

①就学援助制度 [教育委員会事務局学校教育部学事課]
https://www.city.chiba.jp/kyoiku/gakkokyoiku/gakuji/
shuugakuennjo.html
小学校入学準備費 [同上]
https://www.city.chiba.jp/kyoiku/gakkokyoiku/gakuji/
syougakkounyuugakujunnbikin.html
特別支援教育就学奨励費制度 [同上]
https://www.city.chiba.jp/kyoiku/gakkokyoiku/gakuji/
syoreihi.html

②○カツ！〜あなたの○活応援します〜 [保健福祉局 保護課，厚生労
働省]
https://www.city.chiba.jp/hokenfukushi/hogo/documents/
tyuukousinrosien.pdf
奨学金等の情報 [教育委員会事務局学校教育部教育改革推進課]
https://www.city.chiba.jp/kyoiku/gakkokyoiku/
kyoikukaikaku/602syogakukin.html

③保育士修学資金貸付事業の実施について [こども未来局こども未来
部幼保運営課]
https://www.city.chiba.jp/kodomomirai/kodomomirai/unei/
syuugakusikinnkasituke.html
保育士修学資金貸付制度 [千葉市社会福祉協議会]
http://www.chiba-shakyo.jp/ak01/
千葉市奨学金返還サポート制度 [雇用推進課]
https://www.city.chiba.jp/keizainosei/keizai/
koyosuishin/2020scholarship_support.html

④貸付制度のご案内 [千葉市社会福祉協議会]
http://www.chiba-shakyo.jp/貸付制度のご案内/
ひとり親家庭の方などのために [こども未来局こども未来部こども家
庭支援課]
https://www.city.chiba.jp/kodomomirai/kodomomirai/
kateishien/hitorioya.html

用意されている。**千葉市奨学金返還サポート制度**は，ものづくり人材の市内就職を支援するため，奨学金を借りながらポリテクカレッジ千葉（千葉キャンパス・成田キャンパス）に通う者に対して，奨学金の返還をサポートする制度である。

④**その他**として，生活福祉資金などの各種資金の貸付のほかに，「ひとり親家庭の方などのために」のサイトが設けられ，関連した諸情報が案内されている。

（5）横浜市

【人口：375万2969人・世帯数：186万8807世帯，移行年月日：1956年9月1日／「横浜市子供を虐待から守る条例」2014，「横浜市子どもの貧困対策に関する計画」2016-20】

　横浜市は，横浜市民のための生活情報誌『暮らしのガイド』（市民局広報相談サービス部広報課）のPDF及び電子ブックデータを公開し，希望者には市内各所で冊子版を無料配布している（2019年度版に関しては点字版 [冊子・データ]・デイジー版 [音声] あり）。その中の「子育て」の「援助・支援・補助など」の項において，児童手当，学用品費などの援助，高等学校等就学支援金，高校授業料等減免・一部補助，奨学金給付・貸付制度，などを簡潔に一覧化している。市HPには読み上げ，自動翻訳機能があるほか，やさしい日本語，英語，簡体中文，繁体中文，韓国語，ポルトガル語，スペイン語，フランス語のサイトがある。「トップページ＞暮らし・総合＞子育て・教育＞子育て総合ポータル」に進むと「べんりメニュー」「ラフステージ別」という2種のメニューに出合える。ただし，「小学生」区分の「小学校」項目，「中学生〜18歳（思春期）」区分の「中学校（外部サイト）」「高校（外部サイト）」はリンクが外れており，アクセスできない。ほかに，育児を応援する行政サービスガイド「よこはま子育てナビ」が運用されている。

　⓪**就学前**に関しては，児童手当，幼児教育・保育の無償化の情報がある。幼児教育・保育の無償化に含まれる就学前障害児の発達支援の無償化についても，重ねて案内されている。

　①**小中学生**に関して，就学援助，入学準備費の情報が得られる。②**高校生等**に関して，**横浜市高等学校奨学生**が案内されている。授業料等の減免は，担当部署が総務局危機管理

第Ⅰ部　子育て・教育施策の水平的比較調査　　073

部防災企画課ということもあってたどり着きにくい。**③大学生等**に関して，保育士修学資金貸付がある。横浜市立大学HPには，授業料減免を含む経済的支援制度，新型コロナウイルス感染症対応としての特別災害支援制度（5万円，450名）が案内されている。

④その他として，生活福祉資金などの各種資金の貸付がある。「ひとり親家庭への支援」サイトが設けられ，『**ひとり親家庭のしおり**』（全8頁）で諸情報がコンパクトに案内されている。

表2-1-5　横浜市

⓪就学前，①小中学生，②高校生等，③大学生等，④その他
⓪児童手当 [こども青少年局こども家庭課手当給付係（児童手当担当）] https://www.city.yokohama.lg.jp/kurashi/kosodate-kyoiku/oyakokenko/teate/teate/jite-gaiyou.html 幼児教育・保育の無償化 [こども青少年局子育て支援部保育・教育運営課] https://www.city.yokohama.lg.jp/kurashi/kosodate-kyoiku/hoiku-yoji/shisetsu/hoikuseido/kd-mushoka.html 就学前障害児の発達支援の無償化について [同 子ども福祉保健部障害児福祉保健課] https://www.city.yokohama.lg.jp/kurashi/kosodate-kyoiku/oyakokenko/shogaihoken/shien/musyouka.html
①就学援助制度について [教育委員会事務局学校教育企画部学校支援・地域連携課] （含む：私立学校等就学奨励制度，個別支援学級就学奨励制度） https://www.city.yokohama.lg.jp/kurashi/kosodate-kyoiku/kyoiku/soudan/shugakuenjo/shugakuenjo.html 入学準備費（中学校新入学）[同上] https://www.city.yokohama.lg.jp/kurashi/kosodate-kyoiku/kyoiku/soudan/shugakuenjo/shugakuenjo.files/0009_20191129.pdf
②令和2年度横浜市高等学校奨学生募集（給付型）[同上] https://www.city.yokohama.lg.jp/kurashi/kosodate-kyoiku/kyoiku/soudan/syogakukin.html 高等学校授業料等の減免制度 [総務局危機管理部防災企画課] https://www.city.yokohama.lg.jp/kurashi/bousai-kyukyu-bohan/bousai-saigai/hisaisha/keizai/hoikujo/01-2-04.html
③保育士修学資金貸付事業 [横浜市社会福祉協議会] http://www.yokohamashakyo.jp/jigyo/hoikushishugakushikinkashitsukejigyo/index.html 横浜市立大学で支援が受けられる経済的支援制度 [横浜市立大学] https://www.yokohama-cu.ac.jp/students/scholarship/index.html#title8 「特別災害支援制度」（本学独自の経済的支援）[同上] https://www.yokohama-cu.ac.jp/news/2020/dr3e64000000wewi.html
④各種資金貸付事業 [横浜市社会福祉協議会] http://www.yokohamashakyo.jp/jigyo/kashitsuke.html ひとり親家庭のしおり [こども青少年局こども家庭課] https://www.city.yokohama.lg.jp/kurashi/kosodate-kyoiku/oyakokenko/hitorioya/shiori.files/0116_20190814.pdf

（6）川崎市 ────────

【人口：152万9136人・世帯数：78万8387世帯，移行年月日：1972年4月1日／「子どもの権利に関する条例」2000年，「川崎市子どもを虐待から守る条例」2012，「川崎市子ども・若者の未来応援プラン」2018-21】

川崎市は，こども未来局総務部企画課が『かわさきし子育てガイドブック』（全118頁）を編集公開しており，「赤ちゃんが生まれるまで（妊娠・出産）」「赤ちゃんが生まれてから（健診・育児のサポート）」「子どもの手当と医療」「保育園・幼稚園をさがす」「小・中学生になったら」「ひとり親家庭のために」「障害のある子どものために」等の区分で情報を一覧化している。市HPにはひらがな，読み上げ，色の変更機能があるほか，英語，中文簡体，中文繁體，韓国語，ポルトガル語，スペイン語，フィリピノ語のサイトが用意されている。「かわさきし子育て応援ナビ」があり，「かわさき子育てアプリ」も用意されている。「トップページ＞くらし・手続き＞子ども・教育＞かわさきし子育て応援ナビ＞こどもの手当と医療」では，児童手当，児童扶養手当，災害遺児等福祉手当，特別児童扶養手当などの情報がある。また，川崎市教育委員会サイトでは，「トップページ＞相談・手続き・職員採用＞就学援助」で就学援助の情報が，日本語を含めて英語，中文，韓国語，スペイン語，タイ語，ポルトガル語，ベトナム語，タガログ語の9種で案内されている。川崎市では**個別情報も多言語での提供**が配慮されている。

⓪就学前に関しては児童手当等の案内がある。幼児教育・保育の無償化については，幼保無償化事務センターから無償化ガイドブック（**日本語，英語，中国語，タガログ語**）やポスターが作成公開されている。

①**小中学生**に関して，就学援助制度が**多言語**で案内されている。ほかに，市立川崎高等学校附属中学校の**入学選考料免除**の情報が得られる。②**高校生等**に関して，**川崎市奨学金の高校生対象**としては入学支度金と学年資金の給付制度である。③**大学生等**に関して，川崎市奨学金の大学生分（10名程度）は貸付制度である。ほかに，**社会的養護を必要とする方を対象とした川崎市の給付型奨学金**がある。看護師等修学資金（准看護士を含む），保育士修学資金の貸付もある。川崎市立看護短期大学HPには，奨学金，授業料減免を含む**費用及び経済的支援**の案内がある。

④**その他**として，生活福祉資金（新型コロナウイルス感染症対応を含む）などの各種資金の貸付がある。「ひとり親家庭のために」サイトが設けられ，**『まなざし　ひとり親家庭サポートガイドブック』**（全59頁）が公開されている。サポートガイドブックには，目次早わかり図を兼ねた「ひとり親家庭のライフステージに応じた主な支援制度」の一覧があり，「お金に関すること」「子どもに関すること」の区分では関連した国・県・市・民間の活用可能な制度・事業が網羅されている。

（7）相模原市

【人口：71万7861人・世帯数：35万5035世帯，移行年月日：2010年4月1日／「子どもの権利条例」2015，「子ども・子育て支援事業計画」2015-19［第2次策定中］】

　市HPには背景色変更，自動翻訳（英語，簡体中文，韓国語）機能がある。「トップページ＞暮らし・手続き＞子育て＞子どもに関する手当・助成」において，出産前後，一般的な手当・助成，医療費助成，幼稚園就園奨励，小学校・中学校就学奨励，高校奨学金の区分で関連情報が紹介され，社会福祉協議会，日本政策金融公庫，日本学生支援機構，神奈川県高等学校奨学金の外部サイトへのリンクもある。

　⓪**就学前**に関しては，一般的な手当・助成として，児童手当，児童扶養手当，障害児福祉手当・特別児童扶養手当が紹介されている。また，新型コロナウイルス感染症対応として，国が実施する2020年度子育て世帯への臨時特別給付金（児童手当受給者加算［1対象児1万円］）に加えて，相模原市の独自支援策として**児童扶養手当受給者への特別給付金**（1世帯2万円）が案内されている。ほかに，幼児教育・保育の無償化の情報も入手できる。**実費徴収補足給付事業**は私学助成幼稚園に通う年収360万円未満相当世帯の子どもなどを対象に

表 2-1-6　川崎市

⓪就学前，①小中学生，②高校生等，③大学生等，④その他
⓪子どもの手当と医療［こども未来局こども家庭課］ http://www.city.kawasaki.jp/kurashi/category/17-2-3-0-0-0-0-0-0-0.html 幼児教育・保育の無償化について（多言語）［幼保無償化事務センター］ http://www.city.kawasaki.jp/kurashi/category/17-2-27-0-0-0-0-0-0-0.html
①就学援助（多言語）［教育委員会総務部学事課］ http://www.city.kawasaki.jp/880/category/12-4-0-0-0-0-0-0-0-0.html 川崎市立川崎高等学校附属中学校の入学選考料の免除について［同上］ http://www.city.kawasaki.jp/880/page/0000052040.html
②③川崎市奨学金（高等学校・大学）制度［同上］ http://www.city.kawasaki.jp/880/category/12-1-5-0-0-0-0-0-0-0.html
③社会的養護を必要とする方を対象とした川崎市の給付型奨学金についてのご案内［川崎市こども未来局こども保健福祉課］ http://www.city.kawasaki.jp/450/cmsfiles/contents/0000098/98138/syougakukinannai.pdf 看護師等修学資金貸付制度について［健康福祉局保健医療政策室］ http://www.city.kawasaki.jp/350/page/0000112917.html 保育士修学資金貸付事業［川崎市社会福祉協議会］ http://www.csw-kawasaki.or.jp/jinzai/contents/hp0019/index00140000.html 費用及び経済的支援［川崎市立看護短期大学看護学科］ https://portraits.niad.ac.jp/faculty/tuition/4418/4418-M101-03-01.html
④生活福祉資金貸付事業［同上］ http://www.csw-kawasaki.or.jp/contents/hp0327/index01740000.html ひとり親家庭のために［こども未来局こども支援部こども家庭課］ http://www.city.kawasaki.jp/kurashi/category/17-2-7-0-0-0-0-0-0-0.html まなざし　ひとり親家庭サポートガイドブック［同上］ http://www.city.kawasaki.jp/450/page/0000109722.html

給食の副食費（おかず等に要する費用）を月額4500円までの上限範囲で市から補助するものである。

①**小中学生**に関して，相模原市では就学援助制度を「就学奨励金」（就学費の援助）と言い換えている。その就学奨励金の一環において，新型コロナウイルス感染症対応として<u>学校の臨時休業延長に伴う昼食費支援</u>（2020年

表 2-1-7　相模原市

⓪就学前，①小中学生，②高校生等，③大学生等，④その他

⓪一般的な手当・助成［子育て給付課］（児童手当，児童扶養手当，障害児福祉手当・特別児童扶養手当）
https://www.city.sagamihara.kanagawa.jp/kurashi/kosodate/teate_josei/index.html
児童扶養手当受給者特別給付金の支給［同上］
https://www.city.sagamihara.kanagawa.jp/kurashi/kosodate/teate_josei/1020171.html
幼児教育・保育の無償化［こども・若者政策課（総務・政策班）］
https://www.city.sagamihara.kanagawa.jp/kurashi/kosodate/1018656/1015157.html
実費徴収補足給付事業（私学助成幼稚園）［保育課（教育・保育推進班）］
https://www.city.sagamihara.kanagawa.jp/kurashi/kosodate/1018656/1018779.html

①小・中学校就学費の援助（就学奨励金）［教育委員会学務課（就学支援班）］
https://www.city.sagamihara.kanagawa.jp/kurashi/kosodate/1006895/1006903.html
就学奨励金（就学援助）「入学準備金」の入学前支給について［同上］
（新小学校1年生）
https://www.city.sagamihara.kanagawa.jp/kurashi/kosodate/1006895/1015142.html
（新中学校1年生）
https://www.city.sagamihara.kanagawa.jp/kurashi/kosodate/1006895/1013136.html
学校の臨時休業延長に伴う昼食費支援（就学奨励金の追加支給）について［同上］
https://www.city.sagamihara.kanagawa.jp/kurashi/kosodate/1006895/1020172.html

②高校生向けの奨学金について［同上］
https://www.city.sagamihara.kanagawa.jp/kurashi/kosodate/teate_josei/1017541.html
高校生向けの学費支援の概要［同上］
https://www.city.sagamihara.kanagawa.jp/_res/projects/default_project_page_/001/017/541/gaiyou_s.pdf

③地域医療医師修学資金の貸付け（修学生の募集）［医療政策課］
https://www.city.sagamihara.kanagawa.jp/kurashi/kenko/iryo/1007566.html
看護師などをめざす人への修学資金貸し付け［同上］
https://www.city.sagamihara.kanagawa.jp/kurashi/kenko/iryo/1007564.html
保育士等の就職支援について［保育課］
https://www.city.sagamihara.kanagawa.jp/kurashi/kosodate/1019153/1006935.html

④貸付制度のご案内［相模原市社会福祉協議会］
http://www.sagamiharashishakyo.or.jp/kashitsuke/index.html
ひとり親家庭等への支援［子育て給付課］
https://www.city.sagamihara.kanagawa.jp/kurashi/kosodate/1017783/1006928.html
ひとり親家庭のための福祉のてびき［こども・若者未来局こども家庭課］
https://www.city.sagamihara.kanagawa.jp/_res/projects/default_project_page_/001/006/928/tebiki_r1.pdf

5月から学校給食を提供するまでの間，給食費相当額の小学生が月額4600円，中学生が同5300円）がある。②**高校生等**に関して，返還が不要な学費支援制度を一覧にした「**高校生向けの学費支援の概要**」が分かりやすい。高等学校等就学支援金，高校生等奨学給付金，私立高校の実質無償化（2020年度〜）に加えて，相模原市奨学金（住民税所得割額非課税世帯），相模原市岩本育英奨学金が説明されている。③**大学生等**に関して，**保育士等の就職支援**に加えて，**地域医療医師修学資金**（相模原市内にて地域医療を志す北里大学医学部生2名），**看護師等修学資金**（保健師，助産師，看護師，准看護士）が設けられている。

④**その他**として，生活福祉資金などの各種資金の貸付がある。また，「ひとり親家庭等への支援」サイトがあり，こども・若者未来局が作成した『**ひとり親家庭のための福祉のてびき**』（全81頁）は，「福祉資金の貸付・手当等」区分では児童手当などの8種の情報が，「子どもの学費のこと」区分では就学援助制度などの16種の情報が，簡潔に紹介されている。

（8）新潟市

【人口：76万7565人・世帯数：34万9363世帯，移行年月日：2007年4月1日／「新潟市子どもの未来応援プラン−新潟市子どもの貧困対策推進計画−」2018-22】

新潟市は，情報満載の『にいがた市 暮らしのガイド』を冊子版，電子書籍版，HTML版（英語・中国語）で出している。子育て教育に関しては，『新潟市 子育て応援パンフレットSKIP』（全97頁）の電子書籍版・PDF版をアップし，「にいがた子育て応援アプリ」も運用しており便利である。市HPには読み上げ，自動翻訳

（英語，繁体中文，簡体中文，韓国語，ロシア語，フランス語）の機能がある。「トップページ＞目的別検索＞よくご利用いただく情報から探す＞助成・手当」のページの「子育て・教育」の項において，教育費支援関連情報の一覧が大まかには得られる。

⓪**就学前**に関しては，「子どもに関する手当」のくくりで，児童手当，障害児福祉手当，特別児童扶養手当，出産育児一時金がリスト化されている。ほかに，幼児教育・保育の無償化についての情報が得られる。

①**小中学生**に関して，「学校教育の助成・補助金」のくくりで，就学援助，特別支援教育の就学奨励制度，新潟市入学準備金貸付制度などがリスト化されている。②**高校生等**及び③**大学生等**に関して，上記のくくりの中で，**新潟市奨学金制度（特別免除あり）**，新潟市社会人奨学金制度（貸付）が紹介されている。

④**その他**として，生活福祉資金の情報がある。また，「ひとり親家庭の支援」サイトがある。

（9）静岡市 ——————————

【人口：67万7736人・世帯数：32万4474世帯，移行年月日：2005年4月1日／「静岡市子ども・子育て支援プラン」2015-19，「静岡市子ども・子育て・若者プラン」2020-24】

市HPには読み上げ，配色変更，自動翻訳（英語，中国語，韓国語，スペイン語，ポルトガル語）の機能がある。ほかに静岡市子育て応援総合サイト「**ちゃむしずおか**」（日本語，英語，簡体中文，繁体中文，韓国語）が開設されており，そこでは子育て中の方へのお金などのサポート／ひとり親の方へのお金などのサポート／未熟児・障がい・難病のお子さんへのお金など

表2-1-8　新潟市

⓪就学前，①小中学生，②高校生等，③大学生等，④その他
⓪子どもに関する手当（児童手当［こども未来部こども家庭課］，障害児福祉手当［福祉部障がい福祉課在宅福祉係］，特別児童扶養手当［福祉部障がい福祉課在宅福祉係］，出産育児一時金［福祉部保険年金課］） http://www.city.niigata.lg.jp/kosodate/ninshin/shien/teate/index.html 児童扶養手当［こども未来部こども家庭課］ http://www.city.niigata.lg.jp/kosodate/ninshin/shien/hitorioya/teate/20180801180304468.html 幼児教育・保育の無償化について［こども未来部保育課］ http://www.city.niigata.lg.jp/kosodate/ninshin/life_stage/azuketai/hoiku-mushoka.html
①就学援助制度［教育委員会学務課］ http://www.city.niigata.lg.jp/kosodate/gakko/school_jyosei/school_jyosei1.html 新潟市入学準備金貸付制度［同上］ http://www.city.niigata.lg.jp/kosodate/gakko/school_jyosei/nyugakujunbikin.html 特別支援教育の就学奨励制度［同上］ http://www.city.niigata.lg.jp/kosodate/gakko/school_jyosei/school_jyosei2.html
②③新潟市奨学金制度［同上］ http://www.city.niigata.lg.jp/kosodate/gakko/school_jyosei/syogakukin_top.html#cms1839C
③新潟市社会人奨学金制度［同上］ http://www.city.niigata.lg.jp/kosodate/gakko/school_jyosei/syogakukin_top.html#cms1839C
④生活福祉資金［新潟市社会福祉協議会］ http://www.syakyo-niigatacity.or.jp/consultation/lifecapital ひとり親家庭の支援［新潟市］ http://www.city.niigata.lg.jp/kosodate/ninshin/shien/hitorioya/index.html

表2-1-9　静岡市

⓪就学前，①小中学生，②高校生等，③大学生等，④その他
⓪静岡市子育て応援総合サイトちゃむしずおか［静岡市］ 　（児童手当，児童扶養手当，特別市児童扶養手当，障害児福祉手当など） 　https://shizuoka-city.mamafre.jp/ 幼児教育・保育の無償化について［子ども未来局幼保支援課給付係］ 　https://www.city.shizuoka.lg.jp/344_000054.html
①就学援助制度［教育委員会教育局児童生徒支援課就学援助係］ 　https://www.city.shizuoka.lg.jp/000_006121.html 特別支援教育就学奨励費補助金について［同上］ 　https://www.city.shizuoka.lg.jp/000_006124_00002.html 遠距離通学費補助金について［教育委員会教育局児童生徒支援課学事係］ 　https://www.city.shizuoka.lg.jp/000_006123.html
②③静岡市奨学金［同上］ 　https://www.city.shizuoka.lg.jp/556_000284.html
③静岡市立静岡病院及び静岡市立清水病院看護師等修学資金貸与制度のご案内［保健福祉長寿局清水病院病院総務課総務係］ 　https://www.city.shizuoka.lg.jp/000_003947.html 静岡市立清水病院医学生修学資金貸与条例施行規則 　https://www.shimizuhospital.com/dist/wp-content/uploads/2015/03/8b0d390829c56054ebcae54836920a4e.pdf 保育士修学資金等貸付制度のお知らせ［子ども未来局幼保支援課総務・事業者指導係］ 　https://www.city.shizuoka.lg.jp/344_000021.html
④資金貸付のご相談［静岡市社会福祉協議会］ 　https://www.shizuoka-shakyo.or.jp/activity/loan-1.html ひとり親家庭の支援［静岡市］ 　https://www.city.shizuoka.lg.jp/630_000099.html

第Ⅰ部　子育て・教育施策の水平的比較調査

のサポート，などの区分で諸情報が提供されている。ただし，幼児教育・保育の無償化や学校教育関連の情報は，市HPで入手することになる。

　⓪**就学前**に関しては，「**ちゃむしずおか**」で児童手当，児童扶養手当，障害児福祉手当，特別児童扶養手当の情報が案内され，市HPで幼児教育・保育の無償化についての情報が得られる。

　①**小中学生**に関して，「就学支援・援助」のくくりの中で，就学援助，特別支援教育就学奨励費補助金，**遠距離通学費補助金**が案内されている。②**高校生等**及び③**大学生等**に関して，**静岡市奨学金**として給付型の奨学金制度（篤志奨学金）（30人程度）と貸与型の奨学金（育英奨学金）（80人程度，**最高2分の1までの返還免除あり**）の2種が紹介されている。**看護師等と保育士への修学資金**がある（医師に関して規則はあるが募集は確認できなかった）。

　④**その他**として，生活福祉資金の情報がある。また，「ひとり親家庭の支援」サイトがある。

(10) 浜松市 ────────

【人口：78万8985人・世帯数：35万5283世帯，移行年月日：2007年4月1日／「浜松市子ども・若者支援プラン」2015-19，「第2期浜松市子ども・若者支援プラン」2020-24】

　市HPには色合い変更，自動翻訳（英語，ポルトガル語，スペイン語，簡体字，韓国語，タガログ語）の機能とともに，やさしい日本語，英語，ポルトガル語，中文，タガログ語，スペイン語，ベトナム語のサイトがある。「ホーム＞健康・福祉・子育て＞子育て・青少年・若者＞知りたいこと＞手当・助成・手続き」で児童手当などの情報が，「ホーム＞教育・文化・スポー

ツ＞教育＞申請・手続き」で就学援助制度などの情報が得られる。ほかに，「**ひろがるつながるみんなの子育て浜松市子育て情報サイトぴっぴ**」では年齢別（妊娠中，赤ちゃん，1〜2歳，3〜5歳，小学生から）に情報がリスト化されている。

　⓪**就学前**に関しては，「**ぴっぴ**」の「手当・助成・手続き」において児童手当，児童扶養手当，障害児福祉手当，特別児童扶養手当の情報が案内され，「保育・教育」において幼児教育・保育の無償化についての情報が得られる。**浜松市認証保育所利用者補助金**は，認可外保育施設に対する入所児童の処遇改善や保育の質の向上を目的として浜松市が一定の基準を設けて審査を行いクリアしている保育施設（認証保育所）に入所した0〜2歳児の保育料の軽減を目的とした助成（月額2万円上限）であり，市民税非課税世帯は幼児教育・保育の無償化分と合わせて月額4万2000円が上限となる。

　①**小中学生**に関して，「**ぴっぴ**」の「就園就学に関する手当・助成」または市HPの「教育＞申請・手続き」において就学援助制度が案内されている。②**高校生等**及び③**大学生等**

表2-1-10　浜松市

⓪就学前，①小中学生，②高校生等，③大学生等，④その他
⓪浜松市子育て情報サイトぴっぴ［浜松市子育て情報センター］ 手当・助成・手続き（児童手当，児童扶養手当，障害や医療に関する手当・助成，ひとり親や遺児等に関する手当・助成，就園就学に関する手当・助成など） https://www.hamamatsu-pippi.net/shiritai/teate_josei/ 幼児教育・保育の無償化について［幼児教育・保育課入所管理グループ］ https://www.hamamatsu-pippi.net/docs/2019061400221/ 浜松市認証保育所利用者補助金［幼児教育・保育課］ https://www.hamamatsu-pippi.net/docs/2014021901954/
①就学援助制度［教育委員会教育総務課支援グループ］ https://www.hamamatsu-pippi.net/docs/2014022100127/
②③浜松市奨学金／奨学金を希望する方へ［浜松市役所学校教育部教育総務課］ https://www.city.hamamatsu.shizuoka.jp/somu/shougakukin/index.html
④資金貸付のご相談［浜松市社会福祉協議会］ https://www.shizuoka-shakyo.or.jp/activity/loan-1.html ひとり親家庭［浜松市子育て情報センター］ https://www.hamamatsu-pippi.net/bunya/hitorioya/

に関して，浜松市奨学金として高校生等（10人程度，月額3万円以内，無利子貸与），大学生等（50人程度，月額4万5000円以内，無利子貸与）の2種が紹介されている。

④その他として，生活福祉資金の情報がある。「ぴっぴ」には「ひとり親家庭」サイトもある。

(11) 名古屋市

【人口：229万7745人・世帯数：117万1598世帯，移行年月日：1956年9月1日／「名古屋子ども条例」2008，「なごや子どもの権利条例」2020，「名古屋市児童を虐待から守る条例」2013，「なごや子ども・子育てわくわくプラン」2015-19，「なごや子ども・子育てわくわくプラン2024」2020-24】

市HPにはふりがな機能のほか，やさしい日本語，英語，中文，韓国語，ポルトガル語，スペイン語，フィリピン語，タイ語，ベトナム語，ネパール語といった多言語対応がある。「トップページ＞暮らしの情報＞人生の出来事」において出生・育児，入園・入学，成人，就職・転職・離職などの区分別に情報がリスト化されている。出生・育児の区分では「各種助成・手当など」に，入園・入学の区分では「就学援助」「授業料の減免・助成など」に進むことができる。ほかに，「名古屋市子ども・子育て支援センター758キッズステーション」が運用されており，「トップページ＞制度・施設＞各種助成・手当」において「母子，児童に関する助成・手当」で児童手当などが，「教育に関する助成・手当」で就学援助などが案内されている。2019年度の資料であるが「教育奨励制度（幼稚園〜高等学校）についての一覧表」は，幼稚園から高校段階までの奨励制度（国県市私立対象）を国・県・市の事業主体別に簡潔に一覧化したもので分かりやすい。

⓪就学前に関しては，「758キッズステーション」から児童手当，児童扶養手当などの外部リンクに飛べる。幼児教育・保育の無償化については市HPで案内されている。

①小中学生に関して，「758キッズステーション」から就学援助，特別支援教育就学奨励費の外部リンクに飛べるようになっている。②高校生等に関して，「758キッズステーション」から市立高校の入学料免除（授業料減免を含む），私立高等学校授業料補助の外部リンクに飛べるようになっている。ほかに，市HPでは名古屋市入学金準備金制度（高校），名古屋市奨学金（高等学校給付型奨学金）が案内されている。③大学生等に関して，名古屋市立大

表 2-1-11　名古屋市

⓪就学前，①小中学生，②高校生等，③大学生等，④その他
⓪児童手当について［子ども青少年局子ども未来企画部子ども未来企画室子ども未来企画係］ http://www.city.nagoya.jp/kodomoseishonen/page/0000034404.html 幼児教育・保育の無償化について［子ども青少年局保育部保育企画室認可給付係］ http://www.city.nagoya.jp/kodomoseishonen/page/0000118930.html
①就学援助［教育委員会事務局教務部学事課就学援助係］ http://www.city.nagoya.jp/kyoiku/page/0000051014.html 特別支援教育就学奨励費について［同上］ http://www.city.nagoya.jp/kyoiku/page/0000051024.html
①②教育奨励制度（幼稚園〜高等学校）についての一覧表（令和元年6月1日現在）［名古屋市］ http://www.city.nagoya.jp/kyoiku/cmsfiles/contents/0000109/109704/ichirann.pdf
②名古屋市入学準備金制度（高校）［教育委員会事務局教務部学事課就学援助係］ http://www.city.nagoya.jp/kyoiku/page/0000051019.html 名古屋市奨学金（高等学校給付型奨学金）について［同上］ http://www.city.nagoya.jp/kyoiku/page/0000094872.html 市立高校の授業料等支援制度［同上］ http://www.city.nagoya.jp/kyoiku/page/0000051033.html 私立高等学校授業料補助（令和2年度）［同上］ http://www.city.nagoya.jp/kyoiku/page/0000051001.html
③授業料の減免［名古屋市立大学］ https://www.nagoya-cu.ac.jp/education/fees/reduction/index.html 名市大生スタート支援奨学金［同上］ https://www.nagoya-cu.ac.jp/education/fees/kyufu/index.html 学生に対する追加経済支援策について［同上］ https://www.nagoya-cu.ac.jp/about/press/press/release/files/20200521/20020522.pdf
④生活福祉資金貸付事業［名古屋市社会福祉協議会］ https://www.nagoya-shakyo.jp/service/loan.html ひとり親家庭の支援［名古屋市］ http://www.city.nagoya.jp/kurashi/category/8-18-3-0-0-0-0-0-0-0.htmll

学HPには，授業料減免，**名市大生スタート支援奨学金**，新型コロナウイルス感染症対応としての**追加経済支援策**（5万円，400人程度）の案内がある。

④その他として，生活福祉資金の情報がある。また，「ひとり親家庭の支援」サイトがある。

(12) 京都市

【人口：137万9529人・世帯数：73万6711世帯，移行年月日：1956年9月1日／「京都市貧困家庭の子ども・青少年対策に関する実施計画」2017-19】

　市HPにはふりがな，読み上げ，自動翻訳（英語，韓国語，簡体中文，繁体中文）機能のほか，やさしい日本語のサイトもある。「トップページ＞健康・福祉・教育＞子ども子育て支援・少子化対策＞児童手当，子ども医療，高校進学・修学支援金」において児童手当，高校進学・修学支援金などの情報が，教育委員会サイトの「トップページ＞手続き・教育相談＞各種手続き＞就学奨励の各種援助」において就学援助などの情報が提供されている。また，「トップページ＞暮らしの情報＞生活ガイド」において，出生，子育て教育，結婚離婚，健康福祉などの区分から関連情報に進める。ほかに，「**京都市子ども若者はぐくみウェブサイト**」を運営しており，赤ちゃんが生まれたら，子どもを預けたい，就学について，子どもに関する手当などのメニューを用意している。

　⓪就学前に関しては，「**京都市子ども若者はぐくみウェブサイト**」で児童手当，児童扶養手当，障害児福祉手当，特別児童扶養手当などの情報が案内され，市HPで幼児教育・保育の無償化についての情報が得られる。

　①小中学生に関して，教育委員会サイトの「就学奨励の各種援助」で就学援助，入学前支給，総合育成支援教育就学奨励費などが案内されている。**②高校生等**に関して，**京都市高校進学・修学支援金支給事業**とは，市民税非課税世帯や生活保護受給世帯の高校生等に対し高等学校等での修学を支援することを目的に入学準備や学用品購入などの費用を助成するものである。**②高校生等**及び**③大学生等**に関して，教育支援資金（社会福祉協議会）がある。**③大学生等**に関して，京都市立芸術大学HPには，授業料減免，**本学独自の授業料減免措置の第二次募集**の案内がある。「**学長メッセージ：在学生の皆さまへ**」（2020.5.28）では，要件の厳しい国の支援策に関して「本学の学生は授業料以外にも材料費や発表のための準備，書籍の購入など，学びを継続するために自分の力で賄うものがたくさんあり（中略）申請される学生，留学生を分け隔てなく

表2-1-12　京都市

⓪就学前，①小中学生，②高校生等，③大学生等，④その他
⓪子どもに関する手当［京都市子ども若者はぐくみウェブサイト］ （児童手当，児童扶養手当，障害児福祉手当，特別児童扶養手当など） https://www.kyoto-kosodate.jp/shisaku_category/teate 幼児教育・保育の無償化［京都市］ https://www.city.kyoto.lg.jp/menu3/ category/47-43-0-0-0-0-0-0-0-0.html
①就学奨励の各種援助［京都市教育委員会］ （就学援助，入学前支給，総合育成支援教育就学奨励費など） https://www.city.kyoto.lg.jp/kyoiku/ category/181-1-2-0-0-0-0-0-0-0.html
②修学支援・授業料等について［同上］ （修学支援事業等，京都市立高等学校の授業料，同入学料） https://www.city.kyoto.lg.jp/kyoiku/page/0000260336.html 京都市高校進学・修学支援金支給事業 ［子ども若者はぐくみ局子ども若者未来部子ども家庭支援課］ https://www.city.kyoto.lg.jp/hagukumi/page/0000264198. html
②③教育資金が必要な方へ（教育支援資金）［京都市社会福祉協議会］ https://www.syakyo-kyoto.net/soudanshitai/kurashi/ kyoikushien.html
③学費・手続き・制度（授業料減免制度を含む）［京都市立芸術大学］ https://www.kcua.ac.jp/student/campus/school-fees/ 本学独自の授業料減免措置の二次募集の実施について［同上］ https://www.kcua.ac.jp/20200430_nijiboshu/ 学長メッセージ：在学生の皆さまへ［同上］ https://www.kcua.ac.jp/20200528_message/
④一時的に必要な経費でお困りの方へ（福祉資金）［同上］ https://www.syakyo-kyoto.net/soudanshitai/kurashi/ hukushishkin.html ひとり親家庭支援［京都市］ https://www.city.kyoto.lg.jp/menu3/ category/47-23-0-0-0-0-0-0-0-0.html

大学が総合的な判断をして，応援したい」と表明している。

④その他として福祉資金の情報がある。また，「ひとり親家庭支援」サイトがある。

(13) 大阪市

【人口：275万7642人・世帯数：159万992世帯，移行年月日：1956年9月1日／「大阪市こどもの貧困対策推進計画」2018-22】

市HPは読み上げ，ふりがな，自動翻訳（英語，簡体中文，韓国語，他言語のGoogle翻訳リンク），背景色変更の機能のほか，やさしい日本語，英語，簡体中文，韓国語のサイトが用意され

表2-1-13　大阪市

⓪就学前，①小中学生，②高校生等，③大学生等，④その他
⓪児童手当［こども青少年局子育て支援部管理課子育て支援グループ］ （臨時特別給付金を含む） https://www.city.osaka.lg.jp/kodomo/page/0000370608.html 児童扶養手当［こども青少年局子育て支援部こども家庭課］ https://www.city.osaka.lg.jp/kodomo/page/0000002395.html 幼児教育・保育の無償化 ［幼稚園に関すること：こども青少年局 子育て支援部 管理課 幼稚園運営企画グループ］ ［幼稚園以外に関すること：こども青少年局 保育施策部 保育企画課］ https://www.city.osaka.lg.jp/kodomo/page/0000349320.html
①小・中学校の就学援助 ［教育委員会事務局学校運営支援センター事務管理担当就学支援グループ（就学援助）］ https://www.city.osaka.lg.jp/kyoiku/page/0000495254.html
②大阪市奨学費 ［教育委員会事務局学校運営支援センター事務管理担当就学支援グループ（奨学費・進路支援）］ https://www.city.osaka.lg.jp/kyoiku/page/0000308343.htmll
②④主な奨学金等支援制度の概要［同上］ （高等学校等への進学，大学・短期大学等への進学，教育支援貸付・融資制度など，その他各種奨学金等制度，進路選択支援事業，主な奨学金制度の案内を含む） https://www.city.osaka.lg.jp/kyoiku/page/0000329464.htm
③大阪府立大学・大阪市立大学等授業料等支援制度［大阪市立大学］ ［大阪府府民文化部府民文化総務課大学・宗教法人グループ（授業料無償化担当）］ https://www.osaka-cu.ac.jp/ja/education/financial_aid/q52898 入学料の減免（還付）手続きについて［大阪市立大学］ https://www.osaka-cu.ac.jp/ja/education/financial_aidl
④生活福祉資金貸付事業（大阪府生活福祉資金）の詳細［大阪市社会福祉協議会］ https://www.osaka-sishakyo.jp/seikatufukusi_detail/ ひとり親家庭等への支援 ［こども青少年局子育て支援部こども家庭課ひとり親等支援グループ］ https://www.city.osaka.lg.jp/kodomo/page/0000452094.htm

ている。子育て教育に関しては「おおさか子育てネット＞トップページ＞大阪市の子育て支援制度・施策」において／妊娠と出産のこと／子育て家庭への支援のこと／保育と幼児教育のこと／学校生活のこと／ひとり親家庭のために／障がいのある方のために／外国人の方のために等の見出しで，また「大阪市育児を応援する行政サービスガイドすくすく＞行政サービス＞おかね」でも，妊娠・出産／子育て中／ひとり親の方／未熟児・障がい・難病のお子さんへのお金などのサポート等の見出しで，情報が提供されている。

⓪就学前に関しては，「すくすく」から児童手当，児童扶養手当，幼児教育・保育の無償化などの市HP情報へ飛べるようになっている。

①小中学生に関して，就学援助などが案内されている。**②高校生等**に関して，<u>大阪市奨学費</u>は大阪府の奨学給付金とは別途に用意された支援制度（併給調整あり）で，年額で1年生は10万7000円，他学年生は7万2000円を支給するものである。大阪市奨学費を含む「主な奨学金制度のご案内」は4カ国語（日本語，英語，韓国語，中文）のPDF版が用意されている。**②高校生等**，**③大学生等**及び**④その他**関して，教育委員会サイトにある「<u>主な奨学金等支援制度の概要</u>」は高校等への進学，大学等への進学，教育支援貸付・融資制度，その他の各種奨学金制度，奨学金にかかわるQ&A，進路選択支援事業などを案内している。**③大学生等**に関して，大阪市立大学HPには大阪府在住の所定要件を満たす2020年度入学者の無償化について<u>入学料の減免（還付）</u>の案内がある。

④その他として，「ひとり親家庭等への支援」サイトがある。

(14) 堺市

【人口：81万7041人・世帯数：40万2153世帯，移行年月日：2006年4月1日／「堺市子どもを虐待から守る条例」2018，「堺市子ども・子育て支援事業計画」2015-19，「子ども・子育て総合プラン」2020-24】

　市HPには読み上げ，ひらがな機能のほかに，やさしい日本語，英語，中文，韓国語，インドネシア語，タイ語，ポルトガル語，スペイン語，ベトナム語，タガログ語のサイトが用意されている。ほかに，堺市子育て支援情報総合サイト「さかい☆HUGはぐネット」が運営されており，「目的別で探す＞知りたい＞手当や助成について知りたい」で児童手当などが，「ライフステージ別で探す＞認定こども園・幼稚園・保育所（園）に通う＞保育料について（補助など）」で幼児教育・保育の無償化などが案内されている。

　⓪就学前に関しては，「さかい☆HUGはぐネット」から児童手当，幼児教育・保育の無

償化などの市HP情報に飛べるようになっている。子ども・子育て支援新制度に移行しない私立幼稚園児への助成・給付については，2019年10月以降，就園奨励費補助金は国の無償化に伴い廃止され，新たに施設等利用給付事業が施行されている。

　「トップページ＞子育て・教育＞教育＞相談・手続き＞奨学金・就学援助・幼稚園保育料等の補助」において，①小中学生に関して就学援助，入学準備金早期支給（新小1年生・新中1年生），堺市支援学級等就学奨励費，②高校生等に関して堺市奨学金（給付型）の情報が得られる。②高校生等及び③大学生等に関して，生活保護家庭の中高生向け未来応援BOOK『ココから！』（全20頁）が作成公開されており，大学等への進学も含めた情報が提供されている。

　④その他として，関連情報を網羅した『ひとり親家庭サポートブック』（全41頁）が発行されている。

表2-1-14　堺市

⓪就学前，①小中学生，②高校生等，③大学生等，④その他
⓪児童手当 [子ども青少年局子ども青少年育成部子ども家庭課] https://www.city.sakai.lg.jp/smph/kosodate/hughug/mokuteki/shiritai/teate/kosodate/jidoteate.html 幼児教育・保育の無償化について [同　幼保推進課] https://www.city.sakai.lg.jp/smph/kosodate/hughug/lifestage/hoikuen/hoikuryou/musyoka.html 子ども・子育て支援新制度に移行しない私立幼稚園児への助成・給付[同上] （令和3年度廃止予定） https://www.city.sakai.lg.jp/kosodate/hughug/lifestage/hoikuen/hoikuryou/syuen.html
①就学援助制度 [教育委員会事務局総務部学務課] https://www.city.sakai.lg.jp/smph/kosodate/kyoiku/tetsuzuki/hojo/iryohi.html 堺市支援学級等就学奨励費[同上] https://www.city.sakai.lg.jp/kosodate/kyoiku/tetsuzuki/hojo/syuugakusyoureihi.html
②奨学金（給付型）[同上] https://www.city.sakai.lg.jp/kosodate/kyoiku/tetsuzuki/hojo/sakaisisyougakukinnseido.html
②③中高生向け未来応援BOOKココから! [堺市健康福祉局生活福祉部生活援護管理課] https://www.city.sakai.lg.jp/kenko/fukushikaigo/seikatsuhogo/cocokara2.files/cocokara2.pdf
④ひとり親家庭サポートブック [堺市] https://www.city.sakai.lg.jp/kosodate/hughug/taishou/hitorioya/bookH301.files/H31supportbook.pdf

(15) 神戸市

【人口：150万425人・世帯数：77万4656世帯，移行年月日：1956年9月1日／「神戸市こどもを虐待から守る条例」2019，「神戸市次世代育成支援対策推進行動計画～新・神戸っ子すこやかプラン」2016-19，「神戸っ子すこやかプラン2024」2020-24】

　市HPには，ふりがな，読み上げ，色合い変更，自動翻訳（英語，簡体中文，繁体中文，韓国語，フランス語，スペイン語，ポルトガル語，ベトナム語）の機能がついている。「ホーム＞子育て・教育　＞子育て支援・助成」において児童家庭福祉施策（児童手当など），子ども・子育て支援新制度，就園就学の援助・奨学金制度（就学援助，奨学金・授業料免除など），ひとり親家庭支援（児童扶養手当など）の情報が得ら

れる。ほかに,「KOBE子育て応援団ママフレ」が運用されている。

⓪就学前に関しては,「ママフレ>行政サービス検索>おかね」で児童手当,児童扶養手当,障害児福祉手当,特別児童扶養手当などの情報が案内され,神戸市幼児教育・保育無償化サポートWEBで幼児教育・保育の無償化についての情報が得られる。

①小中学生,**②高校生等**及び**③大学生等**に関して,教育委員会事務局学校支援部学校経営支援課が作成した「**就園,就学の援助・奨学金制度**」で就学援助,特別支援教育就学援助制度,就学援助の入学前支給,**神戸市奨学金制度**（高校生対象,給付型）,**神戸市立高等専門学校及び高等学校授業料減免制度**,**神戸市大学奨学金制度**（給付型）などが一括して案内されている。ほかに,**③大学生等**に関して**保育士修学資金**（返還免除あり）がある。神戸市外国語大学HPには**給付金・奨学金・授業料減免・入学金減免**の案内がある。

④その他として,生活福祉資金（神戸市社会

福祉協議会）の情報がある。また,『**ひとり親家庭のための応援ハンドブック**』（全28頁）が作成公開されている。

(16) 岡山市

【人口：69万8671人・世帯数：34万16世帯,移行年月日：2009年4月1日／「岡山市子どもを虐待から守る条例」2018,「岡山市子ども・子育て支援プラン」2015-19,「岡山市子ども・子育て支援プラン2020」2020-24】

市HPには自動翻訳（英語,中文簡体・中文繁体,韓国語,ポルトガル語,スペイン語,フランス語,イタリア語,ドイツ語,ベトナム語,インドネシア語,タガログ語）の機能がある。「トップページ>子育て・教育」では,出産・子育て（児童手当,児童扶養手当など）保育園・幼稚園・認定こども園（幼児教育・保育の無償化など），小学校・中学校（就学援助,特別支援教育就学奨励費など），高等学校（奨学金）などのメニューがある。

表 2-1-15　神戸市

⓪就学前, ①小中学生, ②高校生等, ③大学生等, ④その他
⓪児童手当 [こども家庭局家庭支援課] https://www.city.kobe.lg.jp/a86732/kosodate/shien/support/b016/index.html 神戸市幼児教育・保育無償化サポートWEB [神戸市こども家庭局] https://kobe-kodomo-mushou.jp/about/
①②③就園,就学の援助・奨学金制度 [教育委員会事務局学校支援部学校経営支援課] （就学援助,特別支援教育就学援助制度,就学援助の入学前支給,神戸市奨学金制度,市立高専・高校授業料減免制度,神戸市大学奨学金制度などを含む） https://www.city.kobe.lg.jp/a80876/kosodate/shien/scholarship/index.html
③保育士修学資金貸付事業の開始について [市長室広報戦略部広報課] https://www.city.kobe.lg.jp/a57337/shise/press/press_back/2017/201702/20170202152001.html 給付金・奨学金・授業料減免・入学金減免 [神戸市外国語大学] http://www.kobe-cufs.ac.jp/campuslife/scholarships/
④生活福祉資金貸付事業 [神戸市社会福祉協議会] https://www.with-kobe.or.jp/detail/kashitsuke/ ひとり親家庭のための応援ハンドブック [こども家庭局こども企画育成部こども家庭課] https://www.city.kobe.lg.jp/documents/4209/handobook2017.pdf

表 2-1-16　岡山市

⓪就学前, ①小中学生, ②高校生等, ③大学生等, ④その他
⓪児童手当 [岡山っ子育成局子育て支援部こども福祉課子育て給付係] http://www.city.okayama.jp/hofuku/kodomo/kodomo_00158.html 幼児教育・保育無償化について [同　保育・幼児教育部保育・幼児教育課] http://www.city.okayama.jp/hofuku/hoiku/hoiku_t00029.html
①就学援助（入学前支給を含む）[教育委員会事務局 学校教育部 就学課] http://www.city.okayama.jp/category/category_00000107.html 特別支援教育就学奨励費制度について [同上] http://www.city.okayama.jp/kyouiku/shuugaku/shuugaku_00041.html
②岡山市奨学金制度 [岡山っ子育成局子育て支援部こども福祉課子育て福祉係] http://www.city.okayama.jp/kyouiku/shougaigakushuu/kodomokikaku0001.html
②③岡山市入学一時金貸付制度 [同上] http://www.city.okayama.jp/hofuku/kodomokikaku/jisedai13.html
④貸付制度 [岡山県社会福祉協議会] http://www.okayamashi-shakyo.or.jp/help/lending_facility/ ひとり親家庭のしおり [岡山っ子育成局子育て支援部こども福祉課子育て福祉係] http://www.city.okayama.jp/hofuku/kodomo/kodomo_00195.html

⓪**就学前**に関しては，子育て応援サイト「こそだてぽけっと」の「ホーム＞知りたい＞届け出・手当・助成等」において児童手当，ひとり親家庭への支援（児童扶養手当など），障害のある子どもと家庭をサポート（特別児童扶養手当，障害児福祉手当など）の案内がある。また，市HPで幼児教育・保育の無償化についての情報が得られる。

①**小中学生**に関して，教育委員会サイトで就学援助，入学前支給，特別支援教育就学奨励費などが案内されている。②**高校生等**に関して，岡山市奨学金は貸与型から給付型への移行が予告されている。②**高校生等**及び③**大学生等**に関して，入学一時金貸付制度がある（高校等：公立3万円，私立5万円／大学等：国公立11万円，私立13万円）。

④**その他**として福祉資金の情報（社会福祉協議会）がある。また，『**ひとり親家庭のしおり**』（全39頁）作成公開されている。

(17) 広島市 ────────

【人口：117万8773人・世帯数：58万875世帯，移行年月日：1980年4月1日／「広島市子ども・子育て支援事業計画」2015-19，「第2期広島市子ども・子育て支援事業計画」2020-24】

市HPには自動翻訳（英語，中文，韓国語，ポルトガル語，スペイン語，フィリピン語，ベトナム語）機能があるほか，同じ種類の外国語とやさしい日本語のサイトが用意されている。広島市あんしん子育てサポートサイト「**ひろまる**」が運営されており，「ひろまる＞知りたい＞生活支援（経済的なサポート）」において，児童手当，就学援助，貸付制度などの情報が提供されている。

⓪**就学前**に関しては，市HPで児童手当，幼児教育・保育の無償化などの情報が得られ

る。

①**小中学生**に関して，教育委員会サイトで就学援助，特別支援教育就学奨励費などが案内されている。②**高校生等**に関して，広島市立高等学校等の授業料等に関する規則（減免を含む）はあるが，授業料減免に関する広報は見つけられなかった。②**高校生等**及び③**大学生等**に関して，「奨学金制度について知りたい」と題したページはあるが，「広島市では独自の奨学金制度を設けておりません」としたうえでほかの奨学金を案内している。③**大学生等**に関して，**広島市立看護専門学校修学資金**（月額3万2000円，返還免除あり）の情報がある。広島市立大学HPでは，入学料・授業料の減免・徴収猶予に加えて，広島市立大学基金による**新型コロナウイルス感染症拡大に伴う応急奨学金の給付**（3万円）が案内されている。

表 2-1-17　広島市

⓪就学前，①小中学生，②高校生等，③大学生等，④その他
⓪児童手当（子ども手当）［福祉課児童福祉係］ https://www.city.hiroshima.lg.jp/soshiki/84/4700.html 幼児教育・保育の無償化 ［こども未来局保育指導課，保育企画課，教育委員会総務部学事課］ https://www.city.hiroshima.lg.jp/soshiki/82/5333.html
①就学援助［教育委員会学事課］ https://www.city.hiroshima.lg.jp/site/education/17331.html 特別支援教育就学奨励費の支給［教育委員会総務部学事課学事係］ https://www.city.hiroshima.lg.jp/site/education/16116.html 学用品の補助など子どもの教育費の援助について知りたい［同上］ https://www.city.hiroshima.lg.jp/site/education/16129.html
②広島市立高等学校等の授業料等に関する規則（減免を含む）［広島市］ https://www.city.hiroshima.lg.jp/kikaku/houki/reiki_int/reiki_honbun/r500RG00000675.html
③奨学金制度について知りたい［教育委員会総務部学事課学事係］ https://www.city.hiroshima.lg.jp/site/education/16138.html 修学に伴う費用（修学資金）［健康福祉局看護専門学校教務課］ https://www.city.hiroshima.lg.jp/site/kangogakkou/1497.html 入学料・授業料の減免または徴収猶予について［広島市立大学］ https://www.hiroshima-cu.ac.jp/guide/category0006/content0034/ 新型コロナウイルス感染症拡大に伴う応急奨学金の給付について［同上］ https://www.hiroshima-cu.ac.jp/news/c00020156/
④貸付制度［広島市社会福祉協議会］ https://shakyo-hiroshima.jp/kurashi/kashituke.html ひとり親家庭のためのしおり（母子・父子・寡婦福祉）［こども・家庭支援課家庭支援係］ https://www.city.hiroshima.lg.jp/uploaded/attachment/111534.pdf

④**その他**として福祉資金の情報（社会福祉協議会）がある。また，『**ひとり親家庭のためのしおり（母子・父子・寡婦福祉）**』（全8頁）が作成公開されている。

(18) 北九州市 ────────

【人口：92万1241人・世帯数：48万9006世帯，移行年月日：1963年4月1日／「北九州市子どもを虐待から守る条例」2018，「元気発進！子どもプラン（第2次計画）」2015-19，「元気発進！子どもプラン（第3次計画）」2020-24】

市HPには読み上げ，自動翻訳（英語，簡体中文，繁体中文，韓国語，ベトナム語，フィリピン語，タイ語，ヒンディー語，フランス語，ロシア語，ポルトガル語，スペイン語，インドネシア語，ネパール語，クメール語）の機能がある。子育てを応援する

表2-1-18　北九州市

⓪就学前，①小中学生，②高校生等，③大学生等，④その他
⓪児童手当について［子ども家庭局子育て支援部子育て支援課］ https://www.city.kitakyushu.lg.jp/ko-katei/file_0016.html 幼児教育・保育の無償化について［子ども家庭局幼稚園・こども園課］ https://www.city.kitakyushu.lg.jp/ko-katei/28800046.html
①就学援助について［教育委員会学校支援部学事課］ https://www.city.kitakyushu.lg.jp/kyouiku/file_0081.html 特別支援教育就学奨励制度について［同上］ https://www.city.kitakyushu.lg.jp/kyouiku/file_0083.html
②北九州市奨学資金（高校奨学金）［同上］ https://www.city.kitakyushu.lg.jp/kyouiku/file_0086.html 山九交通遺児奨学金［市民文化スポーツ局安全・安心推進部安全・安心都市整備課］ https://www.city.kitakyushu.lg.jp/shimin/file_0132.html
②③杉浦奨学金の概要と受給希望者募集について［教育委員会学校支援部学事課］ https://www.city.kitakyushu.lg.jp/kyouiku/file_0089.html
③北九州市奨学資金（大学奨学金）［同上］ https://www.city.kitakyushu.lg.jp/kyouiku/file_0085.html 北九州市奨学金返還支援事業（未来人材支援事業）2017-19［企画調整局政策部企画課］ https://www.city.kitakyushu.lg.jp/kikaku/20301111.html 授業料免除［北九州市立大学］ https://www.kitakyu-u.ac.jp/campus/tuition/waiver.html 新型コロナウイルス感染症の影響を受けた学生等への経済支援制度について［同上］ https://www.kitakyu-u.ac.jp/covid19/shien.html
④助成・貸付［北九州市社会福祉協議会］ （生活福祉資金，コロナ対応緊急貸付，保育人材確保） https://www.kitaq-shakyo.or.jp/index.php?id=1812 ひとり親家庭のガイドブック［子ども家庭局子育て支援部子育て支援課］ https://www.city.kitakyushu.lg.jp/ko-katei/11700053.html

行政サービスガイド「子育てマップ北九州」を運営しており，その「ホーム＞行政サービス検索＞おかね」において，子育て中の方へのお金などのサポート（児童手当など），ひとり親の方へのお金などのサポート（児童扶養手当），未熟児・障害・難病のお子さんへのお金などのサポート（特別児童扶養手当，障害児福祉手当）が案内されている。また，市HPの「トップページ＞くらしの情報＞子育て・教育＞就学援助・奨学金」において，就学援助，特別支援教育就学奨励制度，奨学金の情報が得られる。

⓪**就学前**に関しては，「子育てマップ北九州」で児童手当，児童扶養手当，障害児福祉手当，特別児童扶養手当などの情報が案内され，市HPで幼児教育・保育の無償化の情報が得られる。

①**小中学生**に関して，教育委員会サイトで就学援助，特別支援教育就学奨励制度などが案内されている。②**高校生等**に関して，高校奨学金（貸与型，165名程度）のほかに，**山九交通遺児奨学金資**（給付型）がある。②**高校生等**及び③**大学生等**に関して，芸術文化，学術，スポーツなどの成績優秀者に与えられる**杉浦奨学金**がある。③**大学生等**に関して，大学奨学金（貸与型，215名程度）がある。なお，地方創生の一環として2017年度から3か年事業として実施された**北九州市奨学金返還支援事業（未来人材支援事業）**（就職後2～4年目に年間最大18万円を3年間［最大54万円］支援）は2019年度で終了となった。北九州市立大学HPには，**授業料免除，新型コロナウイルス感染症の影響を受けた学生等への経済支援制度**（北九州市立大学同窓会奨学金を含む）の案内がある。

④**その他**として生活福祉資金の情報があるほか，『**ひとり親家庭のガイドブック**』（全50頁）が作成公開されている。

第Ⅰ部　子育て・教育施策の水平的比較調査

(19) 福岡市 ―――――――――――

【人口：159万3919人・世帯数：85万6619世帯，移行年月日：1972年4月1日／「第4次福岡市子ども総合計画」2015-19,「第5次福岡市子ども総合計画」2020-24】

市HPには読み上げ，自動翻訳（英語，中文，韓国語）の機能がある。「福岡市ホーム＞子育て・教育＞ふくおか子ども情報＞目的別＞手当・助成金」において，子育て中の方へのお金などのサポート（児童手当，第3子優遇事業など），ひとり親の方へのお金などのサポート（児童扶養手当など），未熟児・障がい・難病のお子さんへのお金などのサポート（特別児童扶養手当，障がい児福祉手当など）が案内されている。「福岡市ホーム＞子育て・教育＞教育＞福岡市教育委員会＞手続き・相談・Q＆A」において就学援助，特別支援教育就学奨励費などの情報が，公益財団法人福岡市教育振興会HPにおいて奨学金の情報が得られる。ほか

表2-1-19　福岡市

⓪就学前，①小中学生，②高校生等，③大学生等，④その他
⓪児童手当について［区役所子育て支援課］ https://www.city.fukuoka.lg.jp/kodomo-mirai/k-katei/child/kodomoteate.html 幼児教育・保育の無償化について［こども未来局 子育て支援部 事業企画課］ https://www.city.fukuoka.lg.jp/kodomo-mirai/c-shien/child/yojikyoikuhoikunomushoka.html 第3子優遇事業［こども未来局 こども発達支援課］ https://www.city.fukuoka.lg.jp/kodomo-mirai/k-kikaku/child/dai3shi.html
①就学援助について［教育委員会教育支援部教育支援課］ https://www.city.fukuoka.lg.jp/kyoiku-iinkai/gakkoshien/ed/syuugakuenzyo-30nendo.html （特別支援教育就学奨励費）について［同上］ https://www.city.fukuoka.lg.jp/kyoiku-iinkai/gakkoshien/ed/tokubetusienkyouikusyuugakusyoureihi.html
②高校生に対する奨学金制度［公益財団法人福岡市教育振興会］ https://fukyosin.net/scholarship/ 郡教育振興基金（姉妹校等交流事業・高校生留学奨励事業）［同上］ https://fukyosin.net/internationastudents/#anchor1
③福岡市保育士人材確保事業［福岡市社会福祉協議会］ http://www.fukuoka-shakyo.or.jp/work_service/nursing.html
④生活福祉資金貸付［福岡市社会福祉協議会］ http://www.fukuoka-shakyo.or.jp/work_service/life_welfare_fund.html ひとり親家庭ガイドブック［こども未来局 こども部 こども家庭課］ https://www.city.fukuoka.lg.jp/kodomo-mirai/k-katei/child/hitorioyakatei_guidebook.html

に，福岡保育ナビ「ふくいく」を運用している。

⓪就学前に関しては，「ふくいく」から児童手当，児童扶養手当，障がい児福祉手当，特別児童扶養手当などの市HP情報に飛ぶことができる。また，市HPで幼児教育・保育の無償化についての情報が得られる。無償化に追加して，第3子が小学校入学後の3年間について家庭内養育への第3子手当（月1万円），無償化対象外の副食費支援，保育施設等利用手当などを行う**第3子優遇事業**が案内されている。

①小中学生に関して，教育委員会サイトで就学援助，特別支援教育就学奨励費などが案内されている。**②高校生等**に関して，公益財団法人福岡市教育振興会のHPで高校生奨学金，**郡教育振興基金（姉妹校等交流事業・高校生留学奨励事業）**の情報が得られる。**③大学生等**に関して，**福岡市保育士人材確保事業**（社会福祉協議会）がある。

④その他として生活福祉資金の情報がある。また，『**ひとり親家庭ガイドブック**』（全52頁）が作成公開されている。

(20) 熊本市 ―――――――――――

【人口：73万1722人・世帯数：35万8817世帯，移行年月日：2012年4月1日／「熊本市子ども輝き未来プラン」2015-19,「熊本市子どもの未来応援アクションプラン（熊本市子どもの貧困対策計画）」2018-23】

市HPには読み上げ，背景色変更，自動翻訳（英語，韓国語，中国語）の機能がある。「ホーム＞分類から探す＞健康・福祉・子育て＞子育て」のページには，補助・助成，子育ての手続きというメニューがある。各メニューのページに入ると新着情報及び関連記事が更新年月日の新規順に表示されており，探索情報にたどり着くには労を要する。ほかに，「熊本

表2-1-20　熊本市

⓪就学前，①小中学生，②高校生等，③大学生等，④その他
⓪児童手当について［健康福祉局子ども未来部子ども支援課］ https://www.city.kumamoto.jp/hpkiji/pub/detail.aspx?c_ id=5&id=1996 幼児教育・保育の無償化について［同　保育幼稚園課］ https://www.city.kumamoto.jp/hpKiji/pub/detail.aspx?c_ id=5&id=24811&class_set_id=2&class_id=129
①就学援助［教育委員会事務局学校教育部指導課］ https://www.city.kumamoto.jp/hpKiji/pub/detail.aspx?c_ id=5&id=23738&class_set_id=2&class_id=137 特別支援教育就学奨励費［同　総合支援課］ https://www.city.kumamoto.jp/hpKiji/pub/detail.aspx?c_ id=5&id=26&class_set_id=2&class_id=223
②③熊本市奨学生募集のしおり［教育委員会指導課］ https://www.city.kumamoto.jp/common/UploadFileDsp. aspx?c_id=5&id=27758&sub_id=1&flid=202456
④福祉の資金交付［熊本市社会福祉協議会］ http://www.kumamoto-city-csw.or.jp/service/shikin.html ひとり親家庭［熊本市］ https://www.city.kumamoto.jp/hpkiji/pub/List.aspx?c_ id=5&class_set_id=1&class_id=18

市結婚・子育て応援サイト」を運用しており，その「ホーム＞知りたい制度・役立つ情報＞シーン別＞助成金・支援情報を知りたい＞子育てに対する助成・支援」において，児童手当，就学援助，特別支援教育就学奨励費，ひとり親家庭等への手当・助成などが案内されている。

⓪就学前に関しては，上記の応援サイトから児童手当，児童扶養手当の情報が案内され，市HPで幼児教育・保育の無償化についての情報が得られる。

①小中学生に関して，教育委員会サイトで就学援助，総合育成支援教育就学奨励費などが案内されている。②高校生等及び③大学生等に関して，熊本市奨学金がある。

④その他として福祉資金の情報があり，また「ひとり親家庭」サイトがある。

2. 広報・施策の特徴

20政令市における子育て・教育費支援情報に関する広報の特徴は，以下の通りである。

第一にHPへのアクセシビリティにおいて，文字の大きさはもちろん，読み上げ，ひらがな，背景色・文字色の変更，自動翻訳の機能など，未識字者・障がい者・高齢者・外国人などに配慮がなされている。そのうえで，提供するPDF資料などに多言語を用意した政令市もあった（さいたま市，川崎市，大阪市）。

第二に，政令市全体の情報ガイド（冊子版，PDF版，電子ブックなど）に含めて子育て・教育情報を発信しているところ（横浜市，新潟市），子育てに特化した子育てガイドを作成公開しているところ（川崎市，新潟市）がある。また，育児を応援する行政サービスガイド「子育てタウン」[6]を導入し，情報提供に活用しているところも少なくない（仙台市，千葉市，横浜市，静岡市，大阪市，神戸市，北九州市，福岡市）。なお，この「子育てタウン」は妊娠・出産から入学時（小学校）あたりの情報が主であり，中学校・高校・大学までを一括網羅したものではない。類似の子育て（子ども若者／結婚子育て）支援サイト／ナビを独自に設けているところもある（札幌市，さいたま市，川崎市，新潟市，浜松市，名古屋市，京都市，大阪市［「子育てタウン」とは別サイト］，堺市，岡山市，広島市）。

第三に，ひとり親家庭支援に関しては，少なくない政令市が子育て・教育費支援を含む支援情報を網羅して冊子や栞にし，HP上にも公開している（札幌市，仙台市，さいたま市，横浜市，川崎市，相模原市，堺市，神戸市，岡山市，広島市，北九州市，福岡市）。

第四に，教育委員会サイドで分かりやすい一覧やチラシを作成している政令市があった（千葉市，相模原市，大阪市，神戸市）。

第五に，生活保護世帯の中高生を対象に，進路指導の要素も加味した冊子を作成して活用している政令市があった（千葉市，堺市）。

第六に，政令市の独自施策として，幼児教育・保育の無償化政策をカバーする事業（仙台市，相模原市，浜松市，福岡市），義務教育段階

での独自支援，新型コロナウイルス感染症対応での独自支援（仙台市，さいたま市，相模原市），独自奨学金（給付型，免除制度ありの貸与型）の提供やローンの利子補填（札幌市，仙台市，さいたま市，横浜市，川崎市，相模原市，新潟市，名古屋市，大阪市，堺市，神戸市，岡山市［給付型へ移行予告］，福岡市），特定職種を対象とした修学資金（免除制度を含む）の提供（札幌市，さいたま市，千葉市，横浜市，相模原市，神戸市，広島市，福岡市），社会的養護を要する者への給付型奨学金（川崎市），奨学金返還支援事業（札幌市，仙台市，千葉市，［北九州市：2019年まで限定実施]），などがあった。

第七に，政令市に関係した公立大学（法人）において，入学金の軽減，授業料の減免，新型コロナウイルス感染症対応としての独自の経済的支援を行うところもあった（札幌市立大学，横浜市立大学，川崎市立看護短期大学，名古屋市立大学，京都市立芸術大学，大阪市立大学，神戸市外国語大学，広島市立大学，北九州市立大学）。

注

※以下のウェブサイトは，改めてすべて2024年9月1日閲覧にて確認済み。ただし調査日から内容が更新されている場合もあるので，最新の情報については要確認。

1）各市の基本情報は，総務省「住民基本台帳に基づく人口，人口動態及び世帯数（2024年1月1日現在）」による。https://www.soumu.go.jp/menu_news/s-news/01gyosei02_02000316.html

2）移行年月日は，総務省「指定都市一覧（2022年7月5日現在）」https://www.soumu.go.jp/main_sosiki/jichi_gyousei/bunken/shitei_toshi-ichiran.htmlによった。

3）子どもの権利条例については，各政令指定都市ホームページ情報とともに，子どもの権利条約総合研究所のサイト「子どもの権利条例等を制定する自治体一覧」http://npocrc.a.la9.jp/siryou/siryou_jyorei.htm によった。以下，第3章～第8章も同じ。

4）子どもの貧困対策計画については，各政令市ホームページ情報とともに，内閣府のサイト「市町村子どもの貧困対策計画の策定状況」https://www8.cao.go.jp/kodomonohinkon/keikaku/sakutei_city.html によった。以下，第3章～第8章も同じ。2024年9月1日現在，子どもの貧困対策のページは「こども家庭庁 こどもの貧困対策」へ移転している。https://www.cfa.go.jp/policies/kodomonohinkon/

5）指定都市市長会「パンフレット」https://www.siteitosi.jp/about/pamphlet.pdf

6）株式会社アスコエパートナーズが管理・運営するサイト https://kosodatetown.mamafre.jp/service#

第3章 抽出20中核市における子育て・教育費支援情報

0. はじめに

中核市の指定要件は，1996年の導入当初は人口30万人以上であったが，2015年に人口20万人以上に緩和されて増加するとともに，移行を予定ないし目指しているところも少なくない。

中核市は，政令市のような関与の特例（知事の承認，許可，認可等の関与を要している事務について，その関与をなくし，または知事の関与に代えて直接各大臣の関与を要することとする），行政組織上の特例（区の設置，区選挙管理委員会の設置等），財政上の特例（地方道路譲与税の増額，地方交付税の算定上所要の措置（基準財政需要額の算定における補正），宝くじの発売等）はないが，部分的に，福祉に関する事務に限って政令市と同様に関与の特例，地方交付税の算定上所要の措置（基準財政需要額の算定における補正）が設けられている。事務配分は**資料3-0-1**の通りである。

本章では，政令市には及ばないもののこのような特例を有する中核市が，政令市よりも

資料3-0-1　指定都市・中核市・施行時特例市の主な事務

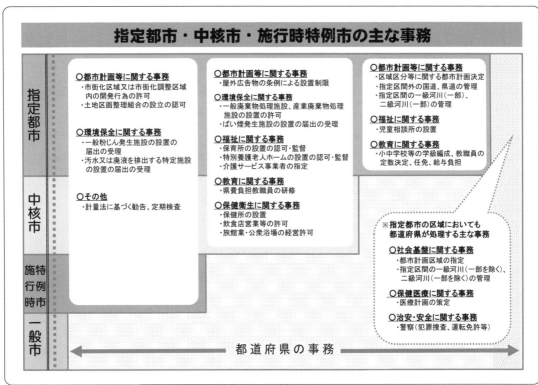

出典：総務省「指定都市・中核市・施行時特例市制度の概要」の中の「指定都市・中核市・施行時特例市の主な事務」。https://www.soumu.go.jp/main_content/000799385.pdf（2024年9月1日閲覧）

第Ⅰ部　子育て・教育施策の水平的比較調査

資料 3-0-2　中核市の人口及び各都道府県人口に占める中核市の人口割合

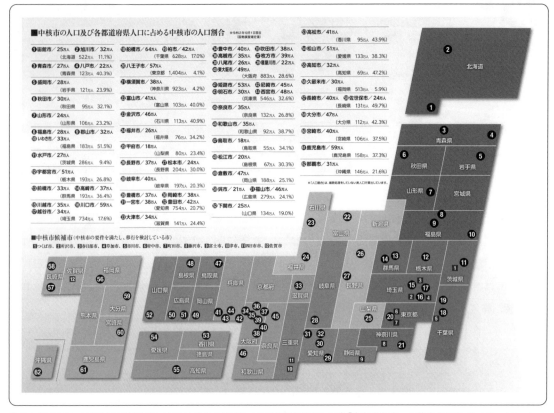

出典：「中核市の人口及び各都道府県人口に占める中核市の人口割合」中核市市長会「令和6年度　中核市市長会パンフレット」p. 4。
https://www.chuukakushi.gr.jp/_files/00135955/chuukakushi_pnf_r6.pdf（2024年9月1日閲覧）

人口規模が小さいことによって住民により身近な関係が築ける可能性を活かして，子育て・教育費支援情報の広報に関してどのような配慮や工夫を行っているのかを明らかにする。

紙幅の関係から，調査当時60中核市（2021年度に長野県松本市，愛知県一宮市が中核市に指定され，2024年9月1日現在62中核市）のうちの20市を対象（以下，抽出20対象市）とする。具体的には，地域や人口規模に偏りが出ないよう，「令和2年度 中核市市長会パンフレット」に掲載された中核市一覧の番号の「1 + 3X」番を選定した。すなわち，1.函館市，4.八戸市，7.山形市，…58.宮崎市である（**資料3-0-2** 参照，本図は2024（令和6）年度のもの）。

抽出20対象市のホームページ（以下，HP）において関連情報を収集し，自治体の基本情報としての人口・世帯数[1]，中核市への移行年月日[2]のほか，第2章と同様にこどもの権利条例等や貧困対策等の施策も加えて（閲覧日は2020年11月20日～12月10日），一覧表にした（紙数の関係で，ひとり親家庭の児童扶養手当，障害児家庭の特別児童扶養手当・特別支援教育就学奨励費などは省略した）。

1. 子育て・教育費支援情報

（1）函館市

【人口：24万218人・世帯数：13万8987世帯，移行年月日：2005年10月1日／「函館市子ども条例」2016，「第2期函館市子ども・子育て支援事業計画」2020-24】

市HPの「分野＞健康・福祉＞保育・育児支援」ないし「教育・文化＞学校・幼稚園」で，

表3-1-1 函館市

⓪就学前，①小中学生，②高校生等，③大学生等，④その他

⓪子育て応援ハンドブック「すくすく手帳」[子ども未来部・次世代育成課]
https://www.city.hakodate.hokkaido.jp/docs/2014012700306/
児童手当[子ども未来部・子育て支援課・母子児童担当]
https://www.city.hakodate.hokkaido.jp/docs/2014011700482/
幼児教育・保育の無償化について[子ども未来部・子育て支援課・無償化給付担当]
https://www.city.hakodate.hokkaido.jp/docs/2019022100061/

①就学援助制度（コロナ関連）[教育委員会学校教育部・保健給食課]
https://www.city.hakodate.hokkaido.jp/docs/2019120900037/
令和2年度 入学準備給付金の支給について[子ども未来部子ども企画課]
https://www.city.hakodate.hokkaido.jp/docs/2015112400028/
函館市内「子ども食堂」情報[同上]
https://www.city.hakodate.hokkaido.jp/docs/2017061400050/
生活困窮者の自立支援|子どもの学習支援（中学生）[保健福祉部・地域包括ケア推進課・生活困窮者自立支援担当]
https://www.city.hakodate.hokkaido.jp/docs/2019062700030/

②③函館市入学準備金貸付制度[子ども未来部・子ども企画課・私学担当]
https://www.city.hakodate.hokkaido.jp/docs/2014031000104/
函館市貸与型奨学金制度[同上]
https://www.city.hakodate.hokkaido.jp/docs/2018062500145/

③給付型奨学金制度|制度の内容[同上]
https://www.city.hakodate.hokkaido.jp/docs/2017100200016/
給付型奨学金制度|Q&A（よくある質問）[同上]
https://www.city.hakodate.hokkaido.jp/docs/2017100200023/
若者の創業支援[函館市経済部工業振興課]
https://www.city.hakodate.hokkaido.jp/docs/2019101600024/

④資金貸付について[函館市社会福祉協議会]
http://hakodatesyakyo.net/consul/consul-fund/
ひとり親家庭のしおり[子ども未来部子育て支援課]
https://www.city.hakodate.hokkaido.jp/docs/2019091300027/

関連情報にアクセスできる。加えて，「属性から探す＞手当・助成・貸付」で，担当部署を越えたさまざまな手当・助成・貸付関連情報が入手できる。なかでも，子ども未来部からの情報発信が目を引く。なお，函館市子ども・子育て情報サイト「はこすく」からも諸情報にアクセスできる。子育て応援ハンドブック「すくすく手帳」（PDFデータで表紙等を含めて全73頁，以下同様）も作成されている。

⓪就学前に関しては，児童手当，幼児教育・保育の無償化などの情報がある。

①小中学生に関して，就学援助制度について2020年6月10日付でコロナ禍による家計急変者に対して「就学援助の申請は，年度の途中でも行うことができますので，支給を希望される方は申請書の提出をお願いします」と広報している。少子化や子どもの貧困化への経済的支援として，就学援助対象外の世帯（保護者の合算所得額が266万円以下の世帯の第1・2子，多子世帯［所得制限なし］の第3子以降）を対象に，2016年度から**入学準備給付金**（子ども未来部子ども企画課）を設けている（対象となる子ども1人につき3万円／新入学生がいる世帯の約半数の見込み）[3]。子ども食堂や中学生対象の学習支援の情報もある。**②高校生等**に関して，**入学準備金貸付**，**貸与型奨学金**の制度がある。**③大学生等**に関して，同様の2制度に加えて，**給付型奨学金**制度がある（4年制以上の大学への進学，8人程度，月額3万円，入学一時金10万円）。また，若者の創業を促進し地域の活性化に貢献する人材を育成するために，経済部工業振興課から**若者の創業支援**（創業バックアップ助成金を含む）をパンフレット付きで広報している。

④その他として，生活福祉資金などの貸付案内がある。また，諸情報を掲載した『**ひとり親家庭のしおり**』（全46頁）をアップしている。

（2）八戸市

【人口：21万8182人・世帯数：11万137世帯，移行年月日：2017年1月1日／「八戸市虐待等の防止に関する条例」2011，「第2期八戸市次世代育成支援行動計画後期計画」後期計画2020-24】

市HPの「子育て・学校＞子育て＞助成・手当」ないし「学校＞八戸市の奨学金」に進むと関連情報が得られる。また，八戸市子育て情報Webサイト「はちすく」があり，「行政サービス＞おかね」と進めば，お金関連情報の見出しが一覧できる。加えて，「八戸市妊娠出産子育てガイド」（ページ数不明）を作

表3-1-2　八戸市

⓪就学前，①小中学生，②高校生等，③大学生等，④その他

⓪八戸市妊娠出産子育てガイド［健康部・健康づくり推進課］
https://www.city.hachinohe.aomori.jp/jigyoshamuke/yuryokokokujigyo/15583.html
児童手当［福祉部・子育て支援課・子育て給付グループ］
https://www.city.hachinohe.aomori.jp/kosodate_gakko/kosodate/josei_teate/8446.html
幼児教育・保育無償化［福祉部・こども未来課・企画育成グループ］
https://www.city.hachinohe.aomori.jp/mokutekikarasagasu/ninshin_shussan/kosodate/2/7447.html

①就学援助制度［教育委員会・学校教育課・学務グループ］
https://www.city.hachinohe.aomori.jp/mokutekikarasagasu/gakko_kyoiku/gakko/1/7702.html
新入学学用品費（小学校入学前支給）［同上］
https://www.city.hachinohe.aomori.jp/soshikikarasagasu/gakkokyoikuka/gakko/3/4198.html

②③八戸市奨学金［同上］
https://www.city.hachinohe.aomori.jp/kosodate_gakko/gakko/hachinoheshishogakukin/14577.html
はちのヘスタディサポートセンター［福祉部・生活福祉課］
https://www.city.hachinohe.aomori.jp/kenko_fukushi/fukushi_kaigo/fukushi/8308.html

③八戸市未来の保育士応援奨学金［福祉部・こども未来課・企画育成グループ］
https://www.city.hachinohe.aomori.jp/kosodate_gakko/gakko/hachinoheshishogakukin/8456.html
保育士資格等の取得支援事業3［同上］
https://www.city.hachinohe.aomori.jp/kosodate_gakko/kosodate/kosodatekanrenshisetsu/8455.html
八戸市看護師等修学資金貸与制度［健康部・保健総務課・総務企画グループ］
https://www.city.hachinohe.aomori.jp/kosodate_gakko/gakko/hachinoheshishogakukin/8593.html

④経済的支援［八戸市社会福祉協議会］
http://www.hachinohe-shakyo.or.jp/service/financial/
市民向け給付金関係（コロナ関連／ひとり親世帯臨時特別給付金を含む）［八戸市］
https://www.city.hachinohe.aomori.jp/corona/4/index.html
遺児等への弔慰金・入学卒業祝金［福祉部・子育て支援課・子育て給付グループ］
https://www.city.hachinohe.aomori.jp/soshikikarasagasu/kosodateshienka/kosodate/2/4007.html

成し，母子健康手帳交付時などに配布している。

⓪就学前に関しては，児童手当，幼児教育・保育の無償化などの情報がある。

①小中学生に関して，就学援助と新入学学用品費の入学前支給の情報が得られる。**②高校生等**及び**③大学生等**に関して，八戸市奨学金には一般奨学金（貸与型），第1種特別奨学金（返還免除型），第2種特別奨学金（給付型）の3種がある。また，子どもの貧困防止対策として，**はちのヘスタディサポートセンター**による学習支援「READY STUDY GO!!」が中高生を対象に実施されている。**③大学生等**に関しては，**未来の保育士応援奨学金**（月額4万円，返還免除あり），**保育士資格等の取得支援事業**（資格取得経費の2分の1，上限額あり），**看護師等修学資金貸与制度**（市内養成施設5か所対象，返還免除あり）がある。

④その他として，社会福祉協議会の貸付金案内がある。福祉部管轄の**遺児等への弔慰金・入学卒業祝金**とは，遺児等への弔慰金（義務教育修了前の死別時に父母各1万円），入学祝金（小中学校入学時に7000円），卒業祝金（中学校卒業時に1万円）の支給である。

（3）山形市

【人口：23万8293人・世帯数：10万5929世帯，移行年月日：2019年4月1日／「山形市子どもの受動喫煙防止条例」2019，「山形市子どもの貧困対策に係る計画」2020-24，「第2期山形市子ども・子育て支援事業計画」2020-24】

市HPの「市民の皆さんへ」から「子育て」「教育・スポーツ」「福祉」に進むと諸情報が得られる。加えて，『いきいきのびのび子育てガイド』（全68頁）または山形市子育て情報サイト「パパママ応援！元気すくすくネット」

にある「一目でわかる山形市の子育て支援／子育て支援カレンダー」（妊娠～20歳）でまず見取り図を把握したうえで，関連情報を入手できる。

⓪就学前に関して，児童手当，幼児教育・保育の無償化の情報がある。山形市では，国の制度を補う形で，<u>利用者負担第3子無料化，認可外保育施設利用者負担軽減補助金，私立幼稚園2歳児就園保育料軽減補助金</u>（所得制限あり），<u>にこにこ子育て支援事業費補助金</u>（兄弟姉妹同一の私立幼稚園に同時就園する2歳児就園児／所得制限なし）を設けている。また，<u>山形市幼児2人同乗用自転車購入費補助金</u>がある。

①小中学生に関して，就学援助，新入学学用品費の入学前支給が案内されている。また，

表3-1-3　山形市

⓪就学前，①小中学生，②高校生等，③大学生等，④その他
⓪いきいきのびのび子育てガイド［こども未来部・こども未来課］ https://www.kosodate-yamagata.jp/wp/wp-content/uploads/guidepdf/guide2020.pdf 児童手当・特例給付［子ども未来部・家庭支援課］ http://www.city.yamagata-yamagata.lg.jp/ninshin/sub2/syussantodoke/2d150jidouteate.html 幼児教育・保育の無償化について［子ども未来部・保育育成課］ http://www.city.yamagata-yamagata.lg.jp/kakuka/kosodate/hoikuikusei/sogo/musyouka.html 利用者負担第3子無料化［「子育てガイド」p.30］ 認可外保育施設利用者負担軽減補助金［同上p.39］ 私立幼稚園2歳児就園保育料軽減補助金［同上p.28］ にこにこ子育て支援事業費補助金［同上p.29］ http://www.kosodate-yamagata.jp/wp/wp-content/uploads/guidepdf/guide2020.pdf 山形市幼児2人同乗用自転車購入費補助金［子ども未来部・子ども未来課］ https://www.city.yamagata-yamagata.lg.jp/shimin/sub5/kosodateshien/a6727df4642bfa1.html
①就学援助制度［教育委員会・学校教育課］ http://www.city.yamagata-yamagata.lg.jp/kyoiku/sub2/chugakko/c4a44shugakuenjo.html 就学援助（新入学児童準備金）制度のご案内［同上］ http://www.city.yamagata-yamagata.lg.jp/shimin/sub6/gakko/3ec1esinnnyugakuji02.html 放課後児童クラブ保育料補助［「子育てガイド」p.45］ http://www.kosodate-yamagata.jp/wp/wp-content/uploads/guidepdf/guide2020.pdf
③山形県若者定着奨学金返還支援事業【地方創生枠】［教育委員会・学校教育課］ http://www.city.yamagata-yamagata.lg.jp/shinseisyo/sub2/syusyoku/d4f72wakamonot_shogakukin_henkanshien.html
④ひとり親家庭支援［子ども未来部・家庭支援課］ http://www.city.yamagata-yamagata.lg.jp/kosodate/sub4/hitorioya/ca1047e439623574.html 山形市健やか教育手当［同上］ https://www.city.yamagata-yamagata.lg.jp/kakuka/kosodate/kodomofukushi/sogo/sukoyakakyouikuteate.html

山形市の制度として<u>放課後児童クラブ保育料補助</u>がある（教育扶助受給児童は月額1万円，就学援助受給児童は月額7000円／兄弟姉妹で放課後児童クラブを同時利用の世帯［所得制限あり］は第2子が月額5000円，第3子以降が月額1万円）。**②高校生等**に関しては，特に情報がみあたらない。**③大学生等**に関して，山形県と山形市が連携して奨学金の返還を支援する<u>山形県若者定着奨学金返還支援事業</u>を用意している。

④その他としては，ひとり親家庭支援の一環として，<u>山形市健やか教育手当</u>（両親がいない状態の児童は月額4000円分，一方がいない状態の児童は月額2500円分を年2回支給）を設けている。

（4）いわき市

【人口：30万6714人・世帯数：14万6665世帯，移行年月日：2009年4月1日／「第二次いわき市子ども・子育て支援事業計画」2020-24】

市HPの「福祉・こども」から「児童福祉＞手当制度」「子育て＞手当・助成」「教育＞就学援助」などに入ると関連情報が得られる。なお，いわき市子ども・子育て支援サイトからも諸情報にアクセスできる。加えて，出産・子育てに関する各種支援制度や諸情報をまとめた冊子『<u>こどもみらいBOOK</u>』（全60頁）もある。

⓪就学前に関しては，児童手当，幼児教育・保育の無償化の情報がある。なお，切れ目のない支援をワンストップで行う<u>ネウボラ「おやCoCo」</u>の開設，就学前と学校を連携させたい<u>いわきっ子入学支援（保幼小連携）システム</u>の整備を進めている。

①小中学生に関して，就学援助制度，新入学学用品費の入学前支給の情報が得られる。**②高校生等**に関して，<u>高校生就職支援事業等</u>が産業振興部において提供されている。②高

校生等及び③**大学生等**のいわき市奨学資金奨学生とは，区分（1）高校・中等教育学校（後期課程）・専修学校（高等課程）が1人程度で月額2万円，（2）高専が2人程度で月額2万9000円，（3）大学・短大・専修学校（専門課程）が7人程度で月額4万円の，貸与型奨学金制度である。③**大学生等**に関して，未来を担う若者の定着を図るために，**いわき市未来につなぐ人財応援奨学金返還支援事業補助金**（50人程度）が設けられている。また，いわき市立病院の医師確保・助産師確保を目的として，

表3-1-4　いわき市

⓪就学前，①小中学生，②高校生等，③大学生等，④その他
⓪<u>こどもみらいBOOK</u>［こどもみらい部・こどもみらい課］ http://www.city.iwaki.lg.jp/www/contents/1533543848411/index.html
児童手当制度について［こどもみらい部・こども家庭課］ http://www.city.iwaki.lg.jp/www/contents/1450766893539/index.html
幼児教育・保育の無償化について［こども未来局こどもみらい部こども支援課］ http://www.city.iwaki.lg.jp/www/contents/1563496739665/index.html
スタートしました／<u>いわきネウボラおやCoCo</u>［こどもみらい部・こどもしえん課］ http://www.city.iwaki.lg.jp/www/contents/1506003117060/index.html
いわきっ子入学支援（保幼小連携）システム［こどもみらい部・子育てサポートセンター］ http://www.city.iwaki.lg.jp/www/contents/1467935232152/index.html
①就学援助制度［教育委員会事務局・学校教育課］ http://www.city.iwaki.lg.jp/www/contents/1001000004630/index.html
就学援助（入学準備金）の入学前支給のお知らせ［同上］ http://www.city.iwaki.lg.jp/www/contents/1001000004630/index.html
②高校生就職支援事業等について［産業振興部・商業労政課］ http://www.city.iwaki.lg.jp/www/contents/1001000002919/index.html
②③<u>いわき市奨学資金奨学生について</u>［教育委員会事務局・教育政策課］ http://www.city.iwaki.lg.jp/www/contents/1543886873415/index.html
③いわき市未来につなぐ人財応援奨学金返還支援事業補助金について［同上］ http://www.city.iwaki.lg.jp/www/contents/1594702453391/index.html
医師修学資金貸与制度の利用者募集について［医療センター・総務課総務係］ http://www.city.iwaki.lg.jp/www/contents/1550731125566/index.html
助産師修学資金貸与制度の利用者募集について［同上］ http://www.city.iwaki.lg.jp/www/contents/1550732725015/index.html
④経済的援護事業［いわき市社会福祉協議会］ https://www.iwaki-shakyo.com/jigyo/keizaiengo.html ひとり親家庭等のしおり［こどもみらい部こども家庭課］ http://www.city.iwaki.lg.jp/www/contents/1001000005157/simple/hitorioya-siori.pdf

医師修学資金貸与制度（4人程度，返還免除あり）及び**助産師修学資金貸与制度**（1人程度，返還免除あり）がある。

　④**その他**として，社会福祉協議会の経済的援護事業が案内されている。また，『**ひとり親家庭等のしおり**』（全2頁）には，父子・母子家庭等入学祝金（小学校入学時7000円，中学校入学時9000円），同奨学資金（高校・高専［1～3年］生に月額5000円分を年2回支給），災害遺児激励金（就学激励金：義務教育年額4万円，高校等年額8万円／卒業激励金：中学卒業時5万円，高校等卒業時6万円）など，コンパクトに一覧化している。

（5）前橋市

【人口：32万9860人・世帯数：15万4923世帯，移行年月日：2009年4月1日／「第二期前橋市子ども・子育て支援事業計画」2020-24】

　市のHPの「子育て・教育」から「子育て＞補助・支援」「小学校・中学校＞補助・支援」などに入ると関連情報が得られる。加えて，『**パパ・ママ子育て応援ブック**』（全50頁）があり，妊娠から小・中学生になるまでの諸情報を冊子にまとめている。

　⓪**就学前**に関しては，児童手当，幼児教育・保育の無償化などの情報がある。「子育てのための手当て」のサイトでは，各種手当のほか，第3子以後の保育所保育料が「無料」になります／幼稚園の入園料・保育料の一部を補助します／私立幼稚園の預かり保育料を補助します／認可外保育施設を利用されている第3子以降の乳幼児の利用料を補助します／幼児2人同乗用自転車購入費の一部を助成します，といった案内情報を一括している。

　①**小中学生**に関して，就学援助，新入学学用品費の入学前支給の情報が得られる。②**高**

校生等の前橋市奨学資金制度とは，経済的な理由で高校等に就学困難な者を対象とした貸与型奨学金であり，国公立校就学が月額1万2000円，私立校就学が月額1万8000円となっている。③大学生等に関して，公立大学法人前橋工科大学では学費に係る各種減免制度として前橋市出身入学者特待生（大学入試センター試験の成績［対象科目のすべて］が全国平均以上，半額免除）及び市内入学者入学料減免（半額免除）が用意されている。なお，福祉部長寿包括ケア課から群馬県の介護人材確保対策についての案内がある。

④その他として，生活福祉資金（群馬県社会福祉協議会）の案内がある。ひとり親家庭に関しては，『まえばしひとり親家庭支援ブック』（全51頁）が作成されている。

表 3-1-5　前橋市

⓪就学前，①小中学生，②高校生等，③大学生等，④その他
⓪パパ・ママ子育て応援ブック［福祉部・子育て支援課］ https://www.city.maebashi.gunma.jp/kosodate_kyoiku/2/6/2/12149.html 子育てのための手当て［同上］ https://www.city.maebashi.gunma.jp/kosodate_kyoiku/2/6/2/12094.html 児童手当についてご案内します［同上・子育て支援少子化対策室］ https://www.city.maebashi.gunma.jp/kosodate_kyoiku/2/6/2/12095.html 幼児教育・保育の無償化についてご案内［福祉部・子育て施設課］ https://www.city.maebashi.gunma.jp/kosodate_kyoiku/5/2/19310.html
①就学援助制度について［教育委員会事務局・学校教育課］ https://www.city.maebashi.gunma.jp/kosodate_kyoiku/3/8/10994.html 新入学児童生徒学用品費の入学前支給に関するお知らせ［同上］ https://www.city.maebashi.gunma.jp/kosodate_kyoiku/3/8/17693.html
②前橋市奨学資金制度について［同上］ https://www.city.maebashi.gunma.jp/kosodate_kyoiku/3/8/10993.html
③学費に係る各種減免制度について［公立大学法人前橋工科大学］ https://www.maebashi-it.ac.jp/about/post_157.html 群馬県で進めている介護人材確保対策について［福祉部・長寿包括ケア課］ https://www.city.maebashi.gunma.jp/kenko_fukushi/2/2/18778.html
④ひとり親家庭になったとき［福祉部・子育て支援課］ https://www.city.maebashi.gunma.jp/kosodate_kyoiku/2/6/1/12118.html まえばしひとり親家庭支援ブック［同上］ https://www.city.maebashi.gunma.jp/material/files/group/35/zentai_hitorioyakateishien.pdf

（6）川口市

【人口：60万6315人・世帯数：30万2335世帯，移行年月日：2018年4月1日／「川口市児童，高齢者及び障害者に対する虐待の防止等に関する条例」2013，「第2期川口市子ども・子育て支援事業計画」2020-24】

市HPの「子育て・学校」から「子育てへの支援・給付＞子どもが生まれたら」「保育所・幼稚園＞幼児教育・保育の無償化について」「川口市教育委員会＞相談・手続き関係」等へ入ると関連情報が得られる。また，育児を応援する行政サービスガイド「川口市ママフレ」からも諸情報にアクセスできる。加えて，『子育てガイドブック』（全54頁）も出されている。

⓪就学前に関しては，児童手当，幼児教育・保育の無償化に加えて，国の特別定額給付金

表 3-1-6　川口市

⓪就学前，①小中学生，②高校生等，③大学生等，④その他
⓪子育てガイドブック［子ども育成課・育成係］ https://www.city.kawaguchi.lg.jp/kosodate_gakkou/kosodatehenoshien_guidebook/10865.html 児童手当について［子ども育成課・給付係］ https://www.city.kawaguchi.lg.jp/soshiki/01080/020/5/2/4123.html 川口市新生児特別給付金について［子ども育成課・新生児特別給付金担当］ https://www.city.kawaguchi.lg.jp/soshiki/01080/020/5/2/32444.html 保護者の皆様へ（幼児教育・保育の無償化のご案内） ［保育入所課・川口市幼児教育無償化事務センター］ https://www.city.kawaguchi.lg.jp/soshiki/01080/050/youzikyouikuhoikunomusyouka/28861.html
①就学援助［教育局・指導課・庶務係］ https://www.city.kawaguchi.lg.jp/kosodate_gakkou/kyoikuiinkai/5/19783.html
②川口市立高等学校教育支援基金［川口市立高等学校・事務室］ http://kawaguchicity-hs.ed.jp/fund/
②③川口市奨学資金貸付制度［教育局・庶務課・庶務係］ https://www.city.kawaguchi.lg.jp/recruit/24334.html
③川口市看護学生等奨学金［川口市立看護専門学校］ https://www.kawaguchi-kango.jp/application/scholarship/scholarship-kawaguchishi/
④川口市福祉資金貸付制度のご案内［福祉総務課］ https://www.city.kawaguchi.lg.jp/soshiki/01070/010/hukusisikinn/3187.html 川口市ひとり親ガイドブック［子ども部・子ども育成課］ https://www.city.kawaguchi.lg.jp/material/files/group/46/hitorioyaguidebook.pdf

（10万円）の基準日（2020.4.27）以降に住民登録した新生児を対象に3万円を給付する**川口市新生児特別給付金**の案内がある。

①**小中学生**に関して，就学援助制度が案内されている。②**高校生等**にある**川口市立高等学校教育支援基金**とは，同高校の生徒に対する（1）給付型奨学金（高校在学時の支援［予備校の夏期講習受講費用］，大学進学時の支援［医学部進学100万円，その他の学部30万円］），（2）留学補助事業（米国オハイオ州の提携高校への長期留学費用の一部補助）にあてる基金である。②**高校生等**及び③**大学生等**の**川口市奨学資金貸付制度**とは，（1）高校・高専・専修学校（高等課程）の場合は入学一時金：公立18万円以内・私立30万円以内，修学金：月額1万2000円以内，（2）大学・短大・専修学校（専門課程）の場合は入学一時金：公立36万円以内・私立50万円以内，修学金：月額2万4000円を貸付する制度である。③**大学生等**に関して，川口市内医療機関等において看護師または保健師・助産師として就業を希望する学生に対する**川口市看護学生等奨学金**がある（月額3万円，3年間で108万円，返還免除あり）。

④**その他**として，生活福祉資金貸付制度が案内されている。また，種々の制度を一覧にした『**川口市ひとり親家庭ガイドブック**』（全12頁）が作成されている。

（7）柏市

【人口：43万5529人・世帯数：20万6292世帯，移行年月日：2008年4月1日／「柏市子どもの貧困対策推進計画」2017-21，「第二期柏市子ども・子育て支援事業計画」2020-24】

市HPの「育児・子育て」をクリックすると，こどもをはぐくむ子育てサイト「はぐはぐ柏」が自動的に開き，「手当・助成」の項から関

表 3-1-7　柏市

⓪就学前，①小中学生，②高校生等，③大学生等，④その他
⓪かしわこそだてハンドブック［子育て支援課］ http://www.city.kashiwa.lg.jp/soshiki/070900/p051840.html 同外国語版（英語・中国語・韓国語・やさしいにほんご）［同上］ http://www.city.kashiwa.lg.jp/soshiki/070900/p055392.html 児童手当［こども福祉課・児童手当子ども医療費給付窓口］ http://www.city.kashiwa.lg.jp/soshiki/070400/jidouteate.html 令和2年度子育て世帯への臨時特別給付金が支給されます［こども福祉課］ http://www.city.kashiwa.lg.jp/soshiki/070400/r2nenkosodaterinjitkubetukyufu.html かしわ新生児特別給付金（新生児一人につき10万円給付）について［こども部・子育て支援課・柏市かしわ新生児特別給付金コールセンター］ http://www.city.kashiwa.lg.jp/soshiki/070900/p056239.html 幼児教育・保育の無償化［保育運営課・施設利用給付班］ http://www.city.kashiwa.lg.jp/soshiki/070800/p048619.html
①就学援助制度［学校教育部・学校教育課］ http://www.city.kashiwa.lg.jp/soshiki/270100/p003812b.html
②進学にかかる教育費の情報提供［こども福祉課］ http://www.city.kashiwa.lg.jp/soshiki/070400/p051962.html
③保育士・保育教諭のための支援事業［保育運営課・企画運営担当］ http://www.city.kashiwa.lg.jp/soshiki/070800/p042658.html
④福祉資金貸付［柏市社会福祉協議会］ http://kashiwa-shakyo.com/publics/index/111/ ひとり親家庭サポートガイド［こども部・こども福祉課］ http://www.city.kashiwa.lg.jp/soshiki/070400/p050885_d/fil/sapo-toR2.pdf

連情報が得られる。また，市HPの「ホーム>入園・入学」から「認定子ども園・幼稚園・保育園など」「小学校・中学校・高校」に進んで関連情報にアクセスすることもできる。ほかに，『**かしわこそだてハンドブック**』を日本語・やさしいにほんご・英語・中国語・韓国語で作成・公開している。

⓪**就学前**に関しては，児童手当及び子育て世帯への臨時特別給付金，幼児教育・保育の無償化を案内している。**かしわ新生児特別給付金**とは，国の特別定額給付金の対象外となる新生児を対象に一律10万円を支給する市独自の措置である。

①**小中学生**に関して，就学援助制度（入学準備金を含む）の案内がある。②**高校生等**に関しては，市独自の制度ではないが，**進学にかかる教育費の情報提供**において，中学校を卒業されるかた（卒業されたかた），高等学校等を卒業されるかた（卒業されたかた），公的機関の奨学金や貸付，その他の機関の奨学金や貸付

に係る情報を簡略に紹介している。③**大学生等**に関して，**保育士・保育教諭のための支援事業**において，千葉県保育士修学資金等貸付事業などを紹介している。

④**その他**として，柏市社会福祉協議会の福祉資金貸付制度が案内されている。ひとり親家庭に係る諸制度については，『**ひとり親家庭サポートガイド**』（全32頁）において紹介されている。

（8）富山市

【人口：40万6483人・世帯数：18万5298世帯，移行年月日：2005年4月1日／「第2期富山市子ども・子育て支援事業計画」2020-24】

市HPの「市民のみなさま」の窓口から「福祉」ないし「教育」に進むと関連情報が得られる。また，『**富山市子育て支援ガイドブック**』（全60頁）にも掲載されている。

⓪**就学前**に関して，児童手当，幼児教育・保育の無償化についての情報がある。

表3-1-8　富山市

⓪就学前，①小中学生，②高校生等，③大学生等，④その他
⓪富山市子育て支援ガイドブック[富山市] https://www.city.toyama.toyama.jp/kodomokateibu/ kodomosienka/kosodateshiengaido.html 児童手当を受ける[こども家庭部・こども福祉課] https://www.city.toyama.toyama.jp/kodomokateibu/ kodomohukusi/jidouteateoukeru.html 幼児教育・保育の無償化[こども家庭部・こども保育課] https://www.city.toyama.toyama.jp/kodomokateibu/ kodomohoiku/musyouka.html
①学用品費などの援助[教育委員会・学校教育課] https://www.city.toyama.toyama.jp/kyoikuiinkai/ gakkokyoikuka/gakuyohinnadonoenjo.html 新入学学用品費（入学前支給）[同上] https://www.city.toyama.toyama.jp/kyoikuiinkai/ gakkokyoikuka/sinnyuugakugakuyouhinhi.html
②海外留学奨励事業補助金について[同上] https://www.city.toyama.toyama.jp/kyoikuiinkai/ gakkokyoikuka/kaigairyuugaku_2.html
②③奨学資金について[教育委員会・学校教育課] https://www.city.toyama.toyama.jp/kyoikuiinkai/ gakkokyoikuka/shogakushikin.html
④生活福祉資金貸付事業[富山市社会福祉協議会] http://www.toyamacity-shakyo.jp/?tid=100049 2020富山市ひとり親家庭応援ガイド[こども福祉課] https://www.city.toyama.toyama.jp/data/open/ cnt/3/15212/1/hitorioyagaido.pdf?20201125143622

①**小中学生**に関しては，就学援助，新入学学用品費の入学前支給の案内がある。②**高校生等**の海外留学奨励事業補助金とは，出発時に高校・中等教育学校（後期課程）・高専（1～3年）生の5名を対象に，海外の高校で半年以上の留学や語学研修を行うための補助金である（2020年度は事業中止）。②**高校生等**及び③**大学生等**の奨学資金は，（1）私立高校生（専攻科除く）で授業料と国の高等学校等就学支援金との差額（自己負担）分の給与（限度額・所得要件あり），（2）大学（大学院含む）・短大・専修学校ないし高専・高校専攻科を対象に月額1万5000円～4万7000円の貸与，というものである。

④**その他**として，富山市社会福祉協議会による生活福祉資金貸付事業の情報がある。また，『**富山市ひとり親家庭応援ガイド**』（リーフレット）を用意している。

（9）甲府市

【人口：18万4827人・世帯数：9万4098世帯，移行年月日：2019年4月1日／「甲府市子ども未来応援条例」2020，「甲府市子ども未来プラン」2018，「第2期子ども・子育て支援事業計画」2020-24】

市HPの「健康・福祉・子育て＞子育て＞子育て手当」「教育・文化・スポーツ＞教育＞就学」などで関連情報が入手できる。『**甲府市子育てガイドブック**』（全44頁）が出されており，こちらからも情報が得られる。

⓪**就学前**に関しては，児童手当，幼児教育・保育の無償化についての情報が得られる。加えて，国の特別定額給付金の基準日以降に生まれた子どもを対象に10万円を支給する**こうふ赤ちゃん応援給付金**，長期化するコロナ禍での子育て世帯の経済的・精神的負担を軽減するために0～18歳の子ども1人につき1万

円を支給する**子ども応援給付金**が案内されている。

①**小中学生**に関して，就学援助及び入学準備費（入学前支給）が案内されている。②**高校生等**に関しては特に情報がみあたらない。③**大学生等**に関して，市立甲府商科専門学校の**入学料減額**措置がある（一般19万円に対して甲府市内在住者10万円）。

④**その他**として，生活福祉資金の情報がある。また，甲府市ファミリー・サポート・センター利用料助成（約半額），ひとり親家庭等小中学校入進学祝金（小学校5000円，中学校1万円）などを簡潔にまとめた『**ひとり親家庭のために**』（全2頁）をアップしている。

表 3-1-9　甲府市

⓪就学前，①小中学生，②高校生等，③大学生等，④その他
⓪甲府市子育てガイドブック［子ども未来総室・子育て支援課・子育て支援係］ https://www.city.kofu.yamanashi.jp/jidoikuse/kenko/kosodate/shien/documents/zenpage_.pdf 児童手当［子ども未来総室・子育て支援課・子育て支援係］ https://www.city.kofu.yamanashi.jp/jidoikuse/kenko/kosodate/teate/jido.html こうふ赤ちゃん応援給付金について［同上］ https://www.city.kofu.yamanashi.jp/jidoikuse/baby-cheering.html 子ども応援給付金について［同上］ https://www.city.kofu.yamanashi.jp/jidoikuse/child-cheering.html 幼児教育・保育の無償化について［子ども未来総室・子ども保育課・子ども保育係］ https://www.city.kofu.yamanashi.jp/jidohoiku/musyouka.
①小中学校就学援助制度［教育総室・学事課・保健給食係］ https://www.city.kofu.yamanashi.jp/gakuji/kyoiku/kyoiku/shugaku/enjoseido.html 就学援助（入学準備費）の入学前支給について［同上］ https://www.city.kofu.yamanashi.jp/gakuji/nyugakumae.html
③入学料（減額）［甲府市立甲府商科専門学校］ http://www.kcc.ac.jp/information/
④生活福祉資金［甲府市社会福祉協議会］ https://www.kofu-syakyo.or.jp/kashituke/seikastu.htm ひとり親家庭のために［子育て支援課・子ども相談センター］ https://www.city.kofu.yamanashi.jp/jidoikuse/kenko/kosodate/shien/documents/12.pdf

(10) 豊橋市

【人口：36万8686人・世帯数：16万5149世帯，移行年月日：2009年4月1日／「第2期豊橋市子ども・子育て応援プラン」2020-24）

市HPの「健康・福祉＞子育て」「教育・文化＞学校教育」で関連情報が入手できる。また，便利ガイドにある「子育て」ないし「入園・入学」から進むこともできる。諸情報を掲載した『**豊橋子育て情報ハンドブック**』を作成しており，『0〜3歳版』（全38頁）は乳児家庭全戸訪問（こんにちは赤ちゃん訪問）時に，『4歳〜版』（全34頁）は3歳児健康診査時に手渡すとともに，ウェブ上にもアップしている。同ハンドブックには，妊娠から高校生までに至る諸情報を月齢・年齢を追って項目別に配列し一覧できる「子育てカレンダー」が付い

表 3-1-10　豊橋市

⓪就学前，①小中学生，②高校生等，③大学生等，④その他
⓪豊橋子育て情報ハンドブック［子ども未来部・子ども未来政策課］ 0〜3歳版 https://www.city.toyohashi.lg.jp/secure/22666/handbook 0 - 3.pdf 4 歳〜版 https://www.city.toyohashi.lg.jp/secure/22666/handbook 4 -.pdf 児童手当制度［こども未来部・こども家庭課］ https://www.city.toyohashi.lg.jp/17887.htm 3 人乗り自転車貸出について［こども未来部・保育課］ https://www.city.toyohashi.lg.jp/17955.htm 幼児教育・保育の無償化について［同上］ https://www.city.toyohashi.lg.jp/33903.htm
①就学援助について［教育部・学校教育課］ 日本語・ポルトガル語・スペイン語・タガログ語・英語 https://www.city.toyohashi.lg.jp/17475.htm 民営児童クラブ利用料助成のお知らせ ［こども未来部・こども家庭課・放課後児童対策グループ］ https://www.city.toyohashi.lg.jp/40476.htm
②令和 2 年度 私立学校授業料補助金［教育部・教育政策課］ https://www.city.toyohashi.lg.jp/7195.htm 私立高等学校等学納金特別補助金［同上］ https://www.city.toyohashi.lg.jp/44840.htm
③豊橋市未来応援奨学金［教育育委員会・教育政策課・政策グループ］ https://www.city.toyohashi.lg.jp/41813.htm チラシ https://www.city.toyohashi.lg.jp/secure/73379/R 2 oshirase.pdf
④資金貸付の貸付など［豊橋市社会福祉協議会］ http://toyohashi-shakyo.or.jp/wordpress/shakyo/soudan/shikin ひとり親家庭支援［こども未来部・こども家庭課］ https://www.city.toyohashi.lg.jp/17921.htm

ており，便利である。また，豊橋子育て支援情報ポータルサイト「育なび」がある。

⓪**就学前**に関しては，児童手当，幼児教育・保育の無償化についての案内がある。電動アシスト付きの**3人乗り自転車貸し出し**（月額1000円）制度が案内されている。

①**小中学生**に関して，就学援助制度が**日本語・ポルトガル語・スペイン語・タガログ語・英語**で案内されている。**民営児童クラブ利用料助成**には，（1）母子父子世帯等利用料助成（生活保護世帯，市民税非課税の母子父子世帯：8月は上限月額1万円，ほかは7000円），（2）きょうだい利用料助成（2人目：8月は上限月額3000円，他は2000円／3人目以降：同7000円，5000円）の2種がある。②**高校生等**に関して，**私立学校授業料補助金**（私立高校，専修学校高等課程，専修学校一般課程・各種学校の理容師などの養成課程：国の就学支援金や愛知県の私立学校授業料軽減補助金と授業料との差額補助［年収区分により補助金額は相違］）と**私立高等学校等学納金特別補助金**（同：コロナ禍における経済的支援として生徒一人あたり一律5000円）の案内がある。③**大学生等**に関しては，経済的な理由で修学困難な大学・短大・専門学校生に対する給付型の**豊橋市未来応援奨学金**（市民税所得割金額10万5300円未満，成績等要件あり：12人，月額2万5000円など）がある。

④**その他**として，生活福祉資金の情報がある。また，「ひとり親家庭支援」のサイトにはひとり親家庭の関連情報メニュー項目が一覧になっている。

(11) 大津市

【人口：34万3916人・世帯数：15万7216世帯，移行年月日：2009年4月1日／「大津市子どものいじめの防止に関する条例」2013，「大津市子ども・若者支援計画（第2期大津市子ども・子育て支援事業計画）」2020-24】

市HPの「子育て・教育」から「手当・助成」「保育・幼稚園」「小学校・中学校」「年齢別」などに入ると関連情報が得られる。また，「場面別で探す」から「妊娠・出産・子育て」「学校園」に進んでも入手可能である。パパとママの子育て支援情報誌『**大津市父子手帳**』（全100頁）は，妊娠・出産・育児を通して子どもの成長・発達を理解しながらパパになっていくサポートブックである。『**おおつげんきっこハンドブック**』（全43頁）は，冊子の副題にも

表 3-1-11　大津市

⓪就学前，①小中学生，②高校生等，③大学生等，④その他

⓪パパとママの子育て支援情報誌「大津市父子手帳」[健康保険部保健所・健康推進課]
https://www.city.otsu.lg.jp/kosodate/nenrei/0sai/1487116785098.html
児童手当について[福祉子ども部 子ども家庭課]
https://www.city.otsu.lg.jp/kosodate/teate/jido/1392903368439.html
幼児教育・保育の無償化について[福祉子ども部 保育幼稚園課]
https://www.city.otsu.lg.jp/kosodate/yoho/hoiku/f/25794.html
保育所，認定こども園，幼稚園に通う児童の副食費免除について[福祉子ども部・保育幼稚園課]
https://www.city.otsu.lg.jp/kosodate/teate/35722.html
おおつげんきっこハンドブック[福祉子ども部幼児政策課／教育委員会]
https://www.city.otsu.lg.jp/kosodate/yoho/renkei/1517200008400.html

①就学援助費受給の申請について（一般用）[教育委員会・学校教育課]
https://www.city.otsu.lg.jp/kosodate/school/nyugaku/t/1483592587787.html
就学援助費の新入学学用品費（入学準備費）の前倒し支給の申請の手続きについて[同上]
https://www.city.otsu.lg.jp/kosodate/school/nyugaku/t/35692.html

②大津市奨学生の募集について[同上]
https://www.city.otsu.lg.jp/kosodate/school/nyugaku/t/35075.html

④生活福祉資金貸付事業[大津市社会福祉協議会]
https://www.otsu-shakyo.or.jp/advice/welfare-fund-loan/
ひとり親家庭等への各種支援制度について[福祉子ども部・子ども家庭課]
https://www.city.otsu.lg.jp/kenko/fukushi_other/oya/1389543931311.html

あるように「大津市幼児教育・保育共通カリキュラム家庭向けハンドブック」であり，月齢・年齢別の子どもの成長・発達の特徴と養育・保育の視点が綴られている。

⓪就学前に関しては，児童手当，幼児教育・保育の無償化，保育所・認定こども園・幼稚園に通う幼児の副食費免除の案内がある。

①小中学生に関して，就学援助，新入学学用品費の入学前支給の案内がある。**②高校生等**の大津市奨学生とは，経済的な理由により学資の支弁が困難と認められる高校進学予定者（学業成績・操行ともに良好で健康であるもの20人程度）を対象に月額7000円を給与する制度である。**③大学生等**に関しては，特に情報がみあたらない。

④その他として，生活福祉資金の情報がある。また，「ひとり親家庭等への各種支援制度について」のサイトでは関連情報項目が一覧となっている。

(12) 高槻市

【人口：34万6972人・世帯数：16万5097世帯，移行年月日：2003年4月1日／「第二次高槻市子ども・子育て支援事業計画」2020-24】

高槻市には子ども条例自体はないが，「**子どもに笑顔と輝きを！子育て6つのポイント**」(2012，市教育委員会／副題「己育て，個育て，こう育て～子ども権利条約とともに～」)が人権学習資料として作成されている。市HPの「暮らしの情報＞子育て・教育」に進むと，関連情報が得られる。また，「WAIWAIカフェ（高槻市子育て情報）」からもアクセスできる。

⓪就学前に関して，児童手当，幼児教育・保育の無償化についての情報が得られる。児童手当については，「父母その他の保護者が子育てについての第一義的責任を有するとい

表3-1-12 高槻市
⓪就学前，①小中学生，②高校生等，③大学生等，④その他
⓪「子どもに笑顔と輝きを！子育て6つのポイント」2012（教育委員会） http://www.city.takatsuki.osaka.jp/ikkrwebBrowse/material/files/group/102/zinkengakusyuusiryousyu.pdf 児童手当[子ども未来部・子ども育成課] http://www.city.takatsuki.osaka.jp/kurashi/kosodatekyoiku/shussan/jidouteate.html 幼児教育・保育無償化に関するご案内[子ども未来部・保育幼稚園事業課] http://www.city.takatsuki.osaka.jp/kurashi/kosodatekyoiku/ikuji/1563275085001.html
⓪①「子育て世帯応援券」（商品券）の配布について[「子育て世帯応援券」事務局] http://www.city.takatsuki.osaka.jp/kakuka/kodomo/kosodat/oshirase/1599118954365.html
①就学援助制度（申請期間延長）[教育委員会事務局・保健給食課] http://www.city.takatsuki.osaka.jp/kurashi/kosodatekyoiku/syochugakko/1495692955557.html 就学援助制度～入学前に受け取れる「小学校入学準備金」～[同上] http://www.city.takatsuki.osaka.jp/kakuka/kyoiku/hokenkyu/oshirase/1544162313761.html
②③奨学金制度（高槻市奨学金・その他の奨学金）[教育委員会事務局・保健給食課] http://www.city.takatsuki.osaka.jp/kurashi/kosodatekyoiku/shogakukin/1327899263284.html
④貸付事業[高槻市社会福祉協議会] http://www.ta-city-shakyo.com/loan.html ひとり親家庭等の支援[高槻市] http://www.city.takatsuki.osaka.jp/scene/ninshin/ikuji/hitorioyashien/

う基本的認識の下に，児童を養育している者に支給することにより，家庭等における生活の安定に寄与するとともに，次代の社会を担う児童の健やかな成長に資することを目的としています」との趣旨を掲載したうえで，「受給者には，児童手当をその趣旨にしたがって用いなければならないという責務があることが法律上定められています」，「お子さんの健やかな育ちのため，その将来を考えて有効に用いていただきますようよろしくお願いします」と朱書きされている。なお，**⓪就学前**及び**①小中学生**として，コロナ禍の影響を受けた飲食店や小規模店舗を支援するとともに，中学生までの子どもがいる世帯への生活支援を目的に，「**子育て世帯応援券**」(5000円商品券)の配布が市独自でなされている。

①小中学生に関して，就学援助，新入学学用品費の入学前支給が案内されている。**②高校生等**及び**③大学生等**に関して，**高槻市奨学**

金（貸与月額は高校・高専・専修学校高等課程：国公立7000円・私立1万円，大学・短大・専修学校専門課程：同1万1000円，1万4000円）がある。

④**その他**として，貸付事業として市独自のものではないが大阪府生活福祉資金の情報がある。また，「ひとり親家庭等の支援」サイトでは関連情報項目が一覧になっている。

(13) 寝屋川市 ─────

【人口：22万5735人・世帯数：11万2710世帯，移行年月日：2019年4月1日／「第2期寝屋川市子ども・子育て支援事業計画」2020-24】

市HPの「くらし＞ライフイベントで探す」から「子育て」「入園・入学」に進むか，「くらし＞項目別で探す」から「健康・福祉」「教育」に進むと，関連情報が得られる。また，関連情報が収録された**寝屋川市子育て情報誌『ねやがわ子育てナビ』**（全74頁）が作成されている。加えて，育児を応援する行政サービスガイド「ねやがわ子育てナビ」もあり，「あずける」「おかね」などの区分に関連情報の見出しが列記されている。

⓪**就学前**に関しては，児童手当，幼児教育・保育の無償化などの案内がある。「**ねやがわ☆子育てスタート応援クーポン**」とは，市の子育て支援サービス等をより多くの人に体験し知ってもらえるよう，2017年度から交付されている（2016年4月1日以降生まれの子ども1人に1冊［500ポイント×10枚，200ポイント×25枚，お楽しみ券4枚］，子育て支援サービス等に対する支払いに3歳になる年度末まで使用可能）。また，出産予定2カ月前から生後6カ月以内の乳児がいる家庭で親族などの支援がなく日常生活に支障をきたしている家庭への**育児援助・家事援助ヘルパー派遣**の支援もある。

①**小中学生**に関して，就学援助などが案内

表3-1-13 寝屋川市

⓪就学前、①小中学生、②高校生等、③大学生等、④その他
⓪寝屋川市子育て情報誌「ねやがわ子育てナビ」[子ども部子育て支援課] https://www.city.neyagawa.osaka.jp/ikkrwebBrowse/material/files/group/103/navi.pdf 児童手当について[こども部・こどもを守る課(手当担当)] https://www.city.neyagawa.osaka.jp/organization_list/kodomo/kodomowomamoruka/kodomotantou/jidouteate/1455857318397.html ねやがわ☆子育てスタート応援クーポン[子育て支援課(庶務・予防接種・母子保健担当)] https://www.city.neyagawa.osaka.jp/organization_list/kodomo/kosodatesienka/1503457197226.html 育児援助・家事援助ヘルパーを派遣します[同上] http://www.city.neyagawa.osaka.jp/kurashi/life_event/kosodate/kosodatesien/1378343545153.html 幼児教育・保育の無償化[こども部保育課] https://www.city.neyagawa.osaka.jp/organization_list/kodomo/hoikuka/1555934541823.html
①就学援助制度の案内(10月からのお知らせ)[教育政策総務課] https://www.city.neyagawa.osaka.jp/organization_list/kyoiku_gakkokyoiku/kyouikusoumu/syugakuenjo/1602736047960.html
②③高校生・大学生に対する奨学金制度[同上] https://www.city.neyagawa.osaka.jp/organization_list/kyoiku_gakkokyoiku/kyouikusoumu/question/1379480111940.html
④生活福祉資金貸付[寝屋川市社会福祉協議会] http://www.neyagawa-shakyo.or.jp/fukushi.html#con04 ひとり親家庭のために[子ども部子育て支援課] https://www.city.neyagawa.osaka.jp/ikkrwebBrowse/material/files/group/103/navi_08.pdf

されている。②**高校生等**及び③**大学生等**に関して，国や府の制度の案内はあるが，独自の奨学金制度はない。

④**その他**として，福祉資金貸付制度の案内がある。また，『**ねやがわ子育てナビ**』の1項目にある「ひとり親家庭のために」（全4頁）が単独でアップされている。

(14) 尼崎市 ─────

【人口：45万8046人・世帯数：24万2193世帯，移行年月日：2009年4月1日／「尼崎市子どもの育ち支援条例」2009，「第4期尼崎市次世代育成支援対策推進行動計画及び第2期尼崎市子ども・子育て支援事業計画」2020-24】

市HPの「くらし・手続き＞子育て」または「学び・文化・スポーツ＞学校教育」で関連情報が得られる。また，尼崎市の子育て応援サイト「あまっこいきいきナビ」を運営し

ており，そちらからもアクセスできる。加えて，子育てに関する制度や手続きなどの情報を掲載した『あまっこ子育てハンドブック』（全37頁）を作成し，「こんにちは赤ちゃん事業」（生後2カ月頃の赤ちゃんを保育士が訪問する事業）の際に，子どもの成長発達を掲載し乳幼児健診時の健康教育等で使用する『あまっ子元気ブック』（全74頁）とともに手渡している。

⓪就学前に関しては，児童手当，幼児教育・保育の無償化などの案内がある。

①小中学生に関して，就学援助，新入学学用品費の入学前支給などの案内がある。ほかに，コロナ禍における支援として臨時休校期間中の「あまっ子応援弁当緊急事業」を拡充

した「あまっ子お弁当クーポン事業」の独自施策がある。②高校生等に関しては，特に情報がみあたらない。③大学生等に関して，尼崎市神崎製紙育英資金奨学生（給付型奨学金，大学生5人程度，選考試験あり，月額3万円），尼崎市澤水育英資金奨学生（給付型奨学金，大学院修士課程生2人程度，選考試験あり，月額3万円），産業技術短期大学の特待生制度（授業料等免除，選考試験あり）の情報がある。

④その他として，生活福祉資金貸付事業が案内されている。また，ひとり親家庭支援のサイトでは関連情報項目を列記している。

(15) 奈良市

【人口：34万9385人・世帯数：16万7766世帯，移行年月日：2002年4月1日／「奈良市子どもにやさしいまちづくり条例」2014，「奈良市子どもの豊かな未来応援プラン」2017，「第二期奈良市子ども・子育て支援事業計画」2020-24】

市HPの「助成・支援＞子育て」ないし「小・中学校，高等学校」に進むと，関連情報が得られる。また，トップページの「子育て・教育」をクリックすると奈良市の子育ておうえんサ

表3-1-14　尼崎市

⓪就学前，①小中学生，②高校生等，③大学生等，④その他

⓪あまっこ子育てハンドブック［こども青少年局・こども福祉課］
https://www.city.amagasaki.hyogo.jp/_res/projects/default_project/_page_/001/006/960/R2handbook.pdf
あまっ子元気ブック［健康福祉局・保健部・健康増進課］
https://www.city.amagasaki.hyogo.jp/_res/projects/default_project/_page_/001/002/961/R2amakkogennkibook.pdf
児童手当制度のご案内［こども青少年局・こども福祉課（児童手当担当）］
https://www.city.amagasaki.hyogo.jp/kurashi/kosodate/047jidouteate/047jidou_annai.html
幼児教育・保育の無償化について［こども青少年局・保育児童部・保育企画課］
https://www.city.amagasaki.hyogo.jp/kurashi/kosodate/1016436/index.html

①就学援助のお知らせ［教育委員会事務局・学校教育部・学事課］
https://www.city.amagasaki.hyogo.jp/manabu/school/primary/100shuen.html
小学校新入学学用品費の入学前支給の申請について［同上］
https://www.city.amagasaki.hyogo.jp/manabu/school/primary/1013135.html
あまっ子お弁当クーポン事業の実施について［こども青少年部・こども青少年課］
https://www.city.amagasaki.hyogo.jp/shisei/si_kangae/kodomo_sesaku/1021271.html

③尼崎市神崎製紙育英資金奨学生の募集について［総務局・企画管理課］
https://www.city.amagasaki.hyogo.jp/manabu/school/high/019syougaku/019kanzaki.html
尼崎市澤水育英資金奨学生の募集について［同上］
https://www.city.amagasaki.hyogo.jp/manabu/school/high/019syougaku/019sawamizu.html
産業技術短期大学の特待生制度［経済環境局・経済部・地域産業課］
https://www.city.amagasaki.hyogo.jp/manabu/school/high/068tokutaisei/068tokutaisei3.html

④生活福祉資金貸付制度［尼崎市社会福祉協議会］
http://amasyakyo.jp/consultation/seikatsufukushisikin/
ひとり親家庭支援［尼崎市］
https://www.city.amagasaki.hyogo.jp/kurashi/kosodate/single/index.html

表3-1-15　奈良市

⓪就学前，①小中学生，②高校生等，③大学生等，④その他

⓪児童手当［子ども育成課・認定給付係］
https://www.city.nara.lg.jp/site/kosodate/9367.html#jidouteate
幼児教育・保育の無償化について［保育所・幼稚園課］
https://www.city.nara.lg.jp/site/kosodate/1282.html
3人乗り自転車貸出事業［奈良市社会福祉協議会］
http://www.narashi-shakyo.com/pdf/jitenshatirasi2.pdf

①就学援助制度［教育総務課］
https://www.city.nara.lg.jp/site/kosodate/9087.html
就学援助制度による「新入学準備金」入学前支給［同上］
https://www.city.nara.lg.jp/site/kosodate/10621.html

②令和2年度 高校生等への修学支援［奈良県・奈良県教育委員会］
https://www.city.nara.lg.jp/uploaded/attachment/105769.pdf

④コロナ禍による休業や失業で生活資金にお悩みの皆様へ［奈良市社会福祉協議会］
http://www.narashi-shakyo.com/html/koronakasituke.html
ひとり親家庭「サポートガイドブック」［子ども未来部・子ども育成課］
https://www.city.nara.lg.jp/uploaded/attachment/31366.pdf

イト「子育て@なら」に繋がって，諸情報にアクセスできるようになっている。加えて，奈良市の子育て支援情報を収録した『なら子育て情報ブック』（全61頁）をアップしている。

⓪就学前に関しては，児童手当，幼児教育・保育の無償化について案内されている。また，奈良県社会福祉協議会が実施する支援事業を受けて，奈良市社会福祉協議会が「**3人乗り自転車貸出事業**」を行っている。

①小中学生に関して，就学援助，新入学学用品費の入学前支給の案内がある。**②高校生等**に関しては，奈良県・同教育委員会作成の資料「高校生等への修学支援」を転載している。**③大学生等**に関しては，特に情報がみあたらない。

④その他として，生活福祉資金貸付制度の案内がある。また，ひとり親家庭用の『**サポートガイドブック**』（全24頁）をアップしている。

(16) 松江市 ━━━━━━

【人口：19万6021人・世帯数：9万1796世帯，移行年月日：2018年4月1日／「第2期松江市子ども・子育て支援事業計画」2020-24】

市HPの「人生の出来事から探す」から「子育て」「入学・教育」，「暮らしのガイドから探す」から「教育・子育て」に進むと，関連情報が得られる。また，育児を応援する行政サービスガイド「ママフレ」からも諸情報にアクセスできる。

⓪就学前に関して，児童手当，幼児教育・保育の無償化の情報がある。

①小中学生に関して，就学援助についてコロナ禍で収入が減少した世帯についても審査可能であることの案内がある。**②高校生等**及び**③大学生等**に関して**松江市ふるさと奨学金**（貸与月額：高校2万3000円，高専2万4000円，大

表 3-1-16　松江市

⓪就学前，①小中学生，②高校生等，③大学生等，④その他
⓪児童手当［子育て部・子育て支援課］ http://www1.city.matsue.shimane.jp/kyouiku/kosodate/teate/jidouteate.html 幼児教育・保育の無償化［同上］ http://www1.city.matsue.shimane.jp/kyouiku/hoiku/youhomusyouka/youhomusyouka.html
①就学援助［教育委員会・学校教育課］ http://www1.city.matsue.shimane.jp/kyouiku/gakkou/tetsuzukienjo/syuugakuenjo.html 新型コロナウイルス感染症の影響による就学援助制度について［同上］ http://www1.city.matsue.shimane.jp/kyouiku/gakkou/tetsuzukienjo/sh_enjyo_r2.html
②③松江市ふるさと奨学金（貸与）［教育委員会・教育総務課］ http://www1.city.matsue.shimane.jp/kyouiku/shougakukin/
③松江市高井奨学金［同上］ http://www1.city.matsue.shimane.jp/kyouiku/shougakukin/index.data/h31t-hyoshi.pdf
④生活福祉資金（外部リンク）［松江市社会福祉協議会］ http://www.shakyou-matsue.jp/money/index.html ひとり親の方へ［子育て部・子育て支援センター／子育て政策課／子育て支援課］ http://www1.city.matsue.shimane.jp/kyouiku/kosodate/shien/hitorioya.html

学［自宅通学］4万3000円，大学［自宅外通学］4万7000円，専修学校4万7000円／卒業後に松江市居住者に半額免除あり）が，**③大学生等**に関して**松江市高井奨学金**（高専（4〜5年・専攻科）・大学生1人，給与月額：自宅通学1万7000円，自宅外通学1万9000円）の情報がある。

④その他として，県社会福祉協議会の生活福祉資金の情報にリンクが張られている。また，「ひとり親の方へ」のサイトでは関連情報項目を列記している。

(17) 福山市 ━━━━━━

【人口：45万8192人・世帯数：21万5668世帯，移行年月日：1998年4月1日／「福山市子ども及び妊婦を受動喫煙から守る条例」2018，「福山市ネウボラ事業計画（第二期子ども子育て支援事業計画）」2020-24】

福山市では，2017年に妊娠から子育てまでの切れ目のない支援のために総合相談窓口として福山ネウボラ「あのね」（あなたのネウボラ）を立ち上げている。そして，2019年には「福

第3章

抽出20中核市における子育て・教育費支援情報

第Ⅰ部　子育て・教育施策の水平的比較調査　103

表 3-1-17　福山市

⓪就学前, ①小中学生, ②高校生等, ③大学生等, ④その他
⓪福山ネウボラあんしん子育て応援ガイド2020［保健福祉局・ネウボラ推進課］ http://www.city.fukuyama.hiroshima.jp/uploaded/attachment/169147.pdf 児童手当制度の概要について［ネウボラ推進課］ http://www.city.fukuyama.hiroshima.jp/site/kosodate/413.html 幼児教育・保育の無償化［保育施設課］ http://www.city.fukuyama.hiroshima.jp/soshiki/hoikushisetsu/194919.html
①就学援助の申請［教育委員会学事課］ http://www.city.fukuyama.hiroshima.jp/site/kosodate/174033.html 就学援助「入学準備費（新小学1年生）」の入学前支給について［同上］ http://www.city.fukuyama.hiroshima.jp/site/kosodate/167300.html
②③福山市奨学資金・誠之奨学金奨学生の募集について［同上］ http://www.city.fukuyama.hiroshima.jp/koho-detail02/koho-202006/149178.html
④生活福祉資金貸付制度［福山市社会福祉協議会］ https://www.f-shakyo.net/s5-02.html ひとり親の人［ネウボラ推進課］ http://www.city.fukuyama.hiroshima.jp/site/kosodate/list628.html

山市子どもの健やかな成長を支援する施策の基本的な考え方」を公表し，第二期子ども子育て支援事業計画2020-24を「福山市ネウボラ事業計画」と命名している。関連情報は，市HPの「暮らしの情報＞ライフイベント」から「妊娠・出産」「子育て」に，「暮らしの情報＞カテゴリーメニュー」から「福祉」「子ども」「教育・文化・生涯学習（講座）・スポーツ」に進むと得られる。また，福山市子育て支援サイト「福山ネウボラ」が運用されており，諸情報にアクセスできる。加えて，市の子育て関連情報を掲載した『**福山ネウボラあんしん子育て応援ガイド2020**』（全86頁）をアップしている。

⓪就学前に関しては，児童手当，幼児教育・保育の無償化などの情報が得られる。

①小中学生に関して，就学援助，新入学学用品費の入学前支給などの案内がある。**②高校生等**及び**③大学生等**に関して，**福山市奨学資金**（大学・短大・大学校等：貸与月額国公立4万円，私立6万円）及び**誠之奨学金**（高校・高専等：貸

与月額国公立1万円，私立2万円）の情報がある。

④その他として，生活福祉資金貸付制度の情報がある。また，「ひとり親の人」のサイトでは関連情報項目を列記している。

(18) 松山市

【人口：50万231人・世帯数：25万4978世帯，移行年月日：2000年4月1日／「松山市子ども育成条例」2004，「第2期松山市子ども・子育て支援事業計画」2020-24】

市HPの「ライフイベントから探す」から「子育て」「入園・入学」，「キーワードから探す」から「福祉」「子育て・教育」に進むと，関連情報が得られる。また，松山市子育て情報サイト「子育てをカンガ（エ）ルーカフェ」があり，そちらからも諸情報にアクセスできる。加えて，子育てに役立つ情報をまとめた『**まつやま子育て応援ブックまつトコ2020**』（全100頁）がアップされている。

⓪就学前に関しては，児童手当，幼児教育・保育の無償化についての情報が得られる。

表 3-1-18　松山市

⓪就学前, ①小中学生, ②高校生等, ③大学生等, ④その他
⓪まつやま子育て応援ブックまつトコ2020［子育て支援課］ http://www.conet-ehime.or.jp/tu-shin/matutoko/index.html 児童手当［子育て支援課・児童手当担当］ https://www.city.matsuyama.ehime.jp/kurashi/fukushi/jido/jidouteate.html 幼児教育・保育の無償化に関する保護者向けの情報［保育・幼稚園課］ https://www.city.matsuyama.ehime.jp/kurashi/kosodate/boshi/youji-hoikumusyo/musyoukazyouhou.html
①就学援助［学校教育課］ http://www.city.matsuyama.ehime.jp/kurashi/kosodate/gakkokyoiku/syugakuenjyo.html
③松山市奨学生のご案内［同上］ https://www.city.matsuyama.ehime.jp/smph/kurashi/kosodate/gakkokyoiku/syougaku/syogakukin-annai.html 進学するならマツヤマ［シティプロモーション推進課］ https://matsuyama-kurashi.com/guidebook/pdf/ijuguide_highschool.pdf
④資金貸付事業［松山市社会福祉協議会］ https://matsuyama-wel.jp/page0136.html ひとり親家庭のしおり［子育て支援課］ https://www.city.matsuyama.ehime.jp/kurashi/fukushi/hitorioya/hitorioyasiori.files/R2hitorioyakateisiori.pdf

①**小中学生**に関して，就学援助（入学準備金を含む）などが案内されている。②**高校生等**に関しての情報は，特にみあたらない。③**大学生等**に関して，松山市奨学生（大学・短大生約80人程度，貸与額：県内進学者は入学支度金30万円・奨学金月額3万円，県外進学者は同じく50万円・5万円）の案内がある。ほかに，高校生・保護者向けの松山進学ガイドブック『**進学するならマツヤマ**』がアップされている。

④**その他**として資金貸付事業の情報があるほか，『**ひとり親家庭のしおり**』（全32頁）が作成公開されている。

(19) 長崎市

【人口：39万5843人・世帯数：20万5708世帯，移行年月日：1997年4月1日／「**第2期長崎市子ども・子育て支援事業計画**」2020-24】

市HPの「トップページ＞子育て・学び」

表3-1-19　長崎市

⓪就学前，①小中学生，②高校生等，③大学生等，④その他
⓪児童手当・特例給付［こども部・子育て支援課］ https://ekao-ng.jp/know/teat/ 幼児教育・保育の無償化について［こども部・幼児課］ https://ekao-ng.jp/yojikyoikuhoikunomushoka/
⓪①②軽度・中等度難聴児補聴器購入費補助制度［こども健康課］ https://ekao-ng.jp/know/hochoukihojo/ 【任意接種】乳幼児インフルエンザ予防接種費用の一部助成について［同上］ https://ekao-ng.jp/know/【任意接種】乳幼児インフルエンザ予防接種費用/ 子育て住まいづくり支援費補助金［まちづくり部・住宅課］ https://ekao-ng.jp/know/kosodatesumaidukuri-hojyokin/
①令和2年度　就学援助制度のお知らせ［教育委員会教育総務部・総務課］ https://www.city.fukuoka.lg.jp/kyoiku-iinkai/gakkoshien/ed/syuugakuenzyo-30nendo.html
②新型コロナウイルス感染症等の影響による貸与型奨学生の随時募集について［同上］ https://www.city.nagasaki.lg.jp/kosodate/520000/524000/p034631.html
③奨学金に対する返還支援等制度について［商工部・産業雇用政策課］ https://www.city.nagasaki.lg.jp/jigyo/340000/341000/p033477.html
④福祉資金貸付［長崎市社会福祉協議会］ http://www.nagasakishi-shakyou.or.jp/modules/tinyd0/index.php?id=11&tmid=9 ひとり親家庭の手当や助成［長崎市］ https://ekao-ng.jp/know/treatment-medical/

または「トップページ＞人生のできごと＞子育て」「学校」に進むと関連情報が得られる。また，長崎市子育て応援情報サイト「イーカオe-Kao」からも諸情報にアクセスできる。

⓪**就学前**に関して，児童手当，幼児教育・保育の無償化についての情報が得られる。ほかに，就学前からの子育て費の支援として，**軽度・中等度難聴児補聴器購入費補助制度**，**乳幼児インフルエンザ予防接種費用の一部助成**，**子育て住まいづくり支援費補助金**（多子世帯・3世代同居など）が案内されている。

①**小中学生**に関して，就学援助（新入学用品費の事前支給を含む）などが案内されている。②**高校生等**に関して，新型コロナウイルス感染症等の影響による貸与型奨学生の随時募集（高校・中等学校後期課程・高専・専修学校高等課程など：貸与月額1万円）が案内されている。③**大学生等**の奨学金に対する返還支援等制度については，長崎市の独自制度の案内ではなく，長崎県や県社会福祉協議会の関連制度を一覧にしたものである。

④**その他**として福祉資金制度の情報がある。また，「ひとり親家庭の手当や助成」のサイトでは関連サービスの項目が列記されている。

(20) 宮崎市

【人口：39万7406人・世帯数：20万5708世帯，移行年月日：1998年4月1日／「**第二期子ども・子育て支援事業計画**」2020-24】

市HPの「子育て・教育」に直接入るか，「人生のできごとから探す」から「子育て」「教育」に進むと，関連情報が得られる。また，育児を応援する行政サービスガイド「子育てナビ」からもアクセスできる。加えて，諸情報を掲載した『**宮崎市子育て情報誌**』（全78頁）がアップされている。

第1部　子育て・教育施策の水平的比較調査　105

表 3-1-20　宮崎市

⓪就学前，①小中学生，②高校生等，③大学生等，④その他
⓪宮崎市子育て情報誌[子育て支援課] https://www.city.miyazaki.miyazaki.jp/education/support/support/1847.html 児童手当[保育幼稚園課] https://www.city.miyazaki.miyazaki.jp/education/allowance/362.html 幼児教育・保育の無償化について[保育幼稚園課] https://www.city.miyazaki.miyazaki.jp/education/nursery/203265.html
①小学校・中学校の就学援助費[教育委員会・学校教育課] https://www.city.miyazaki.miyazaki.jp/education/allowance/7571.html
④生活福祉資金の貸付事業(県社協より受託)[宮崎市社会福祉協議会] https://www.my-shakyo.jp/ 母子・父子・寡婦のしおり[福祉部・子ども未来局・子育て支援課] https://www.city.miyazaki.miyazaki.jp/fs/3/5/9/6/5/2/_/359652.pdf

⓪就学前に関して，児童手当，幼児教育・保育の無償化についての情報が得られる。

①小中学生に関して，就学援助（新入学用品費の入学前支給を含む）が案内されている。**②高校生等**及び**③大学生等**に関しては，特に情報はみあたらない。

④その他として，生活福祉資金貸付の情報がある。また，関連情報を収録した『**母子・父子・寡婦のしおり**』（全42頁）を作成している。

2. 広報・施策の特徴

中核市の抽出20対象市における子育て・教育費支援情報に関する広報・施策の特徴は，以下の通りである。

第一に，情報への**アクセシビリティ**において，多数の対象市が未識字者・障がい者・高齢者・外国人などへのホームページ自体の機能的な配慮（文字の大きさ，読み上げ，ひらがな，背景色・文字色の変更，自動翻訳など）を行ったうえで，PDF資料などに多言語を用意したところもあった（柏市，豊橋市）。

第二に，**子育て情報の提供**に関して，子育てに特化した子育てガイド（冊子版・PDF版・電子書籍版など）を作成公開しているところがほとんどであり（函館市，八戸市，山形市，いわき市，前橋市，川口市，柏市，富山市，甲府市，豊橋市，大津市，高槻市，寝屋川市，尼崎市，福山市，松山市，宮崎市），しかも母子健康手帳交付時，赤ちゃん全戸訪問時，乳幼児健診時などに確実に手渡す等の方法を採っていた。加えて，独自の子育て支援サイト／ナビを設けたり（函館市，山形市，いわき市，柏市，豊橋市，高槻市，奈良市，福山市，松山市，長崎市），また育児を応援する行政サービスガイド「子育てタウン」[4]を導入して（八戸市，川口市，寝屋川市，尼崎市，松江市，宮崎市），情報提供に活用しているところも少なくなかった。さらには，子ども支援カレンダー等を作成して，月齢・年齢・ライフステージごとの支援サービスをコンパクトな一覧にしたところもあった。妊娠・出産から乳幼児ないし学童期までが圧倒的に多い中で，高校生や20歳（思春期・青年期）までを一覧に加えているところもあり注目された（山形市，豊橋市：**資料3-2-1**）。

第三に，**⓪就学前**（乳幼児期）に関わって，経済的支援にとどまらずに，子どもの健やかな成長を総合的かつ発達的視点から支援しようとするところがあった。**総合的な支援**としては，切れ目のない支援をワンストップで行うネウボラ「おやCoCo」の開設（いわき市），切れ目のない支援のための総合相談窓口「福山ネウボラ『あのね』」の立ち上げ（福山市）が挙げられる。**発達的視点からの支援**としては，「大津市父子手帳」や「おおつげんきっこハンドブック」の活用（大津市），子どもの成長発達を掲載した「あまっ子元気ブック」の乳幼児健診時の健康教育等での活用（尼崎市）が挙げられる。ほかに，国の無償化制度を補う支援（山形市，前橋市），3人乗り（幼児2人同乗）自転車の購入費助成・貸与（山形市，

資料 3-2-1　豊橋市の支援サービス一覧

6 ライフステージに応じた子ども・子育て支援

	結婚前	妊娠前	妊娠期	乳幼児期（0歳〜6歳）	小学生（6歳〜12歳）	中学生（12歳〜15歳）	高校生等（15歳〜）

保健・相談等
- 女性の健康支援
- 不妊・不育専門相談センター
- 新生児聴覚検査補助
- 産後ケア
- 母子手帳の交付
- 乳幼児健康診査
- 妊娠・出産・子育て総合相談窓口
- 妊産婦健康診査
- 妊産婦・乳幼児家庭訪問、相談等
- 産前・産後サポート
- 教育相談
- 養育支援訪問
- 子ども・若者総合相談
- 予防接種
- 乳児家庭全戸訪問
- 家庭児童相談
- こども発達センター相談事業
- 外国につながる家庭への相談事業

交流・体験・講座等
- 子育て支援センター、ここにこサークル、つどいの広場など
- 文化芸術体験推進事業
- わくわく WORK in とよはし
- 初めての絵本との出会い事業
- おはなしのへや
- 赤ちゃんふれあい体験
- 幼児ふれあい教室など
- ほの国こどもパスポート
- こども未来館・交通児童館
- 家庭教育セミナー

地域の教育・保育、子育て支援等
- 保育園・認定こども園
- トヨッキースクールなど
- 幼稚園
- 放課後児童クラブ
- 放課後子ども教室
- 一時預かり（保育園等）
- 一時預かり（幼稚園）
- 保育コンシェルジュ
- 延長保育・休日保育
- イマージョン教育
- 病児保育
- ファミリー・サポート・センター
- 子育て支援ショートステイ・子育て支援トワイライトステイ
- 特別支援保育
- 小・中学校における特別支援教育
- 児童発達支援センター
- くすのき特別支援学校
- こども発達センター通園事業
- 医療的ケア児の支援

経済的支援・子どもの貧困への支援
- New 不妊治療費補助
- 未熟児養育医療給付
- 就学援助
- 未来応援奨学金
- 幼児教育保育の無償化、保育料の軽減
- 児童クラブ利用料の軽減
- 私立高等学校・私立専修学校高等課程等授業料補助
- 給食費（副食費）の負担軽減
- 児童手当
- 子ども医療費の助成
- 小児慢性特定疾病医療給付
- 障害児自立支援医療（育成医療）給付
- 児童扶養手当・母子父子福祉手当・障害児福祉手当・特別児童扶養手当
- 学習・生活支援
- 学生服等のリユース
- 資格取得支援
- 子どもの居場所づくり
- フードバンク活動支援

その他
- 結婚支援
- 青少年健全育成
- 赤ちゃんの駅
- 人権啓発活動、交通安全教室
- 家庭訪問型子育て支援
- 子どもの権利擁護、女性の再就職支援
- 子育て家庭優待事業（はぐみんカード）
- とよはし子育て応援宣言の推進、子育て応援企業の認定・表彰、児童虐待防止に関する啓発、とよはし子育て応援フェスの開催、ワーク・ライフ・バランスの推進

出典：豊橋市「第 2 期豊橋市子ども・子育て応援プラン概要版」p. 8。https://www.city.toyohashi.lg.jp/secure/73467/gaiyou_R2-6.pdf （2024 年 9 月 1 日閲覧）

前橋市,豊橋市,奈良市),子育てスタート応援クーポン／育児援助・家事援助ヘルパー派遣（寝屋川市），軽度・中等度難聴児補聴器購入費補助制度／乳幼児インフルエンザ予防接種費用一部助成／子育て住まいづくり支援費補助金（長崎市）などの案内もあった。なお，児童手当の趣旨に即した利用を朱書きで促したところがあった（高槻市）。

第四に，①小中学生（学齢期）に関わって，就学援助について，新入学学用品費の入学前支給とは別途に就学援助対象から外れる世帯を対象とした「入学準備給付金」制度を案内したところがあった（函館市）。また，放課後児童クラブ保育料補助（山形市）の案内もあった。

第五に，②高校生等及び③大学生等（思春期・青年期）に関わっては，高校設置義務が都道府県に移ること，独自施策が少ないこと等もあって，乳幼児期や学齢期に比して広報量は少ない。そうした中で独自の奨学金等として，入学準備金貸付（函館市），貸与型奨学金（函館市，いわき市，前橋市，川口市，富山市，高槻市，松江市，福山市，松山市，長崎市），給付型奨学金・補助金（函館市，富山市，豊橋市，大津市，尼崎市，

松江市），特定職種の奨学資金（八戸市，いわき市，川口市），奨学金返還支援事業（山形市，いわき市），市立大学等の特待生・学費減免制度（前橋市，甲府市，尼崎市），海外留学奨励事業（川口市，富山市），若者の創業支援事業（函館市）などの案内があった。

第六に，④その他に関わって，ひとり親家庭の支援について，約半数の対象市が子育て・教育費支援を含む支援情報を網羅して冊子や栞（しおり）にし，HP上にも公開していた（函館市，いわき市，前橋市，川口市，柏市，富山市，甲府市，奈良市，松山市，宮崎市）。独自施策としては，遺児等への弔慰金・祝金・激励金（八戸市，いわき市，甲府市），教育手当（山形市）などの案内があった。

第七に，コロナ禍に関連した広報として，コロナ禍での家計急変者に対して就学援助や奨学金について年度途中に申請可能・審査可能であることの周知（函館市，松江市，長崎市），新生児等特別給付金（川口市，柏市，甲府市），赤ちゃん応援給付金（甲府市），子育て世帯応援券（高槻市），お弁当クーポン事業（尼崎市）などの案内があった。

注

※以下のウェブサイトは，改めてすべて2024年9月1日閲覧にて確認済み。ただし調査日から内容が更新されている場合もあるので，最新の情報については要確認。

1）各市の基本情報は，総務省「住民基本台帳に基づく人口，人口動態及び世帯数（2024年1月1日現在）」による。https://www.soumu.go.jp/menu_news/s-news/01gyosei02_02000316.html

2）移行年月日は，総務省「中核市一覧（2023年4月1日現在）」による。https://www.soumu.go.jp/main_content/000885088.pdf

3）『函館新聞電子版』2015年6月13日「函館市，来年度から『入学準備給付金』創設」https://digital.hakoshin.jp/news/index/6034

4）株式会社アスコエパートナーズが管理・運営するサイト https://kosodatetown.mamafre.jp/service

第4章 23施行時特例市における子育て・教育費支援情報

0. はじめに

　特例市（法定人口20万人以上）制度は，2000（平成12）年度施行のいわゆる地方分権一括法による地方分権の趣旨のもと，政令指定都市（1956〜，法定人口50万人以上），中核市（1995〜，法定人口30万人以上）に続いて創設されたものであるが，中核市の人口要件を20万人以上に緩和した改正地方自治法の施行（2015.4.1）をもって廃止となった。その際に中核市等に移行しなかった39市が，特例市としての事務を引き続き処理できるよう施行時特例市とされた。その後の中核市への移行や合併による廃止に伴って，2021年4月1日時点において，施行時特例市は23市となっている。なお，総務省の「政令指定都市，中核市，施行時特例市の主な事務指定」（第3章の資料3-0-1）によれば，施行時特例市の処理する主な事務は都市計画等に関する事務，環境保全に関する事務，そのほか，とされている。

　本稿では，政令市や中核市には及ばないものの，都市の事務権限を強化し，できる限り住民に身近なところで行政を行うことができるようにしようという施行時特例市において，子育て・教育費支援の施策やその広報に関してどのような特色・配慮・工夫があるのかを明らかにする。

　23市のホームページ（以下，HP）において関連情報を収集して，これまでと同様に一覧表にし（閲覧日は2021年5月23日〜6月20日），自治体の基本情報としての人口・世帯数[1]の

ほか，こどもの権利条例等や貧困対策等の施策も加えて記した。紙数の関係で，障害児家庭の特別児童扶養手当・特別支援教育就学奨励費，ひとり親家庭の児童扶養手当，社会福祉協議会の生活福祉資金などは省略した。なお，「全国の子育て関連の独自の取り組みについて調べる」等を参考に独自の取り組みを推定し選択した[2]。

1. 子育て・教育費支援情報

(1) つくば市

【人口：25万8217人・世帯数：12万2725世帯［2024.6.1］，中核市候補市[3]／権利条例等：「つくば市こども未来プラン」2019，貧困対策等：「第2期つくば市子ども・子育て支援プラン」2020-24／以下同様】

　市の子育て支援情報ナビゲーションサイト「子育てナビ」の「手当・助成」メニューの情報（0歳〜小中学校）に，高校以降を別途に追加すればほぼ必要な情報が得られる。また，官民協働事業として冊子『つくば子育てハンドブック』を作成配布している（ウェブ上でも閲覧入手できればより使いやすい）。

　⓪<u>就学前</u>に関しては，児童手当，幼児教育・保育の無償化（英語版あり）等の情報がある。ほかに，<u>幼児2人同乗用自転車購入費補助制度</u>，<u>児童自転車用ヘルメット購入補助事業</u>（18歳未満），<u>医療福祉費支給制度（マル福）</u>（中3まで）が案内されている。

表 4-1-1　つくば市

⓪就学前，①小中学生，②高校生等，③大学生等，④その他
⓪つくば子育てハンドブック[こども部・こども政策課] https://www.city.tsukuba.lg.jp/kosodate/oshirase/1014393.html 児童手当[同上] https://www.city.tsukuba.lg.jp/kosodatenavi/1005676/1005740.html 幼児教育・保育の無償化ガイドブック[こども部・幼児保育課] https://www.city.tsukuba.lg.jp/kosodatenavi/1005676/1011768.html 幼児2人同乗用自転車購入費補助制度[都市計画部・総合交通政策課] https://www.city.tsukuba.lg.jp/kosodatenavi/1005676/1005742.html 児童自転車用ヘルメット購入補助事業[同上] https://www.city.tsukuba.lg.jp/shisei/torikumi/jitensha/1009845.html 医療福祉費支給制度（マル福）[保健部・医療年金課] https://www.city.tsukuba.lg.jp/kosodatenavi/1005676/1005818.html
①小中学校・義務教育学校における就学援助費[教育局・学務課] https://www.city.tsukuba.lg.jp/kosodatenavi/1005676/1005882.html 子どもの学習塾代助成金[福祉部・こども未来室] https://www.city.tsukuba.lg.jp/kosodatenavi/1005676/1009589.html つくばこどもの青い羽根学習会（子どもの学習・生活支援事業）[同上] https://www.city.tsukuba.lg.jp/kosodatenavi/1005676/1009588.html
②令和3年度（2021年度）つくば市高校奨学生募集[教育局・教育総務課] https://www.city.tsukuba.lg.jp/kosodate/oshirase/1004051.html

表 4-1-2　伊勢崎市

⓪就学前，①小中学生，②高校生等，③大学生等，④その他
⓪子育て支援ノートブック[福祉こども部・子育て支援課] https://www.city.isesaki.lg.jp/material/files/group/36/notebuooku.pdf 児童手当[同上・手当給付係] https://www.city.isesaki.lg.jp/kosodatenavi/mokuteki/3/6041.html 幼児教育・保育無償化[福祉こども部・こども保育課・認定給付係] https://www.city.isesaki.lg.jp/kosodatenavi/mokuteki/3/8927.html 子育て応援ガイドブック「すくすくサポート」[同上・こども保育課] https://www.city.isesaki.lg.jp/material/files/group/37/SukuSuku_support.pdf 第3子以降の諸施策[企画部・企画調整課・街づくり推進係] https://www.city.isesaki_life/2/5766.html 子どもの医療費の助成（福祉医療制度）[健康推進部・年金医療課・医療助成係] https://www.city.isesaki.lg.jp/soshiki/kensui/nenkin/iryoujyosei/2168.html
①就学援助制度[教育部・学校教育課・学事係] https://www.city.isesaki.lg.jp/kosodatenavi/mokuteki/1/3/6019.html 放課後児童クラブ利用者負担金助成事業・減免制度[福祉こども部・子育て支援課] https://www.city.isesaki.lg.jp/kosodatenavi/mokuteki/1/3/6021.html
②③市の奨学金制度[教育委員会・総務課・経理係] https://www.city.isesaki.lg.jp/kosodatenavi/mokuteki/3/5226.html アメリカ合衆国ミズーリ州立大学への留学 授業料減免[教育部・学校教育課・指導係] https://www.city.isesaki.lg.jp/kosodatenavi/mokuteki/1/3/6018.html
④ひとり親家庭等福祉手当[福祉こども部・子育て支援課・手当給付係] https://www.city.isesaki.lg.jp/kosodatenavi/mokuteki/3/6039.html ひとり親家庭等小学校入学準備金[同上] https://www.city.isesaki.lg.jp/kosodatenavi/mokuteki/3/9479.html

①小中学生に関して，就学援助制度の案内は日本語版に加えて英語版・中国語版がある。子どもの学習塾代助成金とは，困窮世帯の7〜9年生を対象に塾代の一部を助成するものである（20名，月5000円上限）。つくばこどもの青い羽根学習会とは，困窮世帯の4〜9年生を対象にした学習・生活支援事業である（地域団体等との協働事業）。②高校生等に関して，つくば市高校奨学生の募集がある（若干名，月6000円給与）。③大学生等に関して，奨学金や修学資金などの独自施策情報は見当たらなかった。

（2）伊勢崎市 ─────

【人口：21万2018人・世帯数：9万6452世帯［2024.7.1］／「第2期伊勢崎市子ども子育て支援事業計画」2020-24】

イラスト入りの「いせさき子育てナビ」があり，見やすく区分された構成の見出しから「手当をうける」を選んでクリックすると欲しい情報が得られる（英・中［繁体・簡体］・韓・スペイン・ポルトガル語への翻訳機能付き）。予防接種スケジュール管理システムと合体した「ワクチン＆子育てナビ（通称：ワクナビ）」も運用している。また，子育て情報冊子『子育て支援ノートブック』（全58頁）を冊子版・PDF版で提供している。

⓪就学前に関しては，児童手当，幼児教育・保育の無償化などの情報がある。子育て応援ガイドブック『すくすくサポート』は，市内の保育所・幼稚園・認定こども園の情報を1

冊にまとめたものである。ほかに，**第3子以降の諸施策**（出産祝金［10万円］，幼児教育保育副食費補助，学校給食費助成），**福祉医療制度**（中3まで）がある。

①小中学生に関して，就学援助（新入学児童生徒学用品費入学前支給・修学旅行費前払いを含む）の情報には，コロナ禍で家計が急変した場合にも相談してほしい旨を書き加えている。**放課後児童クラブ利用者負担金助成事業・減免制度**とは，月1万円の利用者負担金を困窮度に応じて全額・半額・4分の1額を補助するものである。**②高校生等**及び**③大学生等**に関して，**伊勢崎市奨学金**は年額で高校生12万円，短大・大学生30万円を貸与するとともに，3万円の入学時給付金がある。**アメリカ合衆国ミズーリ州立大学への留学授業料減免**とは，姉妹都市にある州立大学に留学した際の授業料減免制度である（37.5％減免／各学期250ドル，全5学期で1250ドル）。

④その他にある**ひとり親家庭等福祉手当**は，義務教育期間中に対象児童1人につき月額2000円を4月・10月の年2回に，**ひとり親家庭等小学校入学準備金**は小学校入学前に2万5000円を支給するものである。

（3）太田市

【人口：22万2442人・世帯数：10万2371世帯［2024.6.30］／「第2期太田市子ども・子育て支援事業計画／次世代育成支援行動計画」2020-24】

ウェブ上にある『**おおたの子育て支援パンフレット**』（全8頁）は関連情報をコンパクトにまとめている。そして，知りたい情報の詳細は，市HPのトップにある「ライフイベント＞子育て」などから入手できる。必要な生活情報をやさしい日本語等（4か国語版あり）で説明した「くらしのガイド」（国際交流協会作成）もある。

⓪就学前に関して，児童手当，幼児教育・保育の無償化の情報のほかに，**子育て短期支援事業**（小6まで，ショートステイ・トワイライトステイ），**福祉医療費助成制度**（中3まで），**第3子以降子育て支援事業**（出産祝金［10万円］，保育料免除助成，学校給食費助成［第2子半額，第3子以降全額］）がある。

①小中学生に関して，就学援助（新入学学用品費の事前支給を含む）（英語・中国語・スペイン語・ポルトガル語・ベトナム語・タガログ語版あり）が案内されている。**②高校生等**及び**③大学生等**に関して4種の奨学金，すなわち**太田市笹川清奨学資金**（高校生2名以内：年10万円支給），**太田ロータリークラブ奨学資金**（高校生2名：年18万円支給），**太田市奨学金**（高校生等5名程度：月1万3000円，大学生等25名程度：月3万3000円

表4-1-3　太田市

⓪就学前，①小中学生，②高校生等，③大学生等，④その他
⓪おおたの子育て支援パンフレット［太田市］ https://www.city.ota.gunma.jp/000lifeevent/files/kosodate.pdf 児童手当について［こども課］ https://www.city.ota.gunma.jp/005gyosei/0170-006kyoiku-kodomo/kodomoteatesikumi.html 幼児教育・保育の無償化についてご案内［同上］ https://www.city.ota.gunma.jp/005gyosei/0170-006kyoiku-kodomo/hoikuen/2019-0514-musyouka.html 子育て短期支援事業［こども課・子育て相談係］ https://www.city.ota.gunma.jp/005gyosei/0170-010fukushikodomo-kosodate/tankisien.html 福祉医療費助成制度の概要について［医療年金課］ https://www.city.ota.gunma.jp/005gyosei/0070-008kenko-nenkin/iryojukyu.html 第3子以降子育て支援事業［こども課／学校施設管理課］ https://www.city.ota.gunma.jp/005gyosei/0170-006kyoiku-kodomo/shiensaku.html
①就学援助制度［学校教育課］ https://www.city.ota.gunma.jp/005gyosei/0170-003kyoiku-sidou/2013-1021-1809-122.html
②太田市笹川清奨学資金の案内［教育総務課］ https://www.city.ota.gunma.jp/005gyosei/0170-001kyoiku-soumu/sasagawa_end.html 太田ロータリークラブ奨学資金の案内［同上］ https://www.city.ota.gunma.jp/005gyosei/0170-001kyoiku-soumu/rotely.html
②③太田市奨学金の案内［同上］ https://www.city.ota.gunma.jp/005gyosei/0170-001kyoiku-soumu/shougakukin.html
③ソニック・大雄建設奨学資金の案内［教育総務課］ https://www.city.ota.gunma.jp/005gyosei/0170-001kyoiku-soumu/sonic.html

／貸与），**ソニック・大雄建設奨学資金**（大学・大学院生3名：年42万円／貸与［年30万円分を返還]）がある。

（4）熊谷市 ─────────

【人口：19万2130人・世帯数：9万1080世帯［2024.6.1]／「熊谷市子ども憲章」2006，「第2期子ども・子育て支援事業計画」2020-24】

　子育て情報を網羅した子育て支援のしおり『**子育てガイドブック**』（全52頁）を作成公開している。また，子育て支援ガイドブック『**熊谷で育てる**』を発行するとともに，市内19カ所の地域子育て支援拠点の連絡会「くまっしぇ」発の育児ポータルサイトも運用している。

　⓪就学前に関して，児童手当，幼児教育・

表4-1-4　熊谷市

⓪就学前，①小中学生，②高校生等，③大学生等，④その他
⓪子育てガイドブック3［福祉部・こども課］ https://www.city.kumagaya.lg.jp/kosodate/ninshin_shussan/kodomo/kosodategaido.files/20210401.pdf 児童手当制度の支給について［同上］ https://www.city.kumagaya.lg.jp/smph/kosodate/teate/shin_jidouteate.html 特別誕生祝金の支給について［同上］ https://www.city.kumagaya.lg.jp/kosodate/teate/2021tokubetutanjou.html 誕生祝金の支給について［同上］ https://www.city.kumagaya.lg.jp/kosodate/teate/2021tanjouiwaikinn.html 幼児教育・保育の無償化について［保育課］ https://www.city.kumagaya.lg.jp/smph/kosodate/kodomoshisetsu/hoikunyusyo/musyoka.html 幼児2人同乗用自転車の購入費の一部を補助します［こども課］ https://www.city.kumagaya.lg.jp/kosodate/teate/youji2nori.html こども医療費の助成［こども課］ https://www.city.kumagaya.lg.jp/smph/kosodate/teate/kodomoiryouhi.html
①就学援助について［教育総務課］ https://www.city.kumagaya.lg.jp/about/soshiki/kyoiku/kyoikusomu/oshirase/syuugakuennjo.html 学校給食費第三子以降無償化事業について［同上］ https://www.city.kumagaya.lg.jp/kosodate/teate/daisansiikoumusyouka.html 遺児手当の支給［こども課］ https://www.city.kumagaya.lg.jp/kosodate/ninshin_shussan/kodomo/oya/ijiteate.html
②③熊谷市育英資金制度と熊谷市入学準備金制度について［教育総務課］ https://www.city.kumagaya.lg.jp/kosodate/teate/ikuei.html
③大学等奨学金利子支援事業について［同上］ https://www.city.kumagaya.lg.jp/about/soshiki/kyoiku/kyoikusomu/oshirase/20160721daigakutou.html

保育の無償化についての情報が得られる。ほかに，**特別誕生祝金**（2020.4.28～2021.3.31出生児：3万円），**誕生祝金**（2021.4.1～出生児：3万円），**幼児2人同乗用自転車購入費一部補助**（購入費の半額，上限3万円），**こども医療費助成**（高3まで）がある。

　①小中学生に関して，就学援助が案内されている。ほかに，**学校給食費第三子以降無償化事業**，**遺児手当**（月額3000円）がある。**②高校生等**及び**③大学生等**に関しては，**熊谷市育英資金制度**（高校生等：月1万5000円以内，大学生等：月3万円以内／半額以上を返済），**熊谷市入学準備金制度**（高校生等：25万円以内，大学生等：50万円以内／貸与）がある。**大学等奨学金利子支援事業**とは，若者の転入定住を促すために返還した奨学金の利子額（上限3万円）を最長10年間にわたり支援するものである。

（5）所沢市 ─────────

【人口：34万3091人・世帯数：17万20世帯［2024.5.31]，中核市候補市／「ところっこすくすくサポートプラン《第2期所沢市子ども・子育て支援事業計画》」2020-24】

　市HPにある「子育て・教育＞子どもの教育＞手当て・助成など」から関連情報にアクセスできる。切れ目のない子育て支援を志向した『**ところっこ子育てガイドブック～妊娠・出産・子育て～**』（全108頁）を冊子版・PDF版・電子書籍版で公表している。また，教育，子育て，就労，こころの健康についての相談ができる行政機関等の情報を掲載した『**所沢市子ども・若者支援ガイド**』（PDF版全8頁）も作成している。

　⓪就学前に関して，児童手当，幼児教育・保育の無償化についての情報が得られる。ほかに，**多子世帯の保育料の軽減**，**こども医療**

表 4-1-5　所沢市

⓪就学前, ①小中学生, ②高校生等, ③大学生等, ④その他
⓪ところっこ子育てガイドブック〜妊娠・出産・子育て〜[こども未来部・こども政策課] https://www.city.tokorozawa.saitama.jp/kosodatekyouiku/kosodate/kodomo_2009120819024534.html 所沢市子ども・若者支援ガイド[子ども未来部・青少年課] https://www.city.tokorozawa.saitama.jp/kosodatekyouiku/kosodateoshirase/kodomowakamonosienngaido20140822.html 児童手当について[こども未来部・こども政策課] https://www.city.tokorozawa.saitama.jp/kosodatekyouiku/kosodate/kodomonoteate/jidouteate/jidouteate_gaiyou.html 幼児教育・保育無償化について（利用者向け）[こども未来部・保育幼稚園課] https://www.city.tokorozawa.saitama.jp/kosodatekyouiku/youji-hoiku/mushoukagaiyou.html 多子世帯の保育料の軽減[同上] https://www.city.tokorozawa.saitama.jp/kosodatekyouiku/hoikuen/hoikuryounituite.html 子ども医療費助成制度について[こども未来部・こども支援課] https://www.city.tokorozawa.saitama.jp/kosodatekyouiku/kosodate/kodomonoteate/iryohijyosei/kodomoiryojoseihoho.html
①就学援助のご案内[教育委員会・教育総務部・教育総務課] https://www.city.tokorozawa.saitama.jp/kosodatekyouiku/kosodateoteate/shuugakuenjo.html 児童館生活クラブ・児童クラブ保育料の減免制度について[こども未来部　青少年課] https://www.city.tokorozawa.saitama.jp/kosodatekyouiku/jidokurabu/seisyo20210107152432754.html
②奨学金制度のお知らせ[こども未来部・こども支援課] http://www.city.tokorozawa.saitama.jp/kosodatekyouiku/kosodate/kodomonoteate/syougakukin3103.html
②③高校・大学等の入学準備金貸付制度について[同上] http://www.city.tokorozawa.saitama.jp/kosodatekyouiku/kosodate/kodomonoteate/nyuugakujunbikin2.html

表 4-1-6　春日部市

⓪就学前, ①小中学生, ②高校生等, ③大学生等, ④その他
⓪子育てガイドブックめばえ[こども政策課・こども政策課] https://www.city.kasukabe.lg.jp/kosodate_kyoiku/kosodate/jigyou/mebae.files/zemtai.pdf 児童手当[こども政策課・給付担当] http://www.city.kasukabe.lg.jp/kosodate_kyoiku/kosodate/teate/jidoteate.html こども医療費[同上] http://www.city.kasukabe.lg.jp/kosodate_kyoiku/kosodate/teate/iryohi.html 幼児教育・保育の無償化[保育課・保育担当] https://www.city.kasukabe.lg.jp/kosodate_kyoiku/kosodate/azukeru/hoikushisetsu/mushoka.html
①就学援助制度[学務課・学事担当] http://www.city.kasukabe.lg.jp/kosodate_kyoiku/kyoiku/shuugakuenjo/syugakuenjoseido.html 春日部市未来を育む奨学金[同上] https://www.city.kasukabe.lg.jp/kosodate_kyoiku/kyoiku/miraijinzai/mirai_shogakukin.html 学校給食の多子世帯への補助制度が始まります[学務課・給食担当] https://www.city.kasukabe.lg.jp/kosodate_kyoiku/kyoiku/kyushoku/kyushokuhihojo.html
②③入学準備金・奨学金貸付制度[学務課・学事担当] http://www.city.kasukabe.lg.jp/kosodate_kyoiku/kyoiku/shuugakuenjo/junbikin.html
④ひとり親家庭のサポートガイド[こども未来部・こども政策課] https://www.city.kasukabe.lg.jp/kosodate_kyoiku/kosodate/shien/hitorioyakateigaido.files/hitorioyakateigaido.pdf

費助成（中3まで）がある。

①**小中学生**に関して，就学援助が案内されている。ほかに，児童館生活クラブ・児童クラブ保育料の減免制度がある。②**高校生等**に関しては，育英奨学金（高校生等：月5000円支給）と遺児奨学金（同）の奨学金制度がある。②**高校生等**及び③**大学生等**の入学準備金貸付制度とは国公立高校等10万円以内，私立高校等30万円以内，大学等40万円以内を貸付けるものである。

（6）春日部市 ───────

【人口：23万137人・世帯数：11万2562世帯[2024.7.1]，中核市候補市／「第2期春日部市子ども・子育て支援事業計画」2020-24】

市HPの「子育て応援サイト」で関連情報を入手できる。また，子育て応援キャラクター「クレヨンしんちゃん」が随所に登場する『子育てガイドブックめばえ』（PDF版全74頁）を公表し，子育てサービスの概要や関連施設の一覧を掲載したパンフレット『かすかべ"みんなの"子育て支援マップ』も出している。なお，予防接種情報提供サービス「かすかべっこ予防接種ナビ」を運用している。

⓪**就学前**に関して，児童手当，幼児教育・保育の無償化についての情報が得られる。ほかに，こども医療費（通院：中3，入院：高3まで）の助成がある。

①**小中学生**に関して，就学援助が案内されている。ほかに，春日部市未来を育む奨学金（小1〜中3の個人・グループ対象，1件100万円上限，最大5年間実施可能，返済不要），学校給食の多子世帯への補助制度（第3子以降の学校給食費相当額補助，埼玉県内人口20万人以上の自治体で"初の取り組み"とされる）がある。②**高校生等**及び③**大学生等**の入学準備金・奨学金貸付制度と

は，入学準備金が高校等で30万円以内・大学等で50万円以内，奨学金が高校等で月1万円・大学等で月2万円を貸付けるものである。

④**その他**として，『**ひとり親家庭のサポートガイド**』（全12頁）が作成公開されている。

（7）草加市 ───────

【人口：25万1752人・世帯数：12万6100世帯［2024.6.1］，中核市候補市／「草加市子どもプラン」2020-24】

市HPの「暮らし・手続き＞草加市サービスガイド＞**草加市サービスガイド（出産・育児・教育）**」は関連サービスの名称と概要が一覧になっており，該当の項目をクリックすると詳細ページに移動するという利便性の高いものである。子育てポータルサイト「そうか子育て応援・情報サイトぼっくるん」を運用している。

⓪**就学前**に関して，児童手当，幼児教育・保育の無償化についての情報が得られる。ほ

かに，**こども医療費支給制度**（通院：中3，入院：高3まで）がある。埼玉県では3人以上の多子世帯の子育てを応援するためにさまざまな子育てサービスに利用できる「**3キュー子育てチケット**」（5万円分）を配布しており，市ではその利用を促す広報を行っている。

①**小中学生**に関して，就学援助が案内されている。ほかに，**外国人学校児童生徒保護者補助金**（通学費について年額上限：小学生3万円・中学生5万円まで補助）がある。②**高校生**等及び③**大学生等**に関しては，**入学準備金・奨学金貸付制度**（金額は高校等・大学等／国公立・私立で異なる）がある。③**大学生等**の修学資金貸与制度は，草加市立病院の看護師志望者を想定したものである（月7万円，返還免除あり）。

（8）平塚市 ───────

【人口：25万8545人・世帯数：11万7964世帯［2024.6.1］／「平塚市人権施策推進指針」2013（子どもを含む），「ひらつか子育て応援プラン（第2期平塚市子ども・子育て支援事業計画）」2020-24】

表4-1-7　草加市

⓪就学前，①小中学生，②高校生等，③大学生等，④その他
⓪草加市サービスガイド（出産・育児・教育）［草加市役所］ http://www.city.soka.saitama.jp/cont/s1212/010/ PAGE000000000000034981.html 児童手当［子育て支援課］ http://www.city.soka.saitama.jp/cont/s1601/010/010/030/ PAGE000000000000029256.html こども医療費支給制度［同上］ http://www.city.soka.saitama.jp/cont/ s1601/020/010/010/01.html 多子世帯を応援！3（さん）キュー子育てチケットをご利用ください ［同上］ http://www.city.soka.saitama.jp/cont/s1601/010/010/070/ PAGE000000000000053530.html 幼児教育・保育の無償化について［保育課］ http://www.city.soka.saitama.jp/cont/s1603/020/010/023/ PAGE000000000000061106.html
①就学援助制度［学務課］ http://www.city.soka.saitama.jp/cont/s2102/020/010/010/ school-attendance.html 外国人学校児童生徒保護者補助金［総務企画課］ http://www.city.soka.saitama.jp/cont/s2101/ PAGE000000000000057970.html
②③入学準備金・奨学金を貸し付けます（高等学校・大学等）［同上］ http://www.city.soka.saitama.jp/cont/s2101/030/010/040/ kasitukesseidochirasi.pdf
③修学資金貸与制度（看護師）［草加市立病院］ http://soka-city-hospital.jp/m05/m02/scholarship.html

表4-1-8　平塚市

⓪就学前，①小中学生，②高校生等，③大学生等，④その他
⓪平塚市子育てガイドくすくす［健康こども部・保育課］ http://www.city.hiratsuka.kanagawa.jp/common/200087813. pdf 児童手当・特例給付［こども家庭課・児童手当医療担当）］ http://www.city.hiratsuka.kanagawa.jp/kodomo/ page-c_03182.html 小児医療費の助成［同上］ http://www.city.hiratsuka.kanagawa.jp/kodomo/ page-c_03167.html 幼児教育・保育の無償化制度について［保育課・保育担当］ http://www.city.hiratsuka.kanagawa.jp/kodomo/ page82_00122.html
①児童生徒就学援助制度［学務課］ http://www.city.hiratsuka.kanagawa.jp/kyoiku/ page-c_02116.html
②平塚市高等学校等修学支援金［同上］ http://www.city.hiratsuka.kanagawa.jp/kyoiku/ page-c_02116.html
③平塚市保育士就労支援交付金事業［保育課・保育担当］ http://www.city.hiratsuka.kanagawa.jp/kodomo/ page82_00193.html 動画「平塚で保育士になりませんか」［同上］ https://www.youtube.com/watch?v=nBqVlkySx6A&list=PLzi 2IrvxbNEf5VqzqD9pI7A1MCaGLCub1

市HPの「子ども・子育て」「教育」のサイトで関連情報が入手できるほか，「子育て支援ブログ」のページがある。子育て関連の制度や施設などの情報を掲載した『平塚市子育てガイドくすくす』（全83頁）を冊子版・PDF版で公開している。

⓪**就学前**に関して，児童手当，幼児教育・保育の無償化についての情報が得られる。ほかに，小児医療費助成（中3まで）がある。

①**小中学生**に関して，就学援助が案内されている。②**高校生等**に関しては，困窮家庭の高校生等を対象にした平塚市高等学校等修学支援金（80人程度，支給上限月7000円，高等学校等就学支援金及び私立高等学校等生徒学費補助金と併給可能）がある。③**大学生等**の平塚市保育士就労支援交付金事業は，保育士確保の観点から平塚市内の保育施設に就労する保育士に年額12万円を支給するものであり（最大3年間交付），「平塚で保育士になりませんか」と題した動画も配信されている。

(9) 小田原市

【人口：18万6061人・世帯数：8万5374世帯［2024.6.1］／「第2期小田原市子ども・子育て支援事業計画」2020-24】

市HPの「暮らしの情報＞子育て」または「＞教育」で関連情報を得ることができる。加えて，『小田原市子育てガイドブック』（全68頁）を冊子版・PDF版で作成公開している。また，切れ目のない継続した支援のために小田原市子育て世代包括支援センターはっぴぃを開設するとともに，妊娠中から出産，産後のサポートをする電子母子手帳アプリおだわらっこ手帳，市民参加型による小田原子育て情報サイトPintacco（ぴんたっこ）を運用している。

⓪**就学前**に関して，児童手当，幼児教育・保育の無償化のほかに，小児医療費助成制度（中3まで）がある。

①**小中学生**に関して，就学援助が案内されている。②**高校生等**に関しては，小田原市高等学校等奨学生（困窮する高校生等100人を対象に年4万円を給付）がある。この制度は生活保護の高等学校就学費の給付を受ける場合は対象外となるが，生活保護を利用する子どもの高校進学を応援するために「高校進学のしおり」（全4頁）を作成し，神奈川県高校生等奨学給付金制度などの活用を促している。③**大学生等**の小田原市立病院看護師等奨学生は，小田原市立病院に将来勤める看護師・助産師を想定したものである（奨学金：月額看護師5万円，助産師8万円，返還免除あり／生活資金：月額ともに3万円，返還免除なし）。

④**その他**として，『ひとり親家庭のしおり』（全43頁）を作成公開している。

表4-1-9　小田原市

⓪就学前，①小中学生，②高校生等，③大学生等，④その他
⓪小田原市子育てガイドブック［小田原市健康保健センター・健康づくり課］ https://www.city.odawara.kanagawa.jp/global-image/units/431909/1-20190902123408.pdf 児童手当について［小田原青少年部・子育て政策課・手当医療係］ https://www.city.odawara.kanagawa.jp/field/kosodate/assistance/childallowance/jidouteate_kaishi.html 小児医療費助成制度について［同上］ https://www.city.odawara.kanagawa.jp/field/service/iryou/syouni/syoniiryou.html 幼児教育・保育の無償化［小田原市］ https://www.city.odawara.kanagawa.jp/field/kosodate/nursery/child_education_free/
①令和3年度就学援助申請のご案内［教育部・教育指導課・学事係］ https://www.city.odawara.kanagawa.jp/global-image/units/467817/1-20210218145328.pdf
②令和3年度小田原市高等学校等奨学生の募集について［同上］ https://www.city.odawara.kanagawa.jp/field/education/assistance/syugaku/p07759c.html 高校進学のしおり［小田原市福祉事務所／生活支援課・保護係］ https://www.city.odawara.kanagawa.jp/global-image/units/386391/1-20190422143239.pdf
③令和3年度小田原市立病院看護師等奨学生採用試験［小田原市立病院］ https://www.city.odawara.kanagawa.jp/hospital/nurserecruitment/scholarship.html
④ひとり親家庭のしおり［子育て政策課］ https://www.city.odawara.kanagawa.jp/global-image/units/383514/1-20200703180531.pdf

第Ⅰ部　子育て・教育施策の水平的比較調査　　115

(10) 茅ヶ崎市 ───────

【人口：24万5523人・世帯数：10万8065世帯［2024.7.1］／「第2期茅ヶ崎市子ども・子育て支援事業計画」2020-24】

　市HPの「ライフシーン＞入園・入学」で関連情報を得ることができる。『茅ヶ崎市子育てガイドブック愛』の冊子版・PDF版（全70頁）・電子書籍版を作成公開している。また，「ちがさき子育て応援サイトLei Aloha（レイ・アロハ）」を運用している。

　◎就学前に関して，児童手当，幼児教育・保育の無償化についての情報が得られる。ほかに，小児医療費助成制度（中3まで）があり，さらにそれを補う形で2021年度には新型コロナウイルス感染症の影響に伴う小児医療費助

成事業を設けている。子育て短期支援事業とは，子ども（満2歳〜12歳）を一時的に預かって食事や身の回りの世話，学習支援を行うもので，平日の夕方から夜までの日帰り（トワイライトステイ）と宿泊（ショートステイ）の2種類がある。軽度・中等度難聴児を対象に補聴器購入等助成（購入・修理に要する費用の3分の2を助成）がなされている。

　①小中学生に関して，就学援助が案内されている。子ども食堂支援事業補助金とは，茅ヶ崎市子ども未来応援基金活用事業の一環として，子ども食堂を運営する団体に対して開設経費及び運営経費の補助を行うものである（2020-24年度限定）。②高校生等に関して市独自の施策は特にないが，神奈川県などの各種奨学金の案内がされている。③大学生等の「ちがさき保育士応援策（茅ヶ崎市保育士確保策）」は，国の補助制度を活用した家賃補助（保育士宿舎借り上げ支援事業），神奈川県の行う保育士修学資金貸付等事業の活用呼びかけに加えて，市内の民間保育園に新たに勤務した場合に一時金を交付する「ちがさき保育士就職奨励金」（1年目：10万円，2年目：10万円）を設けている。

表4-1-10　茅ヶ崎市

◎就学前，①小中学生，②高校生等，③大学生等，④その他
◎茅ヶ崎市子育てガイドブック愛［こども育成部・子育て支援課・子育て推進担当］ https://www.city.chigasaki.kanagawa.jp/kosodate/1004910.html 児童手当［こども育成部・子育て支援課・手当給付担当］ https://www.city.chigasaki.kanagawa.jp/kosodate/teate/1004813.html 小児医療費助成制度［同上・子育て推進担当］ https://www.city.chigasaki.kanagawa.jp/kosodate/teate/1014284/1004038.html 新型コロナウイルス感染症の影響に伴う小児医療費助成事業［同上］ https://www.city.chigasaki.kanagawa.jp/kosodate/teate/1014284/1025972.html 子育て短期支援事業［同上］ https://www.city.chigasaki.kanagawa.jp/kosodate/1004804/1004934.html 軽度・中等度難聴児補聴器購入等助成［福祉部・障がい福祉課・障がい者支援担当］ https://www.city.chigasaki.kanagawa.jp/shogai/1028467.html 幼児教育・保育無償化について［茅ヶ崎市役所］ https://www.city.chigasaki.kanagawa.jp/kosodate/1032038/1032039.html
①令和3年度就学援助［教育総務部・学務課・学事担当］ https://www.city.chigasaki.kanagawa.jp/kyouiku/shogakko/1005140.html 子ども食堂支援事業補助金［こども育成部・子育て支援課・子育て推進担当］ https://www.city.chigasaki.kanagawa.jp/1024672/1031755/1040358.html
②各種奨学金等のご案内［教育総務部・学務課・学事担当］ https://www.city.chigasaki.kanagawa.jp/kyouiku/shogakko/1005145.html
③ちがさき保育士応援策（茅ヶ崎市保育士確保策）［こども育成部・保育課・管理整備担当］ https://www.city.chigasaki.kanagawa.jp/kosodate/hoikuen/1029746.html

(11) 厚木市 ───────

【人口：22万3880人・世帯数：10万5931世帯［2024.6.1］／「厚木市子ども育成条例」2012公布，「あつぎ子ども未来プラン（第3期）」2020-24】

　市HPにある「子育てポータルサイト」（育児を応援する行政サービス情報ガイド「おおきくなぁ〜れ」を2020年度で中止して移行）から関連情報を得ることができる。

　◎就学前に関して，児童手当，幼児教育・保育の無償化についての情報が得られるほかに，子ども医療費助成（中3まで）がある。紙

おむつやおしりふきを支給する**厚木市子育て日常生活支援事業**（月4500円相当／第1・2子は申請翌月から12カ月，第3子は申請翌月から2歳の誕生月まで）がある。なお，**軽度・中等度難聴児補聴器の購入費助成**もある。

①**小中学生**に関して，就学援助が案内されている。②**高校生等**に関しては，**厚木市久保奨学金**（高校等への入学準備奨学金：6万円支給，高校等の修学奨学金年額12万円支給，など）がある。③**大学生等**の**介護職人材確保支援事業**には，復職者・転入者への助成（20万円）のほかに，奨学金を活用して資格取得し奨学金の返済をしながら厚木市内の介護保険指定事業所等で就労している者を対象とした介護福祉士等奨学金返済助成金（奨学金の返済に要した費用の一部［1年あたり上限20万円，最長3年間・最大60万円］を補助）などがある。

表4-1-11　厚木市

⓪就学前，①小中学生，②高校生等，③大学生等，④その他
⓪育児を応援する行政サービス情報ガイド「おおきくなぁ～れ」［こども未来部・こども育成課・こども政策係］ https://www.city.atsugi.kanagawa.jp/soshiki/kodomoikuseika/9/2006.html 児童手当・特例給付について［こども未来部・子育て給付課・こども医療手当係］ https://www.city.atsugi.kanagawa.jp/kosodate/hozyo_shienseido/kosodate_support/20532.html 子ども医療費助成［同上］ https://www.city.atsugi.kanagawa.jp/kosodate/hozyo_shienseido/kosodate_support/20531.html 紙おむつやおしりふきを支給します（厚木市子育て日常生活支援事業）［同上］ https://www.city.atsugi.kanagawa.jp/kosodate/hozyo_shienseido/kosodate_support/20798.html 軽度・中等度難聴児補聴器の購入費を助成します［福祉部・障がい福祉課・障がい者支援第二係］ https://www.city.atsugi.kanagawa.jp/kosodate/hozyo_shienseido/mishugaku_support/20541.html 厚木市幼児教育・保育の無償化について［こども未来部・こども育成課・こども政策係］ https://www.city.atsugi.kanagawa.jp/kosodate_kyoiku/teate_josei/5/14504.html
①就学援助［教育委員会・学校教育部・学務課・学務係］ https://www.city.atsugi.kanagawa.jp/kosodate_kyoiku/sho_chugakko/12/14713.html
②令和3年度厚木市久保奨学金のご案内［教育総務部・教育総務課・教育総務係］ https://www.city.atsugi.kanagawa.jp/kosodate_kyoiku/sho_chugakko/12/1/14732.html
③介護職のあなたを応援しています（介護人材確保支援事業）［福祉部・介護福祉課・介護給付係］ https://www.city.atsugi.kanagawa.jp/teijusokushin/shigoto/kakushu_zyosei/20505.html

(12) 大和市 ―――――――

【人口：24万3984人・世帯数：11万6688世帯［2024.6.1］／「改訂版　大和市人権指針」（「子どもの人権課題」を含む）2016，「第二期大和市子ども・子育て支援事業計画ハートンプラン」2020-24】

大和市では2021年3月に自治体版コーポレートサイト「ようこそ図書館城下町大和市へ」とともに，子育て関連情報を年齢毎，すなわち「妊活，妊娠したら，出産したら，0歳，1～2歳，3歳～就学前，小学生，中学生」別にまとめた「子育てするなら絵本のまち 大和の子育てを応援するサイト」を公開している。ブックスタートや学校図書館・公立図書館サービスにも力を入れている。

⓪**就学前**に関して，児童手当，幼児教育・保育無償化の情報のほかに**小児医療費助成**（中3まで）がある。

①**小中学生**に関して，一般的な就学援助の案内にとどまらず，**学校病の医療費**（医療券の交付），**めがね購入費**（めがね注文書等の交付）

表4-1-12　大和市

⓪就学前，①小中学生，②高校生等，③大学生等，④その他
⓪児童手当［こども部・こども総務課・手当医療係］ http://www.city.yamato.lg.jp/ehon_no_machi/age/C/C00007.html 小児医療費助成［同上］ http://www.city.yamato.lg.jp/ehon_no_machi/age/CC00006.html 幼児教育・保育無償化［こども部・ほいく課］ http://www.city.yamato.lg.jp/web/katei/musyouka.html
①就学援助［教育部・学校教育課・学務係］ http://www.city.yamato.lg.jp/web/kyoiku/enjo.html 学校病の医療費を補助します［教育部・保健給食課・保健給食係］ http://www.city.yamato.lg.jp/ehon_no_machi/age/G/G00016.html めがねの購入費の補助が受けられる場合があります［同上］ http://www.city.yamato.lg.jp/ehon_no_machi/age/G/G00017.html 第3子以降の学校給食費を補助［同上］ http://www.city.yamato.lg.jp/ehon_no_machi/age/G/G00013.html 小学5年生～中学3年生まで自転車保険に加入［街づくり施設部・道路安全対策課・交通安全自転車対策係］ http://www.city.yamato.lg.jp/ehon_no_machi/age/G/G00014.html
②大和市奨学金給付事業について［教育部・学校教育課・学務係］ http://www.city.yamato.lg.jp/web/kyoiku/kyoiku01212199.html

の補助を特に広報している。また，**第3子以降の学校給食費助成**（小中学生3人以上の第3子以降），**小学5年生〜中学3年生までの自転車保険加入**（最大1億円までの損害賠償責任補償）もある。**②高校生等**に関しては，**大和市奨学金給付事業**（困窮する高校生に年4万円支給）がある。**③大学生等**に関しては特に情報はない。

(13) 長岡市 ─────────

【人口：25万6568人・世帯数：11万416世帯 [2024.6.1] ／「第2期長岡市子育て・育ち"あい"プラン」2020-24】

市HPの「子育て・教育」ページから関連情報が入手できる。子育て支援情報をまとめた**『子育てガイド 子どもたちの健やかな成長のために』**（市教育委員会，市子ども未来部子ども・子育て課）を編集発行しており（PDF版全78頁），切れ目なく支援する制度として「長岡版ネウボラ」を巻頭で説明している。また，育児を応援する行政サービスガイド「子育てナビ」も運用されている。

⓪就学前に関して，児童手当，幼児教育・保育の無償化のほかに，**子どもの医療費助成**（中3まで）の情報がある。

①小中学生に関して，就学援助が案内されている。**小中学校の全国大会等出場者報奨金交付制度**とは，北信越相当の大会等や全国大会等，国際大会等に出場する小中学生の栄誉を称え，スポーツ活動，文化活動等への参加促進のための報奨金交付制度である（北信越相当の大会等3000円，全国大会等1万円，国内開催の国際大会等2万円，国外開催の国際大会等5万円）。**②高校生等**及び**③大学生等**に関しては，**高等学校・大学等の援助制度**のタイトルで，私立高校等への学費軽減制度，県立高校等への授業料等減免制度，高校の奨学金，大学等の奨

表4-1-13　長岡市

⓪就学前，①小中学生，②高校生等，③大学生等，④その他
⓪子育てガイドブック[子ども子育て課] https://www.city.nagaoka.niigata.jp/kosodate/cate02/jyouhou/kosodate-guide.html 児童手当[子ども子育て課・児童手当担当] https://www.city.nagaoka.niigata.jp/kosodate/cate01/child-allowance/index.html 子どもの医療費助成[福祉課] https://www.city.nagaoka.niigata.jp/kosodate/cate01/nyuyouji.html 幼児教育・保育の無償化についてのご案内[保育課] https://www.city.nagaoka.niigata.jp/kosodate/cate02/free_ed.html
①小・中学校の就学援助制度[学務課] https://www.city.nagaoka.niigata.jp/kosodate/cate03/teate/enjyo.html 小中学校の全国大会等出場者報奨金交付制度[同上] https://www.city.nagaoka.niigata.jp/kosodate/cate03/teate/zenkoku-jyosei.html
②③高等学校・大学等の援助制度[同上] https://www.city.nagaoka.niigata.jp/kosodate/cate03/teate/enjyo2.html 米百俵財団[教育総務課] https://www.city.nagaoka.niigata.jp/kurashi/cate12/kome100zaidan/

学（修学）金のあることが広報されている。**米百俵財団**では，高校留学奨学金給付（長期3人，短期5人），大学生等を対象とした奨学金貸付が行われている。

(14) 上越市 ─────────

【人口：18万1220人・世帯数：7万7641世帯 [2024.7.1] ／「上越市子どもの権利に関する条例」2008，「上越市子ども・子育て支援総合計画」2020-24】

市HPの「子育て・教育・スポーツ」のページから，関連情報にアクセスできる。**『じょうえつ子育てinfoハンドブック』**（PDF版全84頁）を作成公開するとともに，子育て応援ナビ「上越市子育て応援ステーション」を運用している。

⓪就学前に関して，児童手当，保育の無償化の情報のほかに**子ども医療費助成制度**（高3まで）がある。**子育てジョイカード**とは，3人以上の多子世帯に対して協賛店から商品割引などを提供するものである。

①小中学生に関して，就学援助の情報があ

表4-1-14　上越市

⓪就学前，①小中学生，②高校生等，③大学生等，④その他
⓪じょうえつ子育てinfoハンドブック[子ども課] https://www.city.joetsu.niigata.jp/soshiki/kodomo/kosodateinfo.html 児童手当[同上] https://www.city.joetsu.niigata.jp/soshiki/kodomo/kodomo23-10.html 子ども医療費助成制度[同上] https://www.city.joetsu.niigata.jp/soshiki/kodomo/lifeguide-324.html 子育てジョイカード地域みんなで子育てを応援しよう[同上] https://www.city.joetsu.niigata.jp/soshiki/kodomo/joy-card.html 保育の無償化[保育課] https://www.city.joetsu.niigata.jp/soshiki/hoiku/musyoka.html
①就学援助制度[学校教育課・学事庶務係] https://www.city.joetsu.niigata.jp/soshiki/j-gaku/lifeguide-513.html
②③上越市の奨学金制度を紹介します[上越市] https://www.city.joetsu.niigata.jp/soshiki/kikaku/jyouetsu-syougakukin.html
④ひとり親家庭等ガイドブック[子ども課] https://www.city.joetsu.niigata.jp/uploaded/life/162174_227619_misc.pdf

表4-1-15　沼津市

⓪就学前，①小中学生，②高校生等，③大学生等，④その他
⓪ぬまづ子育てガイドブック[市民福祉部・子育て支援課] https://www.city.numazu.shizuoka.jp/kurashi/kyoiku/kosodate/tetsuzuki/doc/2020guidebook.pdf 児童手当[こども家庭課・こども手当係] https://www.city.numazu.shizuoka.jp/kurashi/kyoiku/kosodate/tetsuzuki/jidoteate.html 子ども医療費助成[市民福祉部・こども家庭課] https://www.city.numazu.shizuoka.jp/kurashi/kyoiku/kosodate/byoki/kodomoiryohi.htm 幼児教育・保育の無償化について[同上] https://www.city.numazu.shizuoka.jp/kurashi/kyoiku/kosodate/tetsuzuki/mushouka.html
①就学援助制度[教育委員会事務局・学校管理課] https://www.city.numazu.shizuoka.jp/kurashi/kyoiku/kyoiku/numazushi/syugakuenjyo.htm
③沼津市育英奨学生制度について[同上] https://www.city.numazu.shizuoka.jp/kurashi/kyoiku/kyoiku/ikuei/index.htm 沼津市奨学金返還支援制度[産業振興部・商工振興課]
④ひとり親家庭のしおり[こども家庭課] https://www.city.numazu.shizuoka.jp/kurashi/kyoiku/kosodate/hitoriya/doc/hitoriya_shiori.pdf

る。②高校生等及び③大学生等に関して，「上越市の奨学金制度を紹介します」のページで上越学生寮奨学金（7〜8人：大学生月7万円，大学院・学術研究者月10万円貸与），上越市奨学金（20人程度：高校等月1万5000円，大学・大学院等月4万円貸与），市内に居住しながら市外の大学等に通学する学生を支援し若者世代の将来にわたる定住を促すことを目的とした上越市定住促進奨学金（上限なし：月6万円を上限に定期券購入費貸与［返還減免あり］）を案内している。

④その他として，『ひとり親家庭等ガイドブック』（PDF版全23頁）を作成公開している。

(15) 沼津市

【人口：18万6733人・世帯数：9万4149世帯［2024.6.1］／「第2期沼津市子ども・子育て支援事業計画」2020-24】

市HPの「ライフイベントから探す＞子育て」をクリックすると，「沼津市子育てポータルサイト」に飛んで関連情報を見つけることができる。また，『ぬまづ子育てガイドブックいきいきぬまづっこ』（PDF版全68頁）を作成公開している。各種SNSとしては，「Proud NUMAZU kosodate」LINEアカウント，子育てぬまづ暮らしFacebook，子育て応援モバイルサイト「ぬまづ子育て応援団」も用意している。

⓪就学前に関して，児童手当，幼児教育・保育の無償化の情報のほかに，子ども医療費助成（高3まで）がある。

①小中学生に関して，就学援助が案内されている。②高校生等に関しては特に情報はない。③大学生等に関して，沼津市育英奨学生制度（大学等，上限10人，年12万円給与）がある。沼津市奨学金返還支援制度とは，市の産業を担う人材の確保を図るために産業界と協力して，大学等を卒業後に沼津市内に就職し市内に居住した者を対象に奨学金返済の一部を補助する制度である（年24万円，最長5年120万円まで）。

④その他として，『ひとり親家庭のしおり』（PDF版全4ページ）がある。

第1部　子育て・教育施策の水平的比較調査　119

(16) 富士市

【人口：24万7011人・世帯数：11万1612世帯［2024.7.1］，中核市候補市／「富士市子どもの権利条例」2021予定，「第二期富士市子ども・子育て支援事業計画」2020-24】

　市HPの「健康・福祉・子育て＞子育て」ないし「教育・文化・スポーツ＞学校教育」において関連情報を得ることができる。子育て情報を集約した『子育てガイドはぐくむFUJI』冊子版・PDF版（全85頁）及び「季刊誌はぐくむFUJI」を作成公開している。なお，「はぐくむFUJI」や「子育てサークル応援サイト」も運用されている。

　⓪就学前に関して，児童手当，幼児教育・保育の無償化の情報のほかに，こども医療費の助成（高3まで）がある。

　①小中学生に関して，「小中学校の教育費用に困るとき」のタイトルで就学援助が案内されている。母子家庭等児童入学祝金とは，ひとり親家庭の子の小学校又は中学校に入学する際に入学祝金（1万円）を支給するものである。②高校生等に関しては，「高校の学費が必要な時の奨学金制度は？」のタイトルで富士市育英奨学金（上限35人，月1万円給付，高校生3年間・高専生5年間）が案内されている。②高校生等及び③大学生等としては富士市以外が行う奨学金制度が広報されている。③大学生等の看護職員修学資金貸与事業とは，地域医療の充実を目的に将来富士市内の民間医療機関に勤務する意思を持つ看護職（看護師・助産師）志望者に月5万円を貸与するものである（返還免除あり）。また，富士市病院事業助産師修学資金貸与案内（富士市立中央病院：2名，返還免除あり）もある。

表4-1-16　富士市

⓪就学前，①小中学生，②高校生等，③大学生等，④その他
⓪子育てガイドはぐくむFUJI［こども未来課］ https://www.city.fuji.shizuoka.jp/kenkou/c0201/fmervo0000007i07.html 児童手当［こども家庭課・子育て給付担当］ https://www.city.fuji.shizuoka.jp/kenkou/c0202/fmervo000000ggmn.html こども医療費の助成［同上］ https://www.city.fuji.shizuoka.jp/kenkou/c0202/fmervo000000gg6s.html 令和3年　幼児教育・保育の無償化について［保育幼稚園課・施設支援担当］ https://www.city.fuji.shizuoka.jp/kenkou/c0203/rn2ola0000021hbb.html
①小中学校の教育費用に困るとき［学務課・学事担当］ https://www.city.fuji.shizuoka.jp/kyouiku/c0202/fmervo0000005gvy.html 母子家庭等児童入学祝金［こども家庭課・子育て給付担当］ https://www.city.fuji.shizuoka.jp/kenkou/c0202/fmervo000000fdtv.html
②高校の学費が必要な時の奨学金制度は？［学務課・学事担当］ https://www.city.fuji.shizuoka.jp/kyouiku/c0202/fmervo00000034h0.html
②③その他の奨学金制度の概要［同上］ https://www.city.fuji.shizuoka.jp/kyouiku/c0202/fmervo00000034h0-att/fmervo00000034n1.pdf
③看護職員修学資金貸与事業の修学生募集について［保健医療課］ https://www.city.fuji.shizuoka.jp/kenkou/c0101/fmervo000000fptr.html 令和3年度富士市病院事業助産師修学資金貸与案内［富士市立中央病院］ http://byoin.city.fuji.shizuoka.jp/kango/saiyou/zyosansisyuugakusikintaiyoannai2.html

(17) 春日井市

【人口：30万6745人・世帯数：14万2271世帯［2024.6.1］／「第2次新かすがいっ子未来プラン」2020-24】

　市HPにある「子育てに役立つ情報」バナーをクリックすると，「春日井っ子みらいネット」に飛んで関連情報にアクセスできるようになっている。諸情報をまとめた『かすがい子育て応援ガイドブック』（PDF版全52頁），『子どもの救急ハンドブック』（PDF版全23頁）も出している。思春期・青年期を含めた「子ども・若者のための総合相談窓口」を設けている。

　⓪就学前に関して，児童手当，幼児教育・保育のほかに子ども医療費助成（中3まで）の案内がある。

　①小中学生に関して，就学援助が案内されている。民間児童クラブ利用費補助とは，民

間施設を利用する際に生じる公設施設利用料（月9000円）との差を小さくするために月額最大6000円の補助を行うものである。**②高校生等**に関しては特に情報はない。**③大学生等**医療費助成は高校段階にはないが，ひとり親家庭の大学生等を対象（18〜24歳）に**学生医療費助成**がある。**奨学金等返済支援補助金**は，人材確保を図るため，奨学金等の返済を支援する制度設けている市内中小企業に対して補助金（上限8万円）を交付する制度である。**看護修学資金制度**は，春日井市民病院に就職予定の看護師を対象に修学資金を貸与するものである（月5万円，返還免除あり）。

④その他として，『ひとり親家庭のしおり』（PDF版全39頁）が作成公開されている。

表4-1-17　春日井市

⓪就学前，①小中学生，②高校生等，③大学生等，④その他
⓪かすがい子育て応援ガイドブック［福祉部・子育て支援課］ https://www.city.kasugai.lg.jp/mirai/1002397/kosodate/kosodate_guidebook.html 児童手当・特例給付［青少年子ども部・子ども政策課］ https://www.city.kasugai.lg.jp/mirai/fukushi/kodomoteate.html 子ども医療費助成［市民生活部・保険医療年金課］ https://www.city.kasugai.lg.jp/mirai/fukushi/iryouhi.html 幼児教育・保育の無償化について［青少年子ども部・保育課］ https://www.city.kasugai.lg.jp/mirai/1002319/hoikuen/1017706.html
①就学援助制度について［教育委員会・学校教育課］ https://www.city.kasugai.lg.jp/shisei/kyoiku/school/1009202.html 民間児童クラブ利用費補助［青少年子ども部・子ども政策課］ https://www.city.kasugai.lg.jp/mirai/1002319/1002346/1002349.html
③学生医療費助成［市民生活部・保険医療年金課］ https://www.city.kasugai.lg.jp/shimin/fukushi/kakusyuiryou/1019892.html 奨学金等返済支援補助金［産業部・経済振興課］ https://www.city.kasugai.lg.jp/business/kigyo/jinzaikakuho/1024116.html 看護修学資金制度［春日井市民病院・管理課・庶務担当］ https://www.hospital.kasugai.aichi.jp/kango/recruit/syougakukin.html
④ひとり親家庭のしおり［福祉部・子育て支援課］ https://www.city.kasugai.lg.jp/_res/projects/default_project/_page_/001/002/227/R3hitorioyanoshiori.pdf

(18) 四日市市

【人口：30万7017人・世帯数：14万5605世帯［2024.5.31］，中核市候補市／「四日市市人権教育・啓発基本方針」（「子ども」を含む）2007，「第2期四日市市子ども・子育て支援事業計画」2020-24】

　市HPの「子育てエンジョイ」のページから関連情報を探すことができる。また，『**子育てガイドブック**』（電子書籍版全60頁）を作成公開し，子育て支援アプリ「よかプリコ」を配信している。

　⓪就学前に関して，児童手当の情報のほかに**子ども医療費助成**（中3まで）がある。**第2子以降子育てレスパイトケア事業**とは，第2子以降の子の出産後における親の心身の負担軽減を図るため，産後12カ月に限り，認可保育園・こども園が実施する一時保育に保育無料券を利用して上の子を2回まで無料で預けることができる事業である（仕事，冠婚葬祭，リフレッシュなど）。なお，幼児教育・保育の無償化に関する情報は特に見出し項目にはなく，「国・県の取り組み」ページの情報に一括されている。

表4-1-18　四日市市

⓪就学前，①小中学生，②高校生等，③大学生等，④その他
⓪子育てガイドブック（電子書籍版）［四日市市］ https://www.city.yokkaichi.lg.jp/files/bookdata2019/html5.html#page=3 児童手当［こども未来部・こども保健福祉課］ https://www.city.yokkaichi.lg.jp/www/contents/1001000001222/index.html 子ども医療費助成［同上］ https://www.city.yokkaichi.lg.jp/www/contents/1001000001220/index.html 第2子以降子育てレスパイトケア事業［同上］ https://www.city.yokkaichi.lg.jp/www/wwwcontents/1001000001275/index.html
①令和3年度就学援助について［教育委員会事務局・学校教育課］ https://www.city.yokkaichi.lg.jp/www/contents/1001000002378/index.html
②③四日市市奨学会の育英制度［教育委員会事務局・教育総務課］ https://www.city.yokkaichi.lg.jp/www/contents/1001000002404/index.html
③四日市市科学教育奨学金［同上］ https://www.city.yokkaichi.lg.jp/www/contents/1001000002403/index.html

第Ⅰ部　子育て・教育施策の水平的比較調査

①**小中学生**に関して，就学援助が案内されている。②**高校生等**及び③**大学生等**の<u>四日市市奨学会の育英制度</u>とは奨学金の貸与（高校生等：月1万2000円，大学生等：月2万4000円），入学支度金の給与（同じく4万円，5万円）を行うものである。③**大学生等**の<u>四日市市科学教育奨学金</u>は，海外で理科系の学問を学ぶ人材の支援育成及び科学教育の振興のため，毎年1人，2年間の留学期間を上限に月10万円を支給するものである。

(19) 岸和田市 ─────────

【人口：18万7290人・世帯数：9万351世帯［2024.6.1］／「岸和田っ子宣言」1992，「第2期岸和田市子ども・子育て支援事業計画」2020-24】

市HPの「暮らし＞子ども」「＞学校」で関連情報を探すことができる。他市のように冊子版の子育てガイドブックは発行していないが，育児を応援する行政サービスガイド「<u>岸和田市ママほっと</u>」を運用している。

⓪**就学前**に関して，児童手当，幼児教育・保育の無償化のほかに**子ども医療費の助成**（中3まで）の案内がある。**子育て短期支援事**

業とは，家庭での養育が一時的に困難となった時に児童養護施設等で短期に預かるショートステイ，平日の夜間または休日に預かるショートステイの事業である。

①**小中学生**に関して就学援助が案内されている。②**高校生等**，③**大学生等**に関しては特に情報はない。

(20) 茨木市 ─────────

【人口：28万6038人・世帯数：13万4370世帯［2024.5.31］／「次世代育成支援行動計画（第4期）」2020-24】

市HPの「暮らしの場面から探す＞妊娠・出産・子育て」「＞学校・進学」で関連情報を探すことができる。子育て情報をまとめた**『茨木市子育てハンドブック』**（巻末には子どもの権利条約第3条「子どもの最善の利益」が掲載さ

表4-1-19　岸和田市

⓪就学前，①小中学生，②高校生等，③大学生等，④その他
⓪岸和田市育児を応援する行政サービスガイドママほっと［岸和田市］ https://kishiwada-city.mamafre.jp/service/ 児童手当の手続き［子ども家庭課・子育て給付担当］ https://www.city.kishiwada.osaka.jp/soshiki/34/jidouteatetetsuzuki.html <u>子ども医療費の助成</u>［子ども家庭課・医療助成担当］ https://www.city.kishiwada.osaka.jp/soshiki/34/kodomoiryoujosei.html <u>子育て短期支援事業</u>［子ども家庭課・子ども家庭相談担当］ https://www.city.kishiwada.osaka.jp/soshiki/34/jidou-kosodate.html 幼児教育・保育の無償化について［子育て施設課］ https://www.city.kishiwada.osaka.jp/soshiki/35/musyouka.html
①令和3年度岸和田市立小・中学校児童生徒の就学奨励（しゅうがくしょうれい）制度 ［教育総務部・総務課・学事担当］ https://www.city.kishiwada.osaka.jp/soshiki/63/r03syuugakusyourei.html

表4-1-20　茨木市

⓪就学前，①小中学生，②高校生等，③大学生等，④その他
⓪茨木市子育てハンドブック［こども育成部・子育て支援課・子育て支援総合センター］ https://www.city.ibaraki.osaka.jp/kikou/kodomoikusei/kosodate/menu/kosodateshiensogo/jigyoannai/handbook.html 児童手当について［こども育成部・こども政策課］ https://www.city.ibaraki.osaka.jp/kikou/kodomoikusei/kodomos/menu/teate/kodomoteate.html こども医療の対象年齢を拡大します［同上］ https://www.city.ibaraki.osaka.jp/kurashi/fukushi/jido/1312439322596.html 幼児教育・保育の無償化の手続きについて［こども育成部・保育幼稚園事業課］ https://www.city.ibaraki.osaka.jp/kikou/kodomoikusei/jigyou/menu/musyouka/43927.html
①就学援助制度［教育委員会・教育総務部・学務課］ https://www.city.ibaraki.osaka.jp/kurashi/kodomo/gakko/enjo/46952.html 小学校入学準備金（入学前支給）［同上］ https://www.city.ibaraki.osaka.jp/kikou/kyoikuiinkaikyoikusoumu/gakumu/menu/shugakuenjo/nyugakujunbikin.html
②③「夢を実現する奨学金」奨学金をひろく活用するために［学校教育部・学校教育推進課］ https://www.city.ibaraki.osaka.jp/kurashi/kodomo/shogakukin/1315203906132.html 茨木市ゆめ実現支援事業［同上］ https://www.city.ibaraki.osaka.jp/material/files/group/56/shougaku.pdf
③大学奨学金利子補給事業［こども育成部・こども政策課］ https://www.city.ibaraki.osaka.jp/kurashi/kodomo/shogakukin/1438128192783.html

れている）を冊子版・電子書籍版・PDF版（全97頁）で用意している。「次世代育成支援行動計画（第4期）」には，別冊『子どもの貧困対策について　あなたと私にできること』（全12頁），『ひきこもり支援ガイドブック』（全52頁）が付いている。なお，茨木市子ども・若者支援地域協議会から『茨木市相談機関への道しるべ』（全36頁）を出しており，子どもから成人におよぶ困り事・悩み事の相談支援を志向している。

⓪**就学前**に関して，児童手当，幼児教育・保育の無償化のほかに，**こども医療費助成**（高3まで）の案内がある。

①**小中学生**に関して，就学援助に加えて，小学校入学準備金が別途に案内されている。②**高校生等**及び③**大学生等**に関しては，学校教育部・学校教育推進課が「**ゆめ実現支援事業**」と銘打って奨学金活用相談を呼び掛けるとともに，「**奨学金をひろく活用するために**」のサイトを設けている。ほかには，茨木市奨学金（困窮家庭対象の高校等入学支度金，第1子10万円・第2子以降16万円支給）がある。③**大学生等**の**大学奨学金利子補給事業**は，大学等卒業後の若者の移住・定住を促す目的で奨学金の利子補填を行うものである（40歳未満，最大2万円を10年間）。

(21) 加古川市 ─────────

【人口：25万5523人・世帯数：11万380世帯［2024.6.1］／「第二期加古川市子ども・子育て支援事業計画」2020-24】

市HPの「子育て・教育」ページ及び「加古川市子育てサイト」から関連情報を探すことができる。『**加古川市子育て応援情報誌かこたんガイド**』の冊子を母子健康手帳交付時に配布するとともに，PDF版（全84頁）・電子

表4-1-21　加古川市

⓪就学前，①小中学生，②高校生等，③大学生等，④その他
⓪加古川市子育て応援情報誌かこたんガイド［こども政策課］ https://www.city.kakogawa.lg.jp/kosodate_site/genre/9/31836.html 児童手当［家庭支援課・手当給付係］ https://www.city.kakogawa.lg.jp/kosodate_site/seicho/4/5/1/17680.html 不育症治療費助成事業［育児保健課］ https://www.city.kakogawa.lg.jp/soshikikarasagasu/kodomo/ikujishienka/funinfuiku/1457677793945.html 乳幼児への任意予防接種費用の一部を助成します［同上］ https://www.city.kakogawa.lg.jp/kosodatekyoiku/kosodatekyoiku/kodomonohoken/kodomonoyobosesshu/1413512989149.html 乳幼児等医療費助成制度［医療助成年金課・医療助成係］ https://www.city.kakogawa.lg.jp/kosodate_site/seicho/4/5/2/17682.html こども医療費助成制度（小学校4年生から中学校3年生まで）［同上］ https://www.city.kakogawa.lg.jp/kosodate_site/seicho/4/5/2/17683.html 幼児教育・保育の無償化について［幼児保育課・入園係］ https://www.city.kakogawa.lg.jp/kosodateapps/kosodatesupport/kindergarten_etc/musyouka/1571971946902.html
①令和3年度就学援助制度について［学務課］ https://www.city.kakogawa.lg.jp/kosodateapps/kosodatesupport/primary_school_etc/about_school_attendance_subsidy/26979.html
③令和3年度ぐっっと!かこがわ奨学金返還支援補助金［産業振興課・労働政策係］ https://www.city.kakogawa.lg.jp/kurashi/31669.html 保育士になるなら加古川市で!［幼児保育課・管理係］ https://www.city.kakogawa.lg.jp/kosodatekyoiku/oshirase/28769.html

書籍版も公開している。また，「かこがわ子育て応援アプリかこたんナビ」を提供している。

⓪**就学前**に関して，児童手当，幼児教育・保育の無償化のほかに，**乳幼児任意予防接種費用一部助成**（おたふくかぜ2000円），**こども医療費助成**（0歳～小3，小4～中3）の案内がある。

①**小中学生**に関して，就学援助が案内されている。②**高校生等**に関しては特に情報はない。③**大学生等**に関しては，**かこがわ奨学金返還支援補助金**（加古川市内在住者：市内通勤年間最大24万円，同市外通勤者12万円）に加えて，**保育士等就労支援一時金**などの情報がある。

(22) 宝塚市 ─────────

【人口：22万1240人・世帯数：9万7072世帯［2024.6.1］／「宝塚市子ども条例」2007，「宝塚市次世代育成支援行動計画（子ども・子育て支援事業計画）」2015-24】

市HPの「教育・子ども・人権」から入って関連情報を探すことができる。宝塚子育て・子育ちガイド『たからばこ』の冊子版（多言語版あり）を母子健康手帳交付時に配布するとともに，電子書籍（全84頁）を公開している。ほかに育児を応援する行政サービスガイド「宝塚市ママフレ」を運用し，「きらきら子育てメール」，メルマガ「たからっ子メール」，子育て通信「きらきら」を配信し，子ども向

表 4-1-22　宝塚市

⓪就学前，①小中学生，②高校生等，③大学生等，④その他
⓪宝塚子育て・子育ちガイド「たからばこ」［子ども未来部・子ども家庭室・子ども家庭支援センター］ https://www.city.takarazuka.hyogo.jp/kyoiku/kosodateinfo/1000570.html 児童手当制度［子ども未来部・子ども家庭室・子育て支援課］ https://www.city.takarazuka.hyogo.jp/kyoiku/teate/1000197.html 乳幼児等医療費助成・こども医療費助成［市民交流部・市民生活室・医療助成課］ https://www.city.takarazuka.hyogo.jp/kurashi/nenkin/1041227/1040013.html 子育て家庭ショートステイ［こども未来部・保育課］ https://www.city.takarazuka.hyogo.jp/kyoiku/kosodateshien/1040228.html 幼児教育・保育の無償化について［子ども未来部・子ども育成室・保育事業課］ https://www.city.takarazuka.hyogo.jp/kyoiku/gakkoshisetsu/1000105/1038703.html
①就学援助制度について［教育委員会・管理部・管理室・学事課］ https://www.city.takarazuka.hyogo.jp/kyoiku/teate/1000529.html 交通災害遺児就学激励金の支給について［子ども未来部　子ども家庭室　子育て支援課］ https://www.city.takarazuka.hyogo.jp/kyoiku/teate/1000530.html
②③宝塚市奨学金条例を廃止する条例の制定について［管理部・学事課］ https://www.city.takarazuka.hyogo.jp/_res/projects/default_project_page_/001/036/419/20200302_bunkyo_26_1.pdf
③宝塚市ひとり親家庭大学生等奨学給付金の希望者を募集します ［教育委員会・管理部・管理室・学事課］ https://www.city.takarazuka.hyogo.jp/kyoiku/teate/1028510/index.html 保育士確保に向けた取組み〜宝塚市の保育所で働きませんか〜 ［子ども未来部・子ども育成室・保育企画課］ https://www.city.takarazuka.hyogo.jp/kyoiku/gakkoshisetsu/1000105/1036222/index.html

けホームページ「たからづかKIDS」を設けている。

⓪就学前に関して，児童手当，幼児教育・保育の無償化のほかに，乳幼児等医療費助成・こども医療費助成（0歳〜小3，小4〜中3），子育て家庭ショートステイ（1ヵ月7日以内）の案内がある。

①小中学生に関して就学援助のほかに，交通災害遺児就学激励金（従来の図書カードに代えて2020年度から現金支給：年額小中学生3万円，高校生等5万円）の案内がある。②高校生等及び③大学生等に関しては，国・県の奨学金制度が充実してきたことから宝塚市奨学金（高校生対象の給付型奨学金，高大生対象の貸付型奨学金，高校入学前の私立高校入学支度金斡旋）を廃止している。③大学生等に関しては，宝塚市ひとり親家庭大学生等奨学給付金（大学生等20万円給付，1回限り），保育士確保に向けた取組み〜宝塚市の保育所で働きませんか〜（兵庫県保育協会の修学資金を含む）の案内がある。

(23) 佐賀市 ─────────

【人口：22万7070人・世帯数：10万4425世帯［2024.5.31］，中核市候補市／「佐賀の未来を託す子どもを育むための大人の役割に関する条例」2007，「第2期佐賀市子ども・子育て支援事業計画」2020-24】

市HPの「子育て・教育」ページから関連情報を探すことができる。『佐賀の子育てガイドブックHug』（全16頁）を作成公開するとともに，妊娠・出産・子育てをサポートする「にこさがアプリ」を用意している。

⓪就学前に関して，児童手当，幼児教育・保育の無償化のほかに，子どもの医療費助成制度（中3まで），難聴児補聴器購入費助成事業（補聴器購入修理，人工内耳外機更新）の案内がある。

表 4-1-23　佐賀市

⓪就学前，①小中学生，②高校生等，③大学生等，④その他
⓪佐賀の子育てガイドブック Hug［子育て支援部・子育て総務課］ 　　https://www.city.saga.lg.jp/main/13644.html 不妊の悩みをお持ちの方へ（不妊治療助成）［保健福祉部・健康づくり課・母子保健係］ 　　https://www.city.saga.lg.jp/main/22665.html 児童手当について［こども家庭課・子育て給付係］ 　　https://www.city.saga.lg.jp/main/3789.html 「子どもの医療費助成制度」について［同上］ 　　https://www.city.saga.lg.jp/main/13594.html 佐賀市難聴児補聴器購入費助成事業について［保健福祉部・障がい福祉課・生活支援一係二係］ 　　https://www.city.saga.lg.jp/main/61270.html 幼児教育・保育の無償化について［子育て支援部・保育幼稚園課・幼保事業係］ 　　https://www.city.saga.lg.jp/main/54153.html
①ご存知ですか？就学援助［教育部・学事課・学務係］ 　　https://www.city.saga.lg.jp/main/1938.html （コロナウイルス対策）家計が急変した世帯に対する就学援助のご案内［同上］ 　　https://www.city.saga.lg.jp/main/71624.html
②③高校生や大学生への奨学金にはどのようなものがありますか？ ［教育部・教育総務課・教育政策係］ 　　https://www.city.saga.lg.jp/faq/index.php?action=detail&uid=2041
④『ひとり親家庭くらしのハンドブック』を配布しています［こども家庭課・ひとり親支援係］ 　　https://www.city.saga.lg.jp/main/7324.html

①小中学生に関して，就学援助についてコロナ禍による家計急変世帯への案内がある。②高校生等及び③大学生等の「高校生や大学生への奨学金にはどのようなものがありますか？」は，奨学金に関する質問に対して国や県の奨学金を案内したものである。

④その他として，『ひとり親家庭くらしのハンドブック』（全68頁）を作成公開している。

2. 広報・施策の特徴

施行時特例市の23市における子育て・教育費支援情報に関する広報・施策の特徴としては，第3章の中核市と同様に，以下7点がまず挙げられる。

第一に，情報への**アクセシビリティ**において，多くの市が未識字者・障がい者・高齢者・外国人などへのHP自体の機能的な配慮（文字の大きさ，読み上げ，ひらがな，背景色・文字色の変更，自動翻訳など）を行っており，子育て情報に関しても同様の機能が使える。ほかに，PDF資料などに多言語を用意したところ（つくば市，太田市，宝塚市），多文化共生を進める国際交流協会など4)が作成した資料を提供しているところもある（太田市［やさしい日本語・ポルトガル語・スペイン語・中国語・英語］）。

第二に，**子育て情報の提供**に関して，子育てに特化した子育てガイド（冊子版・PDF版・電子書籍版5)など）を作成公開しているところがほとんどである。また，独自に子育てナビ・サイト・ブログ等を立ち上げているところ（つくば市，伊勢崎市，草加市，平塚市，小田原市，茅ヶ崎市，厚木市，大和市，上越市，沼津市，富士市，春日井市），育児を応援する行政サービスガイド「子育てタウン」6)を導入したところ（長岡市，岸和田市，宝塚市）もあった。さらには，紙媒体の母子健康手帳に並行して母子手帳アプリ（予防接種スケジュール管理システムを含む）7)を提供し，メールマガジンやアプリを配信するなど，携帯電話やスマートフォンを使っての情報発信・受信・交流を行うところが増えつつある。

第三に，**⓪就学前**（乳幼児期）に関わって，児童手当，幼児教育・保育の無償化に加えて，市独自のこども医療費助成（乳幼児期以降を含む）を案内している。ほかに，予防接種費用助成（加古川市），幼児2人同乗用自転車購入補助（つくば市，熊谷市），児童自転車用ヘルメット購入補助（つくば市），ショートステイ等（太田市，茅ヶ崎市，四日市市，岸和田市，宝塚市），難聴児補聴器購入費等助成（茅ヶ崎市，厚木市，佐賀市），第3子以降・多子世帯子育て支援（伊勢崎市，太田市，所沢市，上越市），誕生祝金（熊谷市），紙おむつなどを支給する子育て日常生活支援事業（厚木市）などの独自施策の案内があった。

第四に，**①小中学生**（学齢期）に関わって，就学援助について学校病の医療費，めがね購

入費の補助を特に広報したところがあった（大和市）。ほかに，学習塾代助成金（つくば市），放課後児童クラブ等保育料補助・減免（伊勢崎市，所沢市，春日井市），第3子以降・多子世帯の学校給食費補助・無償化（熊谷市，大和市，春日部市），子ども食堂支援（茅ヶ崎市），外国人学校通学補助（草加市），自転車保険加入（大和市），全国大会等出場者報奨金（長岡市），未来を育む奨学金（春日部市）などの独自施策の案内があった。

第五に，②高校生等及び③大学生等（思春期・青年期）に関わっては，給付奨学金（一部給付を含む）（つくば市，太田市，熊谷市，所沢市，平塚市，小田原市，厚木市，大和市，沼津市，富士市，宝塚市），貸与奨学金（伊勢崎市，太田市，熊谷市，春日部市，草加市，長岡市，上越市，四日市市，宝塚市），入学準備金支給（伊勢崎市，厚木市，四日市市，茨木市），入学準備金貸与（熊谷市，所沢市，春日部市，草加市），留学奨励（伊勢崎市，長岡市，四日市市），大学等奨学金利子補給（熊谷市，茨木市），定住促進奨学金／大学等奨学金返還支援（上越市，沼津市，春日井市，加古川市），特定職種の修学資金・就労支援：看護師（草加市，小田原市，春日井市）／看護師・助産師（富士市）／保育士（平塚市，茅ヶ崎市，加古川市，宝塚市）／介護職（厚木市）などの独自施策の案内があった。

第六に，④その他に関わって，ひとり親家庭支援について，関連情報をまとめたガイドブック・しおり等の作成（春日部市，小田原市，上越市，沼津市，春日井市，佐賀市），遺児手当・福祉手当（熊谷市，伊勢崎市），小学校入学祝金（伊勢崎市，富士市），遺児就学激励金（宝塚市），ひとり親家庭大学生等奨学給付金（宝塚市），ひとり親家庭大学生等（18〜24歳）医療費助成（春日井市）などの案内があった[8]。

第七に，コロナ禍に関連した広報として，就学援助についてコロナ禍の家計急変世帯への注意喚起（伊勢崎市，佐賀市），コロナ禍の小児医療費助成（茅ヶ崎市）などの案内があった。

以上の特徴の整理に加えて，ここではさらに以下の2点を指摘しておきたい。

1つめは，「切れ目のない支援」についてである。施行時特例市においても，フィンランドのネウボラを参考にし，切れ目のない支援を意識した広報がなされている。その一環として，月齢・年齢・ライフステージごとに支援サービスをコンパクトに一覧にした「子育て支援カレンダー」を作成しているところが多い。とはいえ，妊娠・出産から乳幼児期，ないしせいぜい学齢期までのところが圧倒的であった。背景には保育・幼児教育・義務教育までを市町村が扱い，義務教育以降の高校・大学等は都道府県や国が担うという観念と実態があろう。

しかし，第五として挙げたように，②高校生等及び③大学生等（思春期・青年期）に関する独自施策を展開する施行時特例市も少なくない。この点，子ども・若者支援ガイドの作成（所沢市），子ども・若者のための総合相談窓口の開設（春日井市），子ども期から成人期にわたる「相談機関への道しるべ」の作成（茨木市）などは，「切れ目のない支援」の思春期・青年期・成人期への拡張を志向するものとして注目される。

2つめは，「重層的・相補的な支援」についてである。2000年の地方分権一括法以降は「基礎自治体—広域自治体—中央政府」の水平的関係を目指しており，子育て・教育費支援についても「市区町村＋都道府県＋国」の重層的で相補的な支援のイメージとなろう。この点，草加市の「そうか子育て応援・情報サイトぽっくるん」にある「手当・制度・事業などの紹介」[9]は，横軸に「乳児・幼児・小学生・中学生・高校生」のライフステージを

おき，各時期に受けられる市・県・国の制度を一覧できるよう図示したもので，該当の項目をクリックすると詳細情報に飛ぶことができてきわめて利便性が高い。

注

※以下のウェブサイトは，改めてすべて2024年9月1日閲覧にて確認済み。ただし調査日から内容が更新されている場合もあるので，最新の情報については要確認。

1）自治体の基本情報は人口・世帯数［年月日現在］である。

2）NTTレゾナント運営の不動産総合サイト「goo 住宅・不動産」は，「あなたにとっての"住みやすい街"が見つかる『暮らしデータ』」の一つとして，全国815自治体（市区）の子育て関連の独自の取り組みについて都道府県ごとに一覧にして比較できる「暮らしデータ　全国の子育て関連の独自の取り組み」を提供している（https://house.goo.ne.jp/chiiki/kurashi/kosodate/）。野村不動産ソリューションズの不動産情報サイト「ノムコム NOMU.COM」は，自治体別の子育て支援サービスを紹介した「子育てするならこんな街？」を提供している（https://www.nomu.com/withkids/town/#town3）。また，子育て世帯が受けられる制度と相談窓口を知るサイト「イクハク」は，全国の公的制度・民間制度を問わず制度登録を行っている（https://www.ikuhaku.com/mains/about/）。本稿では，それらに掲げられた情報も参考にしつつ独自の取り組みと思われる施策・広報を推定し選択した。見落としがあると危惧されるが，各市からの指摘などを得て今後さらに補正していきたい。

3）中核市市長会「候補市」（https://www.chuukakushi.gr.jp/introduction/）によれば，12市（つくば市，所沢市，春日部市，草加市，市川市，府中市，町田市，藤沢市，富士市，津市，四日市市，佐賀市）が中核市移行を検討中の「中核市候補市」であるという。なお，2019年度末に中核市への移行特例期間（施行時特例市であれば人口が20万人未満になったとしても中核市に移行できる期間）が終了したこともあって，全国施行時特例市市長会は解散となっている。

4）多文化共生を目的に各地の民間国際交流組織（協会・センター・財団等）が多言語による情報発信や支援を行っている（http://www.clair.or.jp/j/multiculture/association/rliea.html）。たとえば，かながわ国際交流財団では「外国人住民のための子育て支援サイト」を設けている。（http://www.kifjp.org/child/）。

5）株式会社サイネックス（SCINEX）は，全国の自治体で発行している「暮らし便利手帳」を電子書籍化する事業を行っている。そのうち，「子育てガイド」に関しては381件がアップされており，施行時特例市については11市（つくば市，太田市，熊谷市，所沢市，小田原市，厚木市，大和市，岸和田市，茨木市，加古川市，宝塚市）が利用していた（https://ebooks.wagamachi-apps.com/book-search/category-list/schCategoryNum/3）。

6）「子育てタウン」は株式会社アスコエパートナーズが管理・運営しており，70市区町村が導入している（各自治体HPのアクセシビリティ機能がそのまま使用可能）。施行時特例市については1市（宝塚市）が利用していた（https://kosodatetown.mamafre.jp/service）。

7）株式会社エムティーアイ（MTI）が提供する母子手帳アプリ「母子モ」（対応言語は英語，中国語［簡・繁］，韓国語，ポルトガル語，スペイン語，タガログ語，タイ語，ベトナム語，インドネシア語，ロシア語，ネパール語）は620以上の自治体が導入しており，施行時特例市については9市（つくば市，平塚市，小田原市，茅ヶ崎市，厚木市，長岡市，上越市，富士市，四日市市）が利用していた（https://www.mti.co.jp/?page_id=22020）。なお，伊勢崎市の「ワクチン＆子育てナビ」，春日部市の「かすかべっこ予防接種ナビ」はこの中には含まれていないようである。

8）一般社団法人ハートフルファミリーが運営する「シングルファミリー応援情報サイトHEART FULL BANK」には，ひとり親家庭支援情報が都道府県・市町村別に一覧になっている（https://hartfullbank.com/）。

9）草加市ホームページ「手当・制度・事業などの紹介」（https://www.soka-bokkurun.com/know/184-2/）。

第 II 部

子育て・教育施策の重層的把握調査

第 5 章 大阪府及び府下43市町村における子育て・教育費支援情報

第 6 章 鳥取県及び県下19市町村における子育て・教育費支援情報

第 7 章 滋賀県及び県下19市町における子育て・教育費支援情報

第 8 章 京都府及び府下26市町村における子育て・教育費支援情報

［計111自治体］

第5章 大阪府及び府下43市町村における子育て・教育費支援情報

0. はじめに

「子育て教育の地域共同システム」をより立体的・構造的・重層的に捉えるために，2022年度以降は「国―都道府県（―圏域・郡）―市町村」を連関させた手法に切り替えた。まず試みに，大阪府に着目し，大阪府及び府下43自治体を取り上げた（**図5-0-1**）。

大阪府及び府下33市9町1村のホームページ（以下，HP）において関連情報を収集して，これまでと同様に一覧表にし，自治体の基本情報としての人口・世帯数，面積[1]のほか，こどもの権利条例等や貧困対策等の施策も加えて記した。（閲覧日は2021年12月1日～2022年1月28日）。なお紙数の関係で，国の政策及び全国的な制度によるものは，大阪府以外は割愛した。すなわち，**⓪就学前**では幼児教育・保育の無償化，児童手当，児童扶養手当，特別児童扶養手当，障害児福祉手当，子ども医療費助成，ひとり親家庭医療費助成，コロナ関連の子育て世帯への臨時特別給付金，**①小中学生**では就学援助（事前支給／入学準備金／就学援助医療費助成を含む），特別支援教育就学奨励費，**②高校生等**では高等学校等就学支援金，同奨学給付金，**④その他**では社会福祉協議会の生活福祉資金などは，独自色がある場合を除いて省略した（HPで特に情報がない場合の説明も省略した）。

以下，1.大阪府，2.政令指定都市，3.中核市，4.施行時特例市，5.その他の市，6.町村の順に述べる。

図5-0-1 大阪府下自治体マップ

1. 大阪府

【人口：877万2171人・世帯数：430万4764世帯[2024.8.1]，面積：1,905.1㎢／「大阪府子ども条例」2007，「大阪府子どもを虐待から守る条例」2011，「大阪府子ども総合計画」2015-24】

ポータルサイト「大阪府婚活子育て応援サイトふぁみなび」を大阪府福祉部子ども室子育て支援課が2014年から運用しており，結婚・妊娠出産・子育て（0～5歳，小学生，中高生）別ないし府内自治体別に関連情報を探せるようになっている。

⓪**就学前**に関して，乳幼児医療費助成制度は市町村が実施する乳幼児医療費助成制度に対して大阪府が補助するものである。幼児教育・保育の無償化については，各市町村問合せ窓口の一覧，内閣府サイトへのリンクとともにアップされている。子育て支援のための手当制度としては，児童手当，児童扶養手当，特別児童扶養手当，臨時給付金の見出しがあり，個々のサイトに飛べるようになっている。

①**小中学生**では，就学援助制度の市町村の担当課と連絡先の一覧がある。②**高校生等**では，大阪府育英会奨学金制度が案内されている（高校生等を対象とした入学時・在学時の貸付）。②**高校生等**及び③**大学生等**では，奨学金について として，『奨学金制度の概要案内』（2頁：中学3年生及び保護者向け／高校3年生及び保護者向け），『奨学金制度のご案内』（全14頁：奨学金制度一覧，政府・民間の教育ローンの概要，市町村奨学金制度・入学資金一覧，納付金参考例［高校1年次／大学等1年次］，府市町村問合せ先），『奨学金等指導資料』（全27頁：前記＋福祉資金貸付，保育士貸付事業，介護福祉士・社会福祉士修学資金，生活保護高等学校等就学費［生業扶助］）のPDFデータが提供されている。③**大学生等**では，大阪府立大学等の授業料等支援制度（住所要件を満たす年収目安590万円未満：全額免除，590〜800万円未満：3分の2免除，800〜910万円未満：3分の1免除），地域医療確保修学資金（府内の救急医療・周産期医療に将来従事する意思のある者／返還免除あり），大阪府社会福祉協議会が行う保育士，介護福祉士・社会福祉士向けの貸付事業（いずれも返還免除あり）が案内されている。

④**その他**では，ひとり親家庭の支援情報ページとパンフレット『**ひとり親家庭の皆さんへのお知らせ**』（全16頁）がある。

表 5-1-1　大阪府

⓪就学前，①小中学生，②高校生等，③大学生等，④その他
⓪乳幼児医療費助成制度［福祉部子ども室子育て支援課 企画調整グループ］ https://www.pref.osaka.lg.jp/kokuho/hukusiiryou2/nyuuyouji.html 幼児教育・保育の無償化について［同上 認定こども園・保育グループ］ https://www.pref.osaka.lg.jp/kosodateshien/youjikyouikumusyou/index.html 子育て支援のための手当制度［同上 貸付・手当グループ］ https://www.pref.osaka.lg.jp/kateishien/teate/index.html
①就学援助事業のお知らせ［教育庁市町村教育室小中学校課 進路支援グループ］ https://www.pref.osaka.lg.jp/shochugakko/shuugakuenzyo/index.html
②大阪府育英会奨学金制度［教育庁私学課 調整支援グループ］ https://www.pref.osaka.lg.jp/shigaku/fu-ikueikai/index.html
②③奨学金について［教育庁教育振興室高等学校課 生徒指導グループ］ http://www.pref.osaka.lg.jp/kotogakko/syogaku201904/index.html
③大阪府立大学・大阪市立大学・府大高専の授業料等支援制度について［府民文化部府民文化総務課 大学グループ］ https://www.pref.osaka.lg.jp/fukatsu/musyo/index.html 地域医療確保修学資金［健康医療部保健医療室医療対策課 医療人材確保グループ］ http://www.pref.osaka.lg.jp/iryo/isikakuho/sikintaiyo.html 看護師等修学資金［同上］（2017年度以降の新規受付中止） http://www.pref.osaka.lg.jp/iryo/kango1/shugakusikin.html 保育人材確保のための貸付事業［同前 認定こども園・保育グループ］ https://www.pref.osaka.lg.jp/kosodateshien/hoiku_syugaku/index.html 介護・福祉応援貸付金［大阪府社会福祉協議会］ http://www.osakafusyakyo.or.jp/fcenter/Cms/Public/topic/16
④ひとり親家庭等への各種情報［福祉部子ども室子育て支援課 推進グループ］ http://www.pref.osaka.lg.jp/kateishien/boshikatei/ 支援情報パンフレット「ひとり親家庭の皆さんへのお知らせ」［同上］ https://www.pref.osaka.lg.jp/attach/3207/00000000/panhu.pdf

2. 政令指定都市

(1) 大阪市

【人口：279万453人・世帯数：156万1144世帯［2024.8.1］，面積：225.2㎢／「大阪市児童を虐待から守り子育てを支援する条例」2010，「大阪市こども・子育て支援計画（第2期）」2020-24】

電子ブック「子育ていろいろ便利帳」を公開している。また，「育児を応援する行政サービスガイドすくすく」を運営するとともに，冊子版の『すくすくMINIBOOK』を発行している。大阪市立男女共同参画センター子育て活動支援館の「おおさか子育てネット」でも

第5章　大阪府及び府下43市町村における子育て・教育費支援情報

第Ⅱ部　子育て・教育施策の重層的把握調査　　131

情報提供を行っている。

⓪就学前では，多胎児家庭外出支援事業（0〜2歳を対象にタクシー料金500円給付券を一定枚数交付），**難聴児補聴器費用一部助成**（軽度中等度難聴児の補聴器の購入・修理費の1割）の案内がある。

①小中学生では，小学校の**学校給食費無償化**，中学生対象の月1万円分の習い事費用を助成する**塾代助成事業**の案内がある。同事業運営事務局HPには英・韓・中・やさしい日本語のサイトもある。**②高校生等**の**大阪市奨学費**とは，国や府の制度とは別に，経済的理由により修学困難な高校生等に対し奨学費を支給するものである（新1年生10万7000円，その他7万2000円）。**②高校生等**，**③大学生等**，**④その他**にわたるものとして，**主な奨学金等支援制度の概要**ページがあり，さらに1枚にコンパクトにまとめたチラシ**主な奨学金制度のご案内**（日・英・韓・中国語あり）がある。**③大学生等**では，大阪府立大学等の授業料等支援制度を含む大阪市立大学の**経済支援制度**の

表5-2-1　大阪市

⓪就学前，①小中学生，②高校生等，③大学生等，④その他
⓪大阪市多胎児家庭外出支援事業［大阪市こども青少年局子育て支援部管理課］ https://www.city.osaka.lg.jp/kodomo/page/0000512562.html 軽度・中等度難聴児に補聴器の購入費用・修理費用を助成します［福祉局 障がい者施策部 障がい支援課］ https://www.city.osaka.lg.jp/fukushi/page/0000117931.html
①令和3年度の学校給食費の無償化について［教育委員会指導部保健体育担当給食グループ］ https://www.city.osaka.lg.jp/kyoiku/page/0000292260.html 塾代助成事業［大阪市こども青少年局企画部青少年課 こども育成事業グループ］ https://www.city.osaka.lg.jp/kodomo/page/0000212697.html
②大阪市奨学費［教育委員会事務局学校運営支援センター事務管理担当就学支援グループ（奨学費・進路支援）］ https://www.city.osaka.lg.jp/kyoiku/page/0000308343.html
②③④主な奨学金等支援制度の概要［同上］ （高等学校等への進学，大学・短期大学等への進学，教育支援貸付・融資制度，福祉資金，その他各種奨学金等制度，進路選択支援事業，主な奨学金制度の案内を含む） https://www.city.osaka.lg.jp/kyoiku/page/0000329464.html
③経済支援制度［大阪市立大学］ https://www.osaka-cu.ac.jp/ja/education/financial_aid
④ひとり親家庭等への支援［こども青少年局子育て支援部こども家庭課ひとり親等支援グループ］ https://www.city.osaka.lg.jp/kodomo/page/0000452094.html

案内がある。

④その他では，ひとり親家庭等への支援ページがあり，支援メニューをクリックすると詳細情報が得られる。

（2）堺市

【人口：80万7868人・世帯数：37万4075世帯［2024.8.1］，面積：149.8㎢／「子ども青少年の育成に関する条例」2008，「堺市子どもを虐待から守る条例」2011，「堺市子ども・子育て総合プラン（第2期堺市子ども・子育て支援事業計画）」2020-24】

堺市子育て支援情報総合サイト「さかい☆HUGはぐネット」を運用し，「さかい子育て応援アプリ」を配信している。

⓪就学前では，国の幼児教育・保育無償化に加えての堺市独自施策として多子世帯への**利用者負担額の軽減・利用料の補助**（第3子以降，2021年度は市町村民税所得割額7万900円未満世帯の第2子も対象）の案内がある。**難聴児特別補聴器の購入・修理**について2019年度からイヤモールド単体での支給申請も対象となっている。コロナ禍の支援策としては，国の特別給付金とは別途に，**堺市親子の遊びと学び応援事業**（3歳以上〜小学生対象，市内5施設の利用料が該当児と同伴の保護者1人分無料），**堺市新生児世帯特別給付金**（2021年に生まれた新生児1人につき3万円を給付）がある。

①小中学生では，**堺市子ども食堂開設支援補助金**（20万円を限度に開設経費を補助）の案内がある。**②高校生等**では，**堺市奨学金**（470人，困窮度の高い世帯優先で年額3万2000円給付）がある。**②高校生等**及び**③大学生等**に関して，生活保護家庭の**中高生向け未来応援BOOK『ココから！』**（全24頁）が作成公開されており，大学等への進学も含めた情報が提供されている。

表5-2-2　堺市

⓪就学前，①小中学生，②高校生等，③大学生等，④その他
⓪利用者負担額の軽減・利用料の補助について［子ども青少年局子育て支援部 幼保推進課］ http://www.city.sakai.lg.jp/kosodate/hughug/lifestage/hoikuen/hoikuryou/2019tashikeigen.html 難聴児特別補聴器購入等費用支給事業の要綱一部改正について［健康福祉局障害福祉部 障害支援課］ https://www.city.sakai.lg.jp/kenko/fukushikaigo/shogaifukushi/hosougu/etc/earmolds.html 堺市親子の遊びと学び応援事業［子ども青少年局子ども青少年育成部 子ども企画課］ https://www.city.sakai.lg.jp/kosodate/hughug/kosodatekankyo/kosodate/oyakonoasobi_manabi_ouenpass.html 堺市新生児世帯特別給付金について［同上］ https://www.city.sakai.lg.jp/kosodate/hughug/kosodate/shinseijirinjikyuhukin.html
①堺市子ども食堂開設支援補助金［子ども青少年局子ども青少年育成部 子ども企画課］ http://www.city.sakai.lg.jp/kosodate/hughug/koryu/shokudou/hojokin_kodomosyokudo.html
②奨学金（給付型）［教育委員会事務局総務部 学務課］ https://www.city.sakai.lg.jp/kosodate/kyoiku/tetsuzuki/hojo/sakaisisyougakukinnseido.html
②③中高生向け未来応援BOOKココから！［堺市健康福祉局生活福祉部 生活援護管理課］ https://www.city.sakai.lg.jp/kenko/fukushikaigo/seikatsuhogo/cocokara2.files/cocokara2.pdf
④ひとり親家庭サポートブック［堺市］ https://www.city.sakai.lg.jp/kosodate/hughug/taishou/hitorioya/bookH301.files/H31supportbook.pdf

④**その他**として，関連情報を網羅した『ひ
とり親家庭サポートブック』を発行している。

3. 7中核市

(1) 豊中市 ─────────

【人口：39万8233人・世帯数：18万1222世帯［2024.
8.1］，面積：36.6㎢／「豊中市子ども健やか育み条例」
2013，「第2期豊中市子育ち・子育て支援行動計画
こどもすこやか育みプラン・とよなか」2020-24】

『とよなか子育ち・子育て応援BOOK「み
んなで」』を配布するとともに，電子版をアッ
プしている。また，母子手帳アプリ「母子モ」
（予防接種のスケジュールや子どもの成長記録などが
管理可能）に，新たに豊中市の子育て・イベン
ト情報の配信や関連施設情報の掲載を追加し
た「子育ち・子育て応援アプリとよふぁみby
母子モ」を運用している。

表5-3-1　豊中市

⓪就学前，①小中学生，②高校生等，③大学生等，④その他
⓪新生児聴覚検査［健康医療部母子保健課］ https://www.city.toyonaka.osaka.jp/kenko/kenko_hokeneisei/boshi/kodomokenko/shinseijichokaku.html 病児保育事業［こども未来部こども事業課］ https://www.city.toyonaka.osaka.jp/kosodate/kosodate/byouji2017.html 令和3年（2021年）7月から新たな多胎児世帯への支援を開始します［同こども政策課］ https://www.city.toyonaka.osaka.jp/kosodate/kosodate/a00121001.html 障害者・障害児の支援手帳を希望者に配布します［福祉部障害福祉課］ https://www.city.toyonaka.osaka.jp/kenko/shougai/syogaifukushi_shimin/shougaisyasientecho.html 妊産婦等へのタクシー利用支援事業［都市基盤部交通政策課］ https://www.city.toyonaka.osaka.jp/machi/kotsuanzen/ninsanputaxi.html とよなかっ子応援特別給付金［こども未来部子育て給付課 家庭給付係］ https://www.city.toyonaka.osaka.jp/kosodate/kosodate_topics/toyonakakkokyufukin.html 豊中市保育施設等利用子育て世帯への副食費等補助金について［同子育て給付課 入所入園係］ https://www.city.toyonaka.osaka.jp/kosodate/kosodate/hukusyokuhimenjyo.html 豊中市三世代同居・近居支援住宅取得補助金［都市計画推進部住宅課］ https://www.city.toyonaka.osaka.jp/kurashi/jutaku/sumaiyakudachi/hojo-shutoku.html
①子どもの居場所づくり地域福祉モデル事業［こども未来部こども政策課］ https://www.city.toyonaka.osaka.jp/kosodate/kosodate/kodomomirai/ibasho.html
②豊中市奨学金［教育委員会事務局総務課 学務係］ https://www.city.toyonaka.osaka.jp/kosodate/gakkou/enjo/syougakukinn.html 高校生との取り組み［豊中市］ https://www.city.toyonaka.osaka.jp/kosodate/seishounen/koukousei/index.html 若者支援総合相談窓口［市民協働部 くらし支援課］ https://www.city.toyonaka.osaka.jp/kurashi/roudou/wakamonoshien/wakamonosougousoudan.html
③とよなか保育士助成金［こども未来部こども事業課 運営管理係］ https://www.city.toyonaka.osaka.jp/kosodate/kosodatetorikumi/hoikushiteate.html
④ひとり親家庭のしおり［豊中市こども未来部 子育て給付課］ https://www.city.toyonaka.osaka.jp/kosodate/kosodate/hitorioya/index.files/hitorioyakateinosiori.pdf

⓪就学前では，新生児聴覚検査費用の助成，
病児保育事業（2000円／日［減免あり］），多胎
児世帯への支援（外出同行・育児援助・家事援助，
ファミリーサポートセンター利用料補助など），障害
児者支援手帳の配布などがある。コロナ禍の
支援策としては，「新型コロナウイルス関連支
援策一覧」（市民向け，事業者向け）が作成され
ており，妊産婦等へのタクシー利用支援事業
（1万円分），とよなかっ子応援特別給付金（1
人1万円），収入減少の保育施設等利用子育て
世帯への副食費（等補助金）（月額最大4500円最

長12カ月分）などが独自にある。住宅施策としては，中学生以下を含む**三世代同居・近居支援住宅取得補助金**（最大25万円）がある。

①小中学生では，分かりやすい就学援助チラシが作成され，別途にコロナ禍の家計急変者への特別審査が案内されている。また，**子どもの居場所づくり地域福祉モデル事業**（子ども食堂を含む）がなされている。**②高校生等**では，**豊中市奨学金**（貸与型）のほか，**高校生との取り組み**（青年の家いぶき，マンガ・イラスト展，コンサートなど），**若者支援総合相談窓口**（不登校，ひきこもり，中退など）の案内がある。**③大学生等**では，**とよなか保育士助成金**（新任・復職者向けの応援手当［月額2万円，最大3年間］，転入者向けの歓迎一時金［10万円支給］）がある。

④その他では，**ひとり親家庭のしおり**がアップされている。

（2）吹田市 ——————

【人口：38万3419人・世帯数：18万6100世帯［2024.7.31］，面積：36.1㎢／「吹田市人権施策基本方針（「子ども」を含む）」2006，「第2期吹田市子ども・子育て支援事業計画」2020-24】

「子育て応援サイトすくすく」を運営するとともに，妊娠中から子育て期までの切れ目ない支援体制として「吹田版ネウボラ」を構築している。

⓪就学前では，**ブックスタート**（1冊），**多胎児家庭サポート事業**（家事支援・育児支援・外出支援，1時間500円），**病児・病後児保育事業**（2000円／日［減免あり］）の案内がある。

①小中学生では，「新型コロナウイルス感染症緊急対策アクションプラン」の一つとして，**市立小・中学校の給食費負担の軽減**が案内されている（小学校無償化，中学校半額化／2021.10〜2022.3の半年間）。また，子ども・若者を含む

表5-3-2　吹田市

⓪就学前，①小中学生，②高校生等，③大学生等，④その他
⓪ブックスタートのお知らせ［吹田市立図書館］ https://www.lib.suita.osaka.jp/kosodate/cat1/post_1.html 多胎児家庭サポート事業［保健センター］ https://www.city.suita.osaka.jp/home/soshiki/div-kenkoiryo/hokencjigyo/_112016.html 病児・病後児保育事業について［保育幼稚園室］ https://www.city.suita.osaka.jp/home/soshiki/div-jidou/hoiku-yochien/byoji.html
①市立小・中学校の給食費負担を10月から3月まで軽減します［保健給食室］ https://www.city.suita.osaka.jp/home/soshiki/div-gakkyo/kyusyoku/oshirase/_104093.html
①②③④地域住民居場所づくり活動補助金［市民自治推進室］ https://www.city.suita.osaka.jp/home/soshiki/div-shimin/shiminjichi/siminkoeki/_81979/_82090.html

地域住民居場所づくり活動補助金がある。

（3）高槻市 ——————

【人口：34万6201人・世帯数：16万6001世帯［2024.7.31］，面積：105.3㎢／「教育委員会人権学習資料集『子どもに笑顔と輝きを！子育て6つのポイント』」2012，「第二次高槻市子ども・子育て支援事業計画」2020-24】

妊娠期からの子育てガイド『たかつき子育て応援団』の冊子及び電子版を作成している。また，子育てサイト「WAIWAIカフェ」を運用している。

②高校生等及び**③大学生等**に関して，**高槻市奨学金**（高校・高専・専修学校高等課程：貸与月額は国公立7000円・私立1万円，大学・短大・専修学校専門課程：同1万1000円，1万4000円）がある。また，**③大学生等**で，保育の担い手確保と幼児教育保育従事者への支援策として**高槻市保**

表5-3-3　高槻市

⓪就学前，①小中学生，②高校生等，③大学生等，④その他
②③奨学金制度（高槻市奨学金・その他の奨学金）［教育委員会事務局保健給食課］ http://www.city.takatsuki.osaka.jp/kurashi/kosodatekyoiku/shogakukin/1327899263284.html
③高槻市保育士等奨学金返済支援事業の実施［子ども未来部保育幼稚園総務課］ http://www.city.takatsuki.osaka.jp/kakuka/kodomo/hoikus/oshirase/1639461098095.html

育士等奨学金返済支援事業（月2万円，最大36カ月）の案内がある。

（4）枚方市
ひらかた

【人口：39万2512人・世帯数：18万6493世帯［2024.8.1］，面積：65.1㎢／「子どもを守る条例」2021，「第2期枚方市子ども・子育て支援事業計画」2020-24】

市HPに「枚方子育てわくわくサイト」を設けるとともに，「ひらかた子育て応援MAP」「ひらかた子育て応援ナビ」をアップし，また子育て応援アプリ「スマイル☆ひらかたっ子」を運用している。

⓪就学前では，子どもの誕生を祝って記念苗木の配布がある。また，病児保育室（2000円／日［減免あり］）の案内があるとともに，コロナ禍の支援策として家庭保育の協力（登園自粛）等に伴う保育料（利用者負担額・0～2歳児クラス）の減額（還付対象期間2021.4.26～6.20）を告示している。

②高校生等では枚方市奨学金（給付月額国公立4500円，私立6500円／大阪府の高等学校奨学給付金との併用不可），③大学生等では企業の奨学金返還支援（JASSOの代理返還）制度活用の事業者への呼びかけがある。

④その他では，ひとり親のみなさんへのて

（5）八尾市

【人口：25万9786人・世帯数：12万8652世帯［2024.7.31］，面積：41.7㎢／「八尾市いじめから子どもを守る条例」2020，「八尾市こどもいきいき未来計画（後期計画）」2020-24】

情報誌『子育ておうえんBOOK』冊子を母子健康手帳交付時に手渡すとともに，電子書籍版をアップしている（日本語・中国語・ベトナム語版）。また，子育てを含む生活情報アプリ「やおっぷ」の配信，子ども向けウェブサイト「八尾市こどもサイトあつまれ八尾っ子!!」の運用を行っている。

①小中学生では，スポーツ活動や文化活動において顕著な成績を挙げた子どもを表彰するがんばる「八尾っ子」応援事業，コロナ禍における放課後児童室の登室日数に応じた保育料の日割り計算に係る案内がある。②高校生等では，八尾市奨学金（給付年額2万円），並びに八尾市奨学生臨時支援金のお知らせ（コロナに負けるな修学支援事業）（給付額3万円）がある（いずれも定員350人／他の奨学金との併給可能）。③大学生等では，やお保育士サポート手当（八尾市保育士確保事業費補助金）（3年勤続で合

びきを作成しアップしている。

表5-3-4　枚方市

⓪就学前，①小中学生，②高校生等，③大学生等，④その他

⓪新生児の誕生を祝って「記念苗木」を配付いたします［土木部 みち・みどり室］ https://www.city.hirakata.osaka.jp/0000025381.html 病児保育室［私立保育幼稚園課］ https://www.city.hirakata.osaka.jp/kosodate/0000011186.html 家庭保育の協力（登園自粛）等に伴う保育料（利用者負担額・0～2歳児クラス）の減額（還付）について［保育幼稚園入園課］ https://www.city.hirakata.osaka.jp/0000029189.html
②枚方市奨学金［教育委員会 教育支援室］ https://www.city.hirakata.osaka.jp/0000007757.html
③企業の奨学金返還支援（代理返還）について［商工振興課］ https://www.city.hirakata.osaka.jp/0000035752.html
④ひとり親のみなさんへのてびき［子どもの育ち見守りセンター見守り支援推進担当］ https://www.city.hirakata.osaka.jp/0000002279.html

表5-3-5　八尾市

⓪就学前，①小中学生，②高校生等，③大学生等，④その他

①がんばる「八尾っ子」応援事業［こども若者部こども若者政策課］ https://www.city.yao.osaka.jp/0000010040.html 緊急事態宣言の延長に伴う家庭保育の協力の延長依頼について［同上 放課後児童育成室］ https://www.city.yao.osaka.jp/0000059571.html
②八尾市奨学金［教育委員会学校教育部学務給食課 学務係］ https://www.city.yao.osaka.jp/0000004438.html 八尾市奨学生臨時支援金のお知らせ（コロナに負けるな修学支援事業）［同上］ https://www.city.yao.osaka.jp/0000056915.html
③八尾市内で働く保育士さんを全力応援!! ～支援事業のご案内～［同前 保育・こども園課］ https://www.city.yao.osaka.jp/0000047814.html
④ひとり親家庭の皆さんへのお知らせ［同前 こども若者政策課］ https://www.city.yao.osaka.jp/0000044257.html

第Ⅱ部　子育て・教育施策の重層的把握調査

計30万円の補助金）などが用意されている。

④その他では，ひとり親家庭の皆さんへのお知らせがアップされている。

（6）寝屋川市

【人口：22万4643人・世帯数：11万3221世帯 [2024.9.1]，面積：24.7㎢／「寝屋川市子どもたちをいじめから守るための条例」2019，「第2期寝屋川市子ども・子育て支援事業計画」2022-24】

寝屋川子育て情報誌『ねやがわ子育てナビ』を母子健康手帳交付時または転入届時に配布するとともに，子育て応援サイト「ねやがわ子育てナビ」を運用している。

⓪就学前では，ねやがわ☆子育てスタート応援クーポン（市内の対象の子育て支援サービス等に対する支払いで料金の全部または一部に使用可能／2021年度までの実施），With Books事業（HOPステージ）（乳幼児に絵本4冊贈呈），育児援助・

家事援助ヘルパー派遣（生後2〜6カ月児家庭／育児援助・家事援助，1時間400円 [減免あり]），多胎児家庭支援事業（年間2万円分のタクシー乗車券の交付など）の案内がある。コロナ禍の支援策としては，保育料・給食費の取り扱い（保育料の日割り計算），保育所等の給食費の無償化（2020.6〜12の半年間分），妊婦特別支援給付金の支給（市独自に5万円給付），民間保育所等衛生用品等購入補助及び市立保育所衛生用品等購入（マスク等の衛生用品等の購入支援など）等が打ち出されている。

③大学生等では，寝屋川市待機児童ZEROプランRの一環として保育士処遇改善事業（2017〜21年度の間に初めて民間保育所等で正規職員として採用された保育士の処遇改善／3年間で最大31万2000円）がある。

（7）東大阪市

【人口：47万8235人・世帯数：25万575世帯 [2024.7.31]，面積：61.8㎢／「東大阪市子どもを虐待から守る条例」2005，「第2期東大阪市子ども・子育て支援事業計画」2020-24】

妊娠期からの子育てガイド『すくすく☆トライ』，子育て応援ブック『こそだてプラス＋』を作成しアップするとともに，「ひがしおおさかし子育て応援ナビ　はっぴースマイル」を運用している。

⓪就学前では，新生児聴覚検査の一部補助，

表 5-3-6　寝屋川市

⓪就学前，①小中学生，②高校生等，③大学生等，④その他
⓪ねやがわ☆子育てスタート応援クーポン [子育て支援課庶務 予防接種・母子保健担当] https://www.city.neyagawa.osaka.jp/kosodate/kosodate/start/12572.html With Books事業（HOPステージ）乳幼児への絵本贈呈 [子育て支援課] https://www.city.neyagawa.osaka.jp/organization_list/kodomo/kosodatesienka/1619578926325.html 育児援助・家事援助ヘルパーを派遣します [同上] https://www.city.neyagawa.osaka.jp/organization_list/kodomo/kosodatesienka/kosodatesien/1378343329920.html 多胎児家庭を支援します！（多胎児家庭支援事業）[同上] https://www.city.neyagawa.osaka.jp/organization_list/kodomo/kosodatesienka/bosi_kenkou/ninpukensinkyousitu/1615443415754.html 新型コロナウイルス感染症による保育料・給食費の取り扱いについて [保育課] https://www.city.neyagawa.osaka.jp/kosodate/kosodate/sinngatakorona/14002.html こども部主要取組 [こども部] 保育所等の給食費の無償化，妊婦特別支援給付金の支給，民間保育所等衛生用品等購入補助及び市立保育所衛生用品等購入などを含む https://www.city.neyagawa.osaka.jp/organization_list/keieikikaku/kikakuikka/siseiuneihousin_bukyokubetsushuyoutorikumi/bukyokubetsushuyoutorikumi/reiwa2nendobukyokubetsushuyotorikumi/1591660510096.html
③寝屋川市 待機児童ZEROプランR（保育士処遇改善事業を含む）[保育課] https://www.city.neyagawa.osaka.jp/organization_list/kodomo/hoikuka/1489535338850.html

表 5-3-7　東大阪市

⓪就学前，①小中学生，②高校生等，③大学生等，④その他
⓪新生児聴覚検査 [健康部 保健所] http://www.city.higashiosaka.lg.jp/kosodate/0000026979.html 多子世帯の保育料の軽減 [子どもすこやか部 子育て支援室] http://www.city.higashiosaka.lg.jp/kosodate/0000002880.html
②③奨学金 [教育委員会事務局学校教育部 学事課] http://www.city.higashiosaka.lg.jp/0000004837.html 入学準備金貸付けのご案内 [同上] http://www.city.higashiosaka.lg.jp/0000005368.html

多子世帯の保育料軽減（第2子半額，第3子以降無料）の案内がある。

②**高校生等**及び③**大学生等**では，**奨学金**（貸与型／高校生等80人，大学生等20人），**入学準備金貸付け**（私立高校・高専20人程度：15万円，国公私立大学等25人程度：20万円）の案内がある。

4.2 施行時特例市

(1) 岸和田市 ─────────

【人口：18万7032人・世帯数：9万453世帯 [2024. 8.1]，面積：72.7㎢／「岸和田っ子宣言」1992，「第2期岸和田市子ども・子育て支援事業計画」2020-24】

子育て支援情報誌『みんなでこそだて』の電子書籍版をアップするとともに，育児を応援する行政サービスガイド「ママほっと」を公開している。

⓪**就学前**では，コロナ禍の**独自支援・対策事業**として，妊婦へのタクシー乗車券配付（1万円分），出席停止児童・生徒に係る給食費の公費負担，市立学校園・保育施設等における自動水栓の整備などが打ち出されている。また，**難聴児補聴器購入費等の助成**がある。

表 5-4-1　岸和田市

⓪就学前，①小中学生，②高校生等，③大学生等，④その他
⓪岸和田市独自支援・対策事業について［令和3年度］［企画課 分権担当］ https://www.city.kishiwada.osaka.jp/soshiki/5/dokuzishien.html 難聴児補聴器購入費等の助成について［障害者支援課 障害福祉担当］ https://www.city.kishiwada.osaka.jp/soshiki/105/nannchouji-hochouki-2017.html

(2) 茨木市 ─────────

【人口：28万5912人・世帯数：13万4382世帯 [2024. 7.31]，面積：76.5㎢／「次世代育成支援行動計画」2020-24，別冊『子どもの貧困対策についてあなたと私にできること』『ひきこもり支援ガイドブック』】

子育てに関するさまざまな情報を掲載した『子育てハンドブック』を発行するとともに，電子書籍版をアップしている。

⓪**就学前**では，**軽度難聴児の補聴器購入等費用補助**（大阪府事業の対象とならない軽度児／所得制限あり），**訪問型病児・病後児保育利用料補助制度**（年間4万円まで）がある。

①**小中学生**では，パンフレット「**茨木市相談機関への道しるべ**」（茨木市子ども・若者支援地域協議会）を作成・アップしており，不登校・ひきこもり・非行・就労・障害・生活設計・子育てなどをつないだ総合的な支援を志向している。②**高校生等**では，**茨木市奨学金制度**

表 5-4-2　茨木市

⓪就学前，①小中学生，②高校生等，③大学生等，④その他
⓪軽度難聴児の補聴器購入等費用補助について［こども育成部子育て支援課］ https://www.city.ibaraki.osaka.jp/kikou/kodomoikusei/kosodate/menu/keidonanchouji/index.html 訪問型病児・病後児保育利用料補助制度について［こども育成部保育幼稚園事業課］ https://www.city.ibaraki.osaka.jp/kurashi/kodomo/hoiku/byouji/42162.html
①茨木市相談機関への道しるべ［こども育成部こども政策課］ https://www.city.ibaraki.osaka.jp/kikou/kodomoikusei/kodomos/menu/kodomo_wakamono_jiritu/1431657195237.html
②高校等への入学を応援します（茨木市奨学金制度）［教育委員会教育総務部学務課］ https://www.city.ibaraki.osaka.jp/kosodate_kyoiku/student/shogakukin/53456.html 「夢を実現する奨学金」［教育委員会学校教育部学校教育推進課］ https://www.city.ibaraki.osaka.jp/kosodate_kyoiku/student/shogakukin/52981.html
③大学奨学金利子補給事業［こども育成部こども政策課］ https://www.city.ibaraki.osaka.jp/kurashi/kodomo/shogakukin/1438128192783.html 保育士奨学金返済支援事業［こども育成部保育幼稚園総務課］ https://www.city.ibaraki.osaka.jp/kikou/kodomoikusei/soumu/menu/center/50739.html
④ひとり親世帯の知っとく情報!!［こども育成部こども政策課］ https://www.city.ibaraki.osaka.jp/material/files/group/32/shittokujyoho2020.pdf ひとり親家庭の施策案内［同上］ https://www.city.ibaraki.osaka.jp/material/files/group/32/sesakuannai.pdf

第5章　大阪府及び府下43市町村における子育て・教育費支援情報

第Ⅱ部　子育て・教育施策の重層的把握調査

（入学支度金として市民税非課税世帯の第1子10万円，第2子以降18万円支給），奨学金を広く活用するための情報冊子「夢を実現する奨学金」の案内がある。③大学生等では，大学奨学金利子補給事業（40歳未満／年額上限2万円），保育士奨学金返済支援事業（月額2万円，最大36ヵ月）がある。

④その他では，ひとり親世帯の知っとく情報!!，ひとり親家庭の施策案内を作成・アップしている。

5. その他の22市

(1) 池田市

【人口：10万2667人・世帯数：5万246世帯［2024.7.31］，面積：22.1㎢／「池田市子ども条例」2005，「第2期池田市子ども・子育て支援事業計画」2020-24】

簡便なA4判四つ折り両面印刷の「いちご応援団」を作成・アップしているほか，市HPのサイト「子育て支援のまち池田 子育て支援情報」に関連情報を一覧にしており分かりやすい。加えて，「池田市発達支援MAP」（資料5-7-3）は妊娠・出産から思春期・青年期，成人期・老齢期までの年齢別／分野別チャートで一覧になっており，HP情報の有無も表示されている（外国人のためのページもあり）。また，母子健康手帳の延長版としての子どもの

成長・発達の記録ファイル『いけだつながりシート イケダス』（冊子版，電子版）が用意されている。父親向けの『お父さんの子育てハンドブック』も配布・アップしている。

⓪就学前では，「池田市の特典」としてふくまる子ども券（一時預かり施設利用補助券500円券20枚つづり），エンゼル祝品支給制度（第1・2子：1万円の積立式定期預金通帳，第3子：同5万円の贈呈），エンゼル車提供制度（3人目からの赤ちゃん誕生でダイハツ工業株式会社から乗用車を無償貸与），保育所等／幼稚園等エンゼル補助金（3歳以上の第4子以上の副食材料費の支給）などを案内している。また，新生児聴覚検査の費用助成がある。

③大学生等では，池田市保育士等就職支援補助金（就職お祝い金／正規職員10万円，非常勤職員5万円），池田市保育士等キャリアアップ事業補助金（国の保育士処遇改善事業に池田市が上乗せで施設に補助／月額3000円〜）がある。

(2) 泉大津市

【人口：7万2782人・世帯数：3万5641世帯［2024.8.1］，面積：8.2㎢／「第二期いずみおおつ 子ども未来プラン」2020-24】

子育て情報誌『いずみおおつ子育てガイドブック』（冊子版，電子書籍版）を作成・アップしている。また，「いずみおおつ子育て応援アプリ」を提供している。

⓪就学前では，子ども食堂などこどもの居場所づくり支援（1団体24万円）の案内がある。

表5-5-1　池田市

⓪就学前，①小中学生，②高校生等，③大学生等，④その他
⓪池田市の特典（ふくまる子ども券［一時預かり施設利用補助券］，エンゼル祝品支給制度，エンゼル車提供制度，保育所等／幼稚園等エンゼル補助金）［池田市］ https://www.city.ikeda.osaka.jp/kosodate_kyoiku/kosodateshien/tokuten/index.html 新生児聴覚検査［子ども・健康部 健康増進課］ https://www.city.ikeda.osaka.jp/soshiki/kodomo/kenkozoshin/boshihoken/boshi_syussan/1600230727831.html
③私立保育所の保育士として働きたい方へ（池田市の補助金制度）［同幼児保育課］ https://www.city.ikeda.osaka.jp/soshiki/kodomo/youjihoiku/oshirase/1504657254198.html

表5-5-2　泉大津市

⓪就学前，①小中学生，②高校生等，③大学生等，④その他
⓪こどもの居場所をつくってみたい人，支援します！［子育て応援課］ https://www.city.izumiotsu.lg.jp/kakuka/kenko/kosodateouen/osirase/1507199151573.html
①子育て短期支援事業（トワイライトステイ）［同上］ https://www.city.izumiotsu.lg.jp/lifestage/ninshin/kosodatesien/1365153806591.html

①**小中学生**では，ひとり親家庭の小学生対象の**子育て短期支援事業（トワイライトステイ）**（有料750円）がある。

（3）貝塚市

【人口：8万801人・世帯数：3万3983世帯［2024.8.31］，面積：43.9㎢／「第2期 貝塚市子ども・子育て支援事業計画」2020-24】

子育て情報誌『かいづか子育てガイドブック』（冊子版，電子書籍版）を作成・アップしているほか，市HPに「子育てナビゲーション」のページがある。

⓪**就学前**では，**新生児聴覚検査（一部助成）**，**子育て応援券**（子育て支援サービス利用券500円12枚）の案内がある。

①**小中学生**では，地域ボランティアが国語・算数などを週1回教育支援する**かいづかまなび舎**，国の「新・放課後子ども総合プラン」及び 大阪府の「教育コミュニティづくり推進事業（おおさか元気広場）」補助事業を活用した**放課後子ども教室（無料）**がある。②**高校生等**及び③**大学生等**として，**奨学資金貸付制度（高等学校・大学用）**がある。

表5-5-3　貝塚市

⓪就学前，①小中学生，②高校生等，③大学生等，④その他
⓪新生児聴覚検査（一部助成）［かいづか子育てガイドブック］ https://www.city.kaizuka.lg.jp/material/files/ group/24/20-31_ninshinshussankosodate.pdf 子育て応援券（貝塚市子育て支援サービス利用券）［健康子ども部 子育て支援課］ https://www.city.kaizuka.lg.jp/kakuka/kenkokodomo/ kosodate/topics/ouenken.html
①かいづかまなび舎［かいづか子育てガイドブック］ https://www.city.kaizuka.lg.jp/material/files/group/ 24/53-56_shouchuugakuseininattara.pdf 放課後子ども教室（無料）［社会教育課 社会教育担当］ https://www.city.kaizuka.lg.jp/kakuka/kyoiku/shakaikyoiku/ menu/houkagokodomokyousitu/index.html
②③奨学資金貸付制度（高等学校・大学用）［教育部 学校教育課］ https://www.city.kaizuka.lg.jp/kakuka/kyoiku/gakkojinken/ menu/30390.html

（4）守口市

【人口：14万1030人・世帯数：7万4220世帯［2024.7.31］，面積：12.7㎢／「守口市人権行政基本方針（改定版）」2021（子どもの人権を含む），「第二期守口市子ども・子育て支援事業計画」2020-24】

子育て情報誌『守口市子育てガイドブック』（PDF版，電子書籍版）を作成・アップするとともに，子育て支援情報を含む「もりナビ」を提供している。

⓪**就学前**では，プレパパ・プレママ教室の際の**無料妊婦歯科健診**，**守口市独自の子育て支援**（世帯の所得に関係なく0〜5歳児の幼児教育・保育を無償化，給食費のうち主食費を除く副食費の市負担）の案内がある。

③**大学生等**では，**守口市民間保育士緊急確保支援事業**（就労促進給付金として新卒就職で最大40万円支給）がある。

表5-5-4　守口市

⓪就学前，①小中学生，②高校生等，③大学生等，④その他
⓪プレパパ・プレママ教室（無料妊婦歯科健診を含む）［こども部子育 て世代包括支援センターあえる］ http://www.city.moriguchi.osaka.jp/kosodateshiencenter/ syussan/1603513485219.html 守口市独自の子育て支援について（幼児教育・保育の無償化、副食 費の無償化）［こども部こども施設課］ http://www.city.moriguchi.osaka.jp/lifestage/nyuennyugaku/ youzikyouikuhoikumusyouka/1606801777856.html
③守口市民間保育士緊急確保支援事業［こども部子育て支援政策課］ https://www.city.moriguchi.osaka.jp/kakukanoannai/ kodomobu/hoikuyochienka/mori_kinkyukakuho/ 1590973636718.html

（5）泉佐野市

【人口：9万9179人・世帯数：5万272世帯［2024.7.31］，面積：56.5㎢／「泉佐野市いじめの防止等に関する条例」2020，「いずみさの子ども未来総合計画」2020-24】

子育て情報誌『子育てのしおり』情報篇／育児篇（冊子版，PDF版）を作成するとともに，子育てアプリ「さのっ子ナビby母子モ」を提

表 5-5-5　泉佐野市

⓪就学前，①小中学生，②高校生等，③大学生等，④その他
⓪新婚生活のスタートを応援します（結婚新生活支援事業）［子育て支援課］ https://www.city.izumisano.lg.jp/kakuka/kodomo/kosodate/menu/kekkonn/1527642438024.html こんにちは赤ちゃん事業（新生児聴覚検査を含む）［健康推進課］ https://www.city.izumisano.lg.jp/kakuka/kenkou/hoken/menu/child/homon_sido.html いずみさの新生児臨時特別給付金【市単独事業】のご案内［子育て支援課］ https://www.city.izumisano.lg.jp/kakuka/kodomo/kosodate/menu/teate_josei/8467.html 子育て世帯への臨時特別支援給付金【市単独事業】のご案内［同上］ https://www.city.izumisano.lg.jp/kakuka/kodomo/kosodate/menu/teate_josei/R3kosodatesetairinnzitokubetusiennzigyou/8465.html
①自転車用ヘルメット購入費助成（泉佐野地域ポイントさのぽ付与）［道路公園課］ https://www.city.izumisano.lg.jp/material/files/group/16/2021kosodatenosioijyouhouhenn.pdf 泉佐野おもちゃ修理隊［子育てのしおり］ https://www.city.izumisano.lg.jp/material/files/group/16/2021kosodatenosioijyouhouhenn.pdf
②令和3年度給付型奨学金について［教育委員会学校教育課］ https://www.city.izumisano.lg.jp/kakuka/kyoiku/gakkokyoiku/menu/syougakukin/7108.html
③泉佐野市で働く保育士等を応援します！(補助事業のご案内)［子育て支援課］ https://www.city.izumisano.lg.jp/kakuka/kodomo/kosodate/menu/1592558213099.html

供している。また，子どもを真ん中に保護者も支援者も繋がって切れ目ない支援をめざす泉佐野市サポートブック『はぐノート』を希望者に配布している。

⓪就学前では，結婚新生活支援事業（上限30万円），こんにちは赤ちゃん事業（新生児聴覚検査費用一部校費負担を含む），コロナ禍の支援策としていずみさの新生児臨時特別給付金【市単独事業】（2021年度生まれ10万円），子育て世帯への臨時特別支援給付金【市単独事業】（所得制限により国事業の支給対象外の18歳未満世帯にも10万円）の案内がある。

①小中学生では，自転車用ヘルメット購入費助成（泉佐野地域ポイントさのぽ付与），泉佐野おもちゃ修理隊（ボランティアによる月1回の無償修理）がある。**②高校生等**では，次世代人材育成への寄与を目的とした給付型奨学金（100人以内／高校進学時に10万円支給）がある。**③大学生等**では，泉佐野市で働く保育士等応援（補助金10万円）がある。

(6) 富田林市 <small>とんだばやし</small>

【人口：10万6122人・世帯数：5万2283世帯［2024.8.31］，面積：39.7㎢／「第2期富田林市子ども・子育て支援事業計画」2020-24】

「このまちで 子育てを 楽しもう」を標語とした子育て応援ガイドブック『Ton Ton』（PDF版）を作成・アップするとともに，子育て応援サイト「TonTon」を提供している。

⓪就学前では，親世代との同居・近居を目的とした転入時の住宅取得を支援する富田林市若者・子育て世代転入促進給付金事業（近居30万円，同居50万円）の案内がある。

①小中学生では，生活困窮者自立支援法に基づく子どもの学習支援事業（居場所の提供と学習支援）がある。**②高校生等**では，経済的な理由で進路をあきらめず夢や希望を叶える支援としての進路選択支援事業（奨学金活用や進路の相談・情報提供），給付型の富田林市奨学金制度（約100人／各学年4万円，新1年生は入学支度金1万円を加算）がある。

表 5-5-6　富田林市

⓪就学前，①小中学生，②高校生等，③大学生等，④その他
⓪富田林市若者・子育て世代転入促進給付金事業［住宅政策課］ https://www.city.tondabayashi.lg.jp/soshiki/32/36639.html
①子どもの学習支援事業［地域福祉課］ http://ton-ton.jp/network/user/kodomo/blog/showDetail.do?blogCategoryId=8&articleId=535
②進路選択支援事業［教育委員会教育指導室］ https://www.city.tondabayashi.lg.jp/uploaded/attachment/77073.pdf 富田林市奨学金制度について［同上］ https://www.city.tondabayashi.lg.jp/soshiki/52/67013.html

(7) 河内長野市

【人口：9万8411人・世帯数：4万7651世帯［2024.7.31］，面積：109.6㎢／「第2期河内長野市子ども・子育て支援事業計画」2020-24】

『子育て支援ガイドかわちながの』を作成・アップするとともに，子育てナビ「キラキラ

表 5-5-7　河内長野市

⓪就学前, ①小中学生, ②高校生等, ③大学生等, ④その他
⓪近居同居促進マイホーム取得補助制度［都市計画課］ https://www.city.kawachinagano.lg.jp/soshiki/20/4120.html 乳幼児対象ごみシールを追加配布［環境衛生課資源循環係］ https://www.city.kawachinagano.lg.jp/soshiki/15/36266.html
①令和３年度河内長野市英語村構想事業について［教育総務課 庶務係］ https://www.city.kawachinagano.lg.jp/soshiki/45/54634.html
②進路選択支援相談［河内長野市人権協会］ http://www.kawachinagano-jinken.join-us.jp/soudan-01.html# 河内長野市奨学金について［教育指導課］ https://www.city.kawachinagano.lg.jp/soshiki/46/58373.html

表 5-5-8　松原市

⓪就学前, ①小中学生, ②高校生等, ③大学生等, ④その他
⓪松原市子育てすくすくポイントのご案内［福祉部子ども未来室 子育て支援課］ https://www.city.matsubara.lg.jp/kosodate_net/tetuduki/josei/10055.html 子ども・子育て支援施設における副食費に係る補足給付事業について［同 子ども施設課］ https://www.city.matsubara.lg.jp/material/files/group/15/hosokushinai1.pdf
③保育士住宅借り上げ支援事業について［同上］ https://www.city.matsubara.lg.jp/kodomo/kosodate/4/14435.html

ねっと」を提供している。

⓪就学前では，近居同居促進マイホーム取得補助制度（市内転居：近居10万円・同居20万円，市外転入：近居20万円・同居30万円），乳幼児対象ごみシール追加配布（紙おむつ等使用世帯ごみ処理券交付，４枚×月数）の案内がある。

①小中学生では，河内長野市英語村構想事業（４・５歳児クラス，小学１・２年生クラスのこどもえいご村を含む）がある。**②高校生等**では，進路選択支援相談（河内長野市人権協会実施），河内長野市奨学金（年額３万6000円支給）がある。

（8）松原市

【人口：11万6327人・世帯数：5万9135世帯［2024.8.31］，面積：16.7㎢／「松原市人権施策基本方針」2005（子どもの人権を含む），「第２期松原市子ども・子育て支援事業計画」2020-24】

「まつばら子育てネット」及び「松原市メール配信サービス（マッキーメール）」を運用している。また，孫育てガイド『祖父母手帳』を作成・アップしている。

⓪就学前では，松原市子育てすくすくポイント（支援センターや園庭開放を利用するたびにポイントがたまり商品等と交換できる），私学助成幼稚園・国立幼稚園等に通園している満３歳児から５歳児の副食費に係る補足給付事業（対象要件あり）の案内がある。

③大学生等では，保育士住宅借り上げ支援事業（保育士が住むアパート等を借り上げる費用の一部を補助）がある。

（9）大東市

【人口：11万6054人・世帯数：5万8430世帯［2024.7.31］，面積：18.3㎢／「大東市子ども基本条例」2007，「第２期大東市子ども・子育て支援事業計画」2020-24】

「あふれる笑顔 幸せのまち大東づくり」を標語とした子育て情報誌『だいとう子育てガイド』を作成・アップするとともに，子育て応援サイト「のびのび大東っ子」，子育て情報アプリ「Webランドダイトウ」，子ども・子育て支援情報公表システム「ここdeサーチ」を提供している。また，子育てに関する総合窓口「ネウボランドだいとう」を開設し，子育てすることが楽しくなるような「ネウボランドだいとうオリジナル子育てファイル」を母子手帳交付時に配布している。

⓪就学前では，大東市三世代家族推進事業（子ども世帯の市外転入助成），子育て世代空家リフォーム補助制度，新生児聴覚検査（助成），だいとう子育てスマイルサポート券（２歳未満／サービス利用・消耗品購入・タクシー利用の助成），送迎保育ステーション（２歳児以上／JR住道駅近くの送迎保育ステーションで預かった子を専用バスで市内の保育施設へ送迎），副食費の無償化（3

表 5-5-9　大東市

⓪就学前, ①小中学生, ②高校生等, ③大学生等, ④その他
⓪大東市三世代家族推進事業（子ども世帯の市外転入）［都市政策室 都市政策課］ https://www.city.daito.lg.jp/site/iju/17768.html 子育て世代空家リフォーム補助制度［同上］ https://www.city.daito.lg.jp/site/iju/21586.html 新生児聴覚検査（助成）［地域保健課］ https://www.city.daito.lg.jp/site/kosodate/1312.html だいとう子育てスマイルサポート券［子ども室子ども政策グループ］ https://www.city.daito.lg.jp/site/kosodate/1133.html 送迎保育ステーションとは［福祉・こども部 子ども室 保育幼稚園グループ］ https://www.city.daito.lg.jp/site/kosodate/1049.html 副食費の無償化について［同上］ https://www.city.daito.lg.jp/soshiki/60/3175.html 令和3年4月分から6月分までの利用者負担額（保育料）の無償化について［同上］ https://www.city.daito.lg.jp/site/covid-19/23338.html
②③奨学金［学校管理課学事・徴収グループ］ https://www.city.daito.lg.jp/soshiki/45/1213.html
③大東市未来人材奨学金返還支援補助金［産業経済室商工労働グループ］ https://www.city.daito.lg.jp/site/iju/1747.html

歳児クラス以上），コロナ対応として**保育料の無償化**（2021.4～6月分）の案内がある。

②高校生等及び**③大学生等**では，貸与型の**奨学金**（入学一時金・修学金），若者の市内流入・定住促進・人材確保のための**大東市未来人材奨学金返還支援補助金**（返還額の2分の1，半年あたり上限7万5000円，最大8年間）を案内している。

(10) 和泉市 ——————

【人口：18万2624人・世帯数：8万2827世帯［2024. 7.31］，面積：85.0㎢／「和泉市輝く子どもを育む教育のまち条例」2021，「第2期和泉市こども・子育て応援プラン」2020-24】

子育て情報誌『いずみ子育てガイド』を作成・アップするとともに，子育て・健康応援アプリ「いずまる」を提供し，いずみまるごと子育て・健康応援事業（子育て世代包括支援センター）「子育てをまるごと応援!! い・ず・ま・る」を展開している。

⓪就学前では，**多子軽減**（2人以上保育する場合の2人目半額・3人目以降全額，18歳以下の第

表 5-5-10　和泉市

⓪就学前, ①小中学生, ②高校生等, ③大学生等, ④その他
⓪多子軽減［教育・こども部 こども未来室 幼保運営担当］ https://www.city.osaka-izumi.lg.jp/kosodate/hoikuyouchien/hoikuen/1322131258989.html 和泉市幼児用自転車乗車用ヘルメット購入助成について［都市デザイン部 都市政策室 交通担当］ https://www.city.osaka-izumi.lg.jp/kakukano/dezainbu/tosiseisaku/gyoumu/koutsuukankei/koutsuanzen/1387165551797.html
③和泉市に定住・就職で奨学金の返還を補助します！［市民生活部 くらしサポート課労働政策係］ https://www.city.osaka-izumi.lg.jp/kakukano/siminseikatubu/kurasisupport/roudou/osirase/shougakukin/shogakukinhenkansien.html

4子以降の子の保育料の全額が免除），**和泉市幼児用自転車乗車用ヘルメット購入助成**（4カ月以上児対象／2000円）の案内がある。

③大学生等では，**和泉市奨学金返還補助事業**（月額上限2万円／最大36カ月・72万円）がある。

(11) 箕面市 ——————

【人口：13万6063人・世帯数：6万1784世帯［2024. 7.31］，面積：47.9㎢／「箕面市子ども条例」2009，「第4次箕面市子どもプラン」2020-24】

市HPの「みのお子育て情報」ページに関連情報が一覧にされている。妊娠期から小学校入学までを7つの時期に分けて各場面で必要となる情報を1冊ごとにまとめてた子育て応援ブック『SMILE』，子育て情報誌『子育て応援ガイドブック』を作成・アップしている。

⓪就学前では，子どもの**インフルエンザ予防接種助成**（1000円クーポン券2枚），**市立図書**

表 5-5-11　箕面市

⓪就学前, ①小中学生, ②高校生等, ③大学生等, ④その他
⓪子どものインフルエンザ予防接種を助成［子ども未来創造局子どもすこやか室］ https://www.city.minoh.lg.jp/kenkou/kodomoinnfurujosei.html 子ども支援の取り組み［箕面市立図書館］ https://www.city.minoh.lg.jp/library/kodomo/hogosya.html
①見守りシステム「otta」［子ども未来創造局学校生活支援室］ https://www.city.minoh.lg.jp/edushien/otta.html
②箕面市奨学資金（給付）［同上］ https://www.city.minoh.lg.jp/edukanri/syougakusei2.html
③箕面市で保育士になりませんか？［同 保育幼稚園利用室］ https://www.city.minoh.lg.jp/infancy/hoikusho/hoikushi.html

館による子ども支援の取り組み（おはなし会，子ども居場所事業，専任学校図書館司書との連携など）を案内している。

①**小中学生**では，**見守りシステム「otta」**（全児童生徒への無償配布）がある。②**高校生等**では**箕面市奨学資金（給付）**（市民税非課税世帯の高校生／年額5万円），③**大学生等**では**保育士支援事業**（学生支援補助金，生活支援補助金，家賃支援補助金）がある。

(12) 柏原市

【人口：6万6662人・世帯数：3万2791世帯 [2024.7.31]，面積：25.3㎢／「柏原市こども未来プラン（第2期柏原市子ども・子育て支援事業計画）」2020-24】

子育てガイドブック『かしわら子育てほっと情報』（PDF版，電子書籍版）を作成・アップしている。

⓪**就学前**では，**新生児聴覚検査（助成）**の案内がある。

②**高校生等**では，貸与型の**柏原市奨学金**（初年度15万円，2・3年度各5万円，計25万円の貸付）がある。

表5-5-12 柏原市

⓪就学前, ①小中学生, ②高校生等, ③大学生等, ④その他
⓪新生児聴覚検査（助成）[こども家庭安心課（保健センター）] http://www.city.kashiwara.osaka.jp/docs/2021092800024/
②柏原市奨学金のお知らせ[指導課] http://www.city.kashiwara.osaka.jp/docs/2014030700135/

(13) 羽曳野市

【人口：10万7364人・世帯数：5万1789世帯 [2024.8.31]，面積：26.5㎢／「第2期はびきのこども夢プラン策定」2020-24】

羽曳野市に移住定住するための情報サイト「はびすむ」には「『はびきの』でまなぶ」「『はびきの』でそだてる」のページがある。また，

表5-5-13 羽曳野市

⓪就学前, ①小中学生, ②高校生等, ③大学生等, ④その他
⓪ダルビッシュ有子ども福祉基金事業[市長公室家庭支援課] https://www.city.habikino.lg.jp/soshiki/shichou/kodomomirai/kateishien/darubissyu/5928.html
①小学校給食費の改定及び新型コロナウイルス感染症に伴う無償化のお知らせ[教育委員会 学校教育室 食育・給食課 学校給食センター] https://www.city.habikino.lg.jp/soshiki/shichou/hisho/new_corona/shikinkyusien/10773.html 中学生自学自習サポート事業「はびきの中学生 study-O」[政策推進課 特命事業推進室] https://www.city.habikino.lg.jp/kosodate/kagai_katudo/4091.html はびスポ「小・中学生スポーツクラブ活動事業」[同上] https://www.city.habikino.lg.jp/kosodate/kagai_katudo/11759.html 放課後子ども教室・広場[教育委員会生涯学習室 社会教育課] https://www.city.habikino.lg.jp/kosodate/kagai_katudo/5151.html
②進路選択支援相談について[教育委員会学校教育室 学校教育課] https://www.city.habikino.lg.jp/soshiki/gakkoukyouiku/gakkousoumu/school_education/sinro.html

子育て情報サイト「はびきの子育てネット」を運用している。

⓪**就学前**では，子どもたちの健やかな成長に寄与するための**ダルビッシュ有子ども福祉基金事業**の案内がある。

①**小中学生**では，**小学校給食費の改定及び新型コロナウイルス感染症に伴う無償化**（2020～21年度の無償化），**中学生自学自習サポート事業「はびきの中学生 study-O」**，**はびスポ「小・中学生スポーツクラブ活動事業」**，**放課後子ども教室・広場**（14小学校区すべてで実施）がある。②**高校生等**では，**進路選択支援相談**（毎週火曜・金曜）がある。

(14) 門真市

【人口：11万6652人・世帯数：6万4341世帯 [2024.8.1]，面積：12.3㎢／「門真市第2期子ども・子育て支援事業計画」2020-24】

子育て情報誌『かどま子育てガイド』を作成・アップするとともに，子育て応援サイト「すくすくひよこナビ」を提供している。

⓪**就学前**では，**副食費の補助**（保育所等の3～5歳児の副食費を市が独自補助），**産後ママ育児**

表5-5-14　門真市

⓪就学前，①小中学生，②高校生等，③大学生等，④その他
⓪副食費の補助（門真市保育所等給食費補助金）[こども部 保育幼稚園課] https://www.city.kadoma.osaka.jp/sukusuku/kakuka/hoikuyotien/1/7654.html 産後ママ育児パパ応援給付金[こども部 こども政策課 こども政策グループ] https://www.city.kadoma.osaka.jp/kinkyu_2/13657.html 医療的ケア児に対する看護師配置事業[令和4年度事業提案一覧表] https://www.city.kadoma.osaka.jp/material/files/group/3/2022_01_05_kodomobu.pdf
②高校生対象の奨学金（令和3年9月廃止決定）[学校教育課] https://www.city.kadoma.osaka.jp/kosodate/gakko_kyoiku/shochugakko/4868.html 進路選択支援相談[同 指導・人権教育グループ] https://www.city.kadoma.osaka.jp/soshiki/kyoiku/2/4/2/3/2/2297.html
③保育士等確保事業[令和4年度事業提案一覧表] https://www.city.kadoma.osaka.jp/material/files/group/3/2022_01_05_kodomobu.pdf

表5-5-15　摂津市

⓪就学前，①小中学生，②高校生等，③大学生等，④その他
⓪誕生記念樹の贈呈[建設部 水みどり課] https://www.city.settsu.osaka.jp/soshiki/kensetsubu/mizumidorika/gyoumu/624.html 新生児聴覚検査公費助成について[教育委員会次世代育成部 出産育児課] https://www.city.settsu.osaka.jp/soshiki/jisedaiikuseibu/shussannikuji/boshikenkou/nyuuyoujikensin/16898.html
②私立高等学校等学習支援金のご案内[同 次世代育成部 子育て支援課] https://www.city.settsu.osaka.jp/soshiki/jisedaiikuseibu/kosodateshienka/teatejosei/2553.html 教育センターで進路選択支援相談を実施します[同 教育総務部 教育支援課] https://www.city.settsu.osaka.jp/soshiki/kyoikusoumubu/kyouikushiennka/oshirase/2242.html
③摂津市保育士就職支援補助金制度について[同 次世代育成部 こども教育課] https://www.city.settsu.osaka.jp/soshiki/jisedaiikuseibu/kodomokyouikuka/settsushisyuusyokusiennhozyokinn/10225.html

パパ応援給付金（1万円給付），2022年度予定として医療的ケア児に対する看護師配置事業（就学前から切れ目なく看護師を配置）がある。

②高校生等では，給付型の奨学金の廃止，進路選択支援相談の案内がある。③大学生等では，2022年度予定として保育士等確保事業（定着支援事業，宿舎借り上げ支援）がある。

(15) 摂津市

【人口：8万6452人・世帯数：4万3300世帯［2024.8.31］，面積：14.9㎢／「第2期摂津市子ども・子育て支援事業計画」2020-24】

子育て情報誌『せっつみんなで子育てガイド』を作成・アップするとともに，「せっつみんなで子育てねっと」を運用している。

⓪就学前では，誕生記念樹の贈呈，新生児聴覚検査公費助成の案内がある。②高校生等では私立高等学校等学習支援金，進路選択支援相談（教育センター），③大学生等では摂津市保育士就職支援補助金制度（10万円付）の案内がある。

(16) 高石市

【人口：5万6117人・世帯数：2万6473世帯［2024.8.1］，面積：11.3㎢／「第2期 高石市 子ども・子育て支援事業計画」2020-24】

市HPに「子育てするなら，高石市」のページがあり，高石駅前のビルに開設した子育てウェルカムステーション「HUGOOD TAKAISHI（ハグッドたかいし）」の紹介がある。『パパママ応援ブック』を作成・アップするとともに，「たかいし子育てねっと」を提供している。

⓪就学前では，子育て世代の定住促進事業（新築／購入時の固定資産税軽減），新生児聴覚検査（助成）の案内がある。

表5-5-16　高石市

⓪就学前，①小中学生，②高校生等，③大学生等，④その他
⓪子育て世代の定住促進事業[土木部 建築住宅課 空き家・住宅政策係] http://www.city.takaishi.lg.jp/dekigoto/kosodate/1458786872423.html 新生児聴覚検査（助成）[保健福祉部 地域包括ケア推進課 保健予防係] http://www.city.takaishi.lg.jp/kakuka/fukushi_hoken/chiikihoukatukeasuishin_ka/sougouhokensenta_jigyoshokai/ninshinntyuunokenkou/1639099629778.html

(17) 藤井寺市

【人口：6万2319人・世帯数：3万155世帯［2024.8.31］，面積：8.9㎢／「第二期藤井寺市子ども・子育て支援事業計画」2020-24】

子育て情報誌『子育てマップ 藤井寺』を作成・アップするとともに，『広報ふじいでら』の紙面の中にも「子育てガイド」のページを設けている。また，スマートフォン向け子育てアプリ「でらっこ」を配信している。

⓪就学前では，結婚新生活支援事業補助金（上限30万円）の案内がある。また，**子どもの貧困対策**について関連事業一覧「子どもの未来を応援します」を広報している。

①小中学生では，**ひとり親家庭等入学祝金**（5000円）がある。また，コロナ対応として**就学援助費給付者への応援給付金**（1世帯2万円），学生を含め休校措置期間中の市立駐輪場の**自転車等定期使用期間の延長**がなされていた。

表 5-5-17　藤井寺市

⓪就学前，①小中学生，②高校生等，③大学生等，④その他
⓪結婚新生活支援事業補助金［子育てマップ 藤井寺］ https://www.city.fujiidera.lg.jp/material/files/group/12/kosodatemapfujiidera_r3.pdf 子どもの貧困対策について［こども未来部 子育て支援課］ https://www.city.fujiidera.lg.jp/kurashi/kosodate/kosodateshien/10711.html
①ひとり親家庭等入学祝金［同上］ https://www.city.fujiidera.lg.jp/raifuibento/ikuji/kosodate/1387425203787.html 就学援助費給付者への応援給付金［教育総務課］ https://www.city.fujiidera.lg.jp/material/files/group/25/koronasiennjigyou.pdf
①②③自転車等定期使用期間の延長［まち保全課］ https://www.city.fujiidera.lg.jp/material/files/group/25/koronasiennjigyou.pdf

(18) 泉南市

【人口：5万8431人・世帯数：2万6728世帯［2024.7.31］，面積：49.0㎢／「泉南市子どもの権利に関する条例」2012，「第2期泉南市子ども・子育て支援事業計画」2020-24】

『泉南市子育てガイドブック』を作成・アッ

表 5-5-18　泉南市

⓪就学前，①小中学生，②高校生等，③大学生等，④その他
⓪新生児聴覚検査（助成）［保健推進課保健推進係（保健センター）］ http://www.city.sennan.lg.jp/kurashi/kosodate/kosodate/1523871361120.html 1歳児：ぴょんぴょんルーム／2歳児以上：こぐまルーム［家庭支援課 家庭支援係］ https://www.city.sennan.lg.jp/kurashi/kosodate/koza/index.html
②進路相談支援について（泉南市人権協会）［指導課 学校指導係］ https://www.city.sennan.lg.jp/kurashi/kyoiku/consultation/1458795156937.html

プするとともに，「せんなん子育てネット」を運用している。

⓪就学前では，**新生児聴覚検査**（助成），年齢に応じた交流教室（**1歳児：ぴょんぴょんルーム／2歳児以上：こぐまルーム**）の案内がある。

②高校生等では，**進路相談支援**（泉南市人権協会）がある。

(19) 四條畷市

【人口：5万3944人・世帯数：2万4962世帯［2024.7.31］，面積：18.7㎢／「四條畷市子ども基本条例」2016，「第2期四條畷市子ども・子育て支援事業計画」2020-24】

切れ目のない支援を一体的に行うために「ネウボラなわて」を置いている。情報誌『なわて子育て応援ブック』を作成・アップするとともに，子育て応援サイト「子育て応援なび」，子育て支援アプリ「マチカゴ」を提供している。

⓪就学前では，市内にある民間企業のCSR活動と市の「こんにちは赤ちゃん事業」を組

表 5-5-19　四條畷市

⓪就学前，①小中学生，②高校生等，③大学生等，④その他
⓪こんにちは赤ちゃん訪問＆スマイルベビーギフト［保健センター］ https://www.city.shijonawate.lg.jp/soshiki/32/12708.html
③保育士等奨学金返済支援事業［子ども政策課］ https://www.city.shijonawate.lg.jp/site/hoikushishien/30150.html
④ひとり親家庭のための応援ハンドブック［子ども未来部子ども支援課］ https://www.city.shijonawate.lg.jp/site/kosodate/22616.html

み合わせ**スマイルベビーギフト事業**（ベビー・子ども服など4点）の案内がある。

③**大学生等**では，**保育士等奨学金返済支援事業**（月額上限2万円，年間最大24万円）がある。

④**その他**では，『**ひとり親家庭のための応援ハンドブック**』を作成・アップしている。

(20) 交野市 ——————

【人口：7万7329人・世帯数：3万4400世帯［2024.7.31］，面積：25.6㎢／「第2期交野市子ども・子育て支援事業計画」2020-24】

子育て情報誌『交野市子育てマップ』電子版をアップするとともに，地域ポータルサイト「織姫ねっと☆子育て情報」と「おりひめすこやかナビ☆子育てアプリ」を運用している。

⓪**就学前**では，**妊産婦歯科健康診査**（無料），**新生児聴覚検査事業**（助成）の案内がある。

②**高校生等**及び③**大学生等**では，**交野市奨学金貸付**，**おりひめ教育ローン補助制度**（年利0.4％相当を補助）がある。また，**保育教諭**確保策として，資格取得・就労支援金（市の保育教諭を目指す学生支援：学生期間中毎年最大24万円補助，卒業後2年間勤務条件），正規職員就労支援金（交野市内私立認定こども園に新規採用者支援：月額2万円最大3年間＋転入等加算5万円／計最大72万円）を案内している。

表 5-5-20　交野市

⓪就学前，①小中学生，②高校生等，③大学生等，④その他
⓪妊産婦歯科健康診査（無料）［健康増進課］ 　https://www.city.katano.osaka.jp/docs/2017031000020/ 新生児聴覚検査事業［同上］ 　https://www.city.katano.osaka.jp/docs/2018072000017/
②③令和4年度交野市奨学金貸付申請について［教育委員会 学務保健課］ 　https://www.city.katano.osaka.jp/docs/2019052300035/ ご存じですか？おりひめ教育ローン補助制度［同上］ 　https://www.city.katano.osaka.jp/docs/2019052300059/
③交野市で保育教諭を目指す皆さんを応援します［こども園課］ 　https://www.city.katano.osaka.jp/docs/2020080400048/

(21) 大阪狭山市 ——————

【人口：5万7791人・世帯数：2万6430世帯［2024.7.31］，面積：11.9㎢／「第2期大阪狭山市子ども・子育て支援事業計画」2020-24】

子育て情報誌『さやまし子育てガイドブック』を作成・アップするとともに，子育てサイト「ほめちゃおHomeCiao!」を運用している。また，乳幼児期から成人期まで途切れることなく一貫した支援が受けられることを目的にサポートブック「さやま」を希望者に配布している。

⓪**就学前**では，**妊産婦タクシーチケット交付**（中型初乗り運賃相当分10枚），**新生児聴覚検査**の案内がある。

①**小中学生**では，子どもたちのペースを大切にし「自分の居場所づくり」をサポートする**フリースクールみ・ら・い**が案内されている。

表 5-5-21　大阪狭山市

⓪就学前，①小中学生，②高校生等，③大学生等，④その他
⓪妊産婦タクシーチケットを交付します［健康福祉部健康推進グループ］ 　http://www.city.osakasayama.osaka.jp/mokutekibetsu/ninsin_syussan/1468225239325.html 新生児聴覚検査［同上］ 　http://www.city.osakasayama.osaka.jp/mokutekibetsu/ninsin_syussan/1568265415352.html
①フリースクールみ・ら・いについて［教育部学校教育グループ］ 　http://www.city.osakasayama.osaka.jp/sosiki/kyoikubu/gakkokyoikugurupu/freeschool_mirai/1613097847423.html

(22) 阪南市 ——————

【人口：5万256人・世帯数：2万4134世帯［2024.7.31］，面積：36.2㎢／「第2期阪南市子ども・子育て支援事業計画」2020-24】

子育て情報誌『はんなんDEあんしん子育てガイド』を作成するとともに，「はんなんDEあんしん 子育てサイト」を運用している。

⓪**就学前**では，**新生児聴覚検査**の受診呼びかけ案内がある。

表5-5-22　阪南市

⓪就学前，①小中学生，②高校生等，③大学生等，④その他
⓪新生児聴覚検査を受けましょう［健康福祉部 健康増進課］ https://www.city.hannan.lg.jp/kakuka/fukushi/kenko_z/ boshi_hoken/5841.html
②奨学金相談［生涯学習部 学校教育課］ https://www.city.hannan.lg.jp/kosodatesite/sisetu/ school/1457350026938.html

②高校生等では，奨学金相談の案内がある。

6. 9町1村

(1)島本町

【人口：3万1776人・世帯数：1万4098世帯［2024.8.1］，面積：16.8㎢／「第2期島本町子ども・子育て支援事業計画」2020-24】

情報冊子『子育て支援事業のご案内』をアップしている。

⓪就学前では，病児・病後児保育の利用料の一部助成（大山崎町内に開設された病児・病後児保育施設を島本町民も利用できるようになった）の案内がある。

①小中学生では，子ども食堂を含む子どもの居場所づくり支援事業補助金がある。③大学生等では，新規採用保育士等臨時給付金事業（20万円）がある。

表5-6-1　島本町

⓪就学前，①小中学生，②高校生等，③大学生等，④その他
⓪病児・病後児保育の利用料の一部を助成します［教育こども部 子育て支援課］ http://www.shimamotocho.jp/gyousei/kakuka/ kyouikukodomobu/kosodatesienka/byouzi_ byougozihoiku/1502361763227.html
①子どもの居場所づくり支援事業補助金［補助金一覧：令和2年度評価］ http://www.shimamotocho.jp/ikkrwebBrowse/material/ files/group/27/R2_hojokinhyouka_ichiran.pdf
③新規採用保育士等臨時給付金事業のご案内［教育こども部 子育て支援課］ http://www.shimamotocho.jp/ikkrwebBrowse/material/ files/group/37/hoikusikakuhozigyounoannai.pdf

(2)豊能町

【人口：1万7899人・世帯数：8637世帯［2024.8.31］，面積：34.3㎢／「第2期豊能町子ども・子育て支援事業計画書（とよのすくすくプラン）」2020-24】

子育て支援情報は市HPのサイト「豊能町子育てひろば」で提供している。

⓪就学前では，妊婦健康診査費用の公費負の拡大（2018年度～最大12万円）の案内がある。コロナ禍の支援策として，妊娠・出産・子育てに係る融資への利子補給，あかちゃんサポート給付金事業（国の給付金の対象外となった2020年4月28日以降に生まれた新生児1人10万円）がある。①小中学生では，就学援助費受給世帯への臨時給付金（1人1万円），③大学生等では，町外居住学生支援事業（豊能町出身学生応援ふるさと便）（町内産の米等の送付）がある。

表5-6-2　豊能町

⓪就学前，①小中学生，②高校生等，③大学生等，④その他
⓪妊婦健康診査費用の公費負担を拡大しました！［健康増進課］ http://www.town.toyono.osaka.jp/page/page001213.html 妊娠・出産・子育てに係る融資に対し，利子の一部を補助します［まちづくり創造課］ http://www.town.toyono.osaka.jp/page/page004707.html あかちゃんサポート給付金事業［新型コロナウイルス感染症対策に係る補正予算内容］ http://www.town.toyono.osaka.jp/page/page003812.html
①就学援助費受給世帯への臨時給付金［同上］ http://www.town.toyono.osaka.jp/page/page003812.html
③町外居住学生支援事業（豊能町出身学生応援ふるさと便）［同上］ http://www.town.toyono.osaka.jp/page/page003812.html

(3)能勢町

【人口：9010人・世帯数：4538世帯［2024.8.1］，面積：98.8㎢／「第2次能勢町子ども・子育て支援事業計画」2020-24】

母子健康手帳交付時に『育児パンフレット』を配布するとともに，能勢町子育てモバイルサービス「のせっ子未来応援ナビ」を配信している。

⓪就学前では，保育料の軽減（第1子の年齢

第5章

大阪府及び府下43市町村における子育て・教育費支援情報

第Ⅱ部　子育て・教育施策の重層的把握調査　147

表 5-6-3　能勢町

⓪就学前，①小中学生，②高校生等，③大学生等，④その他
⓪保育料の軽減について［福祉部福祉課 福祉担当］ http://www.town.nose.osaka.jp/soshiki/hukusika/fukushi/ kosodate/nyuennyusyo/3131.html ごみ処理券［産業建設部 地域振興課 美化衛生担当］ http://www.town.nose.osaka.jp/bamen/gomi_recycle/2521. html#h_idx_iw_flex_1_6
②豊中高等学校能勢分校下宿制度「里山留学について」［学校教育総 務課］ http://www.town.nose.osaka.jp/soshiki/ gakkoukyouikusoumuka/shido/satoyamaryuugaku/7960.html

にかかわらず第 2 子の保育料が半額，第 3 子以降の保育料が無料），**ごみ処理券**（満 2 歳未満の乳幼児がいる世帯に20枚分の無料シールを追加配布）の案内がある。

②高校生等では，大阪府内全域から利用可能な**豊中高等学校能勢分校下宿制度（里山留学）**がある。

(4) 忠岡町

【人口：1 万6399人・世帯数：7973世帯［2024.8.31］，面積：4.0㎢／「忠岡町子ども・子育て応援プラン2020（第 2 期子ども・子育て支援事業計画）」2020-24】

子育て情報を含めた『忠岡町 暮らしの便利帳』を作成・アップしている。

⓪就学前では，**ごみ指定袋無料配布制度**（満 2 歳までに相当する枚数を一括して配布）の案内がある。コロナ禍の支援策として，**妊婦への給付金**，**児童扶養手当受給者世帯支援**，**新生児誕生応援給付金**，**図書カード配布事業**がある。

表 5-6-4　忠岡町

⓪就学前，①小中学生，②高校生等，③大学生等，④その他
⓪ごみ指定袋無料配布制度［生活環境課］ https://www.town.tadaoka.osaka.jp/?ka_details=ごみ指定袋 無料配布制度 町独自新型コロナウイルス臨時支援［忠岡町］ 第 1 弾：妊婦への給付金（1 人 3 万円），児童扶養手当受給者世帯 （1 万円世帯） https://www.town.tadaoka.osaka.jp/?p=33741 第 2 弾：新生児誕生応援給付金（1 人当たり10万円） https://www.town.tadaoka.osaka.jp/?p=36737 第 3 弾：図書カード配布事業（中 3 までの子ども 1 人につき 2 千 円分） https://www.town.tadaoka.osaka.jp/?p=38511

(5) 熊取町

【人口：4 万2707人・世帯数：1 万8911世帯［2024.7.31］，面積：17.2㎢／「第 2 期熊取町子ども・子育て支援」計画2020-24】

子育て支援を含む情報誌『熊取ものがたり』をアップするとともに，子育てアプリ「くまっ子ナビ」を提供している。また，父親のための『父子健康手帳』，祖父母のための『まご育て応援手帳』を配布している。

⓪就学前では，**3 世代近居等支援**（10万円），妊婦健診の費用を11万6840円まで公費負担，乳幼児の紙おむつ用として町指定袋の無料配付（満 2 歳未満の乳幼児がいる世帯に月10枚），**ブックスタート＆フォローアップ**，の案内がある。コロナ対応の**熊取町版緊急生活・経済支援**として，保育所などの副食費の無償化，町立小中学校の給食費の無償化がある。

表 5-6-5　熊取町

⓪就学前，①小中学生，②高校生等，③大学生等，④その他
⓪3 世代近居等支援［企画経営部 政策企画グループ］ https://www.town.kumatori.lg.jp/kakuka/kikaku/ seisakukikaku/kurashi/tennyusokusin/1617012597066.html 妊婦健診の費用を116,840円まで公費負担します［すくすくステー ション］ http://www.town.kumatori.lg.jp/kakuka/kenkoufukushi/ kodomokatei/kurashi/ninpu/ninpukenshin.html 乳幼児の紙おむつ用として町指定袋の無料配付を行っています［環 境課］ https://www.town.kumatori.lg.jp/kurashi_guide/life_scene/ ninshin_shussan/1299214010761. 乳幼児へのサービス（ブックスタート＆フォローアップ）［熊取図書館］ http://www.town.kumatori.lg.jp/shisetsu/tosyokan/ riyou_annai/kodomo/bookstart/index.html 新型コロナウイルス感染症の影響に伴う「熊取町版緊急生活・経済 支援（第 5 弾）」の実施について［熊取町］ https://www.town.kumatori.lg.jp/kakuka/kikaku/ kouhoukouchou/osirase/singatacorona/1639620855483.html

(6) 田尻町

【人口：8326人・世帯数：4068世帯［2024.8.1］，面積：5.6㎢／「第 2 期　田尻町子ども・子育て支援事業計画」2020-24】

子育て支援事業をまとめた『たじり子育てガイドブック』を作成・アップするとともに，

表 5-6-6　田尻町

⓪就学前，①小中学生，②高校生等，③大学生等，④その他
⓪三世代同居・近居新生活スタート助成事業について［企画人権課］ http://www.town.tajiri.osaka.jp/kakuka/soumu/ kikakujinken/menu/sansedai.html たじりマタニティセルフプラン・たじりっ子わくわく応援ギフト［健康課］ http://www.town.tajiri.osaka.jp/kakuka/minsei/kenkou/ menu/bosi/1480924085017.html 新生児聴覚検査助成事業［同上］ http://www.town.tajiri.osaka.jp/kakuka/minsei/kenkou/ menu/bosi/1485494209289.html 難聴児に対する補聴器交付事業とは［こども課］ https://www.ikuhaku.com/mains/systemdetail/osaka/ tajiri_cho/29578/
②進路に関する資料提供［田尻町立中学校］ http://www.town.tajiri.osaka.jp/kakuka/kyoikuiinkai/ sidouka/tyuugakkou/1593062839822.html

子育て支援を含む情報を届ける「たじりっちメール（行政情報メール）」を配信している。

⓪就学前では，三世代同居・近居新生活スタート助成事業（住宅取得助成30万円，住宅借入助成20万円，転入助成10万円），たじりマタニティセルフプランを作成し妊娠後期にプラン確認に来た際に渡すたじりっ子わくわく応援ギフト，新生児聴覚検査助成事業，難聴児に対する補聴器交付事業の案内がある。

②高校生等では，進路に関する資料提供がある。

（7）岬町

【人口：1万4362人・世帯数：7389世帯［2024.8.1］，面積：49.2㎢／「第2期みさき子どもとおとなも輝くプラン」2020-24】

子育て応援マガジン『みさピヨ』を作成・アップしている。

⓪就学前では，岬町結婚新生活支援補助金（上限50万円），出産祝金制度（10万円，第3子以降20万円），新生児聴覚検査費用助成，軽度難聴児に対する補聴器の交付・修理，保育所の給食費無償化（所得制限なし）の案内がある。

④その他では，コロナ対応の支援事業として，女性の貧困対策（生理用品の配布）がある。

表 5-6-7　岬町

⓪就学前，①小中学生，②高校生等，③大学生等，④その他
⓪結婚新生活を支援します（岬町結婚新生活支援補助金）［総務部 企画地方創生課］ http://www.town.misaki.osaka.jp/soshiki/soumu/kikaku/ teiju/351.html 出産祝金制度について［同上］ http://www.town.misaki.osaka.jp/kosodate/joseiseido/1703. html 新生児聴覚検査費用助成［子育て応援マガジン「みさピヨ」］ http://www.town.misaki.osaka.jp/material/files/group/16/ misapiyo.pdf 軽度難聴児に対する補聴器の交付・修理［しあわせ創造部福祉課 福祉係］ http://www.town.misaki.osaka.jp/soshiki/shiawase/fukushi/ shogai/616.html 保育所：給食費の無償化［しあわせ創造部子育て支援課 子育て支援係］ http://www.town.misaki.osaka.jp/soshiki/shiawase/ kosodate/hoikujo/3672.html
④女性の貧困対策（生理用品の配布）［同上］ http://www.town.misaki.osaka.jp/material/files/group/7/ misakidayorip2saisai.pdf

（8）太子町

【人口：1万2762人・世帯数：5627世帯［2024.4.1］，面積：14.2㎢／「第2期太子町子ども・子育て支援事業計画」2020-24】

子育て情報誌『太子町子育てガイドブック』を作成・アップするとともに，子どもの発達にかかわる情報や必要な支援を記録するサポートブック「tomo-ni ともに」を出している。

⓪就学前では，結婚新生活支援事業補助金（上限30万円），ウェルカムベビー事業（カタログギフト1万円相当，たいしくん缶バッチ）の案内がある。

表 5-6-8　太子町

⓪就学前，①小中学生，②高校生等，③大学生等，④その他
⓪結婚新生活支援事業補助金［政策総務部秘書政策課］ https://www.town.taishi.osaka.jp/busyo/seisakusoumubu/ hisyoseisakuka/kekkonsinseikatusiennjigyou/2774.html ウェルカムベビー事業［健康福祉部いきいき健康課（町立保健センター）］ https://www.town.taishi.osaka.jp/material/files/group/20/ welcome.pdf

第Ⅱ部　子育て・教育施策の重層的把握調査

（9）河南町
（か なん）

【人口：1万4629人・世帯数：6678世帯［2024.7.31］，面積：25.3㎢／「第2期河南町子ども・子育て支援事業計画」2020-24】

子育て情報は市HPや『広報なかん』で提供されている。

⓪就学前では，河南町子育て応援「ベビーギフト」配付事業（10万円相当のカタログギフト），新生児聴覚検査の公費負担，乳幼児給食費助成事業（にこにこランチ事業）（副食費助成），多子世帯の保育料の軽減（第2子以降無償），軽度難聴児に対する補聴器の購入費用の一部助成の案内がある。

③大学生等では，町在住の22歳までの医療費助成（かなん医療・U-22）（所得制限なし）がある。

④その他では，コロナ対応の支援事業とし

表5-6-9　河南町

⓪就学前，①小中学生，②高校生等，③大学生等，④その他
⓪河南町子育て応援「ベビーギフト」配付事業［総合政策部秘書企画課］ http://www.town.kanan.osaka.jp/kurashinogaido/jinseinodekigoto/ninshin_shussan/1596173518755.html 新生児聴覚検査の公費負担がはじまります［健康福祉部健康づくり推進課 健康推進係］ http://www.town.kanan.osaka.jp/material/template/result.html?hl=ja&inlang=ja&ie=utf-8&cx=018073432022870102807%3Aky4jvri0b3q&imageField.x=0&imageField.y=0&q=新生児聴覚検査&cof=FORID%3A11 乳幼児給食費助成事業（にこにこランチ事業）について［こども1ばん課子育て応援係］ http://www.town.kanan.osaka.jp/kurashinogaido/jinseinodekigoto/kosodate/hoikuen_yochien/1393987053655.html 多子世帯の保育料の軽減について［同上］ http://www.town.kanan.osaka.jp/kurashinogaido/jinseinodekigoto/kosodate/hoikuen_yochien/1472435133760.html 補装具費の支給（軽度難聴児に対して補聴器の購入費用の一部助成）［河南町］ http://www.town.kanan.osaka.jp/kurashinogaido/seikatsuniyakudatsu/fukushi_kenko/shogaifukushi/shien_service/1393555559184.html
③22歳までの医療費助成（かなん医療・U-22）について［こども1ばん課子育て応援係］ http://www.town.kanan.osaka.jp/kurashinogaido/jinseinodekigoto/kosodate/jidofukushi/1567670820989.html
④必要な方へ生理用品を無償配付しています［総合政策部危機管理室］ http://www.town.kanan.osaka.jp/kakukanooshirase/sogoseisakubu/kikikanrishitsu/anzenanshinjoho/korona/1623383936512.html

て，必要な方へ生理用品の無償配付がある。

（10）千早赤阪村
（ち はやあかさか）

【人口：4721人・世帯数：2256世帯［2024.7.31］，面積：37.3㎢／「第2期千早赤阪村子ども・子育て支援事業計画」2020-24】

子育て情報誌『ちはやあかさか子育てガイドブック』を作成・アップしている。

⓪就学前では，子育て応援出産お祝い事業（絵本・育児書・積み木），妊産婦・新生児の健診（妊婦歯科健診助成，新生児聴覚検査助成），紙おむつ無料ごみ処理券配布事業），地域公共交通利用料助成（妊娠中または満2歳以下の子がいる母親に対して500円チケット月2枚［年最大24枚］），3歳未満の保育料無償化ほか子ども子育て支援施策の充実（0〜3歳未満の保育料の無償化，3〜5歳の副食費の無償化［いずれも所得制限なし］）の案内がある。コロナ禍の支援策として，妊婦応援給付金事業（2万円給付），図書カー

表5-6-10　千早赤阪村

⓪就学前，①小中学生，②高校生等，③大学生等，④その他
⓪子育て応援出産お祝い事業［福祉課］ http://xn--www-ng3eo66f.vill.chihayaakasaka.osaka.jp/bamen/ninshin/2599.html 妊産婦・新生児の健診［健康課］ http://www.vill.chihayaakasaka.osaka.jp/bamen/ninshin/2601.html 紙おむつ無料ごみ処理券配布事業［ちはやあかさか子育てガイドブック］ http://www.vill.chihayaakasaka.osaka.jp/material/files/group/8/kosodateguide2.pdf 地域公共交通利用料助成［同上］ http://www.vill.chihayaakasaka.osaka.jp/material/files/group/8/kosodateguide2.pdf 3歳未満の保育料無償化ほか子ども子育て支援施策の充実に向けて［教育課学校教育］ http://www.vill.chihayaakasaka.osaka.jp/kakuka/kikaku/kouhou/houdouteikyou/31nen/3481.html 妊婦応援給付金事業［新型コロナウイルス緊急支援パッケージ］ http://www.vill.chihayaakasaka.osaka.jp/material/files/group/1/2020052601.pdf 図書カード配布事業［同上］ http://www.vill.chihayaakasaka.osaka.jp/material/files/group/1/2020052601.pdf
①学校給食無償支援事業［同上］ http://www.vill.chihayaakasaka.osaka.jp/material/files/group/1/2020052601.pdf 学童保育施設運営支援［同上］ http://www.vill.chihayaakasaka.osaka.jp/material/files/group/1/2020052601.pdf

ド配布事業（大阪府図書カード配布事業対象外の0〜5歳児）がある。

①小中学生では，同じくコロナ禍の支援策として，学校給食無償支援事業（学校再開後の給食費の3カ月無料），学童保育施設運営支援（小学校臨時休校に伴う学童保育運営に係る指導員等の人件費支援）がある。

7. 広報・施策の特徴

(1) 基礎自治体（市町村）の場合 ──

　母子保健法の2016年改正によって子育て世代包括支援センターの設置が努力義務化（2017年）され，妊娠期から子育て期にわたる切れ目のない支援の構築が進んでいる（次頁の資料5-7-1）。モデルとなったフィンランドのネウボラ事業にちなんで「○○版ネウボラ」等と称しているところもある。また，2012年成立の子育て関連三法[2]による子ども・子育て支援新制度（次頁の資料5-7-2）の2015年施行，さらには幼児教育・保育の無償化の2019年秋実施を合わせて，各市町村は事業計画（5年ごと）を策定し事業量の確保や拡充に努めている。これに教育委員会主体の学校教育などを加えての広報について，各市町村はさまざまに工夫を凝らしている。

　ほとんどの市町村が子育て情報誌の冊子版を作成し，PDF版・電子書籍版を自治体HPにアップしていた。また若い世代に使いやすいようにウェブサイトやSNSを活用して子育て支援情報のガイド，ナビ，アプリ等を提供していた。そうした中で，種々の支援情報を冊子の目次，メニューの見出し，子育てマップなどにおいて一括・一覧にして，分かりやすく情報提供した広報がいくつもあった。

　たとえば，藤井寺市は，「保育サービス，

遊ぶ・楽しむ・学ぶ（公園・図書館），手当・助成，保育・教育，一時的にお子さんを預かる，子育ての相談」を縦軸に置き，妊娠中→誕生→生後〜就学前→小学生（→中学生・18歳・20歳）という流れに即して色別の帯表示にした「年齢別索引表」を提供していた。また，池田市（153頁の資料5-7-3）は，ライフステージをさらに思春期・青年期，成人期，老年期にまで拡張して，学校教育，若者支援，就労，介護サービスなどを一覧に加えている。一方，茨木市（茨木市子ども・若者支援地域協議会）は，不登校，ひきこもり，非行，就労，障害，生活設計，子育てなどを繋いだ総合的支援を志向して「茨木市相談機関への道しるべ」を作成・アップしている。

(2) 広域自治体（大阪府）の場合 ──

　ところで，自治体は教育費支援に関する国の諸制度を具体的に運用するとともに，横出し・上乗せして拡大・拡充させる努力をしている。妊産婦健診等の公費負担，子ども医療費助成，新生児聴覚検査助成，幼児教育・保育の無償化，就学援助，医療的ケア児支援，小中学校段階・高校段階での漸進的無償化策，給付型の自治体奨学金，学資ローン等の利子補填，奨学金の返還支援，特定職種の確保策，さらにはコロナ禍の支援策など，各自治体は特色のある施策をさまざまに打ち出している。

　本稿でみたように，府下の市町村では独自施策を住民に知ってもらう広報を工夫するとともに，少なくない自治体が「イクハク（育児助成金白書）」サイト[3]の存在を案内している。加えて，大阪府が広域自治体として，基礎自治体である市町村の状況を把握して必要な援助を行いつつ，情報を公開している場合もある。

第Ⅱ部　子育て・教育施策の重層的把握調査

資料 5-7-1　子育て世代包括支援センターのイメージ

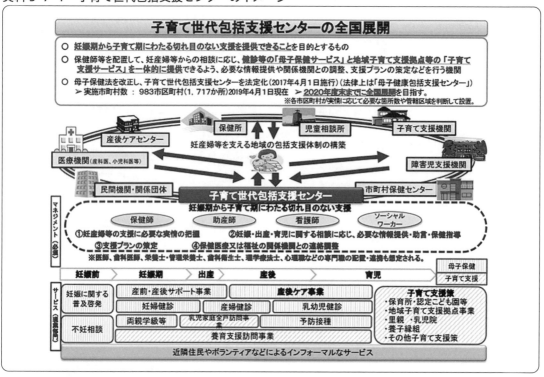

出典：厚生労働省子ども家庭局母子保健課「厚生労働省における妊娠・出産，産後の支援の取組」p. 4。https://www.gender.go.jp/kaigi/senmon/jyuuten_houshin/sidai/pdf/jyu23-03.pdf（2024年9月1日閲覧）

資料 5-7-2　子ども・子育て支援新制度の概要

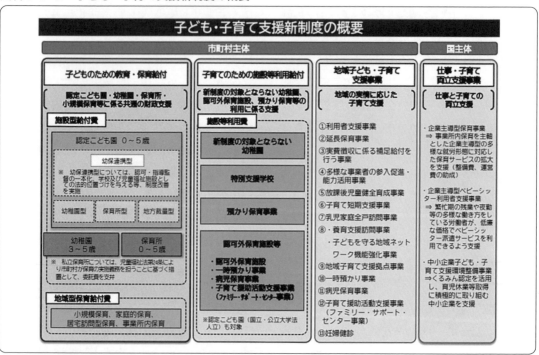

出典：厚生労働省「子ども・子育て支援新制度の概要」p. 5。https://www8.cao.go.jp/shoushi/shinseido/outline/pdf/setsumei_1.pdf（現在はこども家庭庁ホームページに移管している）
https://www.cfa.go.jp/assets/contents/node/basic_page/field_ref_resources/59cb59b3-ce0e-4a4f-9369-2c25f96ad376/cd34a98e/20230929_policies_kokoseido_outline_04.pdf（2024年月1日閲覧）

資料5-7-3 『池田市発達支援Map』「年齢別チャート図」

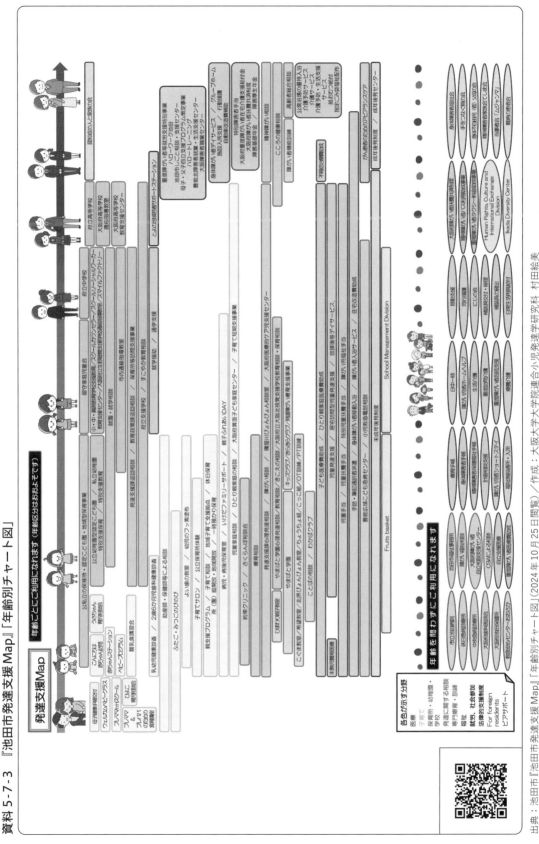

出典：池田市『池田市発達支援Map』「年齢別チャート図」（2024年10月25日閲覧）／作成：大阪大学大学院連合小児発達学研究科 村田絵美

大阪府及び府下43市町村における子育て・教育費支援情報

たとえば，大阪府は「乳幼児医療費助成府内市町村実施状況」という府下43市町村の実施状況が一目で分かる一覧を作成し公開している。

　一方，新生児聴覚検査について，厚生労働省の調査によれば，府下43市町村において公費負担実施（初回検査）が15自治体（34.9％）となっていた[4]。しかし，大阪府HPに「大阪府新生児聴覚検査事業の手引き」，「大阪府新生児聴覚検査体制整備事業費補助金について」の案内はあるが，市町村の費用負担等の状況に関する一覧データは見当たらない。

　広域自治体としての大阪府にあっては，教育費支援に係る国の諸政策を調整・統合し，市町村の諸事業を漸進的無償化の観点から改善充実すべく，現状を明らかにし比較検討できるような情報提供が望まれよう[5]。

注

※以下のウェブサイトは，改めてすべて2024年9月1日閲覧にて確認済み。ただし調査日から内容が更新されている場合もあるので，最新の情報については要確認。

1）自治体の基礎情報は人口・世帯数［年月日現在］，面積（小数点以下四捨五入）である。

2）子ども・子育て支援法，就学前の子どもに関する教育，保育等の総合的な提供の推進に関する法律の一部を改正する法律，子ども・子育て支援法及び就学前の子どもに関する教育，保育等の総合的な提供の推進に関する法律の一部を改正する法律の施行に伴う関係法律の整備等に関する法律。

3）イクハク（育児助成白書）ホームページ（https://www.ikuhaku.com/）。第4章注2）も参照。

4）厚生労働省「新生児聴覚検査に係る検査結果の把握状況等について（令和元年度）」
https://www.mhlw.go.jp/stf/newpage_17311.html

5）各自治体の教育費支援情報に関してすべてを網羅できているわけではない。また，理解不足や誤解によって不正確な記載があると危惧される。お気づきの点をご指摘・ご教示いただければ幸いである。

第6章 鳥取県及び県下19市町村における子育て・教育費支援情報

0. はじめに

本章では、47都道府県で人口が最少（2024年6月1日現在の推計人口は53万2494人）で規模が小さく、「子育て王国とっとり」を称する鳥取県を取り上げる[1]。そして、鳥取県及び県下19市町村において、子育て・教育費支援の施策やその広報に関してどのような特色・配慮・工夫があるのかを明らかにする。

各自治体のホームページ（以下、HP）において関連情報を収集して、これまでと同様に一覧表にし（閲覧日は2022年4月16日〜30日）、自治体の基本情報としての人口・世帯数、面積[2]のほか、こどもの権利条例等や貧困対策等の施策も加えて記した。なお、紙数の関係で、障害児の特別児童扶養手当・特別支援教育就学奨励費、ひとり親家庭の児童扶養手当、社会福祉協議会の生活福祉資金などは省略した（HPで特に情報がない場合の説明も省略した）。

19自治体の内訳は4市14町1村であるが、東部・中部・西部の3圏域（図6-0-1）に区分されることから、以下は3圏域別に自治体コード順で並べた。なお、市町村については独自施策を中心に述べる。独自施策については、HP情報に加えて「イクハク（育児助成金白書）」の鳥取県のサイトでも確認・補足した。

1. 鳥取県

【人口：53万2494人・世帯数：22万2070世帯［2024.6.1］、面積3507㎢／「鳥取県青少年健全育成条例」1980、「子どもの権利ノート（鳥取県版）」2006、「鳥取県子どもの貧困対策推進計画（第二期計画）」2020-24、「子育て王国とっとり推進指針」2014・最新改訂2021】

子ども家庭部（調査時は子育て・人材局）子育て王国課が「子育てに便利な一冊」と銘打った『とっとり子育て応援ガイドブック』を発行しウェブ公開している。ガイドブックには「子どもの成長に応じた主な子育て支援」一覧（次頁の**資料6-1-1**）にある情報が順に掲載されている。すなわち、「妊娠と出産／健康と医療／預ける、利用する／相談と支援／国や県の相談窓口／市町村の相談窓口／子育てに便利な情報一覧／子育て王国とっとりの取組」などである。また、県の子育て情報を集めたお役立ちの「子育て王国とっとりサイト」を開設し、Instagram、X（旧Twitter）、Facebook等でも情報を発信している。ほかに、三世代同居用の孫育てを実践的具体的に掲載した祖父母手帳「いまどきの子育てサポート 孫育てのススメ」も制作している。

❶就学前に関しては、妊娠時の手続き（母子手帳、妊婦健康診査）／出生時の手続き（出生届、児童手当、新生児訪問）の情報があり、各市町

図6-0-1 鳥取県下自治体マップ

資料 6-1-1 「子どもの成長に応じた主な子育て支援」一覧

年齢等	妊娠期 40週前後	出産／新生児期 生後0日～28日	乳児期 生後29日～1歳未満	幼児期 1歳～就学前	学童期 6歳～12歳
母子手帳	●母子健康手帳 P4				
予防接種		●予	防接種 P10		
訪問指導	●妊婦訪問指導	●新生児訪問 P6 ●赤ちゃん訪問（家庭訪問事業）			
健康診査	●妊婦健診 P4	●産後健診 P6 ●乳	幼児健診 P9	●幼児歯科健診 ●フッ素塗布	
相談・教育	●妊娠教室・両親学級 P4 ●保健センター等での相談	●育児教室 ●育児相談 ●授 ●乳	乳食講習会 幼児歯科保健指導		
預かる 集う	●子育てサークル P19	●地域子育て支援 ●フ	センター P20 ●保育所・地域型保育事業所 P15 ●認定こども園 P16 ●一時預かり・病児・病後児保育、ショートステイ・トワイライトステイ P14 アミリー・サポート・センター P20	●児童館（乳幼児～中学生等）P21 ●幼稚園 P16 ※2歳児は幼稚園が行う預かり保育	●放課後児童クラブ・放課後子ども教室 P21
経済的 支援	●妊婦健診受診券交付	●出産育児一時金 P8 ●乳児健診受診券（3～4か月,9～10か月）	交付		
		●小児医療費助成 P11 ●育児休業給付金・社会保険料免除 P8 ●児童手当（中学生卒業まで）P4	除 P8	●保育料軽減（同時在園・多子世帯）P15 ●幼児教育・保育無償化（主に3歳以上）P17	
地域の 子育てサービス	●とっとり子育て応援パスポート事業（妊婦～18歳以下）				
育児と仕事	●産前産後休業（最低6週間・産後8週間）P7 ●育児休業：子どもが満1歳になる P7 ●育児時間：子どもが1歳になる P7 ●子の看護休暇：1年に5日（子どもが2人以上）●所定外労働時間勤務・残業免除（子どもが3歳になるまで）●深夜勤務の免除・時間外労働の ●母性健康管理の措置 P5	で P7 まで P7 上の場合は年10日）まで子どもが病気やけがの場合は休暇の取得が可能（小学校就学前まで）P7 制限（子どもの小学校就学まで）P7		

出典：鳥取県『とっとり子育て応援ガイドブック』pp. 2-3。https://www.pref.tottori.lg.jp/secure/1341565/3kodomonoseityouniouzita.pdf （2024年9月1日閲覧）

村の申請先・問い合わせ先の一覧を添えている。詳細は市町村に譲る形で，妊婦健康診査については一部補助制度（県内全市町村で14回補助）や多胎妊娠の場合に上乗せ補助する市町村もあること，児童手当については中学校修了前（15歳年度末）まで支給されること（支給額：0歳～3歳未満1万5000円，3歳～小学校終了前（第1・2子）1万円，3歳～小学校終了前（第3子以降）1万5000円，中学生1万円）などの概要を案内している。**とっとり子育て応援パスポート**とは，地域全体で子育て家庭を応援するために各種サービス（商品等の割引，買い物のポイント加算，粗品プレゼント，オムツ交換や授乳場所の提供，デザートサービス等）を提供する仕組みである。幼児教育・保育の無償化については，保育所，認定こども園，新制度移行幼稚園（市町村が保育料を定める幼稚園7園），新制度未移行幼稚園（園が保育料を定める幼稚園5園），認可外保育施設，その他（鳥取大学附属幼稚園，就学前の障がい児の発達支援を利用する子どもたち）別に概要を説明したうえで，各市町村の窓口を一覧にしている（市町村の公表情報がある場合はリンクを貼っている）。加えて，国，鳥取県，県下19市町村における**主体別の保育料軽減制度について**（2021年4月1日時点）の一覧表を公表している。**鳥取県特別医療費助成事業**とは，小児，重度心身障がい者・ひとり親家庭，特定疾病などについて医療保険等で医療を受けたときの自己負担分を助成するものである。小児特別医療費助成事業では，2016年度より助成対象を15歳年度末から18歳年度末へと拡大している（通院：530円／日上限［同じ医療機

関の場合の月5回以降は無料］，入院：1200円／日上限［低所得者の減額認定証等の交付を受けている場合の入院16日目以降は無料］）。**鳥取県乳幼児健康診査マニュアル**とは，法定されていない5歳児健診を含めて鳥取県がマニュアルを提供し，市町村における乳幼児健診事業を支援するものである。

①**小中学生**に関して，『**学校生活ガイドブック**』（小・中学校編）とは，主に外国籍保護者に小中学校の学校生活を案内するもので，日本語版に準じて9カ国10言語版を用意している（全言語ともページ番号を統一して作成／就学援助情報を含む）。②**高校生等**に関して，授業料（コロナ禍における減免を含む），就学支援金，奨学給付金などを案内している。それらを分か

りやすくまとめたチラシ「**中学3年生の保護者の皆様へ**」も作成している。③**大学生等**に関しては，**鳥取県未来人材育成奨学金支援助成金**（募集180人／製造業，IT企業，薬剤師，建設業，建設コンサルタント業，旅館ホテル業，民間の保育士・幼稚園教諭，農林水産業への正規雇用を対象に最大216万円），**医療従事者を目指す方への貸付制度**（医師・看護師・理学療法士・作業療法士・言語聴覚士／返還免除を含む），**鳥取県保育士等修学資金貸付制度／保育士修学資金貸付**（保育士・幼稚園教諭／返還免除を含む）などがある。

④**その他**に関して，委託を受けた鳥取県母子寡婦福祉連合会が**鳥取県ひとり親家庭支援サイト**を運営している。**DV対策**，**ヤングケアラー支援**に関しても各圏域に相談窓口を開設するなど力を入れている。

ほかに，特定不妊治療費助成（体外受精・顕微授精などの費用助成），不育症検査費助成（流産や死産を2回以上繰り返す不育症検査費の助成），ハートフル駐車場利用証制度（障がい者・高齢者・妊産婦等対象），第3子以降の保育料無償化（第3子以降及び年収約360万円未満の世帯の第2子の保育料無償），少人数学級編制推進（小学1・2年生30人学級，中学1年生33人学級），学校図書館への司書教諭・専任職員配置，高校生通学費助成（自己負担額7000円を超える額の助成），鳥取県内空港発着国内便エアサポート事業（移住定住促進，関係人口促進，介護・障がい者等の枠に該当する場合の助成）などを市町村等と協力して進めている。

表6-1-1　鳥取県

⓪就学前，①小中学生，②高校生等，③大学生等，④その他

⓪**妊娠時の手続き**［子育て・人財局 家庭支援課］
https://www.pref.tottori.lg.jp/35062.htm
出産時の手続き［同上］
https://www.pref.tottori.lg.jp/35065.htm
とっとり子育て応援パスポート［子育て王国課 子育て王国推進担当］
https://www.pref.tottori.lg.jp/208345.htm
幼児教育・保育の無償化［同上］
https://www.pref.tottori.lg.jp/285613.htm
主体別の保育料軽減制度について［同上］
https://www.pref.tottori.lg.jp/secure/1084737/keigennaiyou(R3).pdf
鳥取県特別医療費助成事業［同上］
https://www.pref.tottori.lg.jp/35127.htm
鳥取県乳幼児健康診査マニュアル［子育て・人財局 家庭支援課］
https://www.pref.tottori.lg.jp/dd.aspx?menuid=80864

①**学校生活ガイドブック（小・中学校編）**［鳥取県教育委員会事務局人権教育課］
https://www.pref.tottori.lg.jp/302310.htm

②**授業料，就学支援金，証明書発行等**［同　高等学校課］
https://www.pref.tottori.lg.jp/76403.htm
中学3年生の保護者の皆様へ［同 育英奨学室］
https://www.pref.tottori.lg.jp/secure/872943/chu3muketchirashishienkinkyufukin.pdf

③**鳥取県未来人材育成奨学金支援助成金**［交流人口拡大本部 ふるさと人口政策課］
https://www.pref.tottori.lg.jp/251627.htm
医療従事者を目指す方への貸付制度［福祉保健部 健康医療局 医療政策課］
https://www.pref.tottori.lg.jp/47563.htm
鳥取県保育士等修学資金貸付制度／保育士修学資金貸付［子育て王国課］
https://www.pref.tottori.lg.jp/286037.htm

④**鳥取県ひとり親家庭支援サイト**［一般社団法人鳥取県母子寡婦福祉連合会］
https://www.tori-hitorioya.com/
DV対策［家庭支援課 児童養護・DV担当］
https://www.pref.tottori.lg.jp/34870.htm
ヤングケアラー支援［子育て・人財局 家庭支援課］
https://www.pref.tottori.lg.jp/296824.htm

第Ⅱ部　子育て・教育施策の重層的把握調査

2. 東部圏域1市4町

（1）鳥取市

【2018年度より中核市／人口：18万2612人・世帯数：7万8415世帯［2024.6.1］，面積：765㎢／「第2期鳥取市子どもの未来応援計画」2022-26，「第2期鳥取市子ども・子育て支援事業計画」2020-24】

鳥取市からのお知らせや予防接種の予定日通知がある子育てアプリ「とっとり市子育て応援サイト」を2021年から運用している。また，子どもの発達支援に関わる関係機関の情報を掲載した『こどもの発達支援のための社会資源ガイド』を作成しウェブ公開している。

◎**就学前**に関して，児童手当，幼児教育・保育の無償化，小児特別医療費助成，妊婦健康診査公費助成，とっとり子育て応援パスポートなどは鳥取県と同趣旨の広報である。ほかに，**聴覚障がい児補聴器購入助成事業**（身体障害者手帳の交付対象とならない軽度・中度難聴児［18歳年度末まで］の補聴器等の購入費用の一部助成），**5歳児発達相談事業**の案内がある。

表6-2-1　鳥取市

◎就学前，①小中学生，②高校生等，③大学生等，④その他

◎聴覚障がい児補聴器購入助成事業［障がい福祉課自立支援係］
https://www.city.tottori.lg.jp/www/contents/1551079043750/html/common/5c74eee2010.html
5歳児発達相談事業［鳥取市中央保健センター］
https://rhino.med.yamanashi.ac.jp/sukoyaka/pdf/select2009_50.pdf

①全国初！市役所庁舎で「こども食堂」始めます［中央人権福祉センター］
https://www.city.tottori.lg.jp/www/contents/1580283519360/simple/2.pdf
全国初！郵便局と連携した「こども食堂」への支援活動を始めます［同上］
https://www.city.tottori.lg.jp/www/contents/1550739267220/simple/common/other/5c6e69f7002.pdf

③鳥取市中小企業等奨学金返済支援事業補助金［鳥取市経済観光部経済・雇用戦略課］
https://www.city.tottori.lg.jp/www/contents/1559714426085/simple/common/other/5cf7604f004.pdf
鳥取市立病院の医師（医学生）奨学金制度について！［鳥取市立病院総務課］
https://www.city.tottori.lg.jp/www/contents/1297658120196/index.html
学納金，授業料減免・奨学金等［公立鳥取環境大学］
https://www.kankyo-u.ac.jp/campuslife/payment/

①**小中学生**に関して，**こども食堂**に係るユニークな取り組み（郵便局ネットワークを活用したフードドライブ2017〜，市役所庁舎のカフェでも開設2019〜）の報告がある。③**大学生等**に関して，**鳥取市中小企業等奨学金返済支援事業補助金**（市内企業の人材確保及び若年者の市内企業就職の促進を図るため従業員の奨学金返済を支援する中小企業を応援する制度），**鳥取市立病院の医師（医学生）奨学金制度**（医学生の修学を支援し鳥取市立病院に必要な医師の確保を図る／月額20万円を6年間貸与［返還免除あり］），**公立鳥取環境大学の県内者入学金減免**（28万2000円→18万8000円［9万4000円減免］）[3]の案内がある。

（2）岩美町

【人口：1万304人・世帯数：4007世帯［2024.6.1］，面積：122㎢／「岩美町子ども・子育て支援事業計画（第2期）」2020-24】

「いわみで子育てライフを満喫しよう」と銘打った『ゆったり・たのしく いわみde子育てハンドブックすまいる』（住民生活課発行，全34頁）に諸情報が11区分でコンパクトにまとめられている。しかも，町オリジナルの取り組みには「いわみ」のカラーマークが付いており分かりやすい（**表6-2-2**は「すまいる」から作成）。

◎**就学前**に関して，**妊婦歯科健康診査の助成**，**乳幼児おむつ購入費助成事業**（乳児1人につき上限3万円），**新生児聴覚検査費助成事業**，**チャイルドシート・ジュニアシート購入費助成**（購入金額の2分の1，上限1万円）／同**貸し出し**，**在宅育児世帯支援給付金**（1歳になるまでの子どもを在宅育児する保護者に月3万円），**出産祝金**（1人1万円），**1カ月児健康診査費の助成**（子ども1人につき上限5000円），**ブックスタート・セカンド・サード事業**，**任意予防接**

種費用の助成（おたふくかぜ：1人3000円1回まで，季節性インフルエンザ：自己負担額500円／回を超えた額），**子育て世帯等住宅新築・リフォーム資金助成事業**（新築：上限50万円，中古：上限30万円，リフォーム：経費の15％［上限15万円］），**保育料（利用料）の軽減**（第2子：2分の1額［同時入所の場合は4分の1，低所得世帯は無料］，第3子以降：無料，町立保育所の3歳児以上の給食の副食費無料）等がある。

①**小中学生**に関して，**中学校生徒通学費補助**（通学距離2km超のバス通学生の定期券購入費用の一部補助，自転車通学生のヘルメット購入費全額），**中学生自転車保険加入補助**がある。②**高校生等**に関して，**高等学校生徒通学費補助**（町外高校：自己負担額7000円／月を超える額，町内高校：自己負担額3000円／月［2人目以降1万5000円／月］を超える額），**高等学校等新入生通学費補助**（岩美高校新入生の公共交通の定期代3カ月分：町内生は全額，町外生は上限2万30円）がある。②**高校生等**及び③**大学生等**に関して，**奨学資金事業**（無利子貸与：月額で高校生等は3万円まで，大学生等は国公立4万円まで・私立5万円まで）がある。

③**大学生等**について，**看護師奨学金**（無利子貸与：岩美病院で将来働く意欲をもつ看護学生月額5万円），**薬剤師等奨学金支援助成金**（奨学金返還支援：岩美病院に勤務する意思のある鳥取県未来人材育成奨学金支援助成金の認定者のうち薬学部5・6年生等）がある。コロナ禍との関連では，岩美町外で頑張る学生を応援する「**岩美がんばれ若者小包**」の案内（町内産品詰合せ送付）がある。

④**その他**に関して，ともに所得税非課税のひとり親家庭に限定したものではあるが，**入学支度金**（小中学校入学時に1人1万円），**児童年金**（義務教育修了前まで1人月額2000円）がある。

（3）若桜町

【人口：2509人・世帯数：1130世帯［2024.6.1］，面積：199㎢／「若桜町子ども・子育て支援事業計画」2020-24】

「子育てするなら若桜町！ 自然豊かな若桜町で，のびのび生き生き子育てをしましょう！」というキャッチコピーのついた『若桜

表6-2-2　岩美町

⓪就学前，①小中学生，②高校生等，③大学生等，④その他
⓪妊婦歯科健康診査の助成［すまいるp.6］ http://www.iwami.gr.jp/secure/7535/kosodate2021.pdf（すまいる／以下同じ） 乳幼児おむつ購入費助成事業［すまいるp.11］ 新生児聴覚検査費助成事業［同上］ チャイルドシート・ジュニアシート購入費助成／同貸出［同上］ 在宅児世帯支援給付金［同上］ 出産祝金［すまいるp.12］ 1カ月児健康診査の助成［同上］ ブックスタート・セカンド・サード事業［同上］ 任意予防接種費用の助成［すまいるp.14］ 子育て世帯等住宅新築・リフォーム資金助成事業［すまいるp.16］ 保育料（利用料）の軽減［すまいるp.19］
①中学校生徒通学費補助／中学生自転車保険加入補助［すまいるp.21］
②高等学校生徒通学費補助／高等学校等新入生通学費補助［同上］
②奨学資金事業［同上］
③看護師奨学金／薬剤師等奨学金支援助成金［同上］ 岩美町外で頑張る学生を応援！「岩美がんばれ若者小包」のご案内［企画財政課］ https://tori-hitorioya.com/index.php?view=5497
④ひとり親家庭児童入学支度金／児童年金［すまいるp.22］

表6-2-3　若桜町

⓪就学前，①小中学生，②高校生等，③大学生等，④その他
⓪出産祝金の支給［ガイドp.2］ http://www.town.wakasa.tottori.jp/wordpress/wp-content/uploads/2014/03/2019年度版若桜町子育て応援ガイド.pdf 子育て応援給付金の支給［同上］ 妊婦歯科健診費用助成［同上］ 新生児聴覚検査費用助成［同上］ 生後1ヶ月母子健診費用助成［同上］ 任意予防接種費用助成／インフルエンザ予防接種費用助成［同上］ ブックスタート［同上］ わかさこども園入園お祝い事業［ガイドp.3］ 保育料の軽減及び無料化の実施［同上］ 就学前支援事業［同上］ 三世代居住支援交付金［ガイドp.5］
①入学・7年生進級祝金の支給［ガイドp.4］ 通学対策補助事業／英語検定受験助成金［同上］ 放課後児童クラブ／ナティキッズクラブ／学習支援教室［同上］ 学校給食費の半額補助［同上］ 通学用定期券・回数券等の支給［同上］ わかさ温水プール無料券の配布／わかさ氷ノ山スキー場リフト券購入助成［同上］ 羽ばたけわかさっ子事業［同上］
②通学助成金の交付［同上］
③若桜町奨学資金制度（大学生）［教育委員会事務局］ http://www.town.wakasa.tottori.jp/?page_id=1069

町子育て応援ガイド』（全6頁）に主要な情報の見出しと概要が一覧化されている。

◎就学前に関して，出産祝金の支給（第1・2子5万円，第3子以降10万円），子育て応援給付金の支給（満1歳の誕生日の前月まで毎月3万円），妊婦歯科健診費用助成，新生児聴覚検査費助成，生後1ヶ月母子健診費助成，任意予防接種費助成（ロタワクチン），インフルエンザ予防接種費助成，ブックスタート事業（布製バッグ・絵本2冊ほか），わかさこども園入園お祝い事業（園服・体操服［半袖・長袖上下］），保育料の無料化（町民：保育料・給食費無料），保育料の軽減（町外入園者の同時在園の2人目半額・3人目以降無料），就学前支援事業（わかさこども園から若桜学園に入学予定者：算数セット・粘土セットプレゼント），三世代居住支援交付金（三世代同居・町内近居：町民税の3分の1相当額を支給［上限5万円／世帯］）などがある。

①小中学生に関して，入学・7年生進級祝金の支給（1人1万円），通学対策補助事業（入学時に熊鈴，7年生進級時に安全タスキ，自転車通学生にヘルメット支給），英語検定受験助成金（若桜学園全学年生対象に全額助成），放課後児童クラブ（放課後100円／日，土曜日・長期休業等300円／日），ナティキッズクラブ（自然体験），学習支援教室（がんばろう学習会：1〜6年生，夏休み学習支援教室：1〜4年生，夏休みサマースクール：5〜9年生），学校給食費の半額補助（全学年），通学用定期券・回数券等の支給，わかさ温水プール無料券の配布（夏休み等の長期休業中利用料無料），わかさ氷ノ山スキー場リフト券購入助成，羽ばたけわかさっ子事業（卒業時に本1冊）などがある。②高校生等に関して，通学助成金の交付（町内から県内の高校に通学定期券で通学する生徒・通学困難で県内下宿する生徒：月1万円）がある。③大学生等に関して，若桜町奨学資金制度（若桜町大学等奨学資金貸与制度［無

利子2万円］，若桜町大学等奨学資金返還支援事業［当該年度に返還した奨学資金の2分の1（上限12万円）毎年申請可能］）がある。

（4）智頭町

【人口：5846人・世帯数：2339世帯［2024.6.1］，面積：225㎢／「第2期 智頭町子ども・子育て支援事業計画」2020-24】

智頭町HPの「こども・教育・人権＞育児／保育所／学校」のサイトに関連情報を載せている。子育てガイドブック等の発行は確認できない。

◎就学前に関して，新生児聴覚検査費の一部助成，智頭町わが家で子育て応援給付金（生後8週過ぎから1歳までの家庭での子育てに月3万円支給），認可外保育施設等に該当する森のようちえんに係る無償化の給付（「子育てのための施設等利用給付」認定申請のお願い）などの案内がある。

②高校生等に関して，智頭町高校生通学費助成（定期代の月額7000円を超える額を有効月数分補助）がある。③大学生等に関しての，おせっかい奨学パッケージとは，2019年に智頭町が慶應義塾大学SFC研究所と共同開発することを表明したもので，町民登録制度，奨学ローン，

表6-2-4　智頭町

◎就学前，①小中学生，②高校生等，③大学生等，④その他
◎新生児聴覚検査の費用を一部助成します［智頭町保健センター福祉課保健師］ https://www1.town.chizu.tottori.jp/photolib/chizu_fukushi/20396.pdf 智頭町わが家で子育て応援給付金［教育委員会教育課］ https://www1.town.chizu.tottori.jp/chizu/kyuiku_fukushi/ikuji/10/ 「子育てのための施設等利用給付」認定申請のお願い（森のようちえん）［同上］ https://www1.town.chizu.tottori.jp/chizu/kyouiku/12/hoikujyo/01/
②智頭町高校生通学費助成［同上］ https://www1.town.chizu.tottori.jp/chizu/kyouiku/4/
③おせっかい奨学パッケージ［企画課］ https://www1.town.chizu.tottori.jp/chizu/kikaku/mezasu/9/

奨学金助成制度，奨学寄附制度，交流＆共同開発事業，就職＆起業支援事業の５つを見込んでいるという[4]。

（5）八頭町（やず）

【人口：1万4798人・世帯数：5265世帯［2024.6.1]，面積：207㎢／「第2期八頭町子ども・子育て支援事業計画」2020-24】

町民課が発行する『八頭町子育て応援ガイドブック』（全14頁）に関連情報が簡潔にまとめられている。

◎就学前に関して，八頭町結婚新生活支援事業補助金（住宅の賃貸・購入，引っ越し経費の一部助成），マタニティ・子育て支援タクシー助成，ベビー・子ども用品のリユース支援（子育て支援センター事業として開始），出産お祝い金（1人3万円），乳児家庭保育支援給付金（生後6カ月〜1歳未満：月3万円），新生児聴覚検査費の助成，ごみ袋の無料配布（1人60枚），ブックスタート・セカンド・サードの実施（6カ月児・3歳児・5歳児健診時），第2子以降保育料

無償化（2016年度〜），3歳児以上の副食費免除（月額4500円免除）などがある。

①小中学生に関して，学校給食の負担軽減（2020年度〜），防犯ブザーの配布（小学1年生），小中学校等入学祝い金（商品券を小学生2万円分，中学生3万円分），自転車通学助成（1人2万円）がある。②高校生等に関して，八頭町高校生の通学費助成（月7000円を超えた額，若桜鉄道区間半額）がある。

3. 中部圏域1市4町

（1）倉吉市

【人口：4万3827人・世帯数：2万511世帯［2024.6.30]，面積：272㎢／「第6次倉吉市あらゆる差別をなくする総合計画」2021-25，「倉吉市子ども・子育て支援事業計画」2015-19（第2期は未確認）】

『倉吉市子育てガイドブック』を発行するとともに，母子健康手帳アプリ「くらすけくんのあしあと」を提供している。

◎就学前に関して，住宅取得支援制度（UIJ

表6-2-5　八頭町

◎就学前, ①小中学生, ②高校生等, ③大学生等, ④その他
◎八頭町結婚新生活支援事業補助金をご存じですか？[企画課 地域戦略室] 　　http://www.town.yazu.tottori.jp/item/8535.htm#itemid8535 マタニティ・子育て支援タクシー助成［八頭町／R2支援事業計画進捗状況］ 　　http://www.town.yazu.tottori.jp/secure/7356/R2shinchoku.pdf（以下同じ） ベビー・子ども用品のリユース支援［同上］ 出産お祝い金／乳児家庭保育支援給付金［ガイドブックp.4］ 　　http://yazu.torinet.jp/epub/kosodate_r0306/html5.html（以下同じ） 新生児聴覚検査費の助成［同上］ ごみ袋の無料配布／ブックスタート・セカンド・サードの実施［ガイドブックp.5］ 第2子以降保育料無償化［ガイドブックp.8］ 3歳児以上の副食費免除［八頭町／R"支援事業計画進捗状況］
①学校給食の負担軽減／防犯ブザーの配布［同上］ 小中学校等入学祝い金／自転車通学助成［ガイドブックp.10］
②八頭町高校生の通学費助成について［企画課］ 　　http://www.town.yazu.tottori.jp/item/7243.htm#itemid7243

表6-3-1　倉吉市

◎就学前, ①小中学生, ②高校生等, ③大学生等, ④その他
◎住宅取得支援制度［生活産業部地域づくり支援課］ 　　https://www.city.kurayoshi.lg.jp/iju/7/3/ 若者定住新築住宅減免制度について［税務課資産税係］ 　　https://www.city.kurayoshi.lg.jp/gyousei/div/sangyou/zeimu/01/01/ 妊婦歯科健診［ガイドブックp.10］／里帰り出産［同p.11］ 　　https://www.city.kurayoshi.lg.jp/gyousei/div/fukushi/kodomo/z218-copy-3/（以下同じ） 倉吉市子育て世帯買い物応援事業［同p.12］／出産手当［同p.15］ 市指定ごみ袋の助成／育児パッケージ「はじめてばこ」［同p.17］ 新生児聴覚検査費の助成［同p.23］／ブックスタート事業［同p.26］
①遠距離通学費補助金［教育委員会事務局教育総務課］ 　　https://www.city.kurayoshi.lg.jp/gyousei/div/kyouiku/kyoukusoumu/syoutyuugakkoujimutetsuduki/6/ 中学校学割［同上］ 　　https://www.city.kurayoshi.lg.jp/gyousei/div/kyouiku/kyoukusoumu/syoutyuugakkoujimutetsuduki/4/
②高校生の通学費を助成します［同上］ 　　https://www.city.kurayoshi.lg.jp/gyousei/div/kyouiku/kyoukusoumu/x163/
③倉吉市奨学資金奨学生・磯野長蔵記念三松奨学育英奨学生募集［倉吉市］ 　　http://machi.jpubb.com/press/4342137/ 中部ふるさと奨学金［鳥取中部ふるさと広域連合］ 　　https://www.chubu-furusato-tottori.jp/12631

ターン者の新築住宅購入：単身最大50万円，2人以上最大100万円／中古住宅購入：最大50万円／リフォーム：最大35万円），若者定住新築住宅減免制度（35歳以下：3年間固定資産税の一部減免），**妊婦歯科健診**（全額助成1回），**里帰り出産**（一部助成），**倉吉市子育て世帯買い物応援事業**（母子健康手帳等の提示でさまざまな割引や得点あり），**出産手当**（第3子以降出産：2万円給付），**市指定ごみ袋の支給**（出生届提出時に市指定ごみ袋大100枚支給），**育児パッケージ「はじめてばこ」**（鳥取県生活協同組合との連携協定事業），**新生児聴覚検査費の助成**（初回上限2000円），**ブックスタート事業**（6カ月児健診・1歳半健診時に絵本のプレゼントと読み聞かせ）などがある。

①**小中学生**に関して，**遠距離通学費補助金**（片道4km［バス利用3km］以上の小学生月820円を超える額，同6km［同5km］以上の中学生1360円／月を超える額，そのほかの児童1200円／月，生徒1500円／月），中学校学割（片道101km以上ある場合に運賃が2割引）がある。②**高校生等**に関して，**高校生通学費助成**（自己負担額7000円を超える額）がある。③**大学生等**に関して，**倉吉市奨学資金奨学生・磯野長蔵記念三松奨学育英奨学生**（倉吉市奨学生4人・三松奨学生若干名：月5万円貸与）がある。**中部ふるさと奨学金**は，人材養成を目的に鳥取中部ふるさと広域連合が行うものであったが，2019年度の交付式情報を最後に確認できない。

（2）三朝町

【人口：5557人・世帯数：2142世帯［2024.6.1］，面積：234㎢／「三朝町子育て12か条」2022，「第2期三朝町子ども・子育て支援事業計画」2020-24】

「子どもの笑顔は地域の宝，三朝町は子育て家庭を応援しています」をキャッチコピーとした「三朝町子育て応援ポータルサイト」

を運用している（町民課子ども支援室）。

⓪**就学前**に関して，**風しんワクチン予防接種費助成**（接種費用の3分の2：単抗原ワクチン上限5500円，混合ワクチン上限8000円），**妊婦歯科健診費助成**（1人1回），**三朝町すこやか乳幼児家庭保育応援事業補助金**（2歳未満月3万円），**三朝町チャイルドシート購入費補助金**（乳児1人1回，2分の1以内：上限1万円），**保育料の軽減**（第2子以降の無償化），**ブックスタート・ブックセカンド事業**（6カ月児健診時，1歳の誕生日）などがある。

①**小中学生**に関して，**みささ青空体験塾**（小学生対象の野外体験活動／毎月第3土曜日［年会費あり］），**三朝町・城陽市文化スポーツ交流事業**（姉妹都市間での交流［食費等実費負担］），**青少年劇場開催事業**（青少年巡回公演，小中学生対象の無料芸術鑑賞），**中学生のinフランス＆台湾海外交流事業**（友好姉妹都市提携・交流促進協定先と国際交流），**遠距離通学費補助事業**（片道2km以上の小中学生）がある。①**小中学生**及び

表6-3-2　三朝町

⓪就学前，①小中学生，②高校生等，③大学生等，④その他
⓪大人の風しんワクチン予防接種費を助成します［健康福祉課］ 　　http://www.town.misasa.tottori. 　　jp/315/319/1144/1568/24501.html 妊婦歯科健診費助成［同上］ 　　http://www.kosodate-misasa.jp/1102/9988.html 三朝町すこやか乳幼児家庭保育応援事業補助金［町民課］ 　　http://www.kosodate-misasa.jp/1103/17755.html 三朝町チャイルドシート購入費補助金［同上］ 　　http://www.kosodate-misasa.jp/1103/17615.html 保育料の軽減［同上］ 　　http://www.kosodate-misasa.jp/1104/9995.html ブックスタート事業［図書館］／ブックセカンド事業［健康福祉課］ 　　http://www.kosodate-misasa.jp/1103/9991.html
①みささ青空体験塾／三朝町・城陽市文化スポーツ交流事業／青少年劇場開催事業（青少年巡回公演）（無料）［社会教育課］ 　　http://www.kosodate-misasa.jp/1107/9936.html 中学生のinフランス＆台湾 海外交流事業［教育総務課］ 　　http://www.kosodate-misasa.jp/1107/10001.html 遠距離通学費補助事業［同上］ 　　http://www.kosodate-misasa.jp/1104/9995.html
①②みささする実践交付金［企画課］ 　　http://www.kosodate-misasa.jp/1107/9936.html 全国大会等参加費補助金［社会教育課］ 　　http://www.kosodate-misasa.jp/1104/9995.html
②高校生等通学費補助事業／三朝町奨学資金貸付制度［教育総務課］ 　　http://www.kosodate-misasa.jp/1104/9995.html
③三朝温泉病院では奨学金の返還を支援します［三朝温泉病院］ 　　http://www.hosp.misasa.tottori.jp/iryou/img/pdf_recruit02.pdf

②**高校生等**に関して，**みささする実践交付金**（中高生が取り組む研修活動等に助成：補助率5分の4，限度額30万円），**全国大会等参加費補助金**（中国大会以上の大会・コンクール参加費用の2分の1：全国規模上限2万円，中国規模上限1万円）がある。②**高校生等**に関して，**高校生等通学費補助事業**（居住集落から三朝町役場までの通学費），**三朝町奨学資金貸付制度**（経済的困難な高校生：月2万円無利子貸与）がある。③**大学生等**に関して，**三朝温泉病院奨学金返還支援**とは，鳥取県未来人材育成奨学金支援助成金にさらに上乗せした薬剤師の募集案内である。

（3）湯梨浜町

【人口：1万5552人・世帯数：5840世帯［2024.6.1］，面積：78㎢／「第2期湯梨浜町子ども・子育て支援事業計画」2020-24】

　ガイドブックは確認できないが，スマートフォン向け電子母子手帳「笑顔ゆりはま子育てアプリ」を提供している。

　⓪**就学前**に関して，**妊婦歯科健診事業**（上限2510円），**1カ月児健康診査費助成事業**（健診費用の2分の1［上限2300円］），**湯梨浜町家庭**

子育て支援事業給付金（生後8週超～2歳：月3万円），**出産入学等祝金**（第3子以降：出産5万円，小学入学・中学卒業3万円）などがある。

　①**小中学生**に関して，**フリースクール等利用料助成**（所得制限あり：授業料上限月2万円，交通費・実習費等中学生上限6000円・小学生上限3000円），**湯梨浜町中学生自転車用ヘルメット購入費補助金**（1人1回上限3000円）がある。②**高校生等**に関して，**湯梨浜町高校生通学費助成事業**（自己負担額7000円を超える額）がある。③**大学生等**に関して，**湯梨浜町ふるさと人材育成奨学金支援助成金**（無利子奨学金：返還総額の6分の1，有利子奨学金：返還総額の8分の1／最長8年間）がある。

（4）琴浦町

【人口：1万5250人・世帯数：5756世帯［2024.6.1］，面積：140㎢／「琴浦町人権施策基本方針」2022，「第2期琴浦 すくすくプラン」2020-24】

　ガイドブックの発行は確認できないが，「母子健康手帳アプリ」で子育て支援情報を配信している。

　⓪**就学前**に関して，**妊婦健康診査費助成事**

表6-3-3　湯梨浜町

⓪就学前，①小中学生，②高校生等，③大学生等，④その他
⓪妊婦のための歯科健診事業［子育て支援課］ https://www.yurihama.jp/soshiki/8/1643.html 1カ月児健康診査費助成事業のお知らせ［同上］ https://www.yurihama.jp/soshiki/8/8423.html 湯梨浜町家庭子育て支援事業給付金（2歳まで延長になりました！）［同上］ https://www.yurihama.jp/soshiki/8/7726.html
⓪①出産入学等祝金［子育て支援課］ https://www.yurihama.jp/soshiki/8/1652.html
①フリースクール等の利用料を助成します［教育総務課］ https://www.yurihama.jp/soshiki/19/15184.html 湯梨浜町中学生自転車用ヘルメット購入費補助金［同上］ https://www.yurihama.jp/soshiki/2/9217.html
②湯梨浜町高校生通学費助成事業［同上］ https://www.yurihama.jp/soshiki/19/12533.html
③湯梨浜町ふるさと人材育成奨学金支援助成金［同上］ https://www.yurihama.jp/uploaded/life/15134_36266_misc.pdf

表6-3-4　琴浦町

⓪就学前，①小中学生，②高校生等，③大学生等，④その他
⓪妊婦健康診査費助成事業のお知らせ［子育て応援課］ https://www.town.kotoura.tottori.jp/docs/2019071700014/ 第2子の保育料が無償になります［同上］ https://www.town.kotoura.tottori.jp/docs/2016061500036/ 琴浦町乳幼児家庭保育支援給付事業［同上］ https://www.town.kotoura.tottori.jp/docs/2018081500041/ チャイルドシートの購入に補助金が出ます［同上］ https://www.town.kotoura.tottori.jp/docs/2018032800053/ 子育て世帯を応援！地元商店応援券を配布します［同上］ https://www.town.kotoura.tottori.jp/docs/2021080400021/ 任意予防接種（一部助成）［同上］ https://www.town.kotoura.tottori.jp/docs/2020041100024/ 木のおもちゃの貸出しを始めました［琴浦町図書館］ https://www.town.kotoura.tottori.jp/docs/2020070100040/
②高校生通学費助成事業のお知らせ［教育総務課］ https://www.town.kotoura.tottori.jp/docs/2020032300037/
②③琴浦町林原育英奨学金について［同上］ https://www.town.kotoura.tottori.jp/docs/2017032400058/
③奨学金の返還を助成します（琴浦町未来人材奨学金支援事業）［商工観光課］ https://www.town.kotoura.tottori.jp/docs/2021032400031/

業（里帰り等により受診票が使用できなかった負担分の償還払い），**第2子の保育料無償**（2016年度〜），琴浦町乳幼児家庭保育支援給付事業（6カ月〜2歳未満：月3万円），**チャイルドシート購入補助金**（購入金額の2分の1，上限1万円），**子育て世帯を応援！ 地元商店応援券配布**（コロナ禍対応：高校3年生までを対象に7000円分），**任意予防接種（一部助成）**（おたふくかぜ3000円1回，インフルエンザ1500円1〜2回），**木のおもちゃ貸し出し**（1回1種類1個まで2週間）などがある。

②高校生等に関して，**高校生通学費助成事業**（自己負担額7000円を超える額）がある。②高校生等及び③大学生等に関して，**琴浦町林原育英奨学金**（入学支度金：各種学校・短大・大学入学予定者30万円，修学支援金：高校生月額1万円，各種学校・短大・大学生月額6万円）がある。③大学生等に関し，**琴浦町未来人材奨学金支援事業（町助成）**とは，鳥取県未来人材育成奨学金支援助成金（県助成）を補うものであり，あわせて利用すると最大で奨学金返済額の全額の助成を受けることができる。

（5）北栄町

【人口：1万3668人・世帯数：5082世帯［2024.6.1］，面積：57㎢／「北栄町自治基本条例」2007，「子どもを健やかに育てるまちづくり条例」2007，「第2期北栄町子ども・子育て支援事業計画」2020-24】

ガイドブックの発行は確認できないが，母子健康手帳アプリ「hokueismile」を提供している。

⓪就学前に関して，新規婚姻者助成（世帯所得400万円未満，夫婦ともに39歳未満：住宅費・リフォーム費・引越し費用の一部），**妊婦歯科健康診査**（1回分の受診券発行），**マタニティ・ファーストブックとブック・スタート**（パパママ教室案内に絵本引換券同封，7カ月健診時に絵本1冊・

表6-3-5　北栄町

⓪就学前，①小中学生，②高校生等，③大学生等，④その他
⓪新規婚姻者に住宅費・リフォーム費・引越し費用の一部を助成します［企画財政課］ http://www.e-hokuei.net/3095.htm 妊婦歯科健康診査［健康推進課］ http://www.e-hokuei.net/1713.htm マタニティ・ファーストブックとブック・スタート［北栄町図書館］ http://www.e-hokuei.net/3428.htm 育児パッケージ『はじめてばこ』［教育総務課　子育て世代包括支援センター］ http://www.e-hokuei.net/4693.htm ごみ袋無償配布［同上］ http://www.e-hokuei.net/4692.htm 北栄町在宅育児世帯支援事業給付金［同上］ http://www.e-hokuei.net/4187.htm 『木のグッズ』を贈ります［同上］ http://www.e-hokuei.net/4189.htm 児童用自転車ヘルメットの購入費を補助します［教育総務課］ http://www.e-hokuei.net/4612.htm
①フリースクールの利用料を助成します［教育総務課］ http://www.e-hokuei.net/9367.htm 中学生英検検定料助成事業［同上］ http://www.e-hokuei.net/secure/4388/2021pamphlet.pdf
②高校生の通学費を助成します［同上］ http://www.e-hokuei.net/7798.htm
③公益財団法人竹歳敏夫奨学育英事業計画［同上］ http://www.e-hokuei.net/secure/11692/keikaku.pdf

バッグ贈呈），**育児パッケージ「はじめてばこ」**（2021〜22年度生まれ：BSS山陰放送主催・鳥取県生活協同組合提携），**ごみ袋無償配布**（町指定ごみ袋大50枚），**北栄町在宅育児世帯支援事業給付金**（2カ月〜1歳6カ月：月3万円），**「木のグッズ」贈呈**（木育：県産材のスプーン3本），**児童用自転車ヘルメット購入費補助**（未就学児及び小学生：購入費の2分の1，上限1500円）などがある。

①小中学生に関して，**フリースクール利用料助成**（所得制限あり／通所経費：上限2万円［入所費・教材費・実習費等は対象外］），**中学生英検検定料助成事業**（4級以上の検定料の半額）である。②高校生等に関して，**高校生の通学費助成**（自己負担額7000円を超える額）がある。③大学生等に関して，**公益財団法人竹歳敏夫奨学育英会事業**（北栄町出身の工業高等専門学校若しくは大学・大学院進学者への奨学金給付）がある。

4. 西部圏域2市6町1村

(1) 米子市

【人口：14万4215人・世帯数：6万3389世帯 ［2024.6.1］，面積：132㎢／「米子市子どもの貧困対策推進計画（ひまわりプラン）」2019-23，「第2期米子市子ども・子育て支援事業計画」2020-24】

妊娠・子育てに関する米子市の行政情報などをまとめた『よなご子育てサポートブック』が出されており，電子書籍もアップ（株式会社サイネックスのサイト）されている。また，紙の母子健康手帳の機能補完を目的とした母子手帳アプリ「すくすく！よなごっち」を配信している。

◎就学前に関して，**妊婦一般健康診査受診票**（最大15枚［多胎妊娠の場合は20枚］／島根県岡山県の一部でも利用可能），**新生児聴覚検査助成制度**（所得制限あり），**ブックスタート**（6カ月児健診時），**5歳児よなごっこ健診**，**ハートフル駐車場利用証制度**（妊娠7カ月～産後1年半の妊産婦），**「はじめてばこ」贈呈**（米子市がBSS山陰放送と鳥取県生活協同組合の協力を得て育児パッケージ［食品・生活用品］を贈呈／2020～

2022年度生まれ対象），**家庭ごみ袋の一部補助**（2歳未満の乳幼児がいある世帯など），**子どもサポートタクシー**（保育所・学校・スポーツクラブ・塾などへ通常料金で送迎）などがある。

②高校生等に関して，**高校生等通学費助成制度**（1カ月の通学定期代が基準額7000円を超えた額）がある。**③大学生等**に関して，鳥取県内に移住や就職を考えている者が鳥取県内の空港便を利用する際の支援（要事前申請手続き）である**鳥取県内空港発着国内便エアサポート事業**の案内がある。

④その他に関して，**災害遺児手当**とは，保護者が交通事故や災害により死亡・重度障がいになったときに義務教育期間中1人2000円／月を支給するものである。

(2) 境港市

【人口：3万1576人・世帯数：1万3273世帯 ［2024.6.1］，面積：29㎢／「境港市子ども・子育て支援事業計画（第二期計画）」2020-24】

境港市子育て世代包括支援センターが出した『境港市子育てサポートガイド』に結婚・妊娠から就学までの諸情報が簡潔にまとめら

表6-4-1　米子市

◎就学前，①小中学生，②高校生等，③大学生等，④その他
◎妊婦一般健康診査受診票（妊婦一般健康診査が一部無料となる券）［ブック p.6］ https://www.city.yonago.lg.jp/26461.htm（以下同じ） 新生児聴覚検査助成制度［ブック p.11］／ブックスタート［ブックp.25］ 5歳児よなごっこ健診（5歳児健康診査）［ブック p.26］ ハートフル駐車場利用証制度［ブック p.53］ 赤ちゃんが生まれたご家庭へ「はじめてばこ」をお贈りします［こども相談課］ https://www.ikuhaku.com/mains/systemdetail/tottori/yonago_shi/4658/ 家庭ごみ袋の一部補助（負担軽減措置）［クリーン推進課］ https://www.city.yonago.lg.jp/4246.htm 子どもサポートタクシー［第一交通産業グループ］ https://www.daiichi-koutsu.co.jp/taxi/kodomosapo/
②高校生等通学費助成制度（令和3年度）［交通政策課］ https://www.city.yonago.lg.jp/student_pass/2021/
③鳥取県内空港発着国内便エアサポート事業［米子市移住定住相談窓口］ https://www.city.yonago.lg.jp/35535.htm
④災害遺児手当［ブック p.54］

表6-4-2　境港市

◎就学前，①小中学生，②高校生等，③大学生等，④その他
①ブックスタート／風疹ワクチン助成／妊婦一般健康診査受診券［ガイド p.4］ https://www.city.sakaiminato.lg.jp/upload/user/00104895-iNKtjt.pdf（以下同じ） 新生児聴覚検査費の助成／チャイルドシートの助成［ガイド p.5］ おむつ代の助成／インフルエンザ予防接種の費用助成［ガイド p.6］ ファミリー・サポート・センター利用料助成事業［ガイド p.8］ ファーストシューズプレゼント［健康推進課 保健係］ https://www.city.sakaiminato.lg.jp/index.php?view=109711 新生児へのプレゼント［同上］ https://www.city.sakaiminato.lg.jp/index.php?view=107478 新型コロナ対策事業（妊産婦タクシー交通費補助金）［健康推進課］ https://www.city.sakaiminato.lg.jp/upload/user/00107495-qAzU8s.pdf
①赤ちゃん登校日［健康推進課 保健係］ https://www.city.sakaiminato.lg.jp/index.php?view=105551
②遠距離通学中の高校生等の通学費を助成します［教育委員会教育総務課］ https://www.city.sakaiminato.lg.jp/index.php?view=110013

第Ⅱ部　子育て・教育施策の重層的把握調査

れている。また，妊娠・出産・子育て支援情報を「母子健康手帳アプリ」で配信している。

⓪就学前に関して，**ブックスタート**（母子健康手帳交付時の1冊プレゼント［妊娠6カ月から読み聞かせ］，1歳6カ月児健診時にブックスタートプラス），**風疹ワクチン助成**（上限8000円），妊婦一般健康診査受診券（14回），**新生児聴覚検査費の助成**（所得制限なし，上限2000円），**チャイルドシートの助成**，**おむつ代の助成**（3カ月毎に3000円［3回まで］），**インフルエンザ予防接種の費用助成**（上限2000円），**ファミリー・サポート・センター利用料助成事業**（児童扶養手当受給世帯，市民税非課税世帯，3〜12カ月在宅育児世帯，多胎児世帯），**ファーストシューズプレゼント**（名前と誕生日入り：山陰アシックス工業協力），**新生児へのプレゼント**（伯州綿のおくるみ），新型コロナ対策事業として**妊産婦タクシー交通費補助金**の案内などがある。

①小中学生に関して，**赤ちゃん登校日**（乳児と親が小学校に出かけて子どもたちと触れ合う）がある。**②高校生等**に関して，**高校生等通学費助成**（通学費上限7000円）がある。

（3）日吉津村（ひえづ）

【人口：3553人・世帯数：1308世帯［2024.6.1］，面積：4k㎡／「日吉津村自治基本条例」2008，「第二期 子ども・子育て支援事業計画」2020-24）】

「ひとのえがおづくりができる村」というキャッチコピーのついた村HPに，関連情報を知らせる「くらしのできごと」「すまいるはぐ（子育て支援）」と題したサイトがある。子育てガイドブック等の情報は確認できない。

⓪就学前に関して，**結婚・子育て世帯等応援補助金**（夫婦30万円，子ども1人10万円：上限50万円），**給食費（副食費）全額負担**，**複合型子育て拠点施設の整備予定**（保育所・児童館など），

新生児聴覚検査費用助成，**紙おむつ・粉ミルク等の購入費の助成（在宅育児サポート事業）**（2カ月〜1歳未満対象で月2万円，20万円上限），**任意予防接種費用助成**（おたふく風邪：上限2000円，B型肝炎：上限2000円）などがある。

①小中学生に関して，**夏休みひえづっ子クラブ**（利用料4000円，2人目以降3000円），**鳥取県小児在宅支援ネットワークマップ**（鳥取大学医学部を中心とした重症児者の包括的地域支援ネットワーク），**日吉津村通学路交通安全プログラム**（継続的な検討と改善）がある。**②高校生等**に関して，**鳥取県高校生通学費助成事業**（通学費の月額7000円を超える額）がある。**②高校生等**及び**③大学生等**に関して，**日吉津村奨学資金貸与制度**（月額で高校生・高専生8000円，大学生3万円の無利子貸与）がある。**③大学生等**に関して，**日吉津村地元人材育成奨学金支援事業**（日吉津村奨学資金貸与者でUターンし定住した場合に奨学金返還額の補助）がある。

表6-4-3　日吉津村

⓪就学前，①小中学生，②高校生等，③大学生等，④その他
⓪結婚・子育て世帯等応援補助金［総合政策課］ https://www.hiezu.jp/list/sougouseisaku/a540/s855/ 給食費（副食費）は日吉津村が全額負担します［福祉保健課（福祉事務所）］ https://www.hiezu.jp/list/fukushihoken/n183/m220/ 複合型子育て拠点施設の愛称が決まりました［同上］ https://www.hiezu.jp/list/fukushihoken/kosodate-kyoten/x112/ 新生児聴覚検査費用助成［同上］ https://www.hiezu.jp/list/fukushihoken/v138/w159/c124/g170/ 紙おむつ・粉ミルク等の購入費の助成をしています（在宅育児サポート事業）［同上］ https://www.hiezu.jp/list/fukushihoken/w281/z851/a256/ 任意予防接種費用助成について［同上］ https://www.hiezu.jp/list/fukushihoken/v138/w159/n135/n403/g135/
①夏休みひえづっ子クラブ［福祉保健課（福祉事務所）］ http://www.hiezu.jp/list/fukushihoken/w281/z851/y126/ 鳥取県小児在宅支援ネットワークマップ［教育委員会事務局］ https://www.hiezu.jp/list/kyoiku/s155/s165/ 日吉津村通学路交通安全プログラム［同上］ https://www.hiezu.jp/list/kyoiku/s155/q160/
②鳥取県高校生通学費助成事業［同上］ https://www.hiezu.jp/list/kyouiku/s155/a139/
②③日吉津村奨学資金貸与制度について［同上］ https://www.hiezu.jp/list/kyouiku/s155/s568/
③日吉津村地元人材育成奨学金支援事業［同上］ https://www.hiezu.jp/list/kyouiku/s155/s127/

（4）大山町

【人口：1万4314人・世帯数：5093世帯［2024.6.1］，面積：190㎢／「大山町人権施策総合計画」2007，「第2期大山町子ども・子育て支援事業計画」2020-24】

　母子健康手帳の記録をデジタル化し，成長の記録を画像で保存できる「母子健康手帳アプリ」を提供している。また，子育て支援センターが『だいせん すくすくだより』を毎月発行している。大山町は1996年に5歳児健診を始めており，その後鳥取県下に広がっていった。

　⓪就学前に関して，風しんワクチン接種費用の助成（上限8000円），Hello! Dear Baby〜はじめてばこ〜（2021〜22年度に生まれた赤ちゃんにBSS山陰放送と鳥取県生活協同組合の協力で育児パッケージをプレゼント［くつ，肌着，おくるみ，おもちゃ，絵本など］），新生児聴覚検査費用の助成（上限2000円），大山町家庭保育支援給付金（2カ月〜1歳未満の家庭保育に対し月3万円給付），任意予防接種（おたふくかぜ・ロタウイルス）費用助成（上限5000円），子ども・妊婦のインフルエンザ予防接種費用の助成（自己負担額1000円／回，高校3年生相当年齢まで），チャイ

ルドシートの購入費補助（上限1万円／ジュニアシートを除く），ブックスタート・ブックセカンド・ブックサード（6〜7カ月健診，3歳児健診，就学時健診時に贈呈）などがある。

　②高校生等に関して，高等学校等通学定期乗車券の購入費補助がある。③大学生等に関して，大山町奨学金返還支援補助金とは若者の就職促進及び大山町への移住定住促進を図ることを目的としたもので，鳥取県未来人材育成奨学金支援助成金（県助成金）をカバーするものである。

（5）南部町

【人口：9890人・世帯数：3542世帯［2024.6.1］，面積：114㎢／「第2期南部町子ども・子育て支援事業計画」2020-24】

　妊娠から出産・子育てに関する情報をまとめた『南部町すくすく子育て いきいき親育ち〜成長と学びのガイドブック〜』を発行するとともに，子育て支援サイト「ほっぷ すてっぷ なんぶ」を運営し，「子どもたちの声が響きわたる町 未来へるながる〜子育てサポートプロジェクト〜」を展開している。

表6-4-4　大山町

⓪就学前，①小中学生，②高校生等，③大学生等，④その他
⓪風しんワクチン接種費用の助成について［こども課］ https://www.daisen.jp/1/10/35/19/ Hello! Dear Baby 〜はじめてばこ〜［同上］ https://www.daisen.jp/1/10/35/14/ 新生児聴覚検査費用の助成［同上］ https://www.daisen.jp/1/10/35/2/14/ 大山町家庭保育支援給付金［同上］ https://www.daisen.jp/1/10/35/1/4/ 任意予防接種（おたふくかぜ・ロタウイルス）費用助成［同上］ 子ども・妊婦のインフルエンザ予防接種費用の助成について［同上］ https://www.daisen.jp/1/10/35/26/ チャイルドシートの購入費補助について［同上］ https://www.daisen.jp/1/10/35/1/3/ ブックスタート・ブックセカンド・ブックサード［同上］ https://www.daisen.jp/1/10/35/1/5/
②高等学校等通学定期乗車券の購入費補助について［同上］ https://www.daisen.jp/1/10/35/1/7/
③大山町奨学金返還支援補助金について［企画課・営業企画室］ https://www.daisen.jp/1/10/2/g497/

表6-4-5　南部町

⓪就学前，①小中学生，②高校生等，③大学生等，④その他
⓪新婚・子育て世帯賃貸住宅家賃助成／三世代同居等支援［ガイドブックp.17］ https://www.town.nanbu.tottori.jp/kosodate/approach/1/ （以下同じ） 南部町育児パッケージ［同p.6］ 誕生祝い事業／在宅育児世帯支援給付金／チャイルドシート購入費補助／インフルエンザの予防接種費用助成［同p.16］ 絵本の進呈事業／保育料軽減事業［ほっぷ すてっぷ なんぶ「各種助成・手当」］ https://www.town.nanbu.tottori.jp/kosodate/approach/grant/ 新生児聴覚検査［同「健康発達サポート」］ https://www.town.nanbu.tottori.jp/kosodate/purpose/7/
①学校給食費の軽減／教材費の補助［ガイドブックp.20］
②高校等通学定期券等助成［同p.17］
②③進学奨励金［同上］

第Ⅱ部　子育て・教育施策の重層的把握調査

◎就学前に関して，**新婚・子育て世帯賃貸住宅家賃助成**（入居時奨励金：家賃1カ月分［上限5万円］，家賃奨励金：上限1万5000円［最長24カ月］），**三世代同居等支援**（新築・増改築リフォーム費用の3分の1［上限60万円］），**南部町育児パッケージ**（子育て用品等），**誕生祝い事業**（満1歳：防災グッズ及び町内農産物，満3歳：町内観光施設の利用体験），**在宅育児世帯支援給付金**（生後8週〜1歳未満の家庭保育に対し月3万円給付），**チャイルドシート購入費補助**（上限1万円），**インフルエンザの予防接種費用助成**（高校生まで1回1000円），**絵本の進呈事業**（7カ月児，3歳児，5歳児），**保育料軽減事業**，**新生児聴覚検査**などがある。

①小中学生に関して，**学校給食費の軽減**（助成額は年度ごとに決定），**教材費の補助**（1〜3年生の教材費，1〜6年生の学級費，全額）がある。**②高校生等**に関して，**高校等通学定期券等助成**（通学定期券や回数券購入費用の半額）がある。**②高校生等**及び**③大学生等**に関して，**進学奨励金**（所得要件あり，支給月額：高校生等6000円，大学生等・専修学校生等9000円）がある。

（6）伯耆町 <ruby>伯耆<rt>ほうき</rt></ruby>町

【人口：1万138人・世帯数：3678世帯［2024.6.1］，面積：139㎢／「第2期伯耆町子ども・子育て支援事業計画」2020-24】

子育てガイドブックの発行は確認できないが，町のHPには「子育て支援制度一覧」がある。また，子ども向けの「ほうき町☆キッズページ」を運用している。

◎就学前に関して，結婚新生活支援事業（住居取得費用，リフォーム費用，賃貸費用，引越費用等／上限30万円），**出産祝金**，**チャイルドシート購入費補助制度**（上限1万円），**乳児家庭保育支援手当支給制度**（9カ月〜18カ月未満），**私**

表6-4-6　伯耆町

◎就学前，①小中学生，②高校生等，③大学生等，④その他

◎結婚新生活支援事業について［住民課・住民室］
https://www.houki-town.jp/new1/10/10/a408/
出産祝金／チャイルドシート購入費補助制度［子育て支援制度一覧］
https://www.houki-town.jp/new1/10/9/2/32/
乳児家庭保育支援手当支給制度［福祉課・福祉支援室］
https://www.houki-town.jp/new1/10/9/2/s119q450e076g201x34/
私立幼稚園就園補助事業［同上］
https://www.houki-town.jp/new1/10/9/2/x685u504y625v123s/
インフルエンザ予防接種の費用助成について［健康対策課］
https://www.houki-town.jp/user/filer_public/4b/e2/4be22597-13a2-4136-8028-9389a9c851e2/guang-bao-houki10yue-hao-05.pdf

①伯耆町英語検定受験料助成金［教育委員会事務局・総務学事室］
https://www.houki-town.jp/new1/10/19/w129/
通学ヘルメット購入補助［同上］
https://www.houki-town.jp/new1/10/19/2/4/1/6/

②伯耆町高等学校等通学費助成制度［同上］
https://www.houki-town.jp/new1/10/19/v112/

立幼稚園就園補助事業（他市町村の園も含む2〜5歳児），**インフルエンザ予防接種の費用助成**（13歳未満：個人負担1000円×2回，13歳以上〜65歳未満：×1回，65歳以上：助成上限3280円）などがある。

①小中学生に関して，**伯耆町英語検定受験料助成金**（小中在籍時に各1回），**通学ヘルメット購入補助**（自転車通学許可生徒）がある。**②高校生等**に関して，**伯耆町高等学校等通学費助成制度**（通学支援助成金：月1000円×8月，3月を除く10カ月，定期乗車券等購入助成金：自己負担額7000円を超えた額］）がある。

（7）日南町 <ruby>日南<rt>にちなん</rt></ruby>町

【人口：3738人・世帯数：1656世帯［2024.6.1］，面積：341㎢／「日南町子ども・子育て支援事業計画」ウェブ公開なし】

町のHPに「日南町子育て情報」サイトを設けており，目的別（結婚・妊娠，出産・育児，保育園，小・中学生，ひとり親家庭，など）に情報を格納している。

◎就学前に関して，にちなん新生活応援奨励金（20〜39歳のUIJターン：上限20万円），**いき**

いき定住促進条例補助一覧（結婚祝金［3万円］，出産祝金［第1子3万円，第2子5万円，第3子以降7万円］，同居奨励金10万円，など），**妊婦健康診査受診票**（14枚＋クラミジア検査用），**妊婦歯科健康診査**（上限5000円／回），**保育料の無償化**（日南町に住んでいる全園児の保育料無償）がある。ウェブ情報では発見できないが，在宅育児世帯支援事業，ブックスタート・ウッドスタート，木のおもちゃ貸し出し事業，可燃ごみ袋の無料配布などもある。

①**小中学生**に関して，**日南町学校給食費補助金**（食材の価格上昇に伴う保護者負担増を抑制）がある。②**高校生等**に関して，**日南町高校生通学費等補助金**（通学定期補助：上限6万5000円，寮・下宿代［食費を除く］：上限6万5000円），**日野郡ふるさと教育公設塾「まなびや縁側」**（日野郡3町が行う高校生対象の公営塾［月額5000円］）がある。③**大学生等**に関して，**日南町人材育成奨学金**（大学生等・保健師養成所生・にちなん中国山地林業アカデミー生の17人程度：年額40万円貸与［返還免除あり］）がある。

（8）日野町（ひの）

【人口：2599人・世帯数：1134世帯［2024.6.1］，面積：134㎢／「第2期日野町子ども・子育て支援事業計画」2020-24】

「この町で暮らす・育てる」との標語のある『日野町子育て応援ガイド』が出されている。

⓪**就学前**に関して，**出産祝い品**（木のおもちゃ贈呈），**子育て支援事業**（1～3歳児の保護者に月3万円の支援金），**各種予防接種への助成**，**保育料軽減事業**（第1子：3分の2に軽減，第2子：3分の1に軽減，第3子以降：給食費相当分に軽減），**ブックスタート・ブックスタートプラス**（乳幼児健診時：絵本2冊と木のおもちゃと手作りバッグ，3歳児：絵本2冊）などがある。

①**小中学生**に関して，**小学校入学祝い記念品**（ナップランド贈呈），**日野町英語教室「英語寺子屋」**（公設の英語教室），**日野町あゆ奨学金制度**（UIJターン3年以内の者で日野町内の小中学校，高校に在学する児童生徒の保護者：月1万円），**日野町新型コロナウイルス感染拡大に伴う学校給食費の無償措置**（2021年度限定）などがある。

表6-4-7　日南町

⓪就学前，①小中学生，②高校生等，③大学生等，④その他
⓪にちなん新生活応援奨励金［企画課］ https://www.town.nichinan.lg.jp/kurashi_kankyo/hojo_hojoseido/1935.html いきいき定住促進条例補助一覧［同上］ https://www.town.nichinan.lg.jp/mokutekibetsu/1/3489.html 妊婦健康診査受診票（14枚＋クラミジア検査用）［福祉保健課］ https://www.town.nichinan.lg.jp/kosodate/1/3740.html 妊婦歯科健康診査［同上］ https://www.town.nichinan.lg.jp/kosodate/1/3741.html 保育料の無償化について［教育課］ https://www.town.nichinan.lg.jp/soshikikarasagasu/hoikuen/kodomoen/3839.html
①日南町学校給食費補助金［教育委員会］ https://www.town.nichinan.lg.jp/material/files/group/3/atc_1588012165.pdf
②日南町高校生通学費等補助金［教育課］ https://www.town.nichinan.lg.jp/soshikikarasagasu/kyoikuka/shogakukinhojokin/3149.html 日野郡ふるさと教育公設塾「まなびや縁側」［同上］ https://www.town.nichinan.lg.jp/soshikikarasagasu/kyoikuka/manabiyaengawa/387.html
③日南町人材育成奨学金［同上］ https://www.town.nichinan.lg.jp/soshikikarasagasu/kyoikuka/shogakukinhojokin/2941.html

表6-4-8　日野町

⓪就学前，①小中学生，②高校生等，③大学生等，④その他
⓪出産祝い品／子育て支援事業［ガイドp.4］ https://www.town.hino.tottori.jp/secure/34616/kosodateguide2015(separate).pdf（以下同じ） 各種予防接種への助成［同p.6］／保育料軽減事業［同p.9］ ブックスタート・ブックスタートプラス［同p.12］
①小学校入学祝い記念品［同p.10］ 日野町英語教室「英語寺子屋」［教育委員会事務局］ https://www.town.hino.tottori.jp/3032.htm 日野町あゆ奨学金制度概要［企画政策課］ https://www.town.hino.tottori.jp/secure/37146/ayugaiyou.pdf 日野町新型コロナウイルス感染拡大に伴う学校給食費の無償措置［日野町］ https://www.town.hino.tottori.jp/reiki/reiki_honbun/k022RG00000832.html
②日野町高校生等通学費助成・奨学金給付［同上］ https://www.town.hino.tottori.jp/3181.htm
③日野町介護福祉士養成奨学金貸付事業［健康福祉課］ https://www.town.hino.tottori.jp/3016.htm

②**高校生等**に関して，日南町の項ですでにみた「まなびや縁側」に加えて，**日野町高校生等通学費助成・奨学金給付**（通学費支援：月額6000円［日野高校生は1万5000円］を超える額，奨学金：年額2万5000円助成）がある。③**大学生等**に関して，**日野町介護福祉士養成奨学金貸付事業**とは介護福祉士の養成及び町内への就業促進を図るための奨学金貸付事業（返還減免制度あり）である。

（9）江府町

【人口：2405人・世帯数：930世帯［2024.6.1］，面積：125㎢／「第2期江府町子ども・子育て支援事業計画」2020-24】

「♪江府町で楽しく子育て♪」という標語のある『江府町母子保健・子育て支援事業に関する一覧』（2018年度版）を出している。

⓪**就学前**に関して，**風しんワクチン接種費用助成**（自己負担2000円を超えた額），**妊婦一般健康診査通院費用助成事業**（750円×14回，里帰り出産の場合は里帰り先から病院までの距離で決

表6-4-9　江府町

⓪就学前，①小中学生，②高校生等，③大学生等，④その他

⓪風しんワクチン接種費用助成［福祉保健課］
　https://www.town-kofu.jp/2/seido/n652/w195/
妊婦一般健康診査通院費用助成事業［同上］
　https://www.town-kofu.jp/2/seido/c762/x330/
インフルエンザ予防接種費軽減事業［同上］
　https://www.town-kofu.jp/2/seido/c762/c816/
子育て応援手当の支給について［同上］
　https://www.town-kofu.jp/2/1/4/7/3/r158/
出生祝い金［住民課］
　https://www.town-kofu.jp/2/seido/c762/r878/
元気！健やかこうふ育児スタートアップ事業［住民課］
　https://www.town-kofu.jp/2/seido/c762/q304/
保育料の無償化について［教育委員会事務局 保育園担当］
　https://www.town-kofu.jp/2/1/11/6/2/w977/
支援センターじゃりんこくらぶ［子育て支援センター］
　https://www.town-kofu.jp/13/17/

①公営学習塾（江府いもこ塾）［教育委員会］
　https://www.town-kofu.jp/2/1/11/c162/

②高校等通学定期券購入補助制度［教育課］
　https://www.town-kofu.jp/2/1/11/7/4/01/

②③進学奨励金［同上］
　https://www.town-kofu.jp/2/1/11/7/1/7/

③奥大山Welcome奨学金返還支援事業［同上］
　https://www.town-kofu.jp/2/1/11/y175/

定），**インフルエンザ予防接種費軽減事業**（6カ月〜64歳：一部助成），**子育て応援手当の支給**（2カ月〜1歳未満：月3万円），**出生祝い金**（1人3万円），**元気！健やかこうふ育児スタートアップ事業**（1歳未満児の世帯に「奥大山の水」12箱［1箱2リットル×6本入り］引換券），**保育料の無償化**（町の子の保育料無償），**支援センターじゃりんこくらぶ**（未就園親子の交流の場［絵本の貸し出し，週3日のふれあいデー］）などがある。

①**小中学生**に関して，**公営学習塾**（江府いもこ塾）（中3生対象：数学・英語，受講料月額2000円）がある。②**高校生等**に関して，**高校等通学定期券購入補助制度**（定期券購入金額の2分の1以上）がある。②**高校生等**及び③**大学生等**に関して，**進学奨励金**（経済的困難者な高校生・専門学校生・大学生：自宅通学月4000円，自宅外通学月6000円）がある。③**大学生等**に関して，**奥大山Welcome奨学金返還支援事業**とは，町内定住の就業者を対象に最大年18万円（10年間）を支援するものである。

5. 広報・施策の特徴

鳥取県下における子育て・教育費支援情報に関する広報・施策の特徴としては，以下7点が挙げられる。

第一に，**鳥取県の役割**として，県下19市町村の施策展開が可能な環境や条件を整えるうえで県が率先と調整の機能を発揮していることが分かる。たとえば，2020年度から始まった鳥取県高校生等通学費助成事業は，県と市町村による高校生通学費サポート事業である。実施主体はあくまでも市町村であり，各市町村の実情と考え方に応じてかなりのバリエーションがある（岩美町：新入生に手厚い，若桜町・日南町：下宿代，八頭町：若桜鉄道の活用，三朝町：集落から役場まで，南部町・江府町：半額，日野町：

自己負担額を県助成より1000円低い6000円に設定，など）。とは言え，「世帯の経済的負担の軽減を図り，もって教育の機会均等を図ることで，子どもたちが通学費用を理由に希望する学びを諦めることがないよう支援するとともに，県内市町村における定住の維持及び移住の促進，並びに公共交通機関の維持に資すること」[5]を目的とした本事業の意味は大きい。

第二に，**子育て情報の提供**に関して，子育てガイドブックといった情報誌を出すとともに，ウェブ公開したり，子育て情報サイトを設けたり，母子保健手帳アプリで関連情報を配信する自治体がほとんどであった。

第三に，⓪**就学前**（乳幼児期）に関して，移住・定住支援，新婚生活応援に始まって，妊婦歯科健診・妊婦一般健診助成（里帰り・交通費を含む場合も），新生児聴覚検査・1カ月母子健診助成，風疹ワクチン・インフルエンザ予防接種・任意予防接種の助成，出産祝金，育児パッケージ・はじめてばこ・おもちゃ・特産品贈呈，ブックスタート等（マタニティ，ブックセカンド・サード），チャイルドシート・ヘルメット助成，ごみ袋無料支給，おむつ購入費支援，入園祝い品，保育料の軽減・無償化，家庭保育児支援給付金，補聴器購入等助成，サポートタクシーなど，さまざまに各市町村で用意されていた。

第四に，①**小中学生**（学齢期）に関して，入学・進級・卒業祝金，通学用品支援（熊鈴・防犯ブザー・安全タスキ・ヘルメット・ナップランド），通学路安全プログラム，フルースクール利用料助成，中学生通学費・自転車保険加入補助，中学校学割，UIJターン支援奨学金，こども食堂，英検受験助成，学童保育・放課後児童クラブ（季節学童を含む），学習支援教室，公営学習塾・英語寺子屋，自然体験・青空体験，プール・リフト利用券，演劇鑑賞，学校給食費軽減，教材費補助，海外研修・スポーツ交流，研修活動支援・全国大会等参加費補助（高校生等を含む），重症児者の包括的地域支援ネットワークなど，多様な施策の案内がある。

第五に，②**高校生等**及び③**大学生等**（思春期・青年期）に関しては，高校生通学費補助，給付型奨学金，貸与型奨学金，進学奨励金，公設塾開設，奨学金返還支援事業・特定職種奨学金（医師・看護師・薬剤師，介護福祉士，林業人材など），公立大学の入学金減免，奨学パッケージの提供などがある。

第六に，④**その他**に関して，ひとり親家庭の入学支度金，児童年金，災害遺児手当などがある。ひとり親家庭支援，DV対策などでイニシアチブを発揮する鳥取県のサイトとリンクを貼る市町村が多くみられた。

第七に，**コロナ禍に関連した広報**として，妊産婦のタクシー利用助成，学校給食費の時限的無償化，若者小包などがあった。

最後に，第4章で言及した「切れ目のない支援」及び「重層的・相補的な支援」について，鳥取県下の特徴を述べる。まず「切れ目のない支援」についてみると，鳥取県は2016年度当初予算に「とっとり版ネウボラ推進事業」（1943万3000円：国2分の1，単県）を初めて計上し，妊娠期から子育て期にわたるさまざまな支援ニーズに対応した総合的相談支援と各種の支援サービスへつなぐワンストップ拠点としての「子育て世代包括支援センター（とっとり版ネウボラ）」の整備（2015年現在4市町村→2020年全市町村）に着手している[6]。ネウボラは一般的に母子保健・児童福祉との繋がりが大きいが，北栄町の場合は町役場の教育総務課内に置かれており，「切れ目のない支援」をさらに学校教育段階へ繋ぐうえで興味深い組織配置となっている。また，南部町の「成長と学びのガイドブック」には「妊娠期から

第Ⅱ部　子育て・教育施策の重層的把握調査　　171

高校生〜青年期」までの成長と学びのプログラムが一覧になっており、「高校生〜青年期」には「ライフデザインセミナー、高校生サークル、成人式、青年団」が挙がっている。学校教育段階や高校生・青年期にまで及ぶ、県下での「切れ目のない支援」の広がりと拡充を窺い知ることができよう。

次に「重層的・相補的な支援」について、国—都道府県—市町村という関係に加えて、圏域・広域連合や郡の存在も視野に入れる必要性が示唆された。本章でみたように東部・中部・西部の圏域では、各圏域内できわめて類似した施策が採られており、圏域の市町村が連携、情報交換、切磋琢磨（または意識）している様子が分かる。鳥取中部ふるさと広域連合が「中部ふるさと奨学金」を設けていたことや、日野郡[7]（日南町・日野町・江府町）で日野郡ふるさと教育公設塾「まなびや縁側」を立ち上げたこと等にも留意すべきであろう。

注

※以下のウェブサイトは、改めてすべて2024年9月1日閲覧にて確認済み。ただし調査日から内容が更新されている場合もあるので、最新の情報については要確認。

1）渡部（君和田）容子（2014）「地方県における高等教育等に係る施策と経営」、細川孝編『高等教育における「無償教育の漸進的導入」と大学界改革』晃洋書房、pp. 139-166。渡部（君和田）容子（2015）地方県における保育士の養成・確保施策に係る動向、大学評価学会年報（11）、pp. 212-220。渡部（君和田）容子・國本真吾（2018）保育・教育費負担の現状と地方自治体による支援策——漸進的無償化の視点から鳥取県を事例として、近畿大学生物理工学部紀要（42）、pp. 10-31、近畿大学学術情報リポジトリ http://id.nii.ac.jp/1391/00019838/

2）自治体の基本情報は人口・世帯数［年月日現在］、面積（小数点以下四捨五入）である。

3）2017年度入学生から設けられたと報道された「鳥取県内出身学生生活支援制度」（住居賃貸借契約生→月額2万円［4年間で最大96万円］、自宅通学生→月額1万円［4年間で最大48万円］）に関する情報は、現在は確認できない。「とっとり市報HTML版」No.1088（2017年12月）https://www.city.tottori.lg.jp/www/contents/1511490717248/html/common/5a1e10b2023.html

4）慶應義塾大学SFC研究所・智頭町「『地域おこしに関する研究開発の連携協力協定』を締結— 連携事業の第1弾として、智頭町の高校生・大学生を応援する『智頭町おせっかい奨学パッケージ』を共同開発 —」（2019年10月31日報道用記事）、「智頭町が奨学パッケージ」『朝日新聞』2019年11月14日付鳥取版）https://digital.asahi.com/articles/ASMC85FQ5MC8PUUB009.html

5）「鳥取県高校生等通学費助成事業実施要綱」第1条目的規定 https://www.pref.tottori.lg.jp/secure/1211718/kenyoukou(R02).pdf

6）「平成28年度予算　とっとり版ネウボラ推進事業」http://db.pref.tottori.jp/yosan/28Yosan_YoukyuuJoukyouKoukai.nsf/fe62035bf3205844492574820038e292/94f3f55870c7a51a49257f47003087dc

7）日野郡には「鳥取県日野郡民行政参画推進会議条例」により郡民会議が置かれ（2002年〜2010年）、その後は「鳥取県みんなで取り組む中山間地域振興条例」に基づく協議会が設置されるなど、鳥取県と日野郡3町との事務の連携及び共同化、公聴機能の充実、住民の意見を地域の施策に反映する仕組みの定着などが図られてきた。

第7章 滋賀県及び県下19市町における子育て・教育費支援情報

0. はじめに

　本章では，滋賀県及び県下19自治体において，子育て・教育費支援の施策やその広報に関してどのような特色・配慮・工夫があるのかを明らかにする。各ホームページ（以下，HP）において関連情報を収集して，これまでと同様に一覧表にし（閲覧日は2022年11月19日～12月18日），自治体の基本情報としての人口・世帯数，面積[1]のほか，こどもの権利条例等や貧困対策等の施策も加えて記した。なお，紙数の関係で，障害児の特別児童扶養手当・特別支援教育就学奨励費，ひとり親家庭の児童扶養手当，社会福祉協議会の生活福祉資金などは省略した（HPで特に情報のない場合の説明についても省略した）。

　19自治体の内訳は13市6町である（**図7-0-1**）が，大津地域／大津保健所管内（大津市），南部地域／草津保健所管内（草津市・守山市・栗東市・野洲市），甲賀地域／甲賀保健所管内（甲賀市・湖南市），東近江地域／東近江保健所管内（近江八幡市・東近江市・蒲生郡［日野町・竜王町］），湖東地域／彦根保健所管内（彦根市・愛知郡［愛荘町］・犬山郡［豊郷町・甲良町・多賀町］），湖北地域／長浜保健所管内（長浜市・米原市），高島地域／高島保健所管内（高島市）の7つの地域／管轄区分[2]に分けられることから，本稿ではこれら7地域別の自治体コード順で並べた。なお，市町については独自施策を中心に述べる。独自施策については，HP情報に加えて「イクハク（育児助成金白書）」の滋賀県の

図7-0-1　滋賀県下自治体マップ

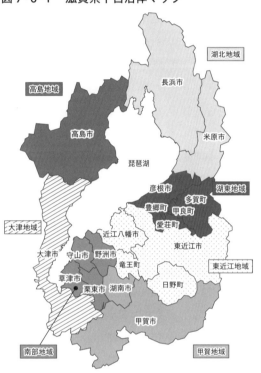

サイトでも確認・補足した。

1. 滋賀県

【人口：140万1641人・世帯数：60万5655世帯［2024.7.1］，面積：4017㎢（うち琵琶湖669㎢）／「滋賀県子ども条例」2006，「滋賀県子ども育成大綱」2007，「淡海子ども・若者プラン」2020-24】

　滋賀県健康医療福祉部子ども・青少年局による淡海子育て応援団が開設されており，「結婚，妊娠・出産，子育て，おでかけナビ，お悩み相談窓口」の別に関連情報が案内されるとともに，年齢別ナビもあり「プレママ・プ

レパパ，乳幼児期，学童期，思春期」の区分で諸情報にアクセス可能となっている。

⓪就学前に関しては，周産期医療対策（ハイリスク妊婦及び新生児の救急搬送・受け入れシステム），不妊の特定治療支援事業（市町が行う助成制度の一覧あり），母子保健（先天性代謝異常等検査の採血料公費負担，新生児聴覚検査），**ゆりかごタクシー**（事前登録制による陣痛破水時の病院への送迎），予防接種情報（市町のHP一覧あり），病児・病後児保育（一覧あり），ファミリー・サポート・センター（一覧あり），児童手当，特別児童扶養手当，等の情報がアップされている。

①小中学生に関しては，就学前を含むさまざまな体験活動の**しがこども体験学校**の案内がある。**②高校生等**に関しては，滋賀県立高等学校の授業料に係る諸情報（就学支援金リーフレット［日本語・英語・スペイン語・タガログ語・ベトナム語・ポルトガル語・やさしいにほんご］，授業料等の減免制度，学び直し支援金）がある。**②高校生等**及び**③大学生等**の「奨学制度の案内（滋賀県の主な奨学制度について）」には，高等学校等就学支援金，滋賀県私立学校特別修学補助金，高校生等奨学給付金，滋賀県奨学資金（貸与），滋賀県高等学校等定時制課程および通信制課程修学奨励金（同），母子・父子・寡婦福祉資金貸付（同），生活福祉資金貸付（同），滋賀県看護職員修学資金（返還免除あり），滋賀県立看護師等養成所授業料資金（同），滋賀県福祉系高校修学資金（同），滋賀県保育士／介護福祉士修学資金（同）の項目が収められている。

④その他に関しては，『ひとり親家庭等のしおり』（PDF版全12頁），DV相談，里親に係る案内等がある。

表7-1-1　滋賀県

⓪就学前，①小中学生，②高校生等，③大学生等，④その他

⓪滋賀の周産期医療対策［健康医療福祉部 健康寿命推進課］
https://www.pref.shiga.lg.jp/ippan/kenkouiryouhukushi/iryo/15212.html
滋賀県不妊に悩む方への特定治療支援事業について［同 母子保健・周産期係］
https://www.pref.shiga.lg.jp/ippan/kenkouiryouhukushi/iryo/311585.html
滋賀の母子保健［健康医療福祉部 健康寿命推進課］
https://www.pref.shiga.lg.jp/ippan/kenkouiryouhukushi/kenkou/311742.html
ゆりかごタクシー［一般社団法人 滋賀県タクシー協会］
http://shigataxi-kyoukai.com/?page_id=6
予防接種に関する情報［健康医療福祉部 感染症対策課感染情報企画係］
https://www.pref.shiga.lg.jp/ippan/kenkouiryouhukushi/yakuzi/15398.html
病児・病後児保育［健康医療福祉部 子ども・青少年局］
https://hugnavi.net/child/byouji.php
ファミリー・サポート・センター［同］
https://hugnavi.net/child/family.php
児童手当［同］
https://www.pref.shiga.lg.jp/ippan/kosodatekyouiku/kosodate/15577.html
特別児童扶養手当［県健康福祉事務所／市町役場］
https://www.pref.shiga.lg.jp/ippan/kosodatekyouiku/kosodate/15575.html

①しがこども体験学校［健康医療福祉部 子ども・青少年局］
https://www.pref.shiga.lg.jp/ippan/kosodatekyouiku/kosodate/300072.html

②滋賀県立高等学校の授業料について［教育委員会事務局 教育総務課 修学支援係］
https://www.pref.shiga.lg.jp/edu/nyuushi/zyugyo/105613.html

②③奨学制度の案内−滋賀県の主な奨学制度について［滋賀県］
https://www.pref.shiga.lg.jp/file/attachment/5344465.pdf

④ひとり親家庭等のしおり［健康医療福祉部 子ども・青少年局］
https://www.pref.shiga.lg.jp/file/attachment/5325043.pdf
DV相談［滋賀県］
https://www.pref.shiga.lg.jp/ippan/kosodatekyouiku/kosodate/14747.html
里親とは［健康医療福祉部 子ども・青少年局］
https://www.pref.shiga.lg.jp/ippan/kosodatekyouiku/kosodate/15623.html

2. 大津地域1市

(1) 大津市 (旧大津市, 志賀町)

【2009年度より中核市／人口：34万4025人・世帯数：15万8460世帯［2024.6.1］，面積：464㎢／「大津市子どものいじめの防止に関する条例」2013,「第2期大津市いじめの防止に関する行動計画（地方いじめ防止基本方針）」2020,「大津市子ども・若者支援計画（第2期大津市子ども・子育て支援事業計画）」2020-24】

『大津市子育てハンドブック大津っ子』（電子書籍版・PDF版全52頁）を公開するとともに，おおつ子育てアプリ「とも☆育」や子育て総

合支援センター「ゆめっこメール配信システム」を提供している。また市HP「子育て・教育＞年齢別」において，妊娠出産の頃／0歳の頃／1～2歳の頃／3～5歳の頃／小学校に入学してから／青年／の別に関連情報を整理している。2011年のいじめ自殺事件を受けていじめ防止に力を入れている。

◎**就学前**に関しては，乳幼児期の健診体制づくりや発達支援の取り組みが進んでおり，「あかちゃんの姿勢や運動の発達のおはなし」の情報配信，大津っ子の健やかな成長と子育て中の保護者を応援する「大津っ子みんなで育て"愛"全戸訪問」（対象：生後4カ月までの乳児のいる家庭，訪問者：保育士と地区の民生委員児童委員等）の活動展開がなされている。子育て教育費支援としては，**妊婦への分娩前ウイルス検査助成金**（上限2万円），**風しん予防接種の費用助成**（上限5000円），乳幼児・小学生の医療費助成，**多胎児家庭育児支援事業**（3歳未満，ホームヘルパー等派遣），国による幼児教育・保育の無償化及び副食費免除，などの案内がある。

①**小中学生**に関しては，就学援助費及び同新入学学用品費（入学準備費）の前倒し支給，**大津市オンライン学習通信環境整備費補助金**（上限1万円）の案内がある。②**高校生等**に関しては，**大津市奨学生**（20名程度，月1万円支給）の案内がある。③**大学生等**に関しては，**看護師奨学金制度**（市立大津市民病院，返還免除あり）がある。

④**その他**として，ひとり親家庭・寡婦のための貸付制度の一覧がある。

表7-2-1　大津市

◎就学前，①小中学生，②高校生等，③大学生等，④その他
◎大津市不安を抱える妊婦への分娩前ウイルス検査助成金のご案内　［健康保険部保健所 健康推進課］ https://www.city.otsu.lg.jp/material/files/group/6/PCRgoannnai.pdf 風しん予防接種の費用助成について［同 保健予防課 管理係］ https://www.city.otsu.lg.jp/kosodate/nenrei/ninshin/1397033332350.html 乳幼児の医療費助成について／子ども医療費助成について　［健康保険部 保険年金課 医療助成係］ https://www.city.otsu.lg.jp/kosodate/nenrei/0sai/1391088102480.html https://www.city.otsu.lg.jp/kenko/josei/fukushiiryohi/1388984455308.html 多胎児家庭育児支援事業のご案内［健康保険部保健所 健康推進課］ https://www.city.otsu.lg.jp/kosodate/nenrei/0sai/1391087890535.html 幼児教育・保育の無償化について［子ども未来局 保育幼稚園課］ https://www.city.otsu.lg.jp/soshiki/015/1410/g/musyo/25766.html 保育所，認定こども園，幼稚園に通う児童の副食費免除について［同］ https://www.city.otsu.lg.jp/kosodate/teate/enjo/35722.html
①令和5年度就学援助費受給の申請について（一般用）／同就学援助費の新入学学用品費（入学準備費）の前倒し支給の申請の手続きについて［教育委員会 学校教育課］ https://www.city.otsu.lg.jp/soshiki/070/2402/g/enjo/51223.html https://www.city.otsu.lg.jp/soshiki/070/2402/g/enjo/51222.html 令和4年度大津市オンライン学習通信環境整備費補助金交付申請のご案内［同］ https://www.city.otsu.lg.jp/kosodate/teate/enjo/50522.html
②令和5年度大津市奨学生の募集について［同］ https://www.city.otsu.lg.jp/kosodate/teate/enjo/35061.html
③看護師奨学金制度［市立大津市民病院］ https://och.or.jp/j4sd25mt/wp-content/uploads/nurse_shougakukin.pdf
④ひとり親家庭・寡婦のための貸付制度［大津市］ https://www.city.otsu.lg.jp/material/files/group/253/kasitukeseidoitirann.pdf

3. 南部地域4市

(1) 草津市

【人口：14万177人・世帯数：6万4544世帯［2024.6.30］，面積：68km²／「第二期草津市子ども・子育て支援事業計画」2020-24】

妊娠期から乳児期，幼児期のステージでの役立つ情報や相談窓口を掲載した『くさつ子育てガイドブック』（草津市子育て相談センター，PDF版全40頁）を出すとともに，妊娠・出産・子育てにおける切れ目ない支援（**草津市版ネウボラ**，**資料9-3-1**参照）を展開している。草津市子育て応援サイト「ぽかぽかタウン」では妊娠中，出産，0～5カ月，6カ月～1歳，2歳，3歳，就園，予防接種，手当・助成，相談，預ける，発達に支援が必要なお子さんの為に，ひとり親家庭のみなさんへ，の別に関連情報

を整理し提供している。

⓪就学前に関して，草津市版ネウボラ（妊娠・出産・子育てにおける切れ目ない支援），**草津っ子サポート事業**（1歳未満の家事・育児の支援ヘルパー派遣，無料券6時間分配布／1日2時間まで，1時間500円），乳幼児健診（集団健診：10カ月児，1歳6カ月児，2歳6カ月児，3歳6カ月児）／**すこやか手帳**（健診の質問票の綴り：子どもの成長を家族と一緒に考えていくツール），**草津市ブックスタート**（生後6カ月から1歳未満の家庭を保育士が訪ねるすこやか訪問時に読み聞かせ／絵本2冊プレゼント），**病児保育室**（定員4人×2カ所／うち1カ所は無料のお迎えサービスあり）等の案内がある。なお，表には掲げていないが，結婚新生活支援補助金，特定不妊治療費助成[3]，不育症治療費助成，おとなの風しん予防接種費用助成，妊婦健康診査費負担助成，児童手当，新生児聴覚検査費一部助成，保育・幼児教育の無償化などの案内もある。

①小中学生に関しては，就学援助（オンライン学習通信費を含む），**草津市児童通学支援事業**（2.5km以上の遠距離通学者でバス利用の通学定期代の一部補助），**草津市フリースクール利用児童生徒支援補助金**（補助率：生活保護受給者10分の10，就学援助受給者4分の3，その他2分の1），**学びの教室**（市内6カ所の会場で基礎学力定着・家庭学習習慣形成の支援：有料），**学校給食費無償化**（国の物価高騰対策支援交付金の活用：2022.12～2023.3）等の案内がある。**①小中学生**及び**②高校生等**に関して**子ども・若者ケアラー**（18歳未満・18歳以上）への相談・支援の案内があり，**②高校生等**及び**③大学生等**に関して県社協の**介護福祉士修学資金等貸付事業**（介護福祉士修学資金貸付・福祉系高校修学資金貸付など：返還免除あり）が市HPでも案内されている。

④その他として，ひとり親（母子・父子）家庭の支援・相談が一覧になったサイトがある。

表7-3-1　草津市

⓪就学前，①小中学生，②高校生等，③大学生等，④その他
⓪草津市版ネウボラ妊娠・出産・子育てにおける切れ目のない支援 [子ども未来部 子育て相談センター 相談・支援係] https://www.city.kusatsu.shiga.jp/kosodate/kosodatesodan/neuvola.html
草津っ子サポート事業[同子ども家庭・若者課 子ども家庭係] https://www.city.kusatsu.shiga.jp/kosodate/ksodateoen/shien/kusatukkosapooto.html
乳幼児健診／すこやか手帳[同子育て相談センター 母子保健係／相談・支援係] https://www.city.kusatsu.shiga.jp/kosodate/yobosesshukenshin/kenshin.html https://www.city.kusatsu.shiga.jp/kosodate/yobosesshukenshin/sukoyakatetyo.html
草津市ブックスタート／すこやか訪問[同子育て相談センター 相談・支援係] https://www.city.kusatsu.shiga.jp/kosodate/ninshinshussan/bookstart.html https://www.city.kusatsu.shiga.jp/kosodate/ninshinshussan/sukoyakahomonhoikush.html
ご利用ください「病児保育室」[草津市] https://www.city.kusatsu.shiga.jp/kosodate/ksodateoen/byojihoiku.html
①就学の援助が必要なとき[教育委員会事務局 学校教育課 学事・学校保健体育係] https://www.city.kusatsu.shiga.jp/kosodate/teatejosei/syuugakuenzyoR4.html
草津市児童通学支援事業[同 児童生徒支援課 人権教育係] https://www.city.kusatsu.shiga.jp/kosodate/teatejosei/tsugakushien.html
草津市フリースクール利用児童生徒支援補助金[同 児童生徒支援係] https://www.city.kusatsu.shiga.jp/kosodate/teatejosei/freeschool900.html
学びの教室追加募集[同 人権教育係] https://www.city.kusatsu.shiga.jp/kosodate/hoikukyoiku/shochugakkou/manabinokyousitu2020.html
学校給食費無償化（令和4年12月給食分から令和5年3月給食分まで）[学校給食センター] https://www.city.kusatsu.shiga.jp/kosodate/hoikukyoiku/kyushoku/school_lunch20221115.html
①②子ども・若者ケアラーへの相談・支援[子ども未来部 子ども家庭・若者課 子ども・若者係] https://www.city.kusatsu.shiga.jp/kosodate/seishounen/kodowaka/kodomowakamonocarer.html
②③県介護福祉士修学資金等貸付事業について[健康福祉部 介護保険課 介護保険係] https://www.city.kusatsu.shiga.jp/fukushikenko/kaigohoken/sonota/120210915151919847.html
④ひとり親（母子・父子）家庭支援と相談[子ども未来部 子ども家庭・若者課 子ども家庭係] https://www.city.kusatsu.shiga.jp/kosodate/kosodatesodan/hitorioya.html

（2）守山市

【人口：8万5737人・世帯数：3万5184世帯［2024.6.30］，面積：56㎢／「守山市子ども・子育て応援プラン」2020-24，「守山市発達支援システム基本方針」2021】

子育てガイドブック『らんらん（妊娠～出産篇）』『すくすく（子育て篇）』『ぐんぐん（子育て幼児篇）』の3冊において，子どもの成長・発達の目安を紹介している。子育て支援に関し

ては妊娠期から子育て期まで切れ目のないサポートのために，「令和4年度版すこやかセンターだより」を出して知らせている。また，育児を応援する行政サービスガイド「子育てタウン」アプリを運用している。なお，支援の必要な人のための「守山市発達支援システム基本方針2021」を策定・公表し，乳幼児期から青年・成人期にいたる保健・子育て支援─就学前支援─教育─就労・社会参加等の取り組みを進めている。

◎**就学前**に関しては，母子健康手帳の交付を切れ目ない支援の始まりとして「ネウボラ面接」と呼称している。表に掲げた新生児聴覚検査費の一部補助，病児・病後児保育利用料金補助のほかに，特定不妊治療費助成，不育症治療費助成などがある。福祉医療費助成として乳幼児無料・小中学生入院・小学生通院の案内がある。

表 7-3-2　守山市

◎就学前，①小中学生，②高校生等，③大学生等，④その他

◎母子健康手帳の交付（ネウボラ面接）[健康福祉部 すこやか生活課]
https://www.city.moriyama.lg.jp/sukoyaka/
sukoyakabositetyouneobola.html
新生児聴覚検査について[同]
https://www.city.moriyama.lg.jp/sukoyaka/sinnseijityoukaku
/31sinnseijityoukaku.html
病児・病後児保育利用料金補助金の申請について[こども家庭部こ
ども政策課]
https://www.city.moriyama.lg.jp/kodomoseisaku/
byougojihojyokin.html
守山市の福祉医療費助成制度（マルフク）全般について[健康福祉
部 国保年金課]
https://www.city.moriyama.lg.jp/kokuhonenkin/
kenkousoudan_3.html
令和4年10月診療分より子ども通院医療費助成を拡大します[同]
https://www.city.moriyama.lg.jp/
kokuhonenkin/5020401kodomoiryou.html

①令和4年度就学援助制度のお知らせ[教育委員会事務局 学校教育
課]
http://www.city.moriyama.lg.jp/gakkokyoiku/documents/
r4oshirase.pdf
就学援助費「入学準備金」の入学前支給のご案内[同]
http://www.city.moriyama.lg.jp/gakkokyoiku/documents/202
2nyugakumaeoshirase.pdf
守山市中学校スクールランチ事業について[同 保健給食課]
https://www.city.moriyama.lg.jp/
gakkokyoiku/201901shcoollunch.html
児童クラブ室について[こども家庭部 こども政策課]
https://www.city.moriyama.lg.jp/kodomoseisaku/
jidoukurabu_1.html

②③令和5年度守山市育英奨学生の募集要項[教育委員会事務局 学
校教育課]
http://www.city.moriyama.lg.jp/gakkokyoiku/
ikueishougakukin/documents/r5yoko.pdf

①**小中学生**に関して，就学援助制度／入学準備金の入学前支給，中学校スクールランチ事業（中学校給食開始前の2022.7までの弁当販売：希望者），児童クラブ室（使用料減免あり）などの案内がある。②**高校生等**及び③**大学生等**に関して，守山市育英奨学生（給付型［大学生等月3万円］，貸与型［高校生等月1万円／大学生等月3万円］，入学［留学］支度金，緊急学資金）がある。

(3) 栗東市（りっとう）

【人口：7万397人・世帯数：3万87世帯 [2024.7.1]，面積：53㎢／「栗東市人権擁護計画」2012-21（子どもを含む），「第2期 栗東市子ども・子育て支援事業計画」2020-24】

『栗東市子育て支援ガイド』（電子書籍版全66頁）を出すとともに，市HPにおいて妊娠・出産，子育て，入園・入学などのメニューで関連情報を整理している。

◎**就学前**に関して，栗東市結婚新生活支援補助金（若者を対象に新生活開始に必要な費用を支援），妊婦健康診査公費負担助成，福祉医療費助成制度（乳幼児・小学生［通院・入院］，中学

表 7-3-3　栗東市

◎就学前，①小中学生，②高校生等，③大学生等，④その他

◎栗東市結婚新生活支援補助金のお知らせ[元気創造政策課]
https://www.city.ritto.lg.jp/material/files/group/2/R4_
Ritto_tirasi.pdf
妊婦健康診査公費負担助成について[健康増進課]
https://www.city.ritto.lg.jp/kurashi_bamen/ninshin/4691.
html
福祉医療費助成制度[保険年金課]
https://www.city.ritto.lg.jp/soshiki/kenkofukushi/
hokennenkin/gyoumu/3075.html
令和4年度 乳幼児健康診査について[健康増進課]
https://www.city.ritto.lg.jp/kurashi_bamen/kosodate/
nyuuyoujikensinsoudan/11485.html
家庭でできる耳のきこえとことばの発達[同]
https://www.city.ritto.lg.jp/material/files/
group/28/77394851.pdf
給食費について（副食費の免除を含む）[幼児保育課]
https://www.city.ritto.lg.jp/soshiki/kodomo_seisyonen/
yojihoiku/202007081/8291.html
病後児保育事業について（草津市との協定を含む）[子育て応援課]
https://www.city.ritto.lg.jp/kurashi_bamen/nyuen/4703.html

①令和4年度就学援助制度について[学校教育課]
https://www.city.ritto.lg.jp/kurashi_bamen/nyuen/5385.html
栗東市児童生徒支援室のご案内[同]
https://www.city.ritto.lg.jp/kurashi_bamen/nyuen/4699.html

生［入院］），乳幼児健康診査に係る問診票つづり（すくすく手帳）の配布，**家庭でできる耳のきこえとことばの発達**の資料配布，幼児教育・保育の無償化に係る副食費免除，病後児保育事業（草津市との協定）などの案内がある。

①**小中学生**に関して，就学援助制度（新入学学用品費を含む），**児童生徒支援室**（不登校や学校不適応の子の支援，巡回スクールカウンセラー派遣）などの案内がある。

（4）野洲市（旧中主町，野洲町）

【人口：5万706人・世帯数：2万1872世帯［2024.7.1］，面積：80㎢／「第二期野洲市子ども・子育て支援事業計画」2020-24，同一部見直し2021】

妊娠・出産，乳幼児期から学童期までの子育てに関する情報を掲載した『野洲市子育てガイドブック』（PDF版全33頁）を出している。

⓪**就学前**に関して，妊娠中・育児中の支援（妊婦健康診査，妊産婦訪問，妊産婦歯科相談，乳幼児健康診査，すこやか相談など），**子育て短期支援事業**（ショートステイ，トワイライトステイ），福祉医療費助成制度（乳幼児・小学生［通院・入院］／2022.10～上限を小3から小6へ拡大，中学生［入院］）などの案内がある。

①**小中学生**に関して，就学援助費，学童保育所（2004年の2町合併後の検討・整備の「**子どもの家の歩み**」の記載を含む）などの案内がある。

③**大学生等**に関して，野洲市大学等修学金の廃止（国の大学等修学支援新制度の2020年度開始を受けて2021年度限りに），**野洲市病院事業看護学生修学資金貸付**（3人程度，月5万円，免除制度あり），**保育士等保育料補助事業**（補助基準額上限月5万4000円の4分の1）の案内がある。

表7-3-4　野洲市

⓪就学前，①小中学生，②高校生等，③大学生等，④その他
⓪妊娠中・育児中の支援［健康福祉部 健康推進課］ https://www.city.yasu.lg.jp/kosodate/soudan/1454413385499.html **野洲市子育て短期支援事業**［同］ https://www.city.yasu.lg.jp/kosodate/soudan/1454413384887.html **福祉医療費助成制度について**［同 保険年金課］ https://www.city.yasu.lg.jp/life/kosodate/1456397989437.html
①**令和4年度 就学援助費を給付します**［教育委員会 学校教育課］ https://www.city.yasu.lg.jp/kosodate/gakkou/shochugakkou/1636526846568.html **こどもの家（学童保育所）**［健康福祉部 こども課］ https://www.city.yasu.lg.jp/kosodate/gakkou/gakudou/1454418960070.html
③**野洲市大学等修学金の廃止について**［教育委員会 学校教育課］ https://www.city.yasu.lg.jp/kosodate/gakkou/1641445295693.html **野洲市病院事業看護学生修学資金貸付の申請を受け付けます**［市立野洲病院］ https://www.yasu-hp.jp/news/野洲市病院事業看護学生修学貸付の申請を受-3/ **保育士等保育料補助事業**［健康福祉部 こども課］ https://www.city.yasu.lg.jp/kosodate/hoikuryohojyo2/1491039913177.html

4. 甲賀地域2市

（1）甲賀市（旧水口町，土山町，甲賀町，甲南町，信楽町）

【人口：8万8085人・世帯数：3万7971世帯［2024.6.1］，面積：482㎢／「甲賀市子どものいじめ防止条例」2014，「第2期甲賀市子ども・子育て応援団支援事業計画」2020-24】

「甲賀流！こうか子育て応援ネット ここまあちねっと」において，あそぶ，まなぶ，つながる，ここも〜り子育て支援センター，サークル・サロン，赤ちゃんの駅，てるてるパーク（未就学児の室内型公園）等の見出しで情報提供をしている。子育てに関する支援制度（教育・保育・子育て，地域での子育て，子育てと仕事の両立，ひとり親の家庭，障害のあるお子さん），年齢別（妊娠したら，出産したら，）は分かりやすく，利便性が高い。

⓪**就学前**に関して，「ここまあちねっと」に掲載された情報から主なものを記載すると，妊婦健康診査（一部助成），マタニティ歯科健診（無料），不妊治療の助成について（滋賀県：

特定不妊治療），不妊治療の助成について（甲賀市：一般不妊治療），ママ健診（1000円），乳幼児健康診査（4カ月児・10カ月児・1歳8カ月児・2歳6カ月児・3歳6カ月児），医療費助成（乳幼児〜中3：通院・入院［2022.10から中3まで拡大］）などの案内がある。なお，児童手当制度改正についての案内にはポルトガル語版もある。

①**小中学生**に関しては，**甲賀市第3子以降学校教育費支援金給付**（2016年度〜，18歳未満の子どもを3人以上育てる家庭），就学援助制度（日本語・ポルトガル語・スペイン語・タガログ語・中国語版），**学習支援事業「学んでいコウカ」**（支援の必要な家庭の小中学生及び高校生を対象とした事業［居場所づくり・自主学習支援］）の案内がある。なお，甲賀市中学生自転車損害賠償保険等加入に係る補助金は，加入義務化を周知する所期の目的が果たされたとして廃止となっている。②**高校生等**及び③**大学生等**に関して，**甲賀市奨学資金給付制度**（月額高校生等5000円，大学生等1万5000円）がある。③**大学生等**に関

して，**甲賀市奨学金返還支援金**（最大100万円／年度上限20万円）の案内がある。

（2）湖南市（旧石部町，甲西町）──

【人口：5万4107人・世帯数：2万4991世帯［2024.5.31]，面積：70㎢／「湖南市いじめ防止対策基本方針」2022，「第2期湖南市子ども・子育て支援事業計画」2020-24】

『こなんし子育てガイドブック』（PDF版全36頁）を出すとともに，市HPの「子育て・教育」において妊娠・出産，子どもの健診・予防接種，子育て支援，保育所・幼稚園・子どもを預ける，児童福祉・ひとり親福祉，学校教育，健全育成・青少年の項目で関連情報を提供している。

⓪**就学前**に関しては，福祉医療費助成事業（乳幼児〜中3無料）の案内がある。

①**小中学生**に関して，**学童保育所利用料金の助成**とは，就学援助費が支給されている準要保護者について利用料金の2割以内を助成するものである。**湖南市のインクルーシブ教**

表7-4-1　甲賀市

⓪就学前，①小中学生，②高校生等，③大学生等，④その他
⓪妊婦健康診査（一部助成）［ねっとHOME＞年齢別情報＞妊娠したら］ http://www.kokakosodate.jp/kouka/age/ マタニティ歯科健診（無料）［同］ 不妊治療の助成について（滋賀県：特定不妊治療）［同］ 不妊治療の助成について（甲賀市：一般不妊治療）［同］ ママ健診（千円）［同＞出産したら］ 乳幼児健康診査［同］ 医療費助成（乳幼児〜小6：通院・入院／中1〜3：入院） ［ねっとHOME＞甲賀市で子育てしたい＞教育・保育・子育てを支援します！］ http://www.kokakosodate.jp/kouka/why/page01.html 児童手当／児童手当制度改正について（ポルトガル語）［子育て政策課］ https://www.city.koka.lg.jp/4774.htm
①甲賀市第3子以降学校教育費支援金給付［同］ https://www.city.koka.lg.jp/10080.htm 就学援助制度（日本語・ポルトガル語・スペイン語・タガログ語・中国語）［同］ https://www.city.koka.lg.jp/4752.htm 甲賀市中学生自転車損害賠償保険等加入に係る補助金について（廃止）［同］ https://www.city.koka.lg.jp/10420.htm 学習支援事業「学んでいコウカ」ボランティア募集［生活支援課］ https://www.city.koka.lg.jp/9577.htm
②③甲賀市奨学資金給付制度［学校教育課］ https://www.city.koka.lg.jp/9153.htm
③甲賀市奨学金返還支援金の認定申請受付について［商工労政課］ https://www.city.koka.lg.jp/16142.htm

表7-4-2　湖南市

⓪就学前，①小中学生，②高校生等，③大学生等，④その他
⓪福祉医療費助成事業［健康福祉部 保険年金課］ https://www.city.shiga-konan.lg.jp/soshiki/kenko_fukushi/hoken_nenkin/1140.html
①学童保育所利用料金の助成［同 子ども政策課 児童福祉係］ https://www.city.shiga-konan.lg.jp/kosodate/hoikusho/13312.html 湖南市のインクルーシブ教育［学校教育課］ https://www.city.shiga-konan.lg.jp/kosodate/gakko_kyoiku/4328.html 就学援助制度／市立小中学校に通う児童生徒の保護者ですが，経済的な理由で学用品費や給食費の支払いにも困っています。［教育支援課］ https://www.city.shiga-konan.lg.jp/kosodate/gakko_kyoiku/5825.html https://www.city.shiga-konan.lg.jp/kosodate/gakko_kyoiku/4791.html
②③令和4年度湖南市奨学資金給付制度「学びたいそんなあなたをバックアップ」［同］ https://www.city.shiga-konan.lg.jp/kosodate/gakko_kyoiku/4411.html ヤングケアラーについて［健康福祉部 子ども政策課 家庭児童相談室］ https://www.city.shiga-konan.lg.jp/kosodate/kenzen/24725.html
③湖南市保育士等奨学金返還支援事業［同 幼児施設課］ https://www.city.shiga-konan.lg.jp/kosodate/hoikusho/27454.html

育と題したチラシが出されている。就学援助制度について，一般的な見出しの案内とは別に，「**市立小中学校に通う児童生徒の保護者ですが，経済的な理由で学用品費や給食費の支払いにも困っています**」というインパクトのある案内もある。②**高校生等**及び③**大学生等**に関して，「学びたいそんなあなたをバックアップ」と銘打った**湖南市奨学資金給付制度**（高校生等：月額国公立5000円，私立9000円，通学費年間1万2000円上限／大学生等：月額1万5000円，入学支度金5万円）がある。また，**ヤングケアラーについて**の案内もある。③**大学生等**に関して，**湖南市保育士等奨学金返還支援事業**（年間上限24万円の2分の1）がある。

5. 東近江地域2市2町

(1) 近江八幡市 （旧近江八幡市，安土町）——

【人口：8万1951人・世帯数：3万5950世帯 [2024.6.30]，面積：177㎢／「近江八幡市いじめ防止基本方針（改定版）」2018，「第二期近江八幡市子ども・子育て支援事業計画ハチピープラン」2020-24，同一部見直し2021】

　子育てガイドブック『ハチピースタイル』（PDF版・電子書籍版全84頁）を出すとともに，子育て情報アプリ「ハチピー」を提供している。⓪**就学前**に関して，**お誕生おめでとう健やか祝金**（第1子1万円・第2子2万円・第3子以降3万円），**多胎児家庭育児支援事業**（3歳まで／ホームヘルパーを派遣して家事・育児等を支援），新生児聴覚検査費用助成制度（3500円），ブックスタート（4カ月健診時），**家庭訪問型子育て支援**（研修を受けた子育て経験のあるボランティアが週1回2時間程度家庭へ訪問 [通常4回程度]），福祉医療費助成制度／子ども医療費助成制度（乳幼児～中3無料）などの案内があるほか，「幼

表7-5-1　近江八幡市

⓪就学前，①小中学生，②高校生等，③大学生等，④その他
⓪お誕生おめでとう健やか祝金 [「ハチピースタイル」p.22] 　多胎児家庭育児支援事業 [同p.23]，新生児聴覚検査費用助成制度 [同] 　ブックスタート [同]，家庭訪問型子育て支援「ホームスタート」[同p.27] 　福祉医療費助成制度／子ども医療費助成制度 [保険年金課] 　https://www.city.omihachiman.lg.jp/soshiki/hoken_ 　nenkin/2/1/1579.html 　https://www.city.omihachiman.lg.jp/soshiki/hoken_ 　nenkin/2/2/1485.html 　幼児教育・保育の無償化の手引き [子ども健康部幼児課] 　https://www.city.omihachiman.lg.jp/material/files/ 　group/158/tebiki021111.pdf
①学校給食費等の補助金制度を実施します [教育委員会 学校給食センター] 　https://www.city.omihachiman.lg.jp/soshiki/ 　kyushoku/2/1/23083.html 　学校給食費の減免（無料化）を実施します [同] 　https://www.city.omihachiman.lg.jp/kosodate/ 　shochu/23236.html 　放課後児童クラブ負担金助成金制度のご案内 　　　[子ども健康部 子育て支援課 子育て支援グループ] 　https://www.city.omihachiman.lg.jp/kosodate/ 　shochu/4/22595.html
③近江八幡市看護師等修学資金貸与制度について 　　　[近江八幡市立総合医療センター総務課 修学資金担当者] 　https://www.kenkou1.com/nurse/entry/support/

児教育・保育の無償化の手引き」が作成公開されている。

　①**小中学生**に関して，**学校給食費等の補助金制度**（18歳以下の子の中で2人目は半額，3人目は全額を補助），**放課後児童クラブ負担金助成金制度**（生活保護世帯及び市民税所得割の非課税世帯：月5000円）などの案内がある。③**大学生等**に関して，**近江八幡市看護師等修学資金貸与制度**（月額5万円，返還免除あり）がある。

(2) 東近江市 （旧八日市市，永源寺町，五個荘町，愛東町，湖東町，能登川町，蒲生町）——

【人口：11万1557人・世帯数：4万7361世帯 [2024.7.1]，面積：388㎢／「東近江市こども条例」2012，「第2期東近江市子ども・子育て支援事業計画」2020-24】

　子育てハンドブック『ららら♪』（PDF版・電子書籍版全76頁）を公開するとともに，市HPの「子育て・学校」において，妊娠・出産，児童・母子福祉，発達支援・相談，幼稚園・保育所・認定こども園・病児保育室，小学校・中学校，学校給食，子育て関連施設などの区

表7-5-2 東近江市

⓪就学前，①小中学生，②高校生等，③大学生等，④その他
⓪妊婦健康診査（多胎妊婦に一部追加助成）［ガイドブックp.21］ 見守りおむつ宅配便（乳児おむつ等支給事業）［同p.23］ 多胎児家庭サポート事業［同］，新生児聴覚検査費用の助成［同p.24］ 児童手当（所得制限未満，所得制限以上［特例給付月5千円］）［同p.25］ 福祉医療費助成制度（乳幼児無料，小1～中3一部自己負担あり）［同p.26］ 子育て相談（子育てコンシェルジュ）［同p.34］
①就学援助制度のご案内（チラシ・手続き）［教育委員会 学校教育課］ http://www.city.higashiomi.shiga.jp/0000011417.html
③ぜひ利用を 医学生奨学金［2009年1月11日（日）第15235号］［東近江・湖東ニュース］ http://www.shigahochi.co.jp/info.php?type=article&id=A0000454 東近江市保育士等奨学金返還支援事業費補助金交付要綱 https://www.city.higashiomi.shiga.jp/cmsfiles/contents/0000013/13836/110_syogakukin.pdf

表7-5-3 日野町

⓪就学前，①小中学生，②高校生等，③大学生等，④その他
⓪妊婦健康診査費の公費助成［ガイドブックp.1］ 妊産婦相談（オンライン・訪問を含む）［同］ 新生児訪問／赤ちゃん広場・おっぱい相談／こんにちは赤ちゃん訪問［同p.2］ おもちゃ図書館／日野町立図書館（おはなし会・託児サービス）［同p.6］ ファミリーサポートセンター／子ども食堂［同p.7］ サポートファイル（支援の必要な子）［同p.13］ 福祉医療費助成制度（乳幼児～中3無料）［同p.14］ 児童育児一時金／児童手当［同p.16］
①就学援助費（入学準備金入学前支給を含む）［学校教育課 学校教育担当］ https://www.town.shiga-hino.lg.jp/contents_detail.php?co=ser&frmId=132
②③日野町奨学金の案内［同］ http://www.town.shiga-hino.lg.jp/cmsfiles/contents/0000000/131/R4.pdf

分で関連情報を整理している。

⓪就学前に関して，妊婦健康診査（多胎妊婦に一部追加助成），**見守りおむつ宅配便／乳児おむつ等支給事業**（1歳未満の乳児養育家庭：月額1500円相当），**多胎児家庭サポート事業**（多胎妊婦～3歳未満養育家庭の家事援助），新生児聴覚検査費用の一部助成，児童手当（所得制限未満／所得制限以上［特例給付月5000円］），福祉医療費助成制度（乳幼児無料，小1～中3一部自己負担あり），子育て相談（子育てコンシェルジュ）などの案内がある。

①小中学生に関して，就学援助制度に関して利用案内チラシ及び手続きチラシがある。**③大学生等**に関して，東近江市**医学生奨学金**貸付条例（利用を呼び掛ける2009.1.11付の新聞記事あり），東近江市保育士等奨学金返還支援事業費補助金交付要綱があるが，市HPでの利用案内は確認できない。

（3）日野町（ひの）

【人口：2万749人・世帯数：8799世帯［2024.7.1］，面積：118㎢／「第2期日野町子ども・子育て支援事業計画」2020-24】

外国語版『近江日野のくらし』5言語版（英語・韓国語・簡体中文・繁体中文・ポルトガル語）を発行しウェブ上にアップするとともに，市HPにおいて多言語翻訳機能の説明をしている。また，「日野町子育てガイドマップ」を出して，妊娠したら，赤ちゃんが生まれたら，仲間づくり・遊びのひろば，ファミリーサポートセンター，福祉医療制度助成制度，手当・助成金など，の項目別に関連情報を整理掲載している。

⓪就学前に関して，妊婦健康診査費の公費助成，妊産婦相談（オンライン・訪問を含む），新生児訪問（助産師・保健師）／赤ちゃん広場・おっぱい相談（助産師・保健師・管理栄養士）／こんにちは赤ちゃん訪問（民生委員・児童委員），おもちゃ図書館（保健センターを会場に月2回，貸出あり）／日野町立図書館（おはなし会・託児サービス），ファミリーサポートセンター／子ども食堂（町内4ヵ所），サポートファイル（支援の必要な子の支援ファイル），福祉医療費助成制度（乳幼児～中3無料），児童育児一時金／児童手当などの案内がある。

①小中学生に関して，就学援助（入学準備金入学前支給を含む）の案内がある。**②高校生等**及び**③大学生等**に関して，**日野町奨学金**（無利子貸与月額：高校生等1万円以内，大学生等2万円以内）の案内がある。

（4）竜王町

<ruby>竜王<rt>りゅうおう</rt></ruby>

【人口：1万1359人・世帯数：4521世帯 [2024.6.30]，面積：45㎢／「第2期竜王町子ども・子育て支援事業計画」2020-24】

竜王町子育て支援サイト「りゅうおうすくすくタウン」で関連情報を提供するとともに，両面1枚にコンパクトにまとめた一覧「りゅうすくナビ」（二次元コードで関連サイト表示）を作成している。

⓪就学前に関して，若者定住のための住まい補助金（最大80万円），妊婦健康診査の助成，ハイリスク妊産婦・新生児援助事業（訪問指導），福祉医療費助成制度（乳幼児～中3無料），新生児聴覚検査の一部助成，竜王町立図書館（ブックスタート，おはなし会，ブックトーク），**竜王町母子福祉年金・竜王町父子福祉年金**（15歳未満：月3000円），**竜王町心身障害児福祉年金**（20歳未満：月3000円），ダイハツ竜の子ファミリー車提供制度（第2子以上，3年間無償提供），**軽自動車購入助成事業補助金**（子育て世帯／高齢者運転者支援型）等の案内がある。

①小中学生に関して，地域の学校支援（地域学校協働本部・コミュニティスクール），補助金（ヘルメット購入費用，英語検定受験料補助）の案内がある。**通学定期半額補助**とは，路線バス通学定期利用促進プロジェクトと銘打った取り組みであり，町内の中学生・高校生・大学生等を対象に①通学定期の半額補助，②夜間特別便（相乗りタクシー）のバス代替運行を行うものである。**③大学生等**に関して，滋賀県社会福祉協議会の**保育士修学資金貸付制度**（修学資金月額5万円以内，入学準備金20万円以内，就職準備金20万円以内など／返還免除あり）の案内が町HPにもある。

④その他に関して，竜王町における競技スポーツの水準向上及び地域振興を目的とした

表7-5-4　竜王町

⓪就学前，①小中学生，②高校生等，③大学生等，④その他
⓪若者定住のための住まい補助金［建設計画課］ http://www.town.ryuoh.shiga.jp/life/gomi_seikatsu/reform.html 妊婦健康診査の助成，ハイリスク妊産婦・新生児援助事業［ガイドブックp.6］ 福祉医療費助成制度（乳幼児～中3無料），新生児聴覚検査の助成［同p.9］ 竜王町立図書館（ブックスタート，おはなし会，ブックトーク）［同p.16］ 竜王町母子福祉年金・竜王町父子福祉年金（15歳未満）［同p.26］ 竜王町心身障害児福祉年金（20歳未満）［同p.27］ ダイハツ竜の子ファミリー車提供制度（第2子以上，3年間無償提供）［未来創造課］ http://ryu-suku.town.ryuoh.shiga.jp/news/2020_09tatsunoko_car/2020_09tatsunoko_car.html 軽自動車購入助成事業補助金（子育て世帯／高齢者運転者支援型）［商工観光課］ http://www.town.ryuoh.shiga.jp/life/nou_shoukou/minicar_jyosei.html
①地域の学校支援（地域学校協働本部・コミュニティスクール）［教育委員会］ http://ryu-suku.town.ryuoh.shiga.jp/manabu/school_support.html 補助金について（ヘルメット購入費用，英語検定受験料補助）［同］ http://ryu-suku.town.ryuoh.shiga.jp/manabu/jimushitsu/shoumei_hojyo/07shomei.pdf
①②③通学定期を半額補助します！［未来創造課］ http://www.town.ryuoh.shiga.jp/admin_news/2019_05bus_teiki/2020_05bus_teiki.html
③保育士修学資金貸付制度（2022年）［滋賀県社会福祉協議会］ https://fukushi.shiga.jp/ouen
④竜王町スポーツ各種大会出場激励金の交付制度［生涯学習課］ http://www.town.ryuoh.shiga.jp/life/sports/shoureikin.html

スポーツ各種大会出場激励金の交付制度がある。

6. 湖東地域1市4町

（1）彦根市

【人口：11万1041人・世帯数：5万1195世帯 [2024.5.31]，面積：197㎢／「彦根市子ども・若者プラン（第2期）」2020-24】

『彦根市子育てガイドブック』（電子書籍版全34頁）を発行するとともに，ひこね子育て応援サイト「ひこ根っこ！」において目的別（赤ちゃんに出会うまで＆出会えたら，子ども健康，手当・助成・支援，など），年齢別（妊娠・出産，0歳，1～4歳，保育所・幼稚園・認定こども園，小学生以上）で関連情報を整理し提供している。

⓪就学前に関して，新生児聴覚検査費用の

表 7-6-1　彦根市

⓪就学前，①小中学生，②高校生等，③大学生等，④その他
⓪新生児聴覚検査費用の一部助成について［福祉保健部 健康推進課］ https://www.city.hikone.lg.jp/kosodate_kyoiku/ninshin_shussan/2/5914.html 福祉医療費助成について［市民環境部 保険年金課 年金係］ https://www.city.hikone.lg.jp/kurashi/hoken_nenkin/6/7910.html 病児・病後児保育（彦根市・愛荘町・豊郷町・甲良町・多賀町）［子ども未来部 幼児課］ https://www.city.hikone.lg.jp/kosodate/kosodate_shien/2/2/11494.html
①就学援助制度（通学用自転車ヘルメット代を含む）［学校教育課］ https://www.city.hikone.lg.jp/kakuka/kyoiku_iinkai/2_1/2_3/3/2274.html
③彦根市保育士等奨学金返済支援事業について［子ども未来部 幼児課］ https://www.city.hikone.lg.jp/kakuka/kodomo_mirai/7/2_2/14805.html 移住・定住促進 奨学金返還支援補助金［企画振興部 企画課］ https://www.city.hikone.lg.jp/ijyu/shien/hojyokin/16258.html 彦根市病院事業看護師等奨学金について［彦根市立病院 看護部 事務局職員課］ http://www.municipal-hp.hikone.shiga.jp/recruit/0000000208.html
④彦根市家庭教育協力企業協定制度（ひこふぁみ）［生涯学習課］ https://www.city.hikone.lg.jp/kosodate_kyoiku/kyoiku/8/24/6568.html

一部助成（上限3000円／初回検査のみ），福祉医療費助成（乳幼児～小3無料，小4～中3入院），病児・病後児保育（彦根市・愛荘町・豊郷町・甲良町・多賀町の概ね10歳未満児）などの案内がある。

①**小中学生**に関して，彦根市の就学援助制度には**通学用自転車（1万円）・ヘルメット（2000円）代**を含んでいる。③**大学生等**に関して，**彦根市保育士等奨学金返済支援事業**（採用後5年以内，年6万円上限），**移住・定住促進奨学金返還支援補助金**（市内3大学の卒業生で彦根市内に居住し勤務している者，2年間で最大24万円），**彦根市病院事業看護師等奨学金**（月5万円，返還免除あり）の案内がある。

④**その他**として，企業も家庭も地域社会もみんな家族（ファミリー）のように「子育てしよう」という**彦根市家庭教育協力企業協定制度**（ひこふぁみ）の案内がある。

（2）愛荘町（旧秦荘町，愛知川町）

【人口：2万1000人・世帯数：8475世帯［2024.6.30］，面積：38㎢／「第2期愛荘町子ども・子育て支援事業計画」2020-24】

愛荘町子育て応援サイトには「年齢別に探す」（妊娠中，0～6歳，6～15歳，15～18歳，すべての方へ），「目的別に探す」（妊娠がわかったら，赤ちゃんが生まれたら，子どもとの生活，はじめての幼稚園・保育園，学校ってこんなところ，等）のメニューがある。

⓪**就学前**に関して，**ゆりかごタクシー**（陣痛・破水時の産院までの安全輸送），**福祉医療費助成**（乳幼児～中3無料／小1～中3の呼称はあんしん子育て医療費助成），ブックスタート（4カ月児健診，きらきらバースデイ［1歳］時）などの案内がある。

①**小中学生**に関して就学援助制度の**ポルトガル語版**もある。②**高校生等**に関して，高等

表 7-6-2　愛荘町

⓪就学前，①小中学生，②高校生等，③大学生等，④その他
⓪ゆりかごタクシー［子ども支援課／滋賀県タクシー協会］ https://www.town.aisho.shiga.jp/soshiki/kodomo/1/1/ninshin/2973.html 福祉医療費助成［住民課／秦荘サービス室］ https://www.town.aisho.shiga.jp/soshiki/juminka/1/2/3/869.html ブックスタート（4カ月児健診，きらきらバースデイ）［子育て支援センター］ https://www.town.aisho.shiga.jp/soshiki/kodomo/kosodatesien/aikko/aikko/3338.html
①就学援助制度（日本語・ポルトガル語）［教育振興課］ https://www.town.aisho.shiga.jp/soshiki/kyoiku/1/1/tetuduki/932.html あんしん子育て医療費助成［住民課］ https://www.town.aisho.shiga.jp/soshiki/kodomo/1/1/17/2980.html
②高等学校等の就学支援について［子ども支援課］ https://www.town.aisho.shiga.jp/bamen/nyuen_nyugaku/1747.html
①②③近江鉄道＆路線バスの通学定期券補助について［みらい創生課］ https://www.town.aisho.shiga.jp/kurashi_tetsuduki/kotsu/7297.html
③愛荘町保育士等奨学金返還支援事業費補助金交付要綱［愛荘町］ https://www.town.aisho.shiga.jp/section/reiki_honbun/r304RG00001325.html
④地域支え愛ポイント制度［福祉課］ https://www.town.aisho.shiga.jp/soshiki/fukushika/1/827.html 愛のりタクシー［みらい創生課］ https://www.town.aisho.shiga.jp/soshiki/mirai/6/3/1/434.html

学校等の就学支援についてと題して国や県，社会福祉協議会等の支援策を案内している。**近江鉄道＆路線バス通学定期券補助**とは，中・高・大学生等を対象に購入費の20％を補助するものである。③**大学生等**に関して，**愛荘町保育士等奨学金返還支援事業費補助金**交付要綱がヒットするが，HPでの募集案内等は確認できない。

④**その他**に関して，**地域支え愛ポイント制度**（ボランティア登録をして活動するとポイントが付与され特典がある），**愛のりタクシー**（予約型乗合タクシー／子ども・障がい者割引等あり）の案内がある。

（3）豊郷町 <ruby>豊郷<rt>とよさと</rt></ruby>

【人口：7133人・世帯数：3140世帯［2024.6.30］，面積：8㎢（滋賀県内で面積最小）／「第2期豊郷町子ども・子育て陽だまりプラン」2020-24】

市HPの「子育て・教育」において，妊娠・出産，子育て支援，子育て支援センター，幼稚園，保育園，小学校，中学校，等の別で関連情報を整理し提供している。

⓪**就学前**に関して，豊郷町結婚新生活支援

表 7-6-3　豊郷町

⓪就学前, ①小中学生, ②高校生等, ③大学生等, ④その他
⓪豊郷町結婚新生活支援事業について［住民生活課］ https://www.town.toyosato.shiga.jp/0000002710.html 豊郷町特定不妊治療費等助成事業［医療保険課］ https://www.town.toyosato.shiga.jp/0000001356.html 豊郷町不育症治療費助成金のご案内［同］ https://www.town.toyosato.shiga.jp/0000001741.html 風しん予防接種の費用助成について［同］ https://www.town.toyosato.shiga.jp/0000001632.html 滋賀県不安を抱える妊婦への分娩前ウイルス検査助成金のご案内［同］ https://www.town.toyosato.shiga.jp/0000002093.html 福祉医療費助成制度（乳幼児～高校生無料）［保健福祉課］ https://www.town.toyosato.shiga.jp/0000000529.html
①令和4年度要保護および準要保護児童生徒就学援助費の支給について［学校教育課］ https://www.town.toyosato.shiga.jp/0000000756.html
③豊郷町で保育士として働く方を支援します!!［教育委員会 総務課］ https://www.town.toyosato.shiga.jp/0000001924.html
④定住自立圏構想における湖東定住自立圏共生ビジョン［総務課］ https://www.town.toyosato.shiga.jp/0000000528.html

事業（29歳以下上限60万円，39歳以下上限30万円），豊郷町特定不妊治療費等助成事業，豊郷町不育症治療費助成金，風しん予防接種の費用助成，滋賀県不安を抱える妊婦への分娩前ウイルス検査助成金，福祉医療費助成制度（乳幼児～**高校生無料**）の案内がある。

①**小中学生**に関して，就学援助費の案内がある。③**大学生等**に関して，「**豊郷町で保育士として働く方を支援**します!!」と題した支援（有資格者の再就職のための就職準備金上限40万円の貸付，勤務開始3年経過時に10万円支給，同4年経過時にさらに10万円支給）の案内がある。

④**その他**として，湖東エリア1市4町による**湖東定住自立圏共生ビジョン**の案内がある。

（4）甲良町 <ruby>甲良<rt>こうら</rt></ruby>

【人口：6459人・世帯数：2678世帯［2024.7.1］，面積：14㎢／「甲良町人権施策推進基本計画」2022-2031（子どもを含む），「甲良町いじめ防止基本方針」2016，同一部改定2018，子ども・子育て支援事業計

表 7-6-4　甲良町

⓪就学前, ①小中学生, ②高校生等, ③大学生等, ④その他
⓪福祉医療費助成制度［住民課］ https://www.kirakira-koura.jp/topic/topic_detail/index/28.html 【甲良町だけ!】「子育て応援金・乳児おむつ等」支給制度［子育て支援センター］ https://www.kirakira-koura.jp/topic/topic_detail/index/150.html 保育料の一部無償化［教育委員会 教育総務係］ https://www.kirakira-koura.jp/topic/topic_detail/index/53.html 幼稚園奨励費［同］ https://www.kirakira-koura.jp/topic/topic_detail/index/54.html
①小・中学校の就学援助制度［同］ https://www.kirakira-koura.jp/topic/topic_detail/index/64.html 学校給食費一部補助金制度［同］ https://www.kirakira-koura.jp/topic/topic_detail/index/65.html
②医療費無料化を高校生世代まで拡大します。（新規事業）［住民人結課住民係］ https://www.kouratown.jp/cyonososhiki/jyuminka/jyuminkakari/kosodate/2247.html
④予約型乗合タクシー（愛のりタクシー）［企画監理課 企画調整係］ https://www.kouratown.jp/kurashi/bamenkarasagasu/syusyokutaisyoku/1578613020846.html

画は未確認】

甲良町子育てサイト「キラキラこうら」（日本語に加えて多言語翻訳機能あり［韓国語・中文簡体・英語・ポルトガル語・スペイン語］）において子育て情報・イベント情報などを提供するとともに，子育てアプリ「キラキラこうら」を運用している。

⓪**就学前**に関して，福祉医療費助成制度（乳幼児～中3無償），**子育て応援金・乳児おむつ等支給制度**（子育て応援金1人2万円の支給／1歳までを対象にコープしがの宅配員が甲良町見守りおむつお届員として配達），**保育料の一部無償化**（町立保育所に通う第2子半額・第3子無料），**幼稚園奨励費**（入園料や保育料を減免する幼稚園設置者に対する幼稚園設置者に対する補助）の案内がある。

①**小中学生**に関して，就学援助制度，**学校給食費一部補助**の案内がある。②**高校生等**に関して，医療費無料化を2022年度から高校生まで拡大したとの案内がある。

④**その他**として，路線バス代替の**予約型乗合タクシー**（愛のりタクシー）の案内がある。

（5）多賀町

【人口：7364人・世帯数：2947世帯［2024.6.30］，面積：136㎢／「多賀町子ども・子育て応援プラン」2020-24】

上記プランでは，「本町の将来の子ども人口は今後5年間，増加傾向で推移することが見込まれます」としている。子育てガイドブック等は確認できないが，市HPの「たがで子育て」などにおいて関連情報を提供している。

⓪**就学前**に関して，多賀町移住支援金（単身60万円，2人以上100万円），多賀町結婚新生活支援補助金，**多賀町次世代育成支援事業**として**出産奨励祝金**（第3子5万円，第4子以降10

表7-6-5　多賀町

⓪就学前，①小中学生，②高校生等，③大学生等，④その他
⓪多賀町移住支援金のお知らせ（単身60万円，2人以上100万円）［企画課］ https://www.town.taga.lg.jp/contents_detail.php?co=cat&frmId=1304&frmCd=3-2-0-0-0 多賀町結婚新生活支援補助金のお知らせ［同］ https://www.town.taga.lg.jp/contents_detail.php?co=new&frmId=1518 多賀町次世代育成支援事業（出産奨励祝金・育児用品購入助成）［福祉保健課］ https://www.town.taga.lg.jp/contents_detail.php?co=cat&frmId=1411&frmCd=1-7-6-0-0 福祉医療費助成［税務住民課 保険年金係］ https://www.town.taga.lg.jp/contents_detail.php?frmId=135
①令和4年度就学援助制度について（オンライン学習通信費を含む）［学校教育課］ https://www.town.taga.lg.jp/contents_detail.php?co=cat&frmId=1446&frmCd=1-3-8-0-0
②③多賀町育英資金奨学生募集のお知らせ［教育総務課］ https://mykoho.jp/article/滋賀県多賀町/広報たが-2022年4月号/

万円）・**育児用品購入助成**（満2歳に達するまでの乳幼児を養育する児童手当受給者：紙おむつまたは粉ミルク月上限2000円），福祉医療費助成（乳幼児～中3無料）等の案内がある。

①**小中学生**に関して，就学援助制度の中に**オンライン学習通信費**を含んでいる。②**高校生等**及び③**大学生等**に関して，**多賀町育英資金奨学生募集**（町内に3年以上居住者：月額高校生等7000円・大学生等1万4000円／認定者は町内のボランティア活動等に従事）の案内がある。

7. 湖北地域2市

（1）長浜市（旧長浜市，浅井町，びわ町，虎姫町，湖北町，高月町，木之本町，余呉町，西浅井町）

【人口：11万2963人・世帯数：4万7757世帯［2024.7.1］，面積：681㎢／「長浜市子どもを犯罪の被害から守る条例」2006，「第2期子ども・子育て支援事業計画」2020-24】

子育て情報冊子『ながはま子育て応援ナビ』（PDF版全64頁）を出すとともに，子育て応援アプリ・サイト「ながまる キッズ！」を提供している。

⓪**就学前**に関して，結婚新生活支援事業（上

表7-7-1　長浜市

⓪就学前，①小中学生，②高校生等，③大学生等，④その他
⓪結婚新生活支援事業[政策デザイン課 ふるさと移住交流室] 　https://www.city.nagahama.lg.jp/0000010127.html 　新生児聴覚検査費用の助成[健康推進課] 　https://www.city.nagahama.lg.jp/0000002744.html 　『紙おむつ類専用ごみ指定袋』の無料交付[環境保全課] 　https://www.city.nagahama.lg.jp/0000002352.html 　子育て世帯応援給付金のご案内[子育て支援課] 　https://www.city.nagahama.lg.jp/0000011953.html 　福祉医療費助成制度（マル福）／子ども医療費助成[保険年金課] 　https://www.city.nagahama.lg.jp/0000011251.html
①令和4年度就学援助制度（多言語）[教育委員会 すこやか教育推進課] 　https://www.city.nagahama.lg.jp/0000009558.html 　市民で支える小学校給食費補助金（多言語）[同] 　https://www.city.nagahama.lg.jp/0000007948.html
③長浜市保育士等奨学金返還支援金[同幼児課] 　https://www.city.nagahama.lg.jp/0000002882.html

表7-7-2　米原市

⓪就学前，①小中学生，②高校生等，③大学生等，④その他
⓪米原市新幹線通勤者定期券等補助金[まち整備部 経済振興局 シティセールス課] 　https://www.city.maibara.lg.jp/shisei/plan/other/ijuteiju/17538.html 　米原市結婚新生活支援事業補助金[くらし支援部 こども未来局 子育て支援課] 　https://www.city.maibara.lg.jp/scene/wedding/sareru/17756.html 　ブックスタート[ガイドp.1] 　福祉医療費助成制度（乳幼児，児童・生徒）[同p.22] 　紙おむつ類専用ごみ指定袋の無料交付[同] 　保育料について[同p.26]
①令和4年度就学援助制度（オンライン学習通信費を含む）[教育総務課] 　https://www.city.maibara.lg.jp/soshiki/kyoiku/kyoiku_somu/enjo/12576.html
③給付型奨学金制度の申請受付について[同] 　https://www.city.maibara.lg.jp/soshiki/kyoiku/kyoiku_somu/syougakukin/12575.html
④サル撃退グッズ無料貸し出し開始！[まち整備部 まち保全課] 　https://www.city.maibara.lg.jp/scene/zyuugai/17203.html

限30万円／ともに29歳以下の場合は60万円），新生児聴覚検査費用の一部助成，**紙おむつ類専用ごみ指定袋の無料交付**（3歳以下：年間50枚），**子育て世帯応援給付金**（2004.4.2～2022.9.1生まれの者に各1万円），福祉医療費助成制度（マル福）／子ども医療費助成（乳幼児～中3無料：2022.10から拡充）の案内がある。

　①**小中学生**に関して，就学援助制度（多言語：英語・中国語・ポルトガル語・スペイン語・タガログ語），**市民で支える小学校給食費補助金**（多言語）（月4000円，年4万4000円）の案内がある。③**大学生等**に関して，**長浜市保育士等奨学金返還支援金**（最大96万円）の案内がある。

（2）米原市（旧山東町，伊吹町，米原町，近江町）

【人口：3万7067人・世帯数：1万4989世帯[2024.7.1]，面積：250㎢／「第2期米原市子ども・子育て支援事業計画」2020-24】

　『米原市子育て応援ガイド』（PDF版全34頁）を出すとともに，子育て応援サイト「まいハグ」を運営し，目的別・年齢別・施設別に関連情報を整理し提供している。

　⓪**就学前**に関して，米原市新幹線通勤者定期券等補助金（大都市勤務の若者世帯の移住やUIターンの促進：上限月2万円で24カ月限度），米原

市結婚新生活支援事業補助金（29歳以下60万円，39歳以下30万円），ブックスタート（10カ月児健診時），福祉医療費助成制度（乳幼児～中3：入院・通院無料），**紙おむつ類専用ごみ指定袋の無料交付**（原則3歳以下：年間50枚），**保育料**の軽減（0～3歳未満で国の無償化から外れた児[18歳未満のきょうだいの2人目以降]につき市独自の軽減措置を継続）の案内がある。

　①**小中学生**に関して，就学援助制度には**オンライン学習通信費**を含んでいる。③**大学生等**に関して，**給付型奨学金制度**（卒業後に米原市に定住する意思のある者：月3万円最長4年間）の案内がある。

　④**その他**として，**サル撃退グッズ無料貸し出し**（サル被害対策用のスリングショット）の案内がある。

8．高島地域1市

（1）高島市（旧マキノ町，今津町，朽木村，安曇川町，高島町，新旭町）

【人口：4万5255人・世帯数：2万803世帯[2024.6.30]，面積：693㎢／「高島市子ども・子育て支援あくしょん・ぷらん」2020-24】

表 7-8-1　高島市

⓪就学前，①小中学生，②高校生等，③大学生等，④その他
⓪若者の住宅確保の支援制度［市民生活部 市民協働課］ http://www.city.takashima.lg.jp/www/ contents/1402478999690/index.html 結婚新生活支援事業［子ども未来部 子育て支援課］ http://www.city.takashima.lg.jp/www/ contents/1522216138722/index.html 高島市の妊婦健康診査費助成制度について［健康福祉部 健康推進課］ http://www.city.takashima.lg.jp/www/ contents/1484889001617/index.html はっぴー産後ケア事業（はっぴー産後ケアチケット）［同］ http://www.city.takashima.lg.jp/www/ contents/1494221776089/index.html 高島市在宅育児支援事業［子ども未来部 子育て支援課］ http://www.city.takashima.lg.jp/www/ contents/1625793245337/index.html 福祉医療費助成制度［市民生活部 保険年金課］ http://www.city.takashima.lg.jp/www/ contents/1133936286034/index.html ブックスタート事業／保育料は第1子から完全無料!［高島で暮らそう>子育て］ https://move-takashima.jp/kosodate
②③高島市の育英資金（奨学金）貸付制度について［教育総務部 教育総務課］ http://www.city.takashima.shiga.jp/www/ contents/1371437552824/index.html

高島市子育て応援サイト「たかしま結びと育ちの応援団」で結婚，妊娠，出産，子育てといったさまざまなシーンでの相談を受け付け，関連情報を提供するとともに，子育てアプリ「はぐっとナビたかしま」を運用している。

⓪**就学前**に関して，若者の住宅確保の支援制度，結婚新生活支援事業（29歳以下60万円，39歳以下30万円），高島市妊婦健康診査費助成制度（基本受診券14枚，超音波・血液・子宮頸がん・B群溶結性レンサ球菌・クラジミアの検査受診券10枚），はっぴー産後ケア事業／**同ケアチケット**（1歳未満の乳児の母親を対象に利用チケットを発行），**高島市在宅育児支援事業**（1・2歳児対象月3万円），福祉医療費助成制度（乳幼児～中3無料），ブックスタート事業（ブックトーク・家読などを含む），**保育料は第1子から完全無料**（国政策＋市独自施策）の案内がある。

②**高校生等**及び③**大学生等**に関して，高島市の3種の**育英資金（奨学金）貸付制度**の案内がある。

9. 広報・施策の特徴

「切れ目ない支援」の構築・展開に関わって，子ども・子育て支援法（2012年法律第65号）は，第4章「地域子ども・子育て支援事業」の第59条において市町村が行うべき13事業を定めている。すなわち，①利用者支援事業，②延長保育事業，③実費徴収に係る補足給付を行う事業，④多様な事業者の参入促進・能力活用事業，⑤放課後児童健全育成事業，⑥子育て短期支援事業，⑦乳児家庭全戸訪問事業，⑧養育支援訪問事業・子どもを守る地域ネットワーク機能強化事業，⑨地域子育て支援拠点事業，⑩一時預かり事業，⑪病児保育事業，⑫子育て援助活動支援事業（ファミリー・サポート・センター事業）及び⑬妊婦健康診査である。

各市町村は，地域のニーズ調査等に基づいて子ども・子育て支援事業計画（第61条，1期5年）を策定し，地域子ども・子育て支援事業に係る需要の見込みを踏まえて，提供体制を計画的に確保提供しなければならない。これに対して，国は，子ども・子育て支援のための施策を総合的に推進するための基本的な指針（基本指針）を定める（第60条）。そして，都道府県は，国の基本指針に即して，教育・保育及び地域子ども・子育て支援事業の提供体制の確保その他法律に基づく業務の円滑な実施に関する計画（都道府県子ども・子育て支援事業支援計画，1期5年）を定めることになる。

滋賀県下の19市町においても，この13事業に関しては，第1期計画（2015～19）の実績を踏まえて，現在は第2期計画（2020～24）の実施・展開に入っている。これら基礎的・共通な13事業については，市町独自と思われるものを掲げる形にとどめている。

滋賀県下における事業・施策展開及び広報の特徴は，以下のようである。

第Ⅱ部　子育て・教育施策の重層的把握調査

第一に，滋賀県の役割として，県下19市町の施策展開が可能な環境や条件を整えるうえで県が率先と調整を発揮していることが分かる。不妊特定治療支援事業（保険適用への円滑な移行に向けた経過措置），新生児聴覚検査（マニュアルの作成・見直し改定），滋賀県奨学資金（高校生等貸与），滋賀県私立学校特別修学補助金（授業料減免する私学法人への補助）などが好例である。一方，医療費助成に関して滋賀県は乳幼児無償までであり，小中学生（高校生）への拡充は市町に委ねられた形にとどまっている。

第二に，子育て情報の提供に関して，子育てガイドブックを出す（冊子版／PDF版／電子書籍版）とともに，子育て情報サイトを設けたり，アプリで関連情報を配信する自治体がほとんどであった。

第三に，**⓪就学前**（乳幼児期）に関して，移住・定住支援，新婚生活応援，妊婦健康診査・歯科健診助成，多胎児支援，新生児聴覚検査・風疹予防接種費等の助成，出産祝金，ブックスタート等（ブックセカンド・ブックトーク）・おもちゃ図書館，ごみ袋無料支給，おむつ宅配便，保育料の軽減・無償化，子育て応援金・育児用品購入助成，ゆりかごタクシーなどさまざまに各市町で用意されていた。また，1970年代からの乳幼児健診大津方式[4]の蓄積を受け

て乳幼児健診の土台に発達保障の志向が全県的に確認できる。

第四に，**①小中学生**（学齢期）に関して，オンライン学習通信費助成，卒業祝金，フリースクール利用料助成，通学定期代補助，給食費補助，子どもの家（学童保育）整備，子ども食堂・居場所づくり，英検受験・自転車・ヘルメット購入助成，学びの教室・学習支援教室整備などの案内がある。

第五に，**②高校生等**及び**③大学生等**（思春期・青年期）に関しては，通学定期代補助・夜間相乗りタクシー，給付型奨学金，貸与型奨学金，奨学金返還支援，特定職種修学資金（看護師・保育士・介護福祉士など）の提供などがある。

第六に，**④その他**に関して，ひとり親家庭支援，ヤングケアラー支援，スポーツ大会出場激励金，家庭教育協力企業協定，地域支え愛ポイント制度，愛のりタクシー，湖東定住自立圏共生ビジョンなどがある。

第七に，コロナ禍に関連して，妊婦分娩前ウイルス検査助成，学校給食費の時限的無償化などがあった。

鳥取県調査で指摘した「重層的・相補的な支援」について，鳥取県と同様に滋賀県においても圏域（エリア）や郡内における社会資源の共有活用，事業施策の類似性が確認できた。

注

※以下のウェブサイトは，改めてすべて2024年9月1日閲覧にて確認済み。ただし調査日から内容が更新されている場合もあるので，最新の情報については要確認。

1）自治体の基本情報は，人口・世帯数［年月日現在］，面積（小数点以下四捨五入）である。

2）滋賀県ホームページの「県内の市町一覧」(https://www.pref.shiga.lg.jp/kensei/gaiyou/shicyou/20959.html)，厚生労働省ホームページの「保健所管轄区域案内 滋賀県」(https://www.mhlw.go.jp/bunya/kenkou/hokenjo/h_25.html)。ほかには，7つを大津，草津・湖南，甲賀・信楽，近江八幡・東近江，彦根・湖東，長浜・湖北，高島・湖西のエリアと呼称している資料もある（しがトコ［滋賀のええトコ］エリア別にみる滋賀県 https://shigatoco.com/map/）。

3）2023年度ですでに終了している。

4）稲沢潤子（1981）『涙より美しいもの：大津方式にみる障害児の発達』大月書店，田中杉恵（1990）『発達診断と大津方式』青木書店などに詳しい。

第8章 京都府及び府下26市町村における子育て・教育費支援情報

0. はじめに

　本章では，京都府及び府下26自治体において子育て・教育費支援の施策やその広報に関してどのような特色・配慮・工夫があるのかを明らかにする。

　各自治体のホームページ（以下，HP）において関連情報を収集して，これまでと同様に一覧表にし（閲覧日：2023年11月5日〜12月30日），自治体の基本情報としての人口・世帯数，面積[1)]のほか，こどもの権利条例等や貧困対策等の施策も加えて記した。なお紙幅上，障害児の特別児童扶養手当・特別支援教育就学奨励費，ひとり親家庭の児童扶養手当，社会福祉協議会の生活福祉資金等は省略した（HPで特に情報がない場合の説明についても省略した）。

　26自治体の内訳は15市10町1村である（図8-0-1）。そして，京都市ないし4つの京都府広域振興局の管轄エリアに重なる5地域に区分されることが多い。すなわち，京都市地域（1市），山城地域（7市7町1村），南丹地域（2市1町），中丹地域（3市），丹後地域（2市2町）である。本稿ではまず京都府について記し，次に府下26市町村を5地域別の自治体コード順に並べた。なお，市町村については独自施策[2)]を中心に述べる。

1. 京都府

【人口：252万3401人・世帯数：122万2072世帯［2024.8.1］，面積：4613㎢／「京都府子育て支援条例」2007，「京都府子どもを虐待から守る条例」2022，「京都府子どもの貧困対策推進計画」（2020-24），「京都府子ども・子育て応援プラン」（2020-24）】

　京都府HPに「子育て支援情報未来っ子ひろば」のサイトを設け，子育て応援情報，楽しく子育て，年齢別で探す，分野別で探す，医療機関などの項目別にメニューが見出しになっている。また，京都府府民サービス・ナビがあり，キーワードで検索すると容易に情報が入手できる。京都府では，結婚から出産，子育て，教育，就労まで切れ目のない施策を推進し，「子育て環境日本一」を目指している（京都府子育て環境日本一推進戦略2019）。

　❶就学前の結婚・子育て応援住宅総合支援事業，ファミリー・サポート・センターでは事業実施ないしセンター設置の市町村一覧を掲載している。子ども・子育て支援新制度で

図8-0-1　京都府下自治体マップ

は，関連情報を保護者・事業者・市町村に知らせている。不妊に悩む方への助成事業，妊婦へのPCR検査費用助成では，助成情報を提供している。

独自色をもった情報としては，**子育て環境日本一の視点を織り込んだ京都版母子健康手帳の作成，産前・産後ケア専門員及び訪問支援員の養成を含む産前・産後ケアの体制づくり，すべての新生児を対象とした聴覚スクリーニングから療育までの支援を円滑に行うための手引書の作成**が挙げられる。

医療助成制度については，2023年9月診療分から拡充（中学校卒業までの入院・通院）しているが，26市町村の状況を京都府としてとりまとめて比較表示した一覧表が欲しい[3]。

①小中学生では，就学前から高校大学までをカバーした利便性の高い冊子『**就・修学及び進学・就職を支援するための援護制度一覧**』（全117頁，日本語・英語・韓国朝鮮語・中国語）を作成し公開している。また，**ヤングケアラーへの支援**（府ヤングケアラー総合支援センター，ヤングケアラー連携支援マニュアル），**ひきこもり支援**（脱ひきこもり支援センター，府内6箇所の「チーム絆・地域チーム」）を充実させている。**②高校生等**では，**私立高校に係る国の就学支援金制度に京都府あんしん修学支援を上乗せ**するとともに，**各私立高校の保護者負担軽減情報**も提供している。**③大学生等**に関しては，医師・看護職，保育士などの確保策として修学資金（返還免除あり）等を案内している。

特に北部地域については，『京都府北部地域看護職魅力発信ガイドブック』・チラシ及び動画を作成し公開している。**就労・奨学金返済一体型支援事業**とは，京都府内の中小企業等の人材確保と若手従業員の定着及び経済的負担軽減を図るため，従業員の奨学金返済支援を行う中小企業等が従業員に支給した手

当等の額の一部を補助するものであり，234社（2023.11.8現在）が導入している。

④その他では，青少年健全育成，ひとり親家庭支援にも力を入れている。

表8-1-1　京都府

⓪就学前，①小中学生，②高校生等，③大学生等，④その他
⓪結婚・子育て応援住宅総合支援事業について [健康福祉部こども・青少年総合対策室（子育て環境推進係）]市町村事業一覧あり https://www.pref.kyoto.jp/kosodate/news/jutaku.html ファミリー・サポート・センターのご案内[同（保育・子育て支援係）]一覧あり https://www.pref.kyoto.jp/kosodate/famisapo/famisapo-top.html 子ども・子育て支援新制度[同] https://www.pref.kyoto.jp/kosodate/shinseido.html 京都版母子健康手帳の検討[健康福祉部こども・青少年総合対策室（母子保健係）] https://www.pref.kyoto.jp/kosodate/boshitecho.html 産前・産後ケア[同] https://www.pref.kyoto.jp/kosodate/news/sanzensango.html 新生児聴覚検査について[同] https://www.pref.kyoto.jp/kosodate/screening.html 不妊に悩む方への助成事業等について[同] https://www.pref.kyoto.jp/kosodate/funin28.html#ryouritu 安心・安全な妊婦出産確保に向けた取組（妊婦へのPCR検査費用助成）[同] https://www.pref.kyoto.jp/kosodate/news/pcr-ninpu.html
⓪①京都子育て支援医療助成制度の拡充について[健康福祉部医療保険政策課] https://www.pref.kyoto.jp/fukusiiryou/kosodate0109.html
⓪①②③就・修学支援，奨学金等（援護制度等）[学校教育課（人権教育室）] https://www.kyoto-be.ne.jp/gakkyou/cms/?p=4092
①②③ヤングケアラーへの支援[健康福祉部家庭支援課] https://www.pref.kyoto.jp/kateishien/youngcarer.html ひきこもり支援[同] https://www.pref.kyoto.jp/kateisien-sogo/29datuhikikomori.html
②③私立高等学校に通学される場合の支援制度について[文化生活部文教課] https://www.pref.kyoto.jp/bunkyo/1335331059139.html 京都府内の各私立高等学校の保護者負担軽減計画[同] https://www.pref.kyoto.jp/bunkyo/1334311479936.html
③京都府の医療施策について（医療従事者・学生の方向け）[健康福祉部医療課] https://www.pref.kyoto.jp/iryo/#jujisha 保育士確保のための貸付事業（社協）[同青少年総合対策室（保育・子育て支援係）] https://www.pref.kyoto.jp/kosodate/hoikushi/news/kashitsuke.html 就労・奨学金返済一体型支援事業[商工労働観光部労働政策室] https://www.pref.kyoto.jp/rosei/syuurousyougakukin/syuurousyougakukinn1.html
④京都府の青少年に対する施策について[同こども・青少年総合対策室（青少年係）] https://www.pref.kyoto.jp/seisho/index.html ひとり親家庭（母子家庭・父子家庭）には[同家庭支援課] https://www.pref.kyoto.jp/kateishien/ouen_16hitorioyakatei.html

2. 京都市地域（1市）

(1) 京都市［政令指定都市］———

【1956年より政令指定都市／人口：143万8650人・世帯数：75万1429世帯［2024.7.1］，面積：828㎢／「子どもを共に育む京都市民憲章」2007，「京都市はぐくみプラン」（京都市子ども・若者総合計画）2020-24・2023改定】

「京都市子育てインデックス〜年齢別の主な制度早見表〜」は，「相談・健診，お金などのサポート，支援制度，施設・拠点の4項目別に，妊娠・出産，乳幼児期（0〜5歳），学齢期（小学生），学齢期（中学生），15〜18歳，青少年，ひとり親家庭，障害・難病の子ども，というライフステージ等に即してインデックス化したものであり，希望の見出しをクリックすると該当のサイトに移動して情報が得られる。

◎就学前の京都市出産・子育て応援事業とは，「物価高克服・経済再生実現のための総合経済対策」（2022.4.10閣議決定）において国が創設した「出産・子育て応援交付金事業」を活用し，伴走型相談支援（面談1：妊娠届出時，面談2：妊娠8カ月頃，面談3：生後4カ月まで）と経済的支援（面談1：出産応援ギフト5万円，面談3：子育て応援ギフト5万円）とを一体的に提供するものである。妊産婦の支援としては，妊娠の届出，母子健康手帳の交付，妊婦健康診査，妊婦相談事業，妊婦訪問（こんにちはプレママ事業），成人・妊娠歯科検診などを案内している。出産後の支援としては，新生児聴覚検査費用助成事業，京都市スマイルママ・ホッと事業（産後ケア事業），新生児等訪問指導事業（こんにちは赤ちゃん事業），第3子以降等産前産後ヘルパー派遣事業，育児支援ヘルパー派遣事業，乳幼児健康診査，京都版ブックスタート事業，

乳幼児歯科相談，病児・病後児保育などを案内している。子ども医療費及び児童手当については，日本語・英語・中国語・韓国語版の案内がある。

①小中学生では，家計急変の臨時措置を含めて就学援助制度を知らせている。**②高校生等**の京都市高校進学・修学支援金支給事業とは，市民税非課税世帯や生活保護受給世帯の高校生等に対し，高等学校等での修学を支援することを目的に，入学準備や学用品購入などの費用を助成するものである（京都府奨学の

表8-2-1　京都市

◎就学前, ①小中学生, ②高校生等, ③大学生等, ④その他
◎京都市出産・子育て応援事業について［京都市子ども家庭支援課分室］ https://www.city.kyoto.lg.jp/hagukumi/page/0000307381.html#gift 妊産婦への支援［子ども若者はぐくみ局子ども若者未来部子ども家庭支援課］ https://www.city.kyoto.lg.jp/hagukumi/page/0000294274.html 出産後の支援［同］ https://www.city.kyoto.lg.jp/hagukumi/page/0000294276.html 京都市スマイルママ・ホッと事業（産後ケア事業）について［同］ https://www.city.kyoto.lg.jp/hagukumi/page/0000168986.html
◎①【福祉医療】子ども医療費支給制度［京都市子ども家庭支援課分室］ https://www.city.kyoto.lg.jp/hagukumi/page/0000067393.html#seido 児童手当について［同］ https://www.city.kyoto.lg.jp/hagukumi/page/0000182951.html
①就学援助制度のお知らせ（家計急変の臨時措置含む）［教育委員会事務局総務部調査課］ https://www.city.kyoto.lg.jp/kyoiku/cmsfiles/contents/0000311/311832/R5oshirase.pdf
②京都市高校進学・修学支援金支給事業［京都市子ども家庭支援課分室 奨学金担当］ https://www.city.kyoto.lg.jp/hagukumi/page/0000307494.html
③大学における学生支援強化特別対策事業の募集について【新型コロナウイルス感染症対策】 ［総合企画局総合政策室大学政策担当］ https://www.city.kyoto.lg.jp/sogo/page/0000273885.html 輝く学生応援プロジェクト「輝く学生応援アワード2023」の実施について［同］ https://www.city.kyoto.lg.jp/sogo/page/0000314250.html 京都市看護師修学資金融資制度について［保健福祉局 医療衛生推進室 医療衛生企画課］ https://www.city.kyoto.lg.jp/hokenfukushi/page/0000267775.html
④京都市子ども・若者総合支援［子ども若者はぐくみ局子ども若者未来部育成推進課］ https://www.city.kyoto.lg.jp/hagukumi/page/0000173327.html ひとり親家庭応援パンフレット［同子ども家庭支援課］ https://www.city.kyoto.lg.jp/digitalbook/page/0000002073.html

第Ⅱ部　子育て・教育施策の重層的把握調査

ための給付金との併給調整あり，基本支給額14万4000円）。③**大学生等**では大学における学生支援強化特別対策事業（コロナ禍における学生支援等を行う大学等に500万円程度を補助，2020.7.10～2021.2.28），輝く学生応援アワード2023（京都のまちで主体的に活動を行う大学生を後押しし活動の周知や他の学生や地域の皆様との交流につながる機会をつくる），**京都市看護師修学資金融資制度**（年額上限120万円の融資のあっせん，京都市による利子補給，京都市立病院機構勤務者への勤務期間中の返済元金補給金支給）を紹介している。

④**その他**としては，京都市子ども・若者総合支援（ニート，不登校等のさまざまな悩みや困難を有する子ども・若者［39歳まで］及び家族の相談に応じる総合相談窓口の設置など），『ひとり親家庭応援パンフレット』（デジタルブック全36頁，相談・暮らし・子育て・仕事に係る情報を網羅）等を掲載している。

3. 山城地域 (7市7町1村)

(1) 宇治市

【人口：18万38人・世帯数：8万6158世帯［2024.7.1］，面積：68㎢／「第2期宇治市子ども・子育て支援事業計画」2020-24】

宇治市HPに「子育てにやさしいまち うじ」のサイトを設け，妊娠がわかったら，赤ちゃんが生まれたら，各種手当や助成など，子どもと一緒に出かけたい，子どもを預けたい，保育所（園）・認定こども園・幼稚園，小学校・中学校，転入した人へ，相談したい人へ等の項目別に情報を目次化している。また，「宇治子育て情報誌」を毎年度作成し公開している（全76頁）。

⓪**就学前**では，出産あんしんサポート給付金（出産・子育て応援交付金）（妊娠届出時の面談後

に5万円を給付），妊産婦健康診査（厚生労働省が示す14回＋2回），新生児聴覚検査受診券（自動ABR・ABR4020円，OAE1500円），妊娠歯科健康診査（1回無料）を一覧で案内している。産後ケアサービスには，宿泊型・訪問型（助産師訪問・家事支援訪問）・日帰り型がある。中学卒業までの子ども医療費助成（子育て支援医療費支給制度）は，京都府の水準を越えて通院・入院ともに自己負担の上限額を1医療機関あたり毎月200円としている。幼児教育・保育の無償化に関連しては，新制度未移行の**私立幼稚園における副食材料費の補助制度**（補足給付事業）（補助対象を充たす場合の月額上限4700円まで）がある。

①**小中学生**では，オンライン学習通信費を含む就学援助制度を案内している。また，児童虐待を防止するためにこども家庭相談の窓口を開き，『**児童虐待初期対応ハンドブック**』を作成している。②**高校生等**・③**大学生等**では，経済的理由により修学が困難な者に無利

表 8-3-1　宇治市

⓪就学前，①小中学生，②高校生等，③大学生等，④その他

⓪母子健康手帳・妊産婦健康診査受診券・新生児聴覚検査受診券・妊婦歯科健診
　診票の交付について［保健推進課］
　https://www.city.uji.kyoto.jp/site/kosodate/5876.html
宇治市産後ケアサービス［同］
　https://www.city.uji.kyoto.jp/site/kosodate/7151.html
子育て支援医療［年金医療課］
　https://www.city.uji.kyoto.jp/site/kosodate/5539.html
幼稚園，保育所，認定こども園などの利用料の無償化について［各担当課］
　https://www.city.uji.kyoto.jp/site/kosodate/7028.html
私立幼稚園における副食材料費の補助制度（補足給付事業）について［学校教育課］
　https://www.city.uji.kyoto.jp/site/kosodate/29498.html

①小中学校の就学援助制度について［教育支援センター・学校教育課］
　https://www.city.uji.kyoto.jp/site/kosodate/32773.html
児童虐待を防止するために［福祉こども部子ども福祉課］
　https://www.city.uji.kyoto.jp/site/kosodate/4313.html
宇治市児童虐待初期対応ハンドブック（平成29年11月改訂版）について［同］
　https://www.city.uji.kyoto.jp/site/kosodate/4505.html

②③宇治市奨学資金の貸与について［福祉こども部こども福祉課］
　https://www.city.uji.kyoto.jp/site/kosodate/69268.html
宇治市奨学金返還支援制度について［同］
　https://www.city.uji.kyoto.jp/site/kosodate/44050.html

④ひとり親家庭のしおり［福祉こども部こども福祉課］
　https://www.city.uji.kyoto.jp/uploaded/attachment/35194.pdf

子で奨学資金を貸与しており，**奨学金返還支援制度**（募集人数は市内在住の50名，応募多数の場合は子育て世帯を優先，最長5年間，返還した奨学金の2分の1または8万5000円［結婚・出産などのライフイベントがある場合は4分の3または13万円］の低い方の額）も設けている。

④**その他**では，『ひとり親家庭のしおり』（PDF版全12頁）を作成している。

（2）城陽市

【人口：7万2288人・世帯数：3万864世帯［2024.7.1］，面積：33㎢／「第2期城陽市子ども・子育て支援事業計画」2020-24】

城陽市HPのサイト「妊娠・出産」で届け出・手続き，健診・予防接種，給付・助成，教室・講習会，施設，相談の項目別に，サイト「子育て」で健診・予防接種，給付・助成，子どもを預けたい，教室など，施設，相談の項目別に，サイト「教育」で幼稚園，小学校・中学校，奨学金など，相談，施設の項目別に，関連情報を見出し化している。妊娠期から子育て期までの切れ目のない支援のために，城陽すくすく親子アプリを導入している（2023.9～）。

⓪**就学前**では，母子健康手帳の交付時に，妊産婦健康診査受診券つづり，妊婦歯科健康診査受診票，新生児聴覚検査受診券つづりが渡される。出産・子育て応援給付金とは，すでに述べたように国の出産・子育て応援交付金事業（2022年度第2次補正予算）を受けて，伴走型相談支援と経済的支援を一体的に実施するものである（母子健康手帳交付時：出産応援交付金5万円，乳児家庭全戸訪問時：子育て応援交付金5万円）。産後ケア事業としては，宿泊型と訪問型の2種を用意している。**第3子以降保育所等保育料等無償化事業**とは，子ども3人

以上（満18歳未満）世帯の市内保育施設在園児について，国の制度で無償化になっていない場合の0～2歳児の保育料，3～5歳児の副食費の無償化（所得要件あり）を行うものである。子育て支援医療費支給制度では，府の水準を越えた独自制度（中学生の通院：自己負担の上限額を1医療機関あたり毎月200円に）がある。

①**小中学生**では，就学援助について援助を受けるには申請が必要であること，所得など一定の基準があること，民族学校の児童生徒も同様の援助が受けられること（**城陽市民族学校児童生徒就学援助規則**）等を付記している。②**高校生等**では，**奨学金制度**として城陽市奨学金（学力優良で学資支出困難な高校・高専1年生10人以内，5万円を1回交付）・辻教育振興奨励金（勉学奨励賞・スポーツ奨励賞・芸術奨励賞，高校・高専：年額10万円，大学等：年額50万円）を案内している。③**大学生等**では，**城陽市保育士奨学金返還支援金交付事業**（奨学金の1月返還額

表8-3-2　城陽市

⓪就学前，①小中学生，②高校生等，③大学生等，④その他
⓪出産・子育て応援給付金［福祉保健部健康推進課健康推進係］ https://www.city.joyo.kyoto.jp/0000008291.html 妊娠届出書の受付と母子健康手帳の交付について［同］ https://www.city.joyo.kyoto.jp/0000005430.html 城陽市産後ケア事業［同］ https://www.city.joyo.kyoto.jp/0000006123.html 第3子以降保育所等保育料等無償化事業について［城陽市］ https://www.city.joyo.kyoto.jp/cmsfiles/ contents/0000008/8068/dai3sitoha.pdf 子育て支援医療費支給制度［福祉保健部国保医療課医療係］ https://www.city.joyo.kyoto.jp/0000001648.html
①就学援助制度［教育委員会事務局学校教育課］ https://www.city.joyo.kyoto.jp/0000001231.html 城陽市民族学校児童生徒就学援助規則［2001.3.30教育委員会規則第5号］ https://www.city.joyo.kyoto.jp/reiki_int/reiki_honbun/ k109RG00000665.html
②③奨学金制度のご案内［教育委員会事務局教育総務課］ https://www.city.joyo.kyoto.jp/0000001266.html
③城陽市保育士奨学金返還支援金交付事業のご案内［福祉保健部子育て支援課保育係］ https://www.city.joyo.kyoto.jp/0000004314.html 城陽市保育士宿舎借り上げ支援事業のご案内［同］ https://www.city.joyo.kyoto.jp/0000004838.html 城陽市若者定住奨励奨学金返還支援制度のご案内［城陽市教育委員会教育総務課］ https://www.city.joyo.kyoto.jp/0000004020.html
④交通遺児のみなさんを支援する制度［福祉保健部子育て支援課子育て支援係］ https://www.city.joyo.kyoto.jp/0000001522.html

第8章　京都府及び府下26市町村における子育て・教育費支援情報

第Ⅱ部　子育て・教育施策の重層的把握調査

と上限月額1万5000円のいずれか低い額，最大5年間），**城陽市保育士宿舎借り上げ支援事業**（月額最大4万5000円，最大5年間），**城陽市若者定住奨励奨学金返還支援制度**（市在住者または5年以上定住予定者，最大43万円）ある。

④その他としては，交通遺児育成基金がある（見舞金，激励金，奨学金等［京都府制度の受付］）。

（3）向日市（むこう）

【人口：5万5916人・世帯数：2万3942世帯［2024.7.1］，面積：8㎢／「第2期向日市子ども・子育て支援事業計画」2020-24】

HPで広報するとともに，『向日市子育てガイドブック』（PDF版全52頁）を発行している。

目次は，子どもの健やかな成長と支援，保育所・認定こども園・小規模保育所，幼稚園，幼児教育・保育の無償化，小・中学校，各種手当と制度，ひとり親家庭の方に，障がいのあるお子さんに，相談窓口，情報，となっている。

⓪就学前では，妊娠届，親子健康手帳（母子健康手帳），向日市妊産婦健康診査公費負担受診券つづり（妊婦健康診査受診券14回分，産婦健康診査受診券2回分，新生児聴覚検査受診券1回分），マタニティマーク（チェーンホルダ），副読本（子育て家族のための健康ガイド）などの配布を一括して案内している。国の出産・子育て応援給付金に伴って，向日市プレママ・すくすく赤ちゃん応援給付金支給事業（妊娠面談後：プレママ応援給付金5万円，出産2カ月頃の赤ちゃん訪問面談後：すくすく赤ちゃん応援給付金5万円）を実施している。産後ケア事業としては，訪問型と日帰り型を用意している。**私立幼稚園入園補助金**とは，市町村民税所得割額7万7100円以下（おおむね年収360万円未満相当）世帯の私立幼稚園入園料（無償化により補助された

額を除く）を補助するものである。

②高校生等では，子育て支援医療費支給制度として，府の水準を越えて独自に，中学生の通院も自己負担の上限額を1医療機関あたり毎月200円にするとともに，高校生等についても入院費用を全額助成している（通院の助成はなし）。**③大学生等**では，未来の保育士支援事業として，向日市**保育士奨学金貸与事業**（月額2万円まで，無利子，返還免除あり）と**保育士奨学金返還支援事業**（年額24万円まで，最長24月まで）がある。

表8-3-3　向日市

⓪就学前，①小中学生，②高校生等，③大学生等，④その他

⓪妊娠届出と親子健康手帳（母子健康手帳）の交付［市民サービス部健康推進課］
https://www.city.muko.kyoto.jp/kurashi/kosodate/kyoshitsu/1449541358837.html

妊産婦健康診査［同］
https://www.city.muko.kyoto.jp/kurashi/kosodate/kyoshitsu/1449541359420.html

子育てコンシェルジュ［同］
https://www.city.muko.kyoto.jp/kurashi/kosodate/kyoshitsu/1459901682991.html

向日市プレママ・すくすく赤ちゃん応援給付金支給事業について［同］
https://www.city.muko.kyoto.jp/kurashi/soshiki/biminnsabisubu/2/1/4/1675762520027.html

産後ケア事業［同］
https://www.city.muko.kyoto.jp/kurashi/kosodate/seido/1661404973040.html

私立幼稚園児の保護者への補助金［教育委員会 教育部 教育総務課］
https://www.city.muko.kyoto.jp/kurashi/soshiki/biminnsabisubu/4/1/musyouka/3/1609141046235.html

京都子育て支援医療費助成制度［市民サービス部医療保険課福祉医療係］
https://www.city.muko.kyoto.jp/kurashi/kosodate/fukushi/2/1449541355346.html

②高校生の入院無料について［市民サービス部医療保険課福祉医療係］
https://www.city.muko.kyoto.jp/kurashi/kosodate/fukushi/2/1678407131307.html

③向日市保育士奨学金貸与事業［市民サービス部子育て支援課］
https://www.city.muko.kyoto.jp/kurashi/soshiki/biminnsabisubu/4/1/9/mirainohoikusisienjigyou/1628577719156.html

保育士奨学金返還支援事業［同］
https://www.city.muko.kyoto.jp/kurashi/soshiki/biminnsabisubu/4/1/9/mirainohoikusisienjigyou/1628577795204.html

（4）長岡京市 ────────────────

【人口：8万2267人・世帯数：3万8069世帯 [2024.7.1]，面積：19㎢／「2006長岡京市子ども人権アピール14」，「第2期長岡京市子ども・子育て支援事業計画」2020-24】

HPで広報するとともに，『市民ガイドブック』及び『子育てガイドブック』を電子書籍等で提供している。電子書籍版『子育てガイドブック』（全56頁）の目次は，妊娠・出産，健康診断や健康相談・予防接種，医療，手当，子どもの保育・教育，幼児教育・保育無償化，相談窓口，ひとり親家庭への支援，お子さまに障がいのある家庭への支援，交流・子育て相談・仲間作り，児童虐待の予防，きょうと子育て応援パスポート，となっている。また，「長岡京市子育て支援ナビ ながすく！」を運用している。

◎**就学前**では，新生児聴覚検査費用の一部助成事業，出産・子育て応援ギフト（出産応援ギフト5万円，子育て応援ギフト5万円）の案内がある。産後ケア事業としては，短期入所型・通所型・居宅訪問型の3種を用意している。長岡京市<u>私立幼稚園の副食費に係る補足給付</u>

表8-3-4　長岡京市

◎就学前，①小中学生，②高校生等，③大学生等，④その他

◎妊娠がわかったら[健康福祉部健康づくり推進課保健活動担当]
　https://www.city.nagaokakyo.lg.jp/0000002409.html
新生児聴覚検査費用の一部助成事業[同]
　https://www.city.nagaokakyo.lg.jp/0000013275.html
出産・子育て応援ギフト[同]
　https://www.city.nagaokakyo.lg.jp/0000013258.html
産後ケア事業　産後のお母さんを応援します！[健康福祉部子育て支援課子育て支援係]
　https://www.city.nagaokakyo.lg.jp/0000011065.html
長岡京市私立幼稚園の副食費に係る補足給付補助金について[同]
　https://www.city.nagaokakyo.lg.jp/0000009665.html
子育て支援医療費助成制度（高校生等を含む）[健康福祉部医療年金課医療係]
　https://www.city.nagaokakyo.lg.jp/0000001493.html

①放課後児童クラブ育成事業[教育部生涯学習課放課後児童クラブ担当]
　https://www.city.nagaokakyo.lg.jp/0000001254.html
すくすく教室（放課後子ども教室）[教育部生涯学習課生涯学習係]
　https://www.city.nagaokakyo.lg.jp/0000001147.html

④交通遺児奨学金[健康福祉部子育て支援課子育て支援係]
　https://www.city.nagaokakyo.lg.jp/0000002834.html

<u>補助金</u>とは，その月に支払った副食費相当額と月額上限額4700円を比較して低額なものを該当者に支給するものである。子育て支援医療費助成制度では，市独自に中学生の通院も自己負担上限額を1医療機関あたり毎月200円にするとともに，高校生等についても入院費用の自己負担上限額を1医療機関あたり毎月200円にしている（通院の助成はなし）。

①**小中学生**では，放課後児童クラブ育成事業として各小学校の敷地内に放課後児童クラブを開設している。「すくすく教室」とは，国の放課後子どもプラン（2007年度）と府の京のまなび教室推進事業の趣旨に基づき市が実施する放課後子ども教室推進事業である。

④**その他**では，交通遺児奨学金（交通遺児奨学金支給額：年額乳幼児1万1000円，小学生2万1500円，中学生4万3000円，高校生6万4000円／高等学校入学支度金：高等学校入学年度に1回3万5000円支給）がある。

（5）八幡市（やわた） ────────────────

【人口：6万8851人・世帯数：3万4196世帯 [2024.7.1]，面積：24㎢／「八幡市子ども条例」2016，「第2次八幡市人権のまちづくり推進計画」2017（子どもの人権を含む），「第2期八幡市子ども・子育て支援事業計画」2020-24・見直し2023】

電子書籍『やわた事典』（子育て・教育を含む）を出すとともに，市HPに子育て・教育のサイトがあり，子育て，入園・入学，教育，青少年育成などの項目別に関連情報を見出し化している。

◎**就学前**では，「妊娠したら」において，妊娠届，親子（母子）健康手帳，マタニティキーホルダー（希望者），妊産婦健康診査受診券及び新生児聴覚検査受診券綴（妊婦健康診査受診券28枚[基本健診受診券14枚・追加検査受診券14枚]，

表 8-3-5　八幡市

⓪就学前，①小中学生，②高校生等，③大学生等，④その他
⓪妊娠したら［健康福祉部福祉事務所家庭支援課］ 　　https://www.city.yawata.kyoto.jp/0000006466.html 　産後ケア事業について［同］ 　　https://www.city.yawata.kyoto.jp/0000005540.html 　出産・子育て応援事業［同］ 　　https://www.city.yawata.kyoto.jp/0000008621.html 　子育て支援医療費支給制度（高校生等を含む）［同］ 　　https://www.city.yawata.kyoto.jp/0000000291.html
①就学援助制度［こども未来部学校教育課］ 　　https://www.city.yawata.kyoto.jp/0000001824.html
④交通遺児奨学金等［健康福祉部福祉事務所家庭支援課］ 　　https://www.city.yawata.kyoto.jp/0000000499.html

産婦健康診査受診券2枚，新生児聴覚検査受診券ABRまたはAABR1枚，OAE1枚，八幡市妊婦歯科健診票1枚）の交付を一括して案内している。産後ケア事業としては，短期入所型・居宅訪問型の2種を用意している。ほかに出産・子育て応援事業（出産応援給付金5万円，子育て応援給付金5万円），子育て支援医療費支給制度（0歳から中学校卒業まで：入院・通院ともに1カ月1医療機関での自己負担が200円，高校1年生から高校卒業まで：入院のみ1カ月1医療機関での自己負担が200円）がある。

　①小中学生では就学援助制度が，**④その他**では交通遺児奨学金等の案内がある。

（6）京田辺市

　【人口：7万1886人・世帯数：3万1911世帯［2024. 7.1］，面積：43㎢／第2期京田辺市子ども・子育て支援事業計画2020-24】

　HPに「京たなべde子育て」のサイトを設けて広報するとともに，『京田辺市子育て応援ガイドブック』（PDF版全36頁）を出して関連情報を提供している。

　⓪就学前では，妊娠届により母子健康手帳（英語版，中国語版，ハングル語版，ポルトガル語版，スペイン語版，タガログ語版，インドネシア語版，タイ語版及び点字版あり）を交付し，妊娠から出産までの「はぐはぐケアプラン」を一緒に作成

する。ほかに妊産婦健康診査の助成，新生児聴覚検査費用の一部助成，出産・子育て応援給付金（出産応援ギフト5万円，子育て応援ギフト5万円）の案内がある。産後ケア事業としては，短期入所型・通所型・居宅訪問型の3種を用意している。私立幼稚園の**副食材料費補助**とは，子ども・子育て支援新制度未移行園での給食の提供にかかった費用のうち，副食（おかず・おやつ等）の材料費（月額4500円上限）を補助するものである。子育て支援医療費助成については，府制度に付加して市単独制度（高校生等入院：1カ月1医療機関での自己負担が200円，中学生高校生等入院外：同）がある。

　①小中学生・②高校生等の**学習支援教室「スタサポ　キララ教室」**とは，経済的な理由で塾に通うことが困難な児童・生徒（小学5年生～高校3年生［18歳までの中退者，高校非進学者を含む］）を対象とした無料の学習支援教室である。**③大学生等**の**保育士登録手数料助成**とは，市立保育所の会計年度任用職員又は市内の認可私立保育所等の保育士として就職するにあたり任用または雇用開始前3カ月以内に保育士登録を受けた場合の登録手数料を助成するものである（助成額上限4200円）。

表 8-3-6　京田辺市

⓪就学前，①小中学生，②高校生等，③大学生等，④その他
⓪妊娠の届出，母子健康手帳の交付［健康福祉部子育て支援課］ 　　https://www.city.kyotanabe.lg.jp/kosodate/0000000299.html 　妊産婦健康診査の助成について［同］ 　　https://www.city.kyotanabe.lg.jp/kosodate/0000003111.html 　新生児聴覚検査費用の一部助成事業［同］ 　　https://www.city.kyotanabe.lg.jp/kosodate/0000016106.html 　「産後ケア事業」について［同］ 　　https://www.city.kyotanabe.lg.jp/kosodate/0000012192.html 　出産・子育て応援事業のお知らせ［同］ 　　https://www.city.kyotanabe.lg.jp/kosodate/0000018790.html 　【副食材料費補助】私立幼稚園（新制度未移行）に在園している方の 　　副食材料費補助に係る申請について［輝くこども未来室］ 　　https://www.city.kyotanabe.lg.jp/kosodate/0000014943.html 　子育て支援医療費助成のしおり（高校生等を含む）［健康福祉部子育て支援課］ 　　https://www.city.kyotanabe.lg.jp/kosodate/cmsfiles/ 　　contents/0000008/8880/Kosodatesieniryou_leaflet.pdf
①②学習支援教室「スタサポ　キララ教室」［健康福祉部社会福祉課］ 　　https://www.city.kyotanabe.lg.jp/0000007950.html
③京田辺市保育士登録手数料助成［輝くこども未来室］ 　　https://www.city.kyotanabe.lg.jp/0000011791.html

（7）木津川市

【人口：7万9428人・世帯数：3万3338世帯［2024.6.30］，面積：85㎢／「第2期木津川市子ども・子育て支援事業計画」2020-24】

HPに「きづがわいい 子育て応援サイト 木津川での子育てを応援します」があり，妊娠・出産，保育園・こども園・幼稚園，小学校・中学校，子育て相談，子育て支援，遊びの場・学びの場，の項目別に関連情報を提供している。

◎就学前では，母子健康手帳と併せて妊産婦健康診査・新生児聴覚検査受診券綴を交付する案内がある。妊産婦健康診査については別途に一覧表（検査項目，受診券種別，委託料，時期など）が公開されており分かりやすい。産後ケア事業としては，宿泊型・日帰り型の2種が用意されている。ほかに出産・子育て応援給付金（妊娠届出時5万円，生後2カ月頃の乳児訪問時5万円）がある。保育・幼児教育に係る支援では，未就学児への支援として補足給付制度（生活保護世帯を対象に園で徴収される日用品・文具等に要する実費徴収額についての費用の一

部補助），幼稚園園児通園バスの減免措置（生活保護世帯，市民税非課税世帯について幼稚園園児通園バスの使用料減免），保護者負担軽減補助（市内の私立幼稚園に就園している園児について月額3000円補助）が案内されている。子育て支援医療費助成に関しては，助成対象を市独自に2023年12月以降の受診分から高校生等（満18歳に達した最初の3月31日，4月1日生まれの方は18歳の誕生日の前日）までに拡充している。

①小中学生の遠距離通学費補助制度の拡充とは，居住集落から学校所在地までの通学距離が原則として4km以上（全額）または3km以上（半額）で公共交通機関を利用する従来の対象児童に加えて，学区外就学により公共交通機関を利用してほかの市立小学校へ通学する児童（本来校所在地から就学先校所在地までとし通学にかかった実費運賃）も対象とするものである。

（8）大山崎町

【人口：1万6635人・世帯数：7338世帯［2024.5.31］，面積：6㎢／「第2期大山崎町子ども・子育て支援事業計画」2020-24】

第2期大山崎町子ども・子育て支援事業計画の記載によれば，出生率（人口千人当たりの出生数）が全国や京都府では減少傾向にある中で大山崎町は2016年から増加傾向となり2017年は10.9人（出生数168人）であったという。

HPの「子育て」サイトでは各種手当・助成，保育所，子育て支援事業，ひとり親支援，幼児教育・保育の無償化について，大山崎町子ども・子育て支援事業計画，放課後児童クラブの項目別に，「教育」サイトでは学校教育，私立幼稚園，教育委員会，放課後児童クラブの項目別に，関連情報を見出し化している。

表8-3-7　木津川市

◎就学前，①小中学生，②高校生等，③大学生等，④その他

◎母子健康手帳等の交付について［健康推進課健康企画係］
　https://www.city.kizugawa.lg.jp/index.cfm/20,1788,32,html
妊産婦健康診査費の助成について［同］
　https://www.city.kizugawa.lg.jp/index.cfm/20,1789,32,html
新生児聴覚検査費の助成について［同］
　https://www.city.kizugawa.lg.jp/index.cfm/20,56649,32,html
産後ケア事業［同］
　https://www.city.kizugawa.lg.jp/index.cfm/20,39267,32,html
出産・子育て応援給付金［同］
　https://www.city.kizugawa.lg.jp/index.cfm/20,56009,32,html
未就学児への支援を行っています［木津川市］
　https://www.city.kizugawa.lg.jp/kosodate/nurseryfac.html
子育て支援助成事業［国保年金課医療係］
　https://www.city.kizugawa.lg.jp/index.cfm/6,297,31,519,html
12月受診分から京都子育て支援医療費助成制度を18歳まで拡充します！［同］
　https://www.city.kizugawa.lg.jp/index.cfm/6,59611,31,519,html

①遠距離通学費補助制度の拡充について［教育委員会学校教育課］
　https://www.city.kizugawa.lg.jp/index.cfm/6,43536,35,163,html
小・中学校の就学援助制度について［同学校教育係］
　https://www.city.kizugawa.lg.jp/index.cfm/6,41020,35,163,html

表 8-3-8　大山崎町

❶就学前，❶小中学生，❷高校生等，❸大学生等，❹その他
❶あかちゃんに関すること[健康課健康増進係] http://www.town.oyamazaki.kyoto.jp/bamenkensaku/ ninshinsyusan/2456.html 出産・子育て応援事業について[同] http://www.town.oyamazaki.kyoto.jp/annai/kenkoka/ kenkokakenkozoshinkakari/kenkozukuri/9544.html 令和5年9月からの子育て支援医療費助成制度について[同] http://www.town.oyamazaki.kyoto.jp/annai/fukushika/ jidofukushikakari/kakushuteatejyosei/9879.html 新規事業として産後ケア事業[前川光町長記者発表] http://www.town.oyamazaki.kyoto.jp/material/files/ group/3/202303201456.pdf 幼稚園副食費の保護者負担免除について[学校教育課学校教育係] http://www.town.oyamazaki.kyoto.jp/kosodatekyoiku/ kyoiku/shiritsu_yochien/4562.html
①京都・大山崎町が中学校給食費を全額無償へ[2022.12.28付京都新聞] https://www.kyoto-np.co.jp/articles/-/941033

表 8-3-9　久御山町

❶就学前，①小中学生，②高校生等，③大学生等，④その他
❶妊産婦さんのタクシー料金を助成します[民生部子育て支援課] https://www.town.kumiyama.lg.jp/0000004334.html 親子健康手帳・妊産婦健康診査受診券・妊婦歯科健康診査受診票[同] https://www.town.kumiyama.lg.jp/0000000093.html ご誕生を記念して…赤ちゃんへのプレゼント[同] https://www.town.kumiyama.lg.jp/0000004112.html 産後のママと赤ちゃんのために…産後ケア事業を始めました[同] https://www.town.kumiyama.lg.jp/0000004664.html 出産・子育て応援ギフトを開始します![同] https://www.town.kumiyama.lg.jp/0000004981.html 久御山町地域子育てモデル事業補助金[同] https://www.town.kumiyama.lg.jp/0000005311.html 子育て支援医療費支給事業(高校生等を含む)[民生部国保健康課] https://www.town.kumiyama.lg.jp/0000000052.html のってこタクシーの運行概要及び利用方法[都市整備部新市街地整備課] https://www.town.kumiyama.lg.jp/0000001686.html 久御山町デマンド乗合タクシー『のってこ優タクシー』[民生部福祉課] https://www.town.kumiyama.lg.jp/0000003117.html
①教育における保護者負担の軽減策[教育委員会学校教育課] https://www.town.kumiyama.lg.jp/0000000699.html
③久御山町中小企業奨学金返還支援事業補助金[事業環境部産業・環境政策課] https://www.town.kumiyama.lg.jp/0000004976.html

❶就学前では，あかちゃんに関することとして，親子健康手帳，妊産婦健康診査公費負担受診券及び新生児聴覚検査受診券つづりの交付，あかちゃん訪問（2～3ヵ月頃）の案内がある。子育て支援医療費助成制度では，市独自に助成の拡充（中学生入院外，高校生等入院外・入院：1ヵ月1医療機関の自己負担200円）を行っている。ほかに出産子育て応援事業（妊娠届面談時5万円，赤ちゃん訪問面談時5万円），産後ケア事業（2023年度当初予算案に新規事業化）の情報がある。**私立幼稚園に通う対象世帯の子どもの給食費のうち副食費を給付する制度**がある（年収360万円未満相当世帯の子ども，第3子以降の子ども）。

①小中学生では，特筆すべき独自施策として，2023年度からの**中学校給食の無償化**がある。

（9）久御山町

【人口：1万5323人・世帯数：7414世帯[2024.6.1]，面積：14㎢／「第2期久御山町子ども・子育て支援プラン」2020-24】

HPの「子育て」サイトで子育て支援，児童福祉，「教育」サイトで幼児教育，学校教育の項目別に関連情報を列挙している。また，くみやま子育て応援ガイドの妊娠期・子育て期の各1枚のカレンダーマップを作成し，妊娠～出産～就学に至る支援サービスの流れを一覧にしている。子育て応援センター「はぐくみ」をベースに，妊産婦から18歳までのすべての子どもとその家族に対して相談・支援を提供している。

❶就学前では，親子健康手帳・妊産婦健康診査受診券・妊婦歯科健康診査受診票の交付，マタニティキーホルダー，**記念プレゼント**（2023年度は妊婦さん応援セット：口腔ケアグッズ，ミニタオル，ヘアブラシ，アイマスク）を一括で案内している。産後ケア事業としては，宿泊型・日帰り型（SPA&HOTEL水春を助産師と利用）・自宅訪問型の3種を用意している。ほかに，出産・子育て応援ギフト（各5万円），**久御山町地域子育てモデル事業補助金**（中学生以下を対象に子育て支援に関する活動を行う団体に1年度あたり上限15万円・6団体まで），高校生等を含む子育て支援医療費支給事業（市独自事業として

中学生の通院：1カ月1医療機関200円の自己負担，高校生等の入院：同／通院：1カ月1,500までの自己負担）の案内がある。

妊産婦タクシー助成（妊産婦健診や妊婦歯科健診，妊娠・出産に関わる治療・入退院の際のタクシー料金の一部助成：1日上限3000円［往復］・20回まで），町内を走る**デマンド乗合のってこタクシー**（1回300円）・**のってこ優タクシー**（困難を抱えた方を対象：1回200円）もある。

①**小中学生**では，**教育における保護者負担の軽減策**として，小学校で給食費（1人あたり月額500円），学級費（同2400円），校外活動費（遠足・郊外活動等：3000円以内，宿泊を伴う場合：4500円以内），修学旅行費（1人あたり2万円以内），日本スポーツ振興センター共済掛金（全額補助：1人あたり935円），中学校で学級費（1人あたり2000円），校外活動費（校外学習等：4600円以内），修学旅行費（1人あたり3万5000円以内），日本スポーツ振興センター共済掛金（全額補助：1人あたり935円），英語検定料（2分の1補助），通学用ヘルメット（貸与），こども園で給食費（主食分3〜5歳児：全額補助），日本スポーツ振興センター共済掛金（全額補助：1人あたり285円）を設けている。③**大学生等**の久御山町**中小企業奨学金返還支援事業補助金**とは，町内企業の人材確保を支援するため，京都府の「就労・奨学金返済一体型支援事業」を利用している企業に府補助額の2分の1（すなわち事業者の支援総額の4分の1）を上限として補助金を交付するものである。

(10) 井手町（いで）

【人口：6975人・世帯数：3482世帯［2024.7.1］，面積：18㎢／子ども子育て支援事業計画は未確認】

HPの「いでで育てる」サイトで妊娠・出産，乳幼児期，未就学・園児期，義務教育期の項目別に関連情報の見出しと数行の概要説明をアップしている。また「井手町子育てナビ」サイトで井手町の子育て施策の独自拡充事業を網羅して紹介するとともに，「井手町子育て情報誌」（PDF版全37頁）には「令和5年度井手町独自事業一覧」（情報誌pp.4-5）を掲げている。

⓪**就学前**では，妊娠関連として母子健康手帳の交付，妊産婦健康診査の助成，母子栄養強化事業（牛乳等の栄養食品の支給）を一括して案内している。出産・子育て相談応援支援事業（2022年度〜），新生児聴覚検査費用助成（2023年度〜）を始めている。産後ケア事業では自宅訪問型の1種を用意している。町の独自事業ないし拡充事業としては，**出産応援給付金**（10万円），**チャイルドシート購入費補助金制度**（購入金額の2分の1，上限1万5000円），**第2子以降保育料無償化**（20歳までの兄弟姉妹の第2子以降），**0歳から給食費無償**（0〜2歳の給食費，3〜5歳の副食費），**18歳までの子育て支援医療費の無償化**（自己負担なし），**絵本の贈呈**（1〜3歳幼児），**おもちゃ図書館**（月1回開催，2週間貸出）等がある。

①**小中学生**では，**学校給食費の全額補助**（1974年度から1人につき1食17円の補助を実施してきたが2018年4月から全額補助／1人当たりの学校給食費：小学校1食250円，年額［2019年度実績］4万3000円〜4万3500円，保護者負担額0円，中学校270円，年額［同］4万5900円〜4万6170円，保護者負担額0円），**小中学校に係る子育て支援施策**（入学支度金支給，修学旅行援助費支給，通学援助費支給，災害共済掛金補助，学校給食費支援事業，ランリュック・安全帽支給，卒業記念品支給，英検チャレンジ推進，数検チャレンジ推進，部活動支援，国際交流・海外派遣）が目を引く。③**大学生等**の**井手町奨学金返還支援制度**とは，大学等を卒業後に就業し5年以上井手町に定住する者を

対象に在学中に貸与を受けた奨学金の返還を支援するものである（1年間の奨学金返還額の2分の1［上限8万6000千円］，5年間，最大43万円）。

表8-3-10　井手町

⓪就学前，①小中学生，②高校生等，③大学生等，④その他
⓪妊娠［保健センター］ https://www.town.ide.kyoto.jp/soshiki/hokencenter/boshihoken/1394765576414.html
赤ちゃんが生まれたら［同］ https://www.town.ide.kyoto.jp/soshiki/hokencenter/boshihoken/1396226032609.html
新生児聴覚検査費用の助成を始めます［同；広報いで611号2023.8］ https://www.town.ide.kyoto.jp/material/files/group/9/611-hp.pdf
井手町出産・子育て相談応援支援事業について［同］ https://www.town.ide.kyoto.jp/soshiki/hokencenter/boshihoken/4040.html
「産後ケア事業」について［同］ https://www.town.ide.kyoto.jp/soshiki/hokencenter/boshihoken/1560134227856.html
井手町出産応援給付金について［住民福祉課］ https://www.town.ide.kyoto.jp/soshiki/jyuminfukushi/oshirase/1617789235299.html
チャイルドシート購入費補助金制度について［同］ https://www.town.ide.kyoto.jp/soshiki/jyuminfukushi/kosodate/1427761451501.html
第2子以降保育料無償化について［同］ https://www.town.ide.kyoto.jp/soshiki/jyuminfukushi/hoikusho/1394443488483.html
井手町では0歳から中学校卒業までの給食費が無料です［企画財政課］ https://www.town.ide.kyoto.jp/soshiki/kikakuzaiseika/osirase/1575852958370.html
子育て支援医療費の助成制度【独自拡充事業】［保健医療課］ https://www.town.ide.kyoto.jp/kyouiku_fukushi/kosodate/1394516400507.html
絵本の贈呈について【独自事業】［教育委員会図書館］ https://www.town.ide.kyoto.jp/soshiki/kyouikuiinkai/library/tosyonews/4079.html
おもちゃ図書館［住民福祉課］ https://www.town.ide.kyoto.jp/soshiki/kyouiku_fukushi/kosodate/4424.html
①全ての学校への司書の配置など［地域創生推進室］ https://www.town.ide.kyoto.jp/iju/raise/1571124918816.html
学校給食費の全額補助［教育委員会学校教育課］ https://www.town.ide.kyoto.jp/soshiki/kyouikuiinkai/gkcenter/oshirase/1538709364481.html
小中学校に係る子育て支援の施策一覧表（井手町独自事業）［同］ https://www.town.ide.kyoto.jp/soshiki/kyouikuiinkai/gakkoukyouiku/4075.html
きらきらランド（井手町まなび教室）［教育委員会社会教育課］ https://www.town.ide.kyoto.jp/soshiki/kyouikuiinkai/syakaikyouiku/kodomoikusei/1394444896693.html
③井手町奨学金返還支援制度のご案内［住民福祉課］ https://www.town.ide.kyoto.jp/kurashinojoho/kurasi_iju/1633914245039.html

(11) 宇治田原町 ————————————

【人口：9739人・世帯数：3885世帯［2024.5.1］，面積：58㎢／「宇治田原町子ども・子育て支援事業計画」2015-19，第2期は未確認】

HPの「子育て・教育」サイトで教育，健全育成・青少年，子育て施設，子育て情報，保育所・幼稚園などの項目別に関連情報がアップされている。また，「就学までの子育て支援のしおり」（PDF版全63頁），「子育て支援ガイド」（PDF版全4頁）を作成公表している。

⓪**就学前**では，結婚新生活支援補助金（町内転入や婚姻等で町内転居した世帯：婚姻日において夫婦の双方が39歳以下または，いずれかが39歳以下，かつ，もう一方が49歳以下の新婚世帯に30万円を交付［夫婦の双方が29歳以下の世帯の場合は60万円］）がある。「妊娠したら」の見出しで，母子健康手帳の交付，妊産婦健康診断事業，妊婦相談支援を案内している。関連して，妊娠・出産包括支援事業として，産前・産後サポート事業，産後ケア事業（自宅訪問型）もある。町の独自・拡充施策としては，**乳児育児用品購入費用一部助成**（満1歳未満の乳児に係る育児用品購入費を2万円まで助成），子育て支援医療費支給事業（府制度に加えて中学生の入院外，高校生等の入院・入院外の自己負担が1カ月1医療機関200円）がある。

①**小中学生**では，安心安全で**おいしい給食**や食育に力を入れており，第11回学校給食甲子園で準優勝の実績をもち，**レシピ集**をHPにアップしている。また地域との連携が深く，寺子屋**「うじたわら学び塾」**（町の育てたい子ども像「夢に向かって自ら学ぶ人，人とのつながり（絆）を大切にする人，誇りを持ってふるさとを語れる人」の育成に向けた町教育委員会が主催するまちぐるみの取り組み），中学校の部活動の地域移行（2022年度に宇治田原町地域部活動企画委員会を立ち上げ

て議論の結果，当面は中学校の休日部活動へ教育委員会が委嘱した地域の指導者を派遣）などを進めている。なお，放課後児童健全育成施設（元気っ子クラブ）は小学1～6年生までを対象としている。②**高校生等**の**高校通学費補助**とは，高等学校等（専修学校及び各種学校を含む）にバス通学をしている生徒の保護者にバス乗車区間や条件に応じて補助（定期券：非課税世帯・全額，課税世帯・2分の1，定期券以外・4分の1）するものである。

④**その他**では，社会福祉協議会が**おもちゃ病院**を開催している。

表 8-3-11 宇治田原町

⓪就学前，①小中学生，②高校生等，③大学生等，④その他
⓪「ハートのまち」結婚新生活支援補助金［まちづくり推進課］ https://www.town.ujitawara.kyoto.jp/lifeevent/hikkoshi/2122.html 妊娠したら［子育て支援課児童育成係］ https://www.town.ujitawara.kyoto.jp/kosodate_kyoiku/kosodatejoho/ninshin_shussan/1266.html 妊娠・出産包括支援事業［同］ https://www.town.ujitawara.kyoto.jp/kosodate_kyoiku/kosodatejoho/ninshin_shussan/1721.html 乳児の育児用品購入費用を一部助成［宇治田原町役場］ https://www.ujitawalike.com/parenting/ 子育て支援医療費支給事業拡充［子育て支援課］ https://www.town.ujitawara.kyoto.jp/soshiki/kosodateshienka/iryo_kenko/2958.html
①全国2位のおいしい給食を提供する「学校給食共同調理場」［同学校給食共同調理場］ https://www.town.ujitawara.kyoto.jp/kosodate_kyoiku/kyoiku/gakkokyushoku/1323.html 宇治田原町オリジナル給食レシピ集［学校教育課学校給食共同調理場］ https://www.town.ujitawara.kyoto.jp/kosodate_kyoiku/kyoiku/gakkokyushoku/1394.html 寺子屋「うじたわら学び塾」（冬季）受講生募集［学校教育課］ https://www.town.ujitawara.kyoto.jp/kosodate_kyoiku/kyoiku/3042.html 中学校の部活動の地域移行について［同］ https://www.town.ujitawara.kyoto.jp/kosodate_kyoiku/kyoiku/kyoikuhoshin/3015.html 放課後児童健全育成施設（元気っ子クラブ）［社会教育課社会教育係］ https://www.town.ujitawara.kyoto.jp/kosodate_kyoiku/kenzenikusei_seishonen/hokagojidokenzenikuseishisetsu/1446.html
②高校通学費補助申請受付について［学校教育課］ https://www.town.ujitawara.kyoto.jp/soshiki/gakkokyoikuka/kyoiku/4/882.html
④宇治田原おもちゃ病院［京都府社会福祉協議会］ https://www.kyoshakyo.or.jp/search_volunteer/6263

(12) 笠置町（かさぎ）

【人口：1101人・世帯数：577世帯［2024.6.1］，面積：24㎢／「第2期笠置町子ども・子育て支援事業計画」2020-24】

HPの「人生のできごと」サイトにある結婚・離婚，妊娠・出産，子育て，就学などの項目別に関連情報を提供している。

⓪**就学前**では，**住宅支援事業**として，新婚世帯（住宅取得費用等の補助）及び**子育て世帯**（住宅リフォーム，住宅購入，住宅賃貸の補助）向けがある。母と子の健康・育児においては，母子健康手帳，妊産婦健康診査，母子栄養強化事業（牛乳購入補助金7500円支給），新生児・乳児訪問，乳幼児相談，乳幼児健診，予防接種，不妊治療等助成制度を一括して案内している。ほかに，新生児聴覚検査費助成（自動ABR又はABR検査：上限4020円，OAE検査：上限1500円），児童医療費助成（高校生等を含む），**子育て支援品提供制度**（森永乳業株式会社との提携）がある。

①**小中学生**では，相楽東部広域連合立の小中学校での学び・生活を案内している。

表 8-3-12 笠置町

⓪就学前，①小中学生，②高校生等，③大学生等，④その他
⓪笠置町新婚世帯住宅支援事業［保健福祉課］ http://www.town.kasagi.lg.jp/contents_detail.php?co=cat&frmld=1086&frmCd=4-8-6-0-0 笠置町子育て世帯住宅支援事業［同］ http://www.town.kasagi.lg.jp/contents_detail.php?co=kak&frmld=1085 母と子の健康・育児［同］ http://www.town.kasagi.lg.jp/contents_detail.php?co=kak&frmld=7 新生児聴覚検査費助成事業［同］ http://www.town.kasagi.lg.jp/contents_detail.php?co=kak&frmld=1145 子育て支援医療費助成（京都府制度）及び児童医療費助成（笠置町制度）のご案内［同］ http://www.town.kasagi.lg.jp/contents_detail.php?co=kak&frmld=49 森永乳業株式会社と「子育て支援品提供制度」をスタートさせます［企画調整課］ http://www.town.kasagi.lg.jp/contents_detail.php?co=cat&frmld=1532&frmCd=4-8-1-0-0
①笠置小学校と笠置中学校について［企画調整課］ https://www.town.kasagi.lg.jp/contents_detail.php?co=kak&frmld=1553

第Ⅱ部　子育て・教育施策の重層的把握調査

(13) 和束町（わづか）

【人口：3423人・世帯数：1660世帯［2024.7.1］，面積：65㎢／「第2期和束町子ども・子育て支援事業計画」2020-24】

　HPの「子育て・教育」サイトで妊娠・出産，児童福祉・ひとり親福祉，保育園・保育所，児童クラブ，補助金などの項目別に関連情報を見出し化している。また『わづか子育て支援ガイドブック』（PDF版全8頁）を作成公開して，関連情報を見やすくコンパクトに発信している。

　⓪就学前では，母子健康手帳に加えて，夫婦2人で赤ちゃんを迎えるために**父子健康手帳**も公布している。関連して，妊婦健康診査受診券交付，不妊治療等給付事業の案内がある。新生児聴覚検査助成については，2022年度の補正予算通過後に年度当初の4月に遡って適用している。産後ケア事業は，宿泊型・日帰り型の2種を用意している。町独自のものとしては，**わづかおもちゃ図書館**（町立保育園内で毎週土曜日開催，1人2個まで2週間の貸し出し），**子育て応援給付金**（2023.4.1以降出生児，1人20万円），**町立保育園の保育料無償**（国制度の無償化の対象外である0～2歳児も無償），**乳幼児インフルエンザ予防接種費用一部助成**，子育て支援医療（高校生等を含めて無料）がある。

　①小中学生では，児童クラブ（小学校1階所在，協力金月額5000円，2人目から半額）の案内がある。**②高校生等**では，**高校等通学費補助金**（定期券購入額の3分の2，最寄りのバス停留所からJR加茂駅までの区間）がある。**②高校生等・③大学生等**の和束町奨学金支援制度とは，高専・専門学校・短期大学・大学生を対象（所得制限あり）に，京都府等の奨学金に上乗せして国公立は年額6万円以内，私立は年額12万円以内を支給するものである。

表8-3-13　和束町

⓪就学前，①小中学生，②高校生等，③大学生等，④その他
⓪母子健康手帳（父子健康手帳）の交付について［福祉課］ https://www.town.wazuka.lg.jp/bamen/ninshin/2456.html
妊婦健康診査受診券の交付について［同］ https://www.town.wazuka.lg.jp/bamen/ninshin/2455.html
不妊治療等助成制度について［同］ https://www.town.wazuka.lg.jp/bamen/ninshin/2458.html
令和2年7月1日より産後ケア事業を開始しました［同］ https://www.town.wazuka.lg.jp/bamen/ninshin/2454.html
わづかおもちゃ図書館［同］ https://www.town.wazuka.lg.jp/material/files/group/8/omocyariyou.pdf
和束町子育て応援給付金のご案内［同］ https://www.town.wazuka.lg.jp/kosodate_kyoiku/jidofukushi_hitorioyafukushi/3063.html
和束町立和束保育園の保育料について［同］ https://www.town.wazuka.lg.jp/kosodate_kyoiku/hoikuen_hoikujo/1662.html
乳幼児チャイルドシート貸与事業は終了しました［同］ https://www.town.wazuka.lg.jp/kakukanogoannai/fukushika/jidofukushi_hitorioyafukushi/1019.html
乳幼児インフルエンザ予防接種費用助成［和束町役場］ https://www.town.wazuka.lg.jp/material/files/group/8/2019102514000700.pdf
新生児の聴覚検査助成（予算補正が通れば2022.4に遡って適用予定）［議事録p.60］ https://www.town.wazuka.lg.jp/material/files/group/15/20220921.pdf
福祉医療（子育て支援医療［高校生等を含む］）［税住民課］ https://www.town.wazuka.lg.jp/kakukanogoannai/zeijuminka/iryo_kenko_fukushi/4/917.html
①児童クラブ［福祉課］ https://www.town.wazuka.lg.jp/kosodate_kyoiku/jidoclub/1456.html
②高校等通学費補助金交付申請書［総務課］ https://www.town.wazuka.lg.jp/kosodate_kyoiku/hojokin/2134.html
②③頑張るあなたを応援します！和束町奨学金支給制度［総務課］ https://www.town.wazuka.lg.jp/kakukanogoannai/somuka/oshirase/2607.html

(14) 精華町（せいか）

【人口：3万6311人・世帯数：1万5574世帯［2024.7.1］，面積：26㎢／「精華町児童育成計画 精華町第2期子ども・子育て支援事業計画」2020-24】

　HPの「妊娠・出産」サイトで妊娠したら，不妊治療，赤ちゃんがうまれたらの項目別に，「子育て・教育」サイトの子育て・教育で関連情報を項目化して案内している。また，精華町子育て応援アプリ「母子モ」を運用している。

　⓪就学前の**精華町にこにこ子育て応援事業**とは，乳児用品（チャイルドシート，ベビーカー，ベビーベッド等）を貸出しする事業である。ほかに，マタニティフェア（プレママ・プレパパ向

表8-3-14　精華町

⓪就学前，①小中学生，②高校生等，③大学生等，④その他
⓪精華町にこにこ子育て応援事業[健康福祉環境部子育て支援課子育て支援係] https://www.town.seika.kyoto.jp/material/files/group/12/nikonikopanhu.pdf マタニティフェア[同健康推進課母子保健係] https://www.town.seika.kyoto.jp/kosodate/ninshin/14059.html 妊娠届出書（親子健康手帳（京都版母子健康手帳）及び妊婦健康診査受診券について)[同] https://www.town.seika.kyoto.jp/kosodate/2/7439.html 産前産後ヘルパー事業[同] https://www.town.seika.kyoto.jp/kosodate/ninshin/2/21799.html 産後ケア事業[同] https://www.town.seika.kyoto.jp/life_event/ninshin/1/12426.html 子どもの医療費助成（高校生等を含む)[住民部国保医療課医療係] https://www.town.seika.kyoto.jp/life_event/kosodate/23408.html
①楽器寄附ふるさと納税[教育部学校教育課学校教育係] https://www.town.seika.kyoto.jp/kosodate/gakko/16630.html
②精華町奨学金及び精華町社会福祉奨学金の今後の取扱いについて[教育委員会] https://www.town.seika.kyoto.jp/material/files/group/28/R3-2sougou3.pdf

けの沐浴体験など），産前産後ヘルパー事業（1回あたり最大2時間，1日2回まで）の案内がある。産後ケア事業では，宿泊型・日帰り型の2種を用意している。子どもの医療費助成については，**高校生等**まで拡充している（2023.9〜）。

①**小中学生**では，全国で使われなくなった休眠楽器の寄附を受け入れる**楽器寄附ふるさと納税**（寄附楽器の査定価格が税金の控除対象）がある。②**高校生等**では，従来あった精華町奨学金の募集停止検討（国と京都府による高校生への就学支援金等の制度が2020年度に大幅に拡充されたことから2022年度から募集を停止する案）を広報している。

(15) 南山城村 （みなみやましろ）

【人口：2417人・世帯数：1214世帯［2024.6.30］，面積：64㎢／子ども・子育て支援事業計画は未確認】

村のHPの「ライフイベント」サイトで妊娠・出産，子育て，入園・入学などの項目別に関連情報を見出し化している。また，学校教育に関しては，相楽東部広域連合のHPの「教育・文化」サイトで広域連合立の小中学校や学校給食等について広報している。

⓪**就学前**では，結婚新生活支援事業（住居費・引っ越し費用の一部助成）及び**子育て世帯住宅リフォーム等支援**事業がある。南山城村は公益社団法人日本青年会議所の「ベビーファースト運動」に参画して，「何でも相談できる体制づくり，子育て世帯への経済的支援を推進，子育てにやさしい村を目指します」と表明している。母子健康手帳の交付，乳幼児の健康（新生児訪問，新生児聴覚スクリーニング検査費用一部助成，希望者への戸別訪問，乳幼児健診，幼児歯科健診）の案内がある。独自なものとしては，子育て応援給付金（1人10万円），**風しん予防接種費の一部助成**，**子どもインフルエンザ予防接種費用一部助成**，子育て支援医療費助成の高校生等までの拡充（2021.4〜）がある。病児保育室については，伊賀・山城南・東大和

表8-3-15　南山城村

⓪就学前，①小中学生，②高校生等，③大学生等，④その他
⓪南山城村での結婚新生活を応援します![税住民福祉課] https://www.vill.minamiyamashiro.lg.jp/0000002705.html 子育て世帯の住宅リフォーム等を支援します![同] https://www.vill.minamiyamashiro.lg.jp/0000002704.html 「ベビーファースト運動」への参画について[同] https://www.vill.minamiyamashiro.lg.jp/0000002659.html 南山城村子育て応援給付金のご案内[同] https://www.vill.minamiyamashiro.lg.jp/0000002376.html 風しん予防接種費の一部助成のお知らせ[保健福祉センター] https://www.vill.minamiyamashiro.lg.jp/0000001730.html 子どものインフルエンザ予防接種の費用の一部助成について[同] https://www.vill.minamiyamashiro.lg.jp/0000002371.html 母子健康手帳の交付[同] https://www.vill.minamiyamashiro.lg.jp/0000000816.html 乳幼児の健康について[同] https://www.vill.minamiyamashiro.lg.jp/0000001980.html 南山城村産後ケア事業[同] https://www.vill.minamiyamashiro.lg.jp/0000002043.html 子育て支援医療費助成事業が令和3年4月診療分から変わります[保健医療課] https://www.vill.minamiyamashiro.lg.jp/0000002233.html 伊賀・山城南・東大和定住自立圏共生ビジョン事業『病児保育室』のご紹介[税住民福祉課] https://www.vill.minamiyamashiro.lg.jp/0000002322.html
①学校給食費，修学旅行費の無償化について（お知らせ)[相楽東部広域連合教育委員会] https://www.union.sourakutoubu.lg.jp/contents_detail.php?co=new&frmId=750
②高校生通学費補助求める請願（全員賛成採択)[議会だよりNo.140 p.4] https://www.vill.minamiyamashiro.lg.jp/cmsfiles/contents/0000002/2733/140-20230801.pdf

第8章　京都府及び府下26市町村における子育て・教育費支援情報

第Ⅱ部　子育て・教育施策の重層的把握調査

定住自立圏共生ビジョン事業として紹介している。

①**小中学生**では，相楽東部広域連合のHPにおいて，学校給食費・修学旅行費の無償化（2018.4〜）を案内している。②**高校生等**では，高校生通学費補助を求める動きがある。

4. 南丹地域（2市1町）

（1）亀岡市

【人口：8万6540人・世帯数：4万519世帯［2024.6.1］，面積：225㎢／「亀岡市子ども人権条例」2018，「亀岡市子どもの貧困対策推進プラン」2022-25，「第2期亀岡市子ども・子育て支援事業計画」2020-24】

HPの「健康・福祉・子育て」サイトで健康・医療，妊娠・出産・子育て，福祉の事項別に関連情報を見出し化している。また，『かめおか子ども・子育てハンドブック』（電子書籍版全52頁）を作成し，情報を分かりやすく公開している。

⓪**就学前**では，「妊娠したら『母子健康手帳』の交付を受けましょう」において，母子健康手帳の交付，妊産婦の健康診査，新生児聴覚検査費用の助成，妊婦歯科健診，パパママ教室などを案内している。ほかに，**出産・子育て応援給付金**（出産応援給付金5万円，子育て応援給付金5万円），**出産応援ギフトと出産応援プランの作成**（ベビーウエアなど），子ども医療費助成制度（0〜18歳：入院・入院外いずれも無料2023.9〜）の案内がある。産後相談・ケア事業としては，宿泊型・日帰り個別型・訪問型の3種を用意している。

①**小中学生**では，児童クラブ（対象小学1〜6年生）の案内がある。②**高校生等**の**亀岡市高校生まなび応援のための支援金**とは，教育費の負担が大きくなる大学生・高校生らを2人

表8-4-1　亀岡市

⓪就学前，①小中学生，②高校生等，③大学生等，④その他
⓪妊娠したら『母子健康手帳』の交付を受けましょう［子育て支援課母子健康係］ https://www.city.kameoka.kyoto.jp/soshiki/27/3408.html 経済的支援について（出産・子育て応援給付金）［子育て支援課こども給付係］ https://www.city.kameoka.kyoto.jp/soshiki/27/47032.html 出産応援ギフトと応援プラン作成についてのお知らせ［同］ https://www.city.kameoka.kyoto.jp/soshiki/27/3397.html こども医療費助成制度［同］ https://www.city.kameoka.kyoto.jp/soshiki/27/3447.html 産後相談・ケア事業［子育て支援課母子健康係］ https://www.city.kameoka.kyoto.jp/soshiki/27/3435.html
①かめおか児童クラブ入会案内［社会教育課児童クラブ事業推進係］ https://www.city.kameoka.kyoto.jp/soshiki/45/56534.html
②亀岡市高校生まなび応援のための支援金について［学校教育課学事係］ https://www.city.kameoka.kyoto.jp/soshiki/44/55306.html
③亀岡市で保育士になろう!保育士就職奨励金事業［保育課保育政策係］ https://www.city.kameoka.kyoto.jp/site/hoiku/3509.html 亀岡市介護人材確保事業助成金［高齢福祉課介護事業所係］ https://www.city.kameoka.kyoto.jp/soshiki/25/3247.html

以上扶養する家庭で国の高等学校等就学支援金を受けていない高校生を対象に，公立高校授業料相当分を支給するものである。③**大学生等**では，**保育士就職奨励金事業**（市所在の私立の保育園・認定こども園に採用された保育士に対して園を通して就職奨励金［1人20万円］・転居支援金［実費上限20万円］を支給），**亀岡市介護人材確保事業助成金**（介護職の資格取得に係る研修受講費や受験料の一部を助成）の案内がある。

（2）南丹市

【人口：2万9735人・世帯数：1万4307世帯［2024.7.1］，面積：616㎢／「南丹市子どもの未来応援プラン〜子どもの貧困対策推進計画〜」2020-24，「第2期南丹市子ども・子育て支援事業計画」2020-24】

HPの「妊娠・出産」「子育て・教育」といった目的別のサイトで関連情報を探すことができる。あわせて「のびのびなんたん−南丹市子育て応援サイト」を設けており，成長過程「妊娠・出産，0歳，1歳，2歳，3歳〜就学前，小学生以上」，目的「相談したい，ともだちをつくりたい，遊ぼう学ぼう，預けたい，健康

医療について，障がいのある子どもへの支援，ひとり親家庭への支援，助成制度について」において関連情報を発信している。また，地域振興課定住促進サポートセンターの「なんくら nancla 南丹市定住促進サイト」でも子育てを含む定住支援の制度を紹介している。

⓪就学前では，「妊娠したとき・妊婦が転入したとき」において，利用者支援事業（母子保健型）（産後ケア事業を含む），母子健康手帳の交付，妊産婦健康診査公費負担受診券の交付，妊婦食事診断・栄養相談，妊産婦訪問などを案内している。独自事業として，新婚新生活支援事業（住宅取得費［新築工事費・設計費を含む］・住宅リフォーム費・住宅賃借費［敷金・礼金などを含む］・引越費［引越・運送業者への経費］について，婚姻時に夫婦の双方が29歳以下の世帯は上限60万円，上記以外の世帯は上限30万円），**子宝祝金**（第1子5万円，第2子10万円，第3子以降20万円），**子育て手当**（月額：第1子2000円，第2子3000円，第3子以降5000円／満5歳に達する日の属する月分まで支給）がある。ほかに，すこやか子育て医療費助成制度（府の子育て支援医療費助成［0歳〜中学生］に加えて高校生も助成［入院・入院外：自己負担額1カ月1医療機関800円上限］）がある。

①小中学生では，すべての子どもの健全育成を目的とした**入学祝金**がある（小学校3万円，中学校4万円）。**③大学生等**では，南丹市**保育人材確保**の取り組みとして，公立保育所等に新規正規雇用された保育士を対象に家賃補助制度（月額最大2万円を上限に最長5年間補助）及び奨学金返還支援制度（月額最大1万5000円を上限に最長5年間補助）がある。同様に**介護人材確保**に関して，福祉人材家賃補助金（家賃月額［住居手当等を控除した額］の2分の1，月額2万円［年額24万円］，2年間限度），福祉人材奨学金返還支援助成金（各月の奨学金返還額の4分

表8-4-2　南丹市

⓪就学前，①小中学生，②高校生等，③大学生等，④その他
⓪結婚新生活支援事業について（新婚世帯対象）［地域振興課］ https://www.city.nantan.kyoto.jp/www/emig/119/000/000/index_97715.html 妊娠したとき・妊婦が転入したとき［保健医療課］ https://www.city.nantan.kyoto.jp/www/life/111/001/000/index_9836.html 南丹市利用者支援事業（母子保健型）（母子保健事業を含む）［同］ https://www.city.nantan.kyoto.jp/www/life/111/001/000/9836/75865_1_501_6.pdf 子宝祝金［子育て支援課］ https://www.city.nantan.kyoto.jp/www/life/109/002/000/index_3351.html 子育て手当［同］ https://www.city.nantan.kyoto.jp/www/life/109/002/000/index_3352.html 子育て支援医療費助成制度について［同］ https://www.city.nantan.kyoto.jp/www/life/109/001/000/index_1001741.html すこやか子育て医療費助成制度について［同］ https://www.city.nantan.kyoto.jp/www/life/109/001/000/index_96276.html
①入学祝金［子育て支援課］ https://www.city.nantan.kyoto.jp/www/life/109/002/000/index_3353.html
③南丹市で一緒に働きませんか？（南丹市人材確保支援制度）［子育て支援課］ https://www.city.nantan.kyoto.jp/www/life/110/002/000/index_94910.html 南丹市における介護人材確保・定着・育成に向けた事業について［南丹市］ https://www.city.nantan.kyoto.jp/www/gove/136/019/000/93388/93448_1_501_19.pdf

の3，月額1万5000円［年額18万円］，5年間限度），介護職員初任者研修受講者支援事業（研修費の10分の7，研修1件あたり5万円限度）がある。

（3）京丹波町

【人口：1万2487人・世帯数：6088世帯［2024.6.30］，面積：303㎢／「第2期京丹波町子ども・子育て支援事業計画」2020-25】

HPの「生活場面から探す」の妊娠・出産，子育て，教育などの項目別に関連情報を目次化している。また，「京丹波子育て応援サイト」において，子どもを預ける，子育て情報・支援，手当・助成などの項目別に案内している。

⓪就学前では，「妊娠届け」において，母子健康手帳，妊婦健康診査受診券，産婦健康診査受診券の交付を案内している。ほかに，結婚新生活支援補助金（住宅購入費用，住宅賃借料・共益費・仲介手数料，引越費用：最大60万円），

出産・子育て応援給付金（各5万円），新生児聴覚検査費用一部助成，チャイルドシート購入費用一部助成（購入費の2分の1，上限1万5000円），京丹波町すこやか子育て医療費助成（2023.9～高校生の入院・入院外も無料）がある。

①小中学生では，京丹波町すこやか子育て支援金事業（小学校入学時5万円，中学校入学時5万円）がある。②高校生等・③大学生等の京丹波町育英金とは，前年収入額が生活保護基準の2倍以内の経済的困窮層を対象に，育英金を支給（高校：1年生年額12万円以内，2～3年生年額6万円以内，高専：1年生年額12万円以内，2～3年生年額6万円以内，4～5年生年額18万円以内，看護専門学校1～3年生年額18万円以内，保健師専門学校1年生年額18万円以内，農業又は林業大学校1～2年生年額18万円以内，短大生1～2年生・大学生1～4年生年額18万円以内）するものである。

5. 中丹地域（3市）

（1）福知山市

【人口：7万4721人・世帯数：3万6874世帯［2024.6.30］，面積：553㎢／「第2期福知山市子ども・子育て支援事業計画」2020-24】

HPの「妊娠～入園」の妊娠・出産，子どもが産まれたら，子どもの健康，子どもの食育，子育て支援施設，保育園・幼稚園等，ひとり親支援，幼児教育・保育の無償化などの項目別に関連情報を項目化している。また，ふくちやま子育て応援サイトでも情報提供するとともに，『福知山子育て情報ガイド』（電子書籍版全60頁）を公開している。

◎就学前では，出産応援給付金・子育て応援給付金（各5万円）がある。産後ケア事業としては，訪問型・宿泊型の2種を用意している。

表8-4-3　京丹波町

◎就学前，①小中学生，②高校生等，③大学生等，④その他

◎結婚新生活支援補助金［市長公室 政策企画課］
https://www.city.kyotango.lg.jp/top/soshiki/mayoroffice/seisakukikaku/4/iju_hojo/17572.html
妊娠届け［健康推進課］
https://www.town.kyotamba.kyoto.jp/kosodate_kyoiku/genrebetsudesagasu/boshinokenko/ninshin_shussan/tetsuzuki_todokede_ninshin_shussan/3882.html
出産・子育て応援給付金について（同）
https://www.town.kyotamba.kyoto.jp/kosodate_kyoiku/nenreikarasagasu/0sai/6877.html
新生児聴覚検査にかかる費用の一部助成をはじめます［同］
https://www.town.kyotamba.kyoto.jp/kosodate_kyoiku/genrebetsudesagasu/boshinokenko/ninshin_shussan/support_ninshin_shussan/1/3643.html
チャイルドシート購入費用の一部を助成します［子育て支援課］
https://www.town.kyotamba.kyoto.jp/kosodate_kyoiku/genrebetsudesagasu/boshinokenko/ninshin_shussan/support_ninshin_shussan/1/5456.html
京丹波町すこやか子育て医療費助成［住民課］
https://www.town.kyotamba.kyoto.jp/kakukakarasagasu/juminka/gyomuannai/5/1308.html

①京丹波町すこやか子育て支援金事業［子育て支援課］
https://www.town.kyotamba.kyoto.jp/material/files/group/8/sukoyakatirasi.pdf

②③京丹波町育英金［教育委員会学校教育課］
https://www.town.kyotamba.kyoto.jp/kosodate_kyoiku/nenreikarasagasu/shogakuseiijo/shochugakko/3867.html

表8-5-1　福知山市

◎就学前，①小中学生，②高校生等，③大学生等，④その他

◎出産応援給付金（出産応援ギフト）について［子ども政策室］
https://www.city.fukuchiyama.lg.jp/site/kosodate/53473.html
子育て応援給付金（子育て応援ギフト）について［同］
https://www.city.fukuchiyama.lg.jp/site/kosodate/53479.html
福知山市新生児聴覚スクリーニング検査の一部公費助成が始まりました［同］
https://www.city.fukuchiyama.lg.jp/site/kosodate/46080.html
産後ケア［同］
https://www.city.fukuchiyama.lg.jp/site/kosodate/57418.html
4カ月児健診までのサポートスケジュール（お祝い品を含む）［同］
https://www.city.fukuchiyama.lg.jp/site/kosodate/9557.html
ベビーシート・チャイルドシート・ジュニアシートの貸出しについて［同］
https://www.city.fukuchiyama.lg.jp/site/kosodate/12049.html
京都子育て支援医療費支給制度・ふくふく医療費支給制度［同］
https://www.city.fukuchiyama.lg.jp/site/kosodate/1535.html

①はばたけ世界へ 中学生短期留学事業［生涯学習課］
https://www.city.fukuchiyama.lg.jp/site/kyouiku/44817.html

②令和5年度「福知山市高等学校等入学支援金支給事業」のご案内［学校教育課］
https://www.city.fukuchiyama.lg.jp/site/kyouiku/35815.html

③福知山市の保育士確保に関する取組み［子ども政策室］
https://www.city.fukuchiyama.lg.jp/site/kosodate/42886.html
【令和5年度新規】福知山市奨学金返済負担支援事業補助金［産業観光課］
https://www.city.fukuchiyama.lg.jp/soshiki/25/58575.html

ほかに，新生児聴覚スクリーニング検査**一部公費助成**，４カ月児健診までのサポートスケジュール（**お祝い品**を含む），**ベビーシート・チャイルドシート・ジュニアシートの貸出し**，府制度を拡充したふくふく医療費支給制度（2023.9〜高校生の入院医療費について自己負担額を１医療機関１カ月200円とし申請により払い戻し）の案内がある。

①**小中学生**では，中学生短期留学事業（海外留学，国内留学）がある。②**高校生等**の福知山市高等学校等入学支援金支給事業とは，一定基準内の低所得世帯の高校等進学を支援するために入学支援金（通信制以外３万1500円，通信制２万2500円）を支給するものである。③**大学生等**では，保育士確保に関する取組み（保育士育成修学資金貸付［年額30万円／２年間最大60万円／返還免除あり］，家賃補助制度［家賃月額最大５万2000円上限，５年間補助］，保育士定着支援金［2022-24年度限定，採用後最大60万円支給］など），**福知山市奨学金返済負担支援事業補助金**（市内中小企業等の人材確保及び福知山公立大学，舞鶴工業高専の卒業生の地元就職の促進を図るため奨学金返済支援制度を設けて従業員の奨学金の返済を支援する市内の中小企業者及び団体［医療法人，学校法人，社会福祉法人など］に対し補助金を支給）の案内がある。

（2）舞鶴市

【人口：７万5721人・世帯数：３万4098世帯［2024.7.1］，面積：342㎢／「第２期 夢・未来・希望輝く『舞鶴っ子』育成プラン」2020-24】

HPの「子育て」の「子育てに関する相談，妊娠・出産，子どもの成長・発達，子どもの健康・医療，保育所・幼稚園，在宅に関する支援」などの項目別に関連情報を目次化している。また，『子育て応援ブック』（PDF版全44

表8-5-2　舞鶴市

⓪就学前，①小中学生，②高校生等，③大学生等，④その他
⓪新婚世帯支援事業補助金制度のお知らせ［市民文化環境部地域づくり支援課］ https://www.city.maizuru.kyoto.jp/kurashi/0000011378.html 母子健康手帳の交付について［健康・子ども部健康づくり課（保健センター）］ https://www.city.maizuru.kyoto.jp/kenkou/0000009596.html 出産・子育て応援事業［同］ https://www.city.maizuru.kyoto.jp/kenkou/0000010681.html 新生児聴覚検査について（一部公費助成）［同］ https://www.city.maizuru.kyoto.jp/kenkou/0000010509.html 令和５年度　舞鶴市産後ケア事業［同］ https://www.city.maizuru.kyoto.jp/kenkou/0000008282.html 子育て支援医療費助成制度の変更と拡充について（お知らせ）［福祉部保険医療課］ https://www.city.maizuru.kyoto.jp/kenkou/0000011460.html
②舞鶴市育英資金（高校・大学・専門学校生等対象）［学校教育課］ https://www.city.maizuru.kyoto.jp/kyouiku/0000002733.html
③介護福祉士を目指す学生を支援します［福祉部高齢者支援課］ https://www.city.maizuru.kyoto.jp/kenkou/0000000779.html 介護人材の資格取得を支援します［同］ https://www.city.maizuru.kyoto.jp/kenkou/0000001107.html 京都府舞鶴市地域医療確保奨学金等貸付制度［地域医療課］ https://www.city.maizuru.kyoto.jp/cmsfiles/contents/0000011/11122/annai.pdf 舞鶴市ものづくり「たから者」育成奨学金のご案内［産業振興部産業創造・雇用促進課］ https://www.city.maizuru.kyoto.jp/shigoto/0000008882.html

頁）を発行して情報提供を行っている。

⓪**就学前**では，「母子健康手帳の交付について」において，妊婦・産婦健康診査受診券及び新生児聴覚検査同意書兼受診券の交付も併せて広報している。産後ケア事業としては，短期入所型・通所型（個別デイサービス，集団デイサービス）の２種を用意している。ほかに，新婚世帯支援事業補助金制度（住宅の購入費用，住宅の賃借費用，引越の費用，住宅のリフォーム費用を対象に最大で60万円），出産・子育て応援事業（各５万円），新生児聴覚検査（**一部公費助成**），子育て支援医療費助成制度の変更と拡充（2024.1〜中学生の外来診療を制度拡充：これまで１カ月1500円を超えた場合に申請により払い戻していたが新たに受給者証を交付し小学生までと同様に１カ月１医療機関につき200円負担とする）の案内がある。

②**高校生等**の**舞鶴市育英資金**とは，経済的理由による修学困難な者を対象に，修学支援金（高校生等:修学に必要な学用品費等，年額６万円），奨学金（高校生等:修学に必要な経費，年額16万

9200円以内〜39万6000円），通学費補助金（高校生等：通学定期運賃・スクールバス経路の2分の1以内），入学支度金（高校生等・大学生等・専修学校専門課程生：5〜20万円）を支給するものである。

③大学生等では，**介護福祉士人材支援**（介護福祉士育成修学資金：年間100万円，2年間で200万円上限［返還免除あり］，介護福祉士資格取得講習等受講助成金：受講料の3分の2［上限8万円］，介護職員初任者研修受講料助成金：同前），**地域医療確保**（医学部学生や研修医に対し奨学金を貸与：5名程度，月額15万円，返還免除あり），**舞鶴市ものづくり「たから者」育成奨学金**（近畿能開大京都校［ポリテクカレッジ京都］の入校料・授業料の範囲内：1学年の訓練経費に対する貸与額は60万円上限，2学年分上限）の案内がある。

（3）綾部市 ────────

【人口：3万148人・世帯数：1万3762世帯［2024.7.1］，面積：347㎢／「子どもの人権を守る『家庭教育の手引き』」2022，「あやべっ子すこやかプラン（第2期綾部市子ども・子育て支援事業計画，第3期綾部市次世代育成支援対策推進行動計画及び綾部市子どもの貧困対策計画）」2020-24】

HPの「子育てネット綾部」サイトの子育ての手当・給付金，乳幼児・小児医療，子育て支援事業，ひとり親家庭支援，子育て支援団体，子育て支援施設，認定こども園・保育所，子育て相談，児童虐待，子育て計画の項目別に関連情報法を目次化している。また，子育て応援マガジン『あや・ほっと』（PDF版全36頁）を作成している。

⓪就学前では，新婚生活支援事業補助金（新婚世帯など［移住者を含む］を対象に新生活に伴う住宅購入・賃借・引越に必要な費用を補助，最大60万円），母子健康手帳及び妊産婦健康診査受診券の交付，出産・子育て応援事業（相談支援と

経済的支援［出産・子育て応援ギフト，各5万円相当］を一体的に実施），新生児聴覚検査費用**一部公費負担**の案内がある。産後ケア事業としては，宿泊型・通所型・訪問型3種を用意している。ほかに，**ブックスタート**（4カ月健診時に絵本「いないいないばぁ」の読み聞かせとプレゼント）がある。

①小中学生では，就学支援（小1〜中3の全学年のオンライン学習通信費1万4000円を含む），未来応援プログラム（**中学生国内留学**），**中学生海外派遣**の案内がある。**③大学生等**の綾部市鉄道利用通学費補助金とは，JR，KTR（京都丹後鉄道）の通学定期券を利用して綾部市内の駅から市外の大学・専門学校・予備校などに通学している市内在住大学生等の通学費を補助するものである（対象期間の定期券購入代金の3割［1000円未満切捨て］／1年間の利用を基準とした補助金の上限額は5万円）。ほかに，**介護職員研修受講支援事業**（市内介護事業所に従事しよ

表8-5-3　綾部市

⓪就学前，①小中学生，②高校生等，③大学生等，④その他
⓪綾部市新婚生活支援事業補助金［企画総務部企画政策課企画戦略担当］ https://www.city.ayabe.lg.jp/0000003158.html 母子健康手帳・妊産婦健康診査受診券を交付します［福祉保健部保健推進課保健推進担当］ https://www.city.ayabe.lg.jp/0000002633.html 出産・子育て応援事業を開始します［福祉保健部保健推進課母子保健担当］ https://www.city.ayabe.lg.jp/0000002754.html 綾部市新生児聴覚検査のお知らせ（一部公費負担）［福祉保健部保健推進課］ https://www.city.ayabe.lg.jp/0000002645.html 産後ケア事業［福祉保健部保健推進課母子保健担当］ https://www.city.ayabe.lg.jp/cmsfiles/contents/0000003/3373/sangokea.pdf ブックスタート［綾部市図書館］ https://ayabe-library.com/info/?cat=7
①就学支援［学校教育課学務指導担当］ https://www.city.ayabe.lg.jp/0000002926.html 未来応援プログラム「中学生国内留学」事業を開催［学校教育課］ https://www.city.ayabe.lg.jp/cmsfiles/contents/0000003/3518/4tyugakuseiryugaku.pdf 令和6年度飛び立て！中学生海外派遣業務に関する公募型プロポーザルの実施［同］ https://www.city.ayabe.lg.jp/0000004214.html
③綾部市鉄道利用通学費補助金［市民環境部市民協働課］ https://www.city.ayabe.lg.jp/0000001374.html 介護職員研修受講支援事業［福祉保健部高齢者支援課企画管理担当］ https://www.city.ayabe.lg.jp/0000001604.html 綾部市介護福祉士育成修学資金制度［同］ https://www.city.ayabe.lg.jp/0000001614.html 保育士等就学資金の貸与［福祉保健部こども支援課子育て担当］ https://www.city.ayabe.lg.jp/0000002597.html

うする人材の確保及び介護職員のキャリアアップを図り安定した介護サービスの提供を支援するため研修受講料の一部を補助)，**綾部市介護福祉士育成修学資金制度**（1学年につき100万円を限度として2学年分対象経費／返還免除あり)，**保育士等就学資金貸与**（修学資金：同前，家賃等一部：月額上限3万円，2年以内）がある。

6. 丹後地域（2市2町）

(1) 宮津市

【人口：1万6071人・世帯数：8172世帯 [2024.6.30]，面積：169㎢／「第2期宮津市子ども・子育て支援事業計画」2020-24】

HPの「すくすく子育て」サイトの妊娠・出産，健診・予防接種・子どもの健康，子育て相談・教室，親子の遊び場・にっこりあ，保育園・幼稚園・一時預かり，小学生・中学生，食育・食生活，文化・スポーツ，障がい・発達障がい，ひとり親家庭支援，手当・助成，計画・資料の項目別に関連情報を目次化している。また，『みやづ すくすく応援ガイド』（PDF版全32頁）を作成している。

⓪就学前では，妊産婦健康診査・新生児聴覚検査の助成についての案内がある。産後ケア事業については，宿泊型の1種を用意している。ほかに，**結婚新生活支援・子育て世帯リフォーム支援制度**，**紙おむつ・おしりふき無償提供サービス**（就学前施設11施設で使用する紙おむつ・おしりふきを市が一括購入し希望される方の保育時間中に提供)，**日常生活用具給付等事業**（小児慢性特定疾病児童が自力で日常生活を営めるように用具の給付にかかる費用の一部を助成)，**子育て環境を整備する施設への補助金交付**（飲食店，宿泊施設，理容院・美容院，商業施設，商店などにおけるベビーチェア，ベビーベッド［マット・布団含

む]，クッションマット，授乳コーナー用パーテーション，カーペット，玩具，絵本など［消耗品は除く］の整備への2分の1補助，上限5万円)，**宮津市多子世帯子育て支援給付金**（高校3年生以下の子どものうち3人目以降：小学6年生まで1万5000円〜3万円，中学生2〜3万円)，**宮津市子育て世帯等支援商品券**（高校3年生まで1人あたり5000円)，がある。宮津市出産・子育て応援事業とは国の出産・子育て応援給付金によるもの，子育て世帯生活支援特別給付金とは国の低所得の子育て世帯に対する子育て世帯生活支援特別給付金によるものである。

①小中学生では，就学援助制度にオンライン学習通信費（年額1万4000円［ルーター貸与世帯]，7000円［その他の世帯]）が含まれている。また，**中学卒業・夢未来応援金**（中学校・特別支援学校中学部等卒業生：5万円）の支給がある。**②高校生等**の高校生みらい会議とは，府北部7市町の総勢12校24名の高校生が「住むまち，通うまちを越えて，私たちがやりたいこと」をテーマに議論する取り組みである。ほかに，高校生との連携協働事業「**ふるさとみやづ学〜高校生立志編〜**」（第2回高校生から市長への提言：宮津天橋高校宮津学舎から3グループ，海洋高校から1グループの発表）の紹介がある。**③大学生等**では，**返還不要の宮津市奨学金**（ふるさと宮津の未来を担い手として活き活きと活躍する若者を応援するため大学・短期大学・専門学校等に進学する学生に対して市独自の奨学金を貸与／1学年につき60万円を上限［ただし住民税非課税世帯は30万円を上限]，支援期間は進学先の正規の修業年限以内)，**宮津市地域医療確保奨学金等貸与制度**（宮津市が定める地域医療機関「京都府立医科大学附属北部医療センター又は宮津市内の公的な医療機関（宮津武田病院，宮津市由良診療所)」に医師として勤務しようとする意思を有する者：月額15万円［特定診療科（産婦人科・小児科・小児外科）の診療に

従事する意思を有する者は月額5万円を加算し月額20万円]，返還免除あり／京都府立医科大学附属北部医療センターの医師業務に従事しようとする意思を有する者は宮津市・伊根町・与謝野町が共同して奨学金を貸与)，**医療技術職確保奨学金返還支援制度**(北部医療センターに勤務する医療技術者[薬剤師，臨床検査技師，診療放射線技師，理学療法士，作業療法士，言語聴覚士，視能訓練士，管理栄養士，臨床工学技士，歯科衛生士]：月額3万円を上限，最大120ヵ月)がある。

表 8-6-1　宮津市

⓪就学前, ①小中学生, ②高校生等, ③大学生等, ④その他
⓪結婚新生活支援・子育て世帯リフォーム支援制度[企画課] https://www.city.miyazu.kyoto.jp/site/ijuteiju/18285.html 妊産婦健康診査・新生児聴覚検査の助成について[健康・介護課健康増進係] https://www.city.miyazu.kyoto.jp/site/kosodate/1904.html 産後ケア事業について[同] https://www.city.miyazu.kyoto.jp/site/kosodate/1910.html 紙おむつ・おしりふき無償提供サービスの開始[社会福祉課子育て支援係] https://www.city.miyazu.kyoto.jp/site/kosodate/18512.html 宮津市出産・子育て応援事業(国の出産・子育て応援給付金)[同] https://www.city.miyazu.kyoto.jp/uploaded/attachment/8191.pdf 日常生活用具給付等事業(小児慢性特定疾病児童)[同] https://www.city.miyazu.kyoto.jp/site/kosodate/2247.html 子育て環境を整備する施設に補助金を交付します[同] https://www.city.miyazu.kyoto.jp/site/kosodate/10958.html 「宮津市多子世帯子育て支援給付金」の支給について[同] https://www.city.miyazu.kyoto.jp/site/kosodate/20070.html 「宮津市子育て世帯等支援商品券」を配布します[同] https://www.city.miyazu.kyoto.jp/uploaded/life/19742_36751_misc.pdf 令和5年度子育て世帯生活支援特別給付金について[同] https://www.city.miyazu.kyoto.jp/site/kosodate/18144.html
①就学援助制度(小・中学生対象)[学校教育課学校教育係] https://www.city.miyazu.kyoto.jp/site/kosodate/1540.html 「中学卒業・夢未来応援金」の支給申請のご案内[同] https://www.city.miyazu.kyoto.jp/site/kosodate/18342.html
②高校生みらい会議[宮津市] https://www.city.miyazu.kyoto.jp/site/citypro/13901.html ふるさとみやづ学～高校生立志編～[同] https://www.city.miyazu.kyoto.jp/site/citypro/17791.html
③返還不要!宮津市の奨学金のご紹介[移住定住魅力発信係] https://www.city.miyazu.kyoto.jp/soshiki/3/12982.html 令和5年度宮津市地域医療確保奨学金等貸与制度について[健康・介護課健康増進係] https://www.city.miyazu.kyoto.jp/soshiki/8/17526.html 令和5年度医療技術職確保奨学金返還支援制度について[同] https://www.city.miyazu.kyoto.jp/soshiki/8/17533.html

(2) 京丹後市 ——————

【人口：5万481人・世帯数：2万2992世帯[2024.5.30]，面積：501㎢／「第2期京丹後市子ども・子育て支援事業計画」2020-24】

HPの「京丹後市子育て応援サイト～つながる・支えあう・京丹後で子育て～」の妊娠出産，健診・予防接種，こどもの健康，子育て支援サービス，こども園・保育所，教育，食育，親子の遊び場，文化・スポーツ，障がい・発達支援，ひとり親家庭支援，手当・助成などの項目別に関連情報を目次化している。また，『きょうたんご子育て応援ハンドブック』(電子書籍版全68頁)を公開している。

⓪就学前では，結婚新生活支援補助金(結婚に伴う住宅確保に係る経費を最大60万円[京都府外からの移住者が属する世帯は最大120万円]補助)，母子健康手帳・妊婦健康診査受診券・妊婦歯科健康診査受診票の交付，風しん予防接種助成事業，新生児聴覚検査の費用助成，産婦健康診査事業・産後ケア事業(短期入所型・通所型の2種を用意)，出産子育て応援給付金支給事業(各5万円)の案内がある。子育て支援医療費助成制度は，京都府下の自治体で唯一，市民税非課税世帯の**大学生等**(22歳年度末，2020.8～)**までを助成対象に拡充**したことが目を引く。

①小中学生の就学援助にはオンライン学習通信費が含まれている(Wi-Fiインターネット環境がある場合に限られており，インターネット環境がない者には無料のWi-fiルーターの貸出制度がある／別途申請が必要)。**②高校生等**では，**京丹後市地域おこし協力隊**(高校生と地域の架け橋となるコーディネーター)の募集がある。**③大学生等**の**京丹後市奨学金**とは，大学生等(大学，短期大学，大学院，専修学校[専門課程及び一般課程]，高等専門学校[4～5年])に在学する者を対象

とした給付型奨学金（市民税非課税世帯は月額1万2000円，市民税所得割非課税世帯は月額1万円）及び貸与型奨学金（修学支援金・入学支度金）である。ほかに，**京丹後市定住促進奨学金返還支援補助金**（京丹後市に継続して10年以上定住する意思のある者：月額上限3万円［最大36万円／年］，10年間上限），**京丹後市立病院看護師等修学資金制度**（市立弥栄病院・市立久美浜病院の看護師・助産師の業務に従事しようとする意志を有する者：月額5万円，返還免除あり），**京丹後市インターンシップ人材確保支援補助金**（市内への移住・定住の促進及び市内企業における人材不足の解消に資するためインターンシップにより大学等の学生を

受け入れ人材確保に取り組んだ市内事業者：交通費・宿泊費の2分の1，上限1事業者あたり5万円／年度）の案内がある。

（3）伊根町（いね）

【人口：1881人・世帯数：882世帯［2024.7.1］，面積：62㎢／「伊根町いじめ防止基本方針」2022，「第2期伊根町子ども・子育て支援事業計画」2020-24】

HPの「伊根町子育て応援サイト」の妊娠・出産，健康診断，予防接種，相談・交流，助成・手当等，保育・預かりサービス，ひとり親家庭，その他の項目別に関連情報を目次化している。

◎就学前では，母子健康手帳の交付，妊婦健康診査受診券の交付，妊婦歯科健康診査受診券の交付，産婦健康診査助成事業を一括して案内している。ほかに，お子さまたんじょう祝金（5万円），新生児聴覚検査費助成事業，産後ケア事業としては，宿泊型（ショートステイ）

表8-6-2 京丹後市

◎就学前，①小中学生，②高校生等，③大学生等，④その他
◎結婚新生活支援補助金［政策企画課］ https://www.city.kyotango.lg.jp/material/files/group/4/shinkon_chirashiR5.pdf 風しん予防接種助成事業［健康長寿福祉部健康推進課］ https://www.city.kyotango.lg.jp/top/kosodate_kyoiku/ninshin/jyoseihojyo/4208.html 母子健康手帳・妊婦健康診査受診券・妊婦歯科健康診査受診票の交付［同］ https://www.city.kyotango.lg.jp/top/kosodate_kyoiku/ninshin/4309.html 新生児聴覚検査の費用助成について［同］ https://www.city.kyotango.lg.jp/kosodate/kodomonokenko/18291.html 産婦健康診査事業・産後ケア事業［同］ https://www.city.kyotango.lg.jp/top/kosodate_kyoiku/ninshin/7685.html 出産子育て応援給付金支給事業［同］ https://www.city.kyotango.lg.jp/top/kosodate_kyoiku/ninshin/18329.html 子育て支援医療費助成制度（22歳年度末まで拡充）［市民環境部保険事業課］ https://www.city.kyotango.lg.jp/top/soshiki/shiminkankyo/hokenjigyo/1/2/3736.html
①就学援助費［学校教育課］ https://www.city.kyotango.lg.jp/top/kosodate_kyoiku/gakkokyoiku/5/4970.html
②京丹後市地域おこし協力隊（高校生と地域の架け橋となるコーディネーター）を募集します［政策企画課］ https://www.city.kyotango.lg.jp/material/files/group/4/05bosyuyoko.pdf
③京丹後市奨学金［教育総務課］ https://www.city.kyotango.lg.jp/kosodate/teate/10611.html 令和5年度 京丹後市定住促進奨学金返還支援補助金［教育総務課］ https://www.city.kyotango.lg.jp/top/soshiki/kyoikuiinkai/kyoikusomu/5/teijyushienshyougakukin/18806.html 京丹後市立病院看護師等修学資金制度について（看護師・助産師）［医療部医療政策課］ https://www.city.kyotango.lg.jp/top/kosodate_kyoiku/gakkokyoiku/5/16159.html 令和5年度京丹後市インターンシップ人材確保支援補助金［商工観光部商工振興課］ https://www.city.kyotango.lg.jp/top/shigoto_sangyo/shogyo/1/18986.html

表8-6-3 伊根町

◎就学前，①小中学生，②高校生等，③大学生等，④その他
◎母子健康手帳の交付［保健福祉課健康増進係］ https://www.town.ine.kyoto.jp/soshiki/hokenfukushi/1/2/3/293.html お子さまたんじょう祝金［保健福祉課子育支援係］ https://www.town.ine.kyoto.jp/soshiki/hokenfukushi/2/1/68.html 新生児聴覚検査費助成事業について［同］ https://www.town.ine.kyoto.jp/soshiki/hokenfukushi/1/2/2/282.html 産後ケア事業［同］ https://www.town.ine.kyoto.jp/soshiki/hokenfukushi/1/2/2/367.html 保育料の軽減・支援［同］ https://www.town.ine.kyoto.jp/mokuteki/kosodate/2/1179.html
①検定料補助［学校教育係］ https://tatetsunagi.com/tangoinfolive/ine-4/ 教育費無償化［同］ https://tatetsunagi.com/tangoinfolive/ine-4/ 漁港が近いから味わえる鮮度抜群のお魚〜伊根編〜［KYOTO SIDE］ https://www.kyotoside.jp/entry/20220112/
②令和5年度伊根町高等学校生徒下宿費等補助金を交付します［学校教育係］ https://www.town.ine.kyoto.jp/soshiki/kyoikuiinkai/1/160.html
③伊根町奨学金貸与希望者を募集します［教育委員会］ https://www.facebook.com/ine.kyoto/posts/1824821614373094/
④再生エネルギー活用いねタク［企画観光課］ https://www.town.ine.kyoto.jp/section/inetaxi/index.html

の１種を用意している。**保育料の軽減・支援**（第２子は半額，第３子以降は無料／所得や第１子の年齢にかかわらず無条件で実施）がある。

①**小中学生**については，「たてつなぎ」サイトの「伊根町教育支援の取り組み」に**検定料補助**（英語検定・漢字検定の検定料３分の１を補助），**教育費無償化**（給食費・修学旅行費用などの無償化）の情報がある。②**高校生等**の**伊根町高等学校生徒下宿費等補助金**とは，自宅住所から高校等までの距離が片道６km以上の場合に下宿代等を補助するものである（年額７万円）。③**大学生等**では，**伊根町奨学金**（大学［大学院を除く］，短期大学，高等専門学校［４～５年］，専修学校専門課程に進学又は在学する学生，金額等の詳細は不明）の案内がある。

④**その他**の**いねタク**とは，町営コミュニティバスを廃止して，2022年４月から運行を開始した予約型乗合交通である（１乗車につき　大人300円／小児［小学生］・障がい者150円／幼児［未就学児］無料）。

（4）与謝野町

【人口：１万9567人・世帯数：8891世帯［2024.6.30]，面積：108㎢／「第２期与謝野町子ども・子育て支援事業計画」2020-24】

HPの「子育て・教育」の学校教育，子どもの健康，児童福祉・ひとり親福祉，妊娠・出産，保育，健全育成・青少年の項目別に関連情報を目次化している。また，「広報よさの」第185号（2021.7）では，子育て支援情報満載の「子育てするならこのまちで」を特集している。

⓪**就学前**では，**子育て世帯移住定住促進事業**とは，与謝野町に移住し定住する目的で住宅の新築または新築建売住宅・中古住宅を購入した子育て世帯に対して，移住定住に要す

る費用の一部を補助するものである。**ハローベビープロジェクト**（各家庭に合った出産・子育てに向けてのプランを一緒に楽しく作成し，両親面談参加者に妊娠中や子育てに使えるグッズ，お子様の誕生後には記念品として名前入りの器をプレゼント），母子健康手帳の交付，妊婦健康診査事業などの案内，産後ケア事業（産後リフレッシュ事業）としては，日帰り型の１種を用意している。ほかに，子育て支援医療費（中学生までの入院・外来それぞれ１カ月１医療機関につき200円負担），**チャイルドシート購入助成**（１万円上限）がある。

①**小中学生**の**小中高生夢応援プロジェクト**とは，コロナ禍の小中学生・高校生等を支援する目的で，自らの夢の実現に向けてチャレンジする取り組みを応援するために必要な技術や知識を習得し高める経費の一部を助成（１人１万円上限）するものである。②**高校生等**では，友好協定を結んでいる英国ウェールズの**アベリスツイスへの高校生派遣事業**がある。

表 8-6-4　与謝野町

⓪就学前，①小中学生，②高校生等，③大学生等，④その他

⓪**子育て世帯の移住を支援します（子育て世帯移住定住促進事業）**［企画財政課］
https://www.town.yosano.lg.jp/culture/emigration-community/emigration/emigration_18/index.html
母子健康手帳の交付［子育て応援課］
https://www.town.yosano.lg.jp/parenting/pregnancy-childbirth/pregnancy/boshitecho/
ハローベビープロジェクト［同］
https://www.town.yosano.lg.jp/parenting/child-health/medical-checkup_1/535069/
産後リフレッシュ事業［同］
https://www.town.yosano.lg.jp/parenting/pregnancy-childbirth/postpartum/535003/
子育て支援医療費［同］
https://www.town.yosano.lg.jp/parenting/child-and-single-parent-welfare/support/entry_222/index.html
チャイルドシート購入助成［与謝野町］
https://www.town.yosano.lg.jp/assets/202107.pdf

①**夢へのチャレンジを応援ー　小中高生夢応援プロジェクト**［与謝野町］
https://www.town.yosano.lg.jp/assets/202107.pdf

②**アベリスツイス高校生派遣事業の報告会を開催します**［企画財政課交流促進係］
https://www.town.yosano.lg.jp/assets/hodo_20231215.pdf

③**令和６年度与謝野町奨学資金の貸与申請**［学校教育課］
https://www.town.yosano.lg.jp/parenting/category_62/school-support/entry_332/index.html

④**よさの乗合交通事業**［企画財政課］
https://www.town.yosano.lg.jp/life/local-transportation/sharetaxi/1027_2/index.html

③**大学生等**では，与謝野町奨学資金貸与（大学・専修学校に修学する方で経済的理由により修学が困難な者：月額3万5000円以内，最短終業年限，無利子）の案内がある。

④**その他**のよさの乗合交通事業とは，町営コミュニティバスの一部路線を再編・開始した（2023.10～）野田川地域と桑飼地域における新たな地域交通（予約型乗合交通）のことである。

7．広報・施策の特徴

(1) 独自施策を分かりやすく広報：井手町

　井手町は「井手町子育てナビ」サイトで子育て施策の独自拡充事業を網羅して紹介するとともに，「井手町子育て情報誌」に**資料8-7-1**のように「令和6年度井手町独自事業一覧」（カラー表示）を掲げている。しかも，各事業の説明箇所において井手町の独自事業には「黄色マーク」が，府制度等の拡充事業には「緑色マーク」が付けられており，分かりやすい。年齢段階等の区分でみると，乳児期で5事業（独自事業5），乳幼児・小中高生で1事業（拡充事業1），小中学生で12事業（独自事業12），大学卒業後で1事業（独自事業1），その他で8事業（独自事業7，拡充事業1）の計27事業を設けている。特に乳幼児期から学齢期にかけて，さまざまな事業を用意している。さらには，義務教育年齢にとどまらず，高校生までの医療費助成，大学卒業後の奨学金返還支援なども追加している。

資料8-7-1　井手町「令和6年度 井手町独自事業一覧」

区分	項目	支給金額
乳幼児	井手町出産応援給付金	対象児童1人につき100,000円
	井手町子育て支援チャイルドシート等購入費補助	購入金額の1/2（上限15,000円）
	第2子以降保育料無償化	保育料無償
	町立保育所給食費無償化	給食費無償
	絵本の贈呈事業	参加毎に絵本1冊（1～3歳対象・最大3回申込可能）
乳幼児・小中高生	井手町子育て支援医療費の助成	0歳から18歳の子どもが医療保険を使って医療機関等の窓口で支払う自己負担を全額助成
小中学生	入学支度金	小学生 2,000円　中学生 3,000円
	修学旅行援助費	小学生 10,000円　中学生 20,000円
	学校給食費支援事業	給食費無償
	災害共済掛金（日本スポーツ振興センター）	共済掛金全額
	英検チャレンジ推進 4級（中学校）	検定料全額
	英検チャレンジ推進 3級以上（中学校）	検定料全額（各学年1回）
	数検チャレンジ推進（小学校）5年8級以上 6年7級以上（8級）	検定料全額（5年生時最大2回、6年生時1回）
	数検チャレンジ推進（中学校）4級または3級以上	検定料全額（2,3年生時1回）
	ランリュック・安全帽支給（小学校）	現物支給
	通学カバン支給（中学校）	現物支給
	卒業記念品支給	現物支給
	部活動支援事業	各種大会や練習試合、合宿等への派遣費用（中学校全体で年1,500,000円）
大学卒業後	井手町定住促進奨学金返還支援金	1年間の奨学金返還額の1/2　上限86,000円/年
その他	不妊治療給付事業	上限120,000円（先進医療・不育治療を受けている場合は上限200,000円）
	母子栄養強化事業（現物支給）	生活保護、非課税いずれかの世帯の妊婦に毎日牛乳1本、乳児に毎月ミルク1缶を支給
	井手町心身障害児特別手当	身体や精神に中程度以上の障がいのある児童1人につき月額1,000円
	井手町特別児童福祉手当	母子及び父子家庭の児童1人につき月額1,000円（児童3人以上は500円）
	ひとり親家庭新入学祝金支給事業	ひとり親家庭の小学校入学児童1人につき10,000円
	国際交流・海外派遣事業	海外派遣に伴う費用　約36万円（パスポート代は除く）
	通学援助費	通学定期券代等通学費全額（田村新田地区の小学生及び多賀地区、田村新田地区の中学生）
	就学奨励費	要保護・準要保護児童生徒　小学生 年14,000円　中学生 年16,000円　各種検定費（漢検・英検・数検）

井手町の独自事業又は井手町が府制度等を拡充している事業には、情報誌の中にこのマークがついています。

出典：井手町『2024 京都府 井手町 子育て情報誌』pp.3-4。（2024年9月1日閲覧）

（2）「子育て日本一のまち」を志向した施策：伊根町

伊根町は，「子育て日本一のまち」（伊根町教育大綱2021.3）ないし「子どもが健やかに生まれ，明るく希望を持ってのびのびと育つまち」（第2期伊根町子ども・子育て支援事業計画2020-24年度）を志向している。その一環には，教育費無償化事業[4]が位置づいている。

関連する例規を制定年順にみると，伊根町高等学校生徒下宿費等補助金交付要綱（2006.10），伊根町地方路線バス乗車負担軽減事業実施要綱（2012.6，路線バス1乗車200円），特別支援教育就学奨励費支給要綱（2014.1，伊根町立小中学校の特別支援学級在籍者対象），伊根町修学旅行費補助金交付要綱（2015.3），伊根町立小中学校教材無償化事業実施規程（2015.3，教材費の具体例：教科別テスト・ドリル・問題集・資料集，各種用紙類，教科別実習材料費，理科実験セット，石膏・粘土・粘土板，その他教材として区分される物），伊根町就学援助規則（2015.11，通常学級在籍者を対象に追加），伊根町立小学校及び中学校の遠距離通学支援及び通学の安全に関する規則（2016.2，小学校4km以上・中学校6km以上の場合のスクールバス利用ないし交通費支援），伊根町立中学校ヘルメット等購入費補助金交付要綱（2017.3），伊根町立小中学校基礎学力充実支援事業補助金交付要綱（2019.12，漢検・英検の検定料補助），伊根町立小中学校給食費徴収規則（2021.3，給食費の補助から徴収免除［無償化］へ），伊根町学校給食費及び教材費補助金交付要綱（2021.3，伊根町外への区域外就学者・特別支援学校就学者を対象に追加），伊根町立小中学校モバイルルーター等貸出事業実施要綱（2022.4），独立行政法人日本スポーツ振興センター災害共済給付に係る共済掛金徴収に関する要綱（2022.4）等である。

（3）相楽東部広域連合による協同施策：笠置町・和束町・南山城村

京都府の南東部にあって滋賀県・三重県・奈良県境に位置する笠置町・和束町・南山城村は，相楽東部広域連合を組織して教育・文化，福祉，環境・ごみ等に係る施策を進めている。組織としては，連合長のもとに総務課（総務係・福祉係）・環境課があり，ほかに連合の教育委員会（学校教育課・生涯学習課）と議会がある。連合立学校としては3つの小学校（笠置小学校・和束小学校・南山城小学校）・2つの中学校（笠置中学校・和束中学校）があり，「教育に関する大綱」（2016.6）の下で教材費や校外活動費の軽減を図るとともに，漢字検定料や柔道着などを公費負担化し，2018年度からは学校給食費及び修学旅行費の無償化に踏み切った[5]。また「『連合の教育』の重点」[6]としては，「連合15年目の新たな教育の発進〜連合教育のイノベーション〜」を掲げている。

義務教育段階では3小2中の協同を推し進めつつ，義務教育以降では各町村の独自施策も打たれている（たとえば，高校等通学費補助金ないし大学等奨学金支援制度）。

（4）妊娠・出産から「18歳まで」の子育て支援を一覧化：京田辺市・久御山町

子育て教育のさまざまな支援事業を一目で分かるように一覧にした子育て支援カレンダーは，妊娠・出産から乳幼児期ないし義務教育段階までの表示が少なくない。そうした中で，「18歳まで」を意識した広報を試みている自治体がある。

『京田辺市 子育て応援ガイドブック2024年版』は，「京田辺市子育て応援事業」（**資料8-7-2**）と題した妊娠前から18歳までの事業一覧を掲載し，「京田辺市では，妊娠・出産から18歳までの子育てに寄り添い，様々なか

資料 8-7-2　京田辺市子育て応援事業

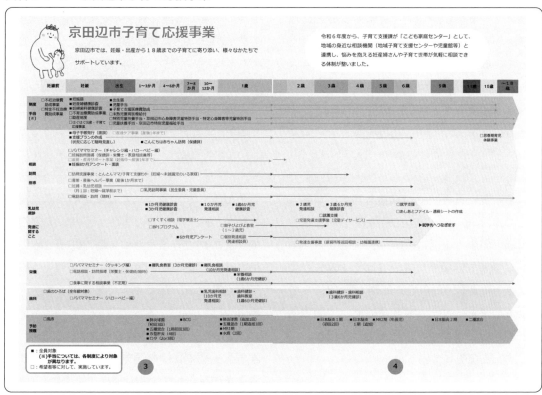

出典：京田辺市『京田辺市　子育て応援ガイドブック2024年版』pp. 3-4。https://www.city.kyotanabe.lg.jp/kosodate/cmsfiles/contents/0000012/12348/guidebook2024-1-.pdf（2024年9月1日閲覧）

資料 8-7-3　久御山町子育て支援システム

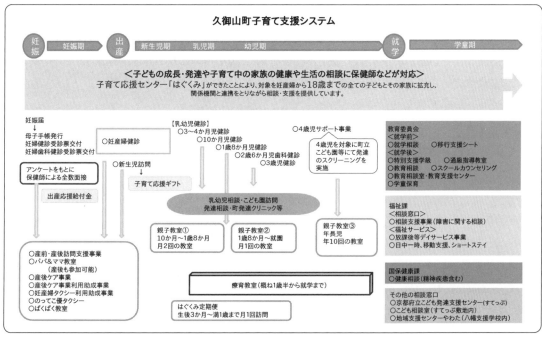

出典：久御山町「久御山町子育て支援システム〈別紙〉」。https://www.town.kumiyama.lg.jp/cmsfiles/contents/0000003/3006/siryou3.pdf（2023年11月10日閲覧）

たちでサポートしています」とのメッセージを添えている。しかし，乳幼児期までと比較して，小中高生期の事業記載が極端に薄くなっている。教育委員会関連の教育事業も入れ込んで，「子育て・教育応援事業」として18歳までのトータルな広報が待たれる。

一方，「くみやま子育て応援センター『はぐくみ』と教育委員会の連携について」は，「久御山町子育て支援システム」（**資料8-7-3**）において教育委員会関連の事業も加えている。そして，「＜子どもの成長・発達や子育て中の家族の健康や生活の相談に保健師などが対応＞／子育て応援センター『はぐくみ』ができたことにより，対象を妊産婦から18歳までの全ての子どもとその家族に拡充し，関係機関と連携をとりながら相談・支援を提供しています」と説明している。

(5) 子育て世代のハートをつかむビジョン，分かりやすい広報：大山崎町，綾部市

自治体に義務づけられている子ども・子育て支援事業計画では，各自治体がさまざまなビジョンを示している。たとえば，大山崎町は「地域がつながる子育て支援の輪～次代を担う子どもの笑顔があふれ，子育てが楽しいまち～」[7]というビジョン・基本理念を明示している。そして，基本的な視点を以下のように述べている。

> 子育ては，社会の最小単位である家庭において，保護者が行うのが望ましい方法であることをすべての住民が認識し，子どもを生み育てることに喜びを感じ，子育ては楽しいものであり，子どもは次代を担う社会の宝であると感じられるような支援が重要です。

> すべての住民の共通認識のもと，地域全体で子育て家庭に対する支援の輪（ネットワーク）づくりに取り組むことで，子どもたちの権利と利益を最大限尊重し，子どもも大人も笑顔で健やかに暮らせ，住民みんなが子育てを自慢できるまちを築いていくことが，この計画を推進する上での大きな願いです。

そのうえで，①すべての子育て家庭を支える輪（ネットワーク）のまちづくり，②安心して子育てができるまちづくり，③子どもの人権を尊重し豊かな個性を育むまちづくり，④子どもを生み，育てやすいまちづくり，⑤仕事と生活の調和が実現できるまちづくり，という5つの基本目標（**資料8-7-4**）を定め，基本理念・基本目標の達成に向けて関連する45施策を体系化している。

地域全体で子育て家庭に対する支援の輪・ネットワークづくりに取り組むことで，京都市と大阪市の間に位置する大山崎町では人口・世帯数ともに増えており，出生率（人口千人当たりの出生数）も2016年から増加傾向に転じ，2015年8.9（出生数139人），2016年9.5（同146人），2017年10.9（同168人）という数字になっているという。

資料8-7-4　大山崎町　5つの基本目標

出典：大山崎町「第2期大山崎町子ども・子育て支援事業計画（概要版）」p. 3。https://www.town.oyamazaki.kyoto.jp/material/files/group/33/gaiyou_kodomokosodate_2.pdf（2024年9月1日閲覧）

なお，子育て世代で関心が高いにもかかわらず理解しづらい保育・幼児教育のサービスについて，綾部市は第Ⅰ部第1章で紹介したような「早わかりチャート」（**資料1-1-2**）を作成している。

（6）こども計画の策定に向けて：南丹市

子ども・子育て支援事業計画は，子ども・子育て支援法（2012.8）において市町村（第61条），都道府県（第62条）に策定が義務づけられている。加えて，次世代育成支援対策推進法による行動計画（義務／市町村：第8条，都道府県：第9条）の策定，子どもの貧困対策の推進に関する法律による計画（努力義務／都道府県：第9条1項，市町村：第9条2項）等を合わせて「トータルプラン」化しているところも少なくない。こども基本法は，新たに自治体こども計画の策定を努力義務化しており，既存の各法令に基づく都道府県計画・市町村計

画と一体のものとして作成することをこども家庭庁が応援するとしている。

その一環として用意されたこども政策推進事業費補助金（自治体こども計画策定支援事業）に2023年度採択されたのが，南丹市である。同市では，2023年度現在，「南丹市第2期子ども・子育て支援事業計画」及び「南丹市子どもの未来応援プラン～子どもの貧困対策推進計画」を推進中である（2020-24年度の5カ年計画）。そして，2025年度以降を見据えて2023年度から準備を始め，次の第3期子ども・子育て支援事業計画，子ども未来応援プラン～子どもの貧困対策推進計画，次世代育成支援行動計画，子ども・若者計画と一体のかたちで，南丹市こども計画（2025-29年度，5カ年計画）を策定する意向という[8]。

京都府下でこども計画の策定が今後どのように進展するのか，引き続き注視し追跡したい。

注

※以下のウェブサイトは，改めてすべて2024年9月1日閲覧にて確認済み。ただし調査日から内容が更新されている場合もあるので，最新の情報については要確認。

1）自治体の基本情報は人口・世帯数［年月日現在］，面積（小数点以下四捨五入）である。

2）独自施策については，ホームページ情報に加えて「イクハク（育児助成金白書）」の京都府のサイトでも確認し補足した。https://www.ikuhaku.com/mains/city/kyouto/

3）京都府保険医療協会調べの一覧（表10-6-1）を参照のこと。

4）田沼朗（2016）「義務教育無償化をめざす自治体の取組み：京都府・伊根町の場合」『身延山大学仏教学部紀要』(17)，1-15（https://doi.org/10.15054/00000533）によると，吉本秀樹町長の第3期目公約（2014年11月）に掲げた「子育て支援」の一環であるという。

5）相楽東部広域連合「学校給食費，修学旅行費の無償化について（お知らせ）」（2018年3月）https://www.union.sourakutoubu.lg.jp/contents_detail.php?co=new&frmId=750

6）相楽東部広域連合「令和5年度『連合の教育』の重点」（2023年月4月）https://www.union.sourakutoubu.lg.jp/contents_detail.php?co=kak&frmId=1317

7）大山崎町「第2期大山崎町子ども・子育て支援事業計画（概要版）」https://www.town.oyamazaki.kyoto.jp/material/files/group/33/gaiyou_kodomokosodate_2.pdf

8）南丹市「南丹市こども計画 令和5～6年度」https://www.city.nantan.kyoto.jp/www/gove/136/020/000/1004702/1004725_1_501_5.pdf

第III部

子育て・教育の地域共同システム

第9章 産後ケア事業に係る自治体施策
――鳥取県・滋賀県を例に――

第10章 高校・大学等修学支援に係る自治体施策
――大阪府・鳥取県・滋賀県・京都府を例に――

第9章 産後ケア事業に係る自治体施策
―鳥取県・滋賀県を例に―

0. 背景及び趣旨

　出産後の養生は昔から大切だと言われ、生後1カ月過ぎの宮参りまでは家事・農作業などの免除軽減がなされ、母体の回復と授乳などの育児が軌道に乗るよう産婆や家族、親せき、近隣の人々による援助が行われていた。病院・産院での出産が主である現代においては、家族や近親者による援助のほか、退院後、産後2週間健診や1カ月健診をはじめ母乳外来や電話相談等が病院・産院で行われている。しかしながら、核家族化や晩婚化、種々の事情から家族内や近親者からの十分な援助が受けにくい場合もあり、身体的回復や心理的安定を図る産後ケアの重要性が、いま再び注目されている。

　他方、子育て・教育を時間軸でみたとき、就学前はさまざまな課題がある時期である。小学校と幼児教育・保育の接続問題、幼小連携、幼稚園と保育所の教育と福祉の二元的制度、認定こども園が発足した後も3歳以上と3歳未満の段差はさまざまな意味である。支援のメニューはいろいろあるが、出産後、病院や産院と離れ、保育所やこども園、育児サークルや近隣の繋がりなど次のいわば居場所が確定するまでの期間が見落とされがちではなかっただろうか。「産前産後からの切れ目ない支援」を今一度、子育て・教育の連続した視点、また、自治体施策全体の視点からも追究する必要があるであろうというのが、「産後ケア事業」を取り上げる本章の発想である。

　本章では、母子保健法に基づき市町村（特別区を含む）が実施主体として行う「産後ケア事業」について、出産（子どもの誕生）から子育て・教育の第一歩への支援の形として注目し、その現状を明らかにするとともに自治体が提供している各種の支援との連携や保育・幼児教育との接続を探った。その際、少子高齢化が進むとともに人口全国最少県である鳥取県と、京都・大阪圏から子育て世代が流入して人口に占める15歳未満の子ども人口が全国第2位の滋賀県とを事例として取り上げた。

1. 「産後ケア事業」とは

(1) 制度的位置づけ

①経緯

　従来から行われてきた産後ケアに対して、「産後ケア事業」とは、母子保健法に基づき市町村が実施主体として行う事業を指す。政策の経緯をみると、これは妊産婦等の多様なニーズに応じ、妊娠から出産、子育て期までの切れ目ない支援を行うための「妊娠・出産包括支援モデル事業」（2014）、その本格実施（2015）、「産前産後サポート事業ガイドライン／産後ケア事業ガイドライン」の策定（2017）を経て、母子保健法一部改正による産後ケア事業の法制化（2019）、前出ガイドラインの改訂（2020）があり、2021年4月から対象を産後1年未満へと広げて実施されている。

　2019年の母子保健法の改正は、「産後ケア

事業」について市町村の実施努力義務を明記し，その意味で「産後ケア事業の法制化」といわれる。また，それまで生後4カ月頃までを対象としていたのを，産後1年未満へと対象を拡大し，関係機関及び自治体間の協議・連携についても言及したのが特徴である。

②「産後ケア事業ガイドライン」(2020) による「産後ケア事業」の概要

まず，事業の目的であるが，①母親の身体的回復と心理的な安定の促進，②母親自身のセルフケア能力の獲得，③母子の愛着形成，④母子とその家族が健やかな育児ができるよう支援することである。

実施主体は，市町村である。ただし，事業の全部または一部を委託することができる。委託先は病院・診療所・助産所等である。また，単一ではなく複数の市町村が連携して実施することも可能である。

利用者は，市町村が支援の必要をアセスメントし決定するが，産後に不調または育児不安，そのほか特に支援が必要と認められる者で，感染性疾患・入院加療の必要・医療的介入の必要のある者を除く。対象時期は，生後1年である。

実施担当者は，助産師，保健師，看護師を1名以上おき，出産後4カ月頃までは原則，助産師を中心とした実施体制をとり，そのうえで，心理に関しての知識を有する者，保育士・管理栄養士等，事業の趣旨や内容を理解した研修受講者をおくことができるとされた。

実施の方法は，管理者をおき，短期入所（ショートステイ）型，通所（デイサービス）型，居宅訪問（アウトリーチ）型の3種類が想定されている。ケアの内容は，①母親の身体的ケア及び保健指導，栄養指導，②母親の心理的ケア，③適切な授乳ができるためのケア（乳房ケアを含む），④育児の手技についての具体的な指導及び相談，⑤生活の相談，支援である。

いずれの実施方法においても，利用料が徴収されるが，生活保護世帯・低所得世帯には減免措置が望まれると記載されている。

③利用者の包含関係

さて，「産後ケア事業」の利用には本人の希望だけでなく市町村のアセスメントがあるが，母子保健事業全体の中で「産後ケア事業」はどこに位置づくのであろうか。次頁の**図9-1-1**は，「産前・産後サポート事業ガイドライン／産後ケア事業ガイドライン」(2020) 及び「子育て世代包括支援センター業務ガイドライン」(2017) より作成した「利用者の包含関係」である。

市町村には，従来から母子保健の分野と子育て支援の分野があり，それぞれに多様な施策が行われてきた。そして，妊娠期から子育て期にわたる切れ目のない支援のワンストップ拠点として「子育て世代包括支援センター」（法律上は，「母子健康包括支援センター」という名称）の設置が市町村の努力義務とされている (2016)。

これらの包含関係は，「思春期・更年期も対象とする母子保健事業全体の利用者」の中に「子育て世代包括支援センターの利用者」すなわち「すべての妊産婦・就学前の乳幼児とその保護者」があり，さらにその中に「産前・産後サポート事業の利用者」すなわち「身近に相談できる者がいないなど支援を受けることが適当と判断された妊産婦」があり，さらにその一部が「産後ケア事業の利用者」すなわち「産後に心身に不調又は育児不安その他特に支援が必要と認められる者」があるという構造になっている。

「子育て世代包括支援センター業務ガイド

図 9-1-1 利用者の包含関係

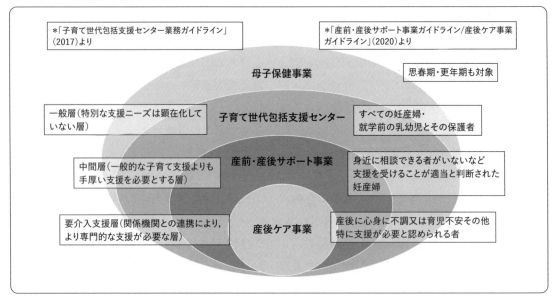

出典：厚生労働省「産前・産後サポート事業ガイドライン／産後ケア事業ガイドライン」(2020)(https://www.mhlw.go.jp/file/06-Seisakujouhou-11900000-Koyoukintoujidoukateikyoku/sanzensangogaidorain.pdf) 及び同「子育て世代包括支援センター業務ガイドライン」(2017)(https://www.mhlw.go.jp/file/06-Seisakujouhou-11900000-Koyoukintoujidoukateikyoku/kosodatesedaigaidorain.pdf) をもとに筆者作成。

ライン」(2017) は，子育て世代包括支援センターの利用者を「一般層（特別な支援ニーズは顕在化していない層）」，「中間層（一般的な子育て支援よりも手厚い支援を必要とする層）」，「要介入支援層（関係機関との連携により，より専門的な支援が必要な層）」の3層に区分しているが，「産後ケア事業」の利用者は，「要介入支援層」に入る。

「産後ケア事業」は，医療的介入を必要としない範囲ではあるが，そもそも高リスクのひとが事業対象として想定されているのである。

(2) 実施状況

「産後ケア事業」の全国的な実施状況を見ると，2020年度には，1741市町村のうち1158市町村で実施されており，実施率は66.5％であった[1]。翌2021年度では，1360市町村で実施されており（実施率78.1％），宿泊（短期入所）型，デイサービス（通所）型，アウトリーチ（居宅訪問）型それぞれの実利用人数の合計は，4万9630人と報告されている[2]。

市町村の実施努力義務化が法律に明記された2019年の法改正（2021年実施）以降，実施率は加速度的に上がっている。

2. 鳥取県における取り組み

(1) 鳥取県の概要

鳥取県は，中国山地の北側日本海に面した山陰地方にあり，東西に長いことから県下19市町村が東部（鳥取市・岩美町・八頭町・若桜町・智頭町），中部（倉吉市・湯梨浜町・三朝町・北栄町・琴浦町），西部（米子市・境港市・南部町・伯耆町・日吉津村・大山町・日南町・日野町・江府町）の3圏域に分かれて一定のまとまりをみせている。2024年7月1日現在で人口53万2114人，世帯数22万2048世帯（鳥取県ホームページ，以下，

HP）の人口全国最少県である。少子化問題は地域の存続に関わる問題として深刻であり，2009年10月に人口が60万人を下回ったことをきっかけとして，2010年に「子育て王国とっとり」の建国を宣言し，2014年には「子育て王国とっとり条例」が制定されている。

（2）「産後ケア事業」の取り組み

①県の取り組み

鳥取県は，2010年度から『とっとり子育て応援ガイドブック』の発行と「子育て王国とっとりサイト」の開設を行い，以後「産後ケア事業」についても各市町村の取り組みを一覧表にして掲載するなど，県民への情報発信と市町村間の情報共有に資している。

国のモデル事業が始まった2014年には，一早く県下で独自にニーズ調査を実施している[3]。すなわち，0～1歳の子どものいる母親3000人を対象に，妊産婦がどのような支援を望んでいるのかを具体的に尋ねている。結果，産後には睡眠不足やイライラなど体調面・精神面がすぐれない人が半数いて，上の子どもも含めた育児や家事負担軽減のための支援を必要としており，支援策として「乳児の一時預かり」「産後デイケア」「保健師・助産師等の専門家による家庭訪問」「産後ショートステイ」等のサービスの推進が期待されていた。

なお，「産後ケア事業」を展開するうえでの人的・物的な環境として，鳥取県は人口10万人あたりの就業助産師数は全国2位である。同様に保健師数・看護師数も他県と比べて多い[4]。出産にかかわる医療機関や助産所数は，資料9-2-1のように，産婦人科病院・医院

資料9-2-1　とっとり県の子育て安心マップ

出典：鳥取県「鳥取県・一般社団法人鳥取県助産師会『子育て安心マップ』」(2024年2月改訂版)。https://www.pref.tottori.lg.jp/secure/1170376/2024kosodatemap.pdf (2024年9月1日閲覧)

21, 助産所11となっている。

②市町村の取り組み

そして，**表9-2-1**に示すように，2021年4月1日現在では19市町村のすべて[5]が「産後ケア事業」のいずれかを実施していた（短期入所型18，通所型15，居宅訪問型9）。うち，子育て世代包括支援センターが担当部署となっているのは8市町村であった。さらに，1年後の2022年4月1日現在[6]においては，短期入所型18，通所型17（＋岩美町・江府町），居

宅訪問型13（＋鳥取市・日吉津村・日南町・江府町）へと増えていた（子育て世代包括支援センターの担当部署数は変わらず）。

③圏域の取り組み

詳しい状況を東部圏域（1市4町）にしぼって探ってみた。**表9-2-2**は，鳥取県東部圏域1市4町の2020年の出生数，立地する産科のある病院・産科医院・助産所の数，それぞれの市町が定める短期入所の利用料，施設の委託料を一覧にしたものである。当該市町

表9-2-1　鳥取県下19市町村における産後ケア事業の取り組み（2021年4月1日現在）

| 圏域 | No. | 市町村 | 産後ケア実施類型 | | | 担当部署名 |
			短期入所型	通所型	居宅訪問型	
東部	1	鳥取市	◎	◎	—	こども家庭相談センター
	2	岩美町	◎	—	—	住民生活課
	3	若桜町	◎	◎	—	保健センター
	4	智頭町	◎	◎	◎	福祉課（子育て世代包括支援センター「ちづサポ」）
	5	八頭町	◎	◎	—	保健課
中部	6	倉吉市	◎	◎	◎	子ども家庭課
	7	三朝町	◎	◎	◎	子育て世代包括支援センター（健康福祉課内）
	8	湯梨浜町	◎	◎	◎	子育て世代包括支援センター
	9	琴浦町	◎	◎	◎	子育て世代包括支援センター すくすく
	10	北栄町	◎	◎	◎	子育て世代包括支援センター
西部	11	米子市	◎	◎	—	健康対策課
	12	境港市	◎	◎	—	子育て世代包括支援センター
	13	日吉津村	◎	◎	—	子育て世代包括支援センターすまいるはぐ
	14	大山町	◎	◎	◎	こども課
	15	南部町	◎	◎	—	子育て支援課
	16	伯耆町	◎	◎	—	子育て世代包括支援センター
	17	日南町	◎	—	—	福祉保健課
	18	日野町	—	—	◎	健康福祉課
	19	江府町	◎	◎	—	福祉健康課

◎：無料実施，—：未実施
出典：鳥取県『とっとり子育て応援ガイドブック』2021年，p.5をもとに筆者作成。

表9-2-2　鳥取県東部圏域における産科・助産施設と産後ケア事業（2021年1月現在）

| 市町村 | 人 | 箇所 | 箇所 | 円 | 円 | 備考 |
	出生数 （2020年）	病院・産科医院 （委託数）	助産所 （委託数）	短期入所利用料 1泊2日 （課税世帯の場合）	委託料	
鳥取市	1,358	7（4）	4（3）	7,200	18,000×2	
岩美町	61	0	0			
若桜町	6	0	0	3,600×2	18,000×2	
智頭町	30	0（1）	1（3）	3,600×2		委託先は1助産所以外は鳥取市内
八頭町	106	0（4）	1（1）	3,600×2		委託先は助産所もすべて鳥取市内

出典：鳥取県助産師会『子育て安心マップ』（2019年改訂版）及び鳥取県と各市町村ホームページ（2022年8月10日閲覧）をもとに筆者作成。

が産後ケア事業を委託している病院・産科医院と助産所の数は，それぞれの欄にカッコ書きをした。短期入所利用料は，従来の補助のない課税世帯の額である。前日及び翌日の利用時間の規定には若干の違いがあることが予想されるが，1泊した場合の料金である。

鳥取市は県庁所在地で人口も比較的多く面積も広い。4町からは，かかる時間の多少はあるが，通勤・通学が可能な範囲にある。出産時は，鳥取市内の病院や産院が利用されることも多い。産後ケア事業での短期入所の委託も，町に病院・産科医院・助産所がない場合は，市町を跨いだ委託が圏域内で行われていることがうかがわれる。HPには記載のみられない町もあるが，利用料及び委託料もほぼ同額であり，圏域内での調整や情報収集による横並び化があると考えられる。

（3）現状と課題

鳥取県において特筆すべきは，2020年から「産後ケア事業」の無償化と呼ばれる施策が実現していることである。これは，市町村がアセスメントを行なって利用を認めた利用者の個人負担分の助成を鳥取県が行っていることを指す。

もう一つは，産後ケアを行う助産所の増改築改修に要する工事費等の助成が始まったことである。

ちなみに2022年度予算では，個人負担分の県助成に300万円，有床設備のある助産所の工事・設備・賃借料等助成に300万円が計上された。県の試算によると，前者はおよそ83泊分で出生数の2％が対象，後者は県2分の1・市町村4分の1・事業者4分の1，または県2分の1・事業者2分の1の負担割合である[7]。

この施策の前提として，鳥取県は，県政全般に関わる「第2期戦略『鳥取県令和新時代創生戦略』（素案）」についてのパブリックコメントを実施しており（実施期間2020年1月24日～2月12日），その実施結果を2020年3月31日に発表している[8]。応募件数は51件であったが，そのうち24件が産後ケア・産後ケア施設・産後ケア事業への要望であった。産後ケアの重要性や必要から受け皿としての産後ケア施設への支援や，対象の拡大の必要を述べる意見であった。そして，これらの意見への県の対応は，「①第2期戦略に反映（一部反映を含む），②具体的施策に係る今後の検討の参考とさせていただきます」というものであった。

3. 滋賀県における取り組み

（1）滋賀県の概要

滋賀県は，人口140万1641人・世帯数60万5655（2024.7.1推計）[9]であり，出生数（2022年）[10]は9766人である。滋賀県は，総人口に占めるこども（15歳未満）の割合が高く，沖縄県についで全国第2位[11]となっている。その理由は，京都・大阪圏からの子育て世代の流入があるとみられている[12]。

琵琶湖を囲んで滋賀県には19市町がある（次頁の**図9-3-1**）が，障がい児者の発達保障思想発祥の地であるとともに，乳幼児健診大津方式とその全県展開で知られている[13]。また，滋賀県『淡海子ども・若者プラン：子ども・子育て環境日本一の滋賀を目指して』（2015年，全216頁），同『淡海子ども・若者プラン：子どもの笑顔と幸せあふれる滋賀を目指して』（2020年，全136頁）が冊子版またはウェブ版として公開されている。

第Ⅲ部　子育て・教育の地域共同システム

図9-3-1　滋賀県下自治体マップ（再掲）

(2)「産後ケア事業」の取り組み

　県レベルでみると，滋賀県の取り組みは早く，「滋賀県産後ケア事業実施要領」を定めてサービスの総額費用を示すとともに，2016年4月から施行していた。実施主体は市町であり，短期入所型と通所型を例示しており，対象年齢は子が満1歳（施行当時国は4カ月頃）までとしていた。その後も，滋賀県は研修と推進の役割を担ってきた。

　その結果，2023年8月現在，19市町のすべてにおいて「産後ケア事業」が取り組まれている（表9-3-1）。各市町HPで確認したところ，型別の実施状況は短期入所型18，通所型18，居宅訪問型9である[14]。また，利用料金は，課税世帯で①短期入所6000～2万4000円（平均8089円），②通所3000～1万2000円（平均4000円），③訪問1000～2100円（1回ないし1時間料金）であった。

表9-3-1　滋賀県下19市町における産後ケア事業の取り組み（2023年8月現在）

圏域	No.	市町村	産後ケア利用料金　単位：円			担当部署名
			短期入所型	通所型	居宅訪問型	
大津地域	1	大津市	6,400	3,200	1,400	健康保険部保健所　健康推進課
南部地域	2	草津市	9,600	−	2,100	子ども未来部　子育て相談センター
	3	守山市	6,000	3,000	1,400	こども家庭部母子保健課
	4	栗東市	6,000	3,000	−	こども家庭センター　母子保健係
	5	野洲市	6,000	3,000	−	健康福祉部健康推進課
甲賀地域	6	甲賀市	9,600	4,800	1,200	地域の保健センター
	7	湖南市	9,600	4,800	1,500	（事業実施要綱のみ）
東近江地域	8	東近江市	9,600	4,800	1,000	健康医療部　健康推進課（保健センター）
	9	近江八幡市	6,000	3,000	1,000	健康推進課
	10	日野町	9,600	4,800	−	福祉保健課保健担当
	11	竜王町	6,400	3,200	1,000	健康推進課（保健センター）
湖東地域	12	彦根市	6,400	3,200	−	福祉保健部健康推進課
	13	愛荘町	6,000	3,000	−	（事業実施要綱のみ）
	14	豊郷町	6,000	3,000	−	医療保険課
	15	甲良町	24,000	12,000	−	（事業実施要綱のみ）
	16	多賀町	6,000	3,000	−	福祉保健部　子育て世代包括支援センター
湖北地域	17	米原市	6,000	3,000	−	くらし支援部　健康づくり課
	18	長浜市	6,400	3,200	1,000	健康推進課
高島地域	19	高島市	−	4,000	−	健康推進課

出典：各市町ホームページ（2023年8月21日閲覧）をもとに筆者作成。

特徴を概括すると，全19市町において産後ケア事業を実施，3形態すべてを提供しているのは8市町，HPで「産後ケア事業実施要綱」のみを載せている市町は3市町，高島市は生後7カ月までの乳児すべてに母乳指導のチケットを配布，窓口は健康推進課が8市町であり，ほかには医療保険課等があった。なお，滋賀県は「淡海子ども・若者プラン2020-24」[15]の中で，妊娠期からの切れ目ない支援体制の整備，虐待防止，産後ケア事業の数値目標（2024年度に全市町で実施）において「産後ケア事業」に言及していた。

（3）草津市における新生児—乳児期—幼児期を繋ぐ構想と試み

「産後ケア事業」を子育て・教育にかかわる施策の中でみると，草津市は切れ目ない支援を強く意識して「草津市版ネウボラ（イメージ図）」（資料9-3-1）を掲げて，妊娠前・妊娠期・出産・産後・子育て期にわたる各種のサービスを見やすく一覧にしていた。

草津市の「産後ケア事業」は，草津・栗東医師会や助産院等に委託し，通所型は実施せず，医療機関への宿泊サービスと助産師の自宅訪問サービスの2種類を実施しており，子育て相談センター（相談・支援係）が窓口となっている。対象となった場合，短期入所，訪問サービスをあわせて7日［回］以内利用でき，

資料9-3-1　草津市版ネウボラ（イメージ図）

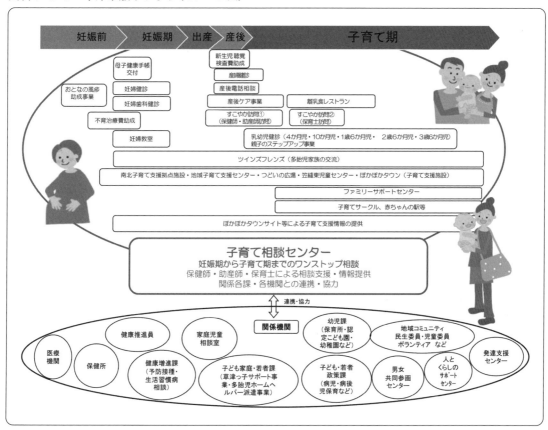

出典：草津市ホームページ「草津市版ネウボラ　妊娠・出産・子育てにおける切れ目のない支援」。https://www.city.kusatsu.shiga.jp/kosodate/kosodatesodan/neuvola.files/R6.pdf（2024年9月1日閲覧）

生活保護世帯・市民税非課税世帯には利用料金の減免制度がある。対象期間は産後4カ月未満であり，1歳までの延長は全国の他市町村同様に今後の課題となっている[16]。

草津市では，利用家庭の情報は子育て相談センターに集約し，全戸を対象とした生後4カ月までに実施する「すこやか訪問①（保健師・助産師訪問）」及び同じく7カ月頃の「すこやか訪問②（保育士訪問）」での支援に繋げる工夫が行われている。臨床心理士，公認心理師が常勤職員として相談業務以外にも従事し，キーパーソンとして助産師，保健師，保育士と連携していることも特徴である。

4. ユニバーサル化の動向

(1) 国会審議から

「次元の異なる少子化対策」がテーマの一つに急浮上した第211回国会（2023年1月23日〜6月21日）において，「産後ケア事業」がどのように論議されたかをみておこう。国会会議録検索システム（https://kokkai.ndl.go.jp/#/）において「産後ケア事業」で検索すると，2023年9月13日現在で8件・20カ所がヒットした。主な国会答弁は以下のようであるが，結論的にはユニバーサル化の方向性が読み取れる（以下，会議録の引用に際しては漢数字を算用数字とし，回次と院・会議名と号数・年月日の順で略記した。「……」は中略，「／」は段落区分を示す。下線とゴチック太字は引用者，以下同）。

まず，岸田文雄首相は，「妊娠から出産，子育てまでの身近な伴走型の相談支援と経済的な支援を一体として実施する事業を創設するとともに，産後ケア事業の**利用料減免措置の導入**などを行うこととしており，これらの取組を通じて，子ども・子育て支援へと適切

につなげてまいります」（211衆・本会議11・2023.3.16，№040）としている。

次に，小倉將信内閣府特命担当大臣は，「来年度の予算案におきましては，非課税世帯を対象に実施をしていた利用料減免支援について，所得のいかんにかかわらず，産後ケアを**必要とする全ての産婦を対象**とすることとしておりまして，これにより利用者の増加につながり，ひいては事業者の経営状況の改善に資するものと考えております。／……事業実施に当たっての課題把握のため，自治体から事業者への委託料など，産後ケア事業の実態につきまして，**厚労省が現在，自治体に対して調査**を行っているところであります」（211衆・予算委5・2023.2.2，№271）と述べている。

加藤勝信厚生労働大臣は，「**必要とする全ての方が心身のケアや産児サポート等を行う産後ケア事業の支援を受けられるよう全国展開に取り組む**，もうこれは**既に母子保健法の改正等によって努力義務も課せられている**わけでありますけれども。また，昨年の児童福祉法改正により創設した，主に支援の必要性の高い家庭に対して**育児・家事支援を行う子育て世帯訪問支援事業**について，令和6年度の施行に先駆けて令和3年度から既にモデル事業を実施しているところであります」（211参・予算委4・2023.3.3，№221）と，「必要とする全ての方」という言い回しをしている。

自見はなこ内閣府大臣政務官は，「昨年度，厚生労働省の調査研究事業におきまして実施いたしました自治体ヒアリングにおきましては，**育児不安等という要件が利用者にとってハードルが高く感じられ，利用をちゅうちょ**してしまう場合があるというお声も聞かれたところでもございます。……／このため，我々といたしましては，令和5年度の実施要綱のところから，対象者に関しましては産後ケア

が必要な者ということに改めさせていただき
まして，**より一層ユニバーサルサービスであ
るということを明確化**しておりまして，3月
の自治体の説明者にも既に説明を終えたとこ
ろでございます。／また，さらに，令和5年
度の予算におきましては，所得のいかんにか
かわらず，**産後ケアを必要とする全ての産婦
を対象とする利用料の減免支援も創設**したと
ころであります。／産後ケア事業につきまし
ては，**令和5年度もガイドラインの見直しを
行うための調査研究を予定**しておりまして，
こうした取組を通じまして産後ケアを利用し
やすい環境づくりを図り，より一層の全国展開，
しっかりと進めてまいりたいと存じます」
（211衆・厚生労働委7，2023.4.5，№140）と，「ユ
ニバーサルサービス」という表現を用いている。

また，「昨年度，都道府県に対しまして，産
後ケア事業の取組状況に関するヒアリングを
実施しております。その中で，**市町村と県医
師会との委託契約の手続を県が仲介している
事例**ですとか，あるいは，**県と市町村が組織
する委員会によって，事業者に委託して宿泊
型の産後ケア事業を実施している事例**などに
ついても把握したところでございます。／ま
た，令和5年度の予算におきましては，新たに，
産後ケア事業の委託先の確保等について検討
を行うための**協議会の設置等を行う都道府県
に対し財政支援**を行うこととしてございます。
／こうした取組事例の横展開や財政支援を通
じまして，**都道府県における積極的な広域調
整の取組**を我々といたしましても推進してい
きたいと考えてございまして，産後ケア事業
の全国展開を図ってまいりたいと思います」
（同，№146）と，委託契約における仲介や協議
会設置による市町村支援，広域調整の取り組
みについても述べている。

広域化などについて黒瀬敏文こども家庭庁

長官官房審議官は，「産後ケア事業は，多く
の自治体で産科医療機関や助産所などに委託
をして実施をされておりますが，委託先の地
域偏在も指摘をされております。このため，
**居住自治体以外でも産後ケア事業を利用でき
るように広域化を進めていく**ことが重要とい
うふうに考えております」（211衆・厚生労働委
19，2023.6.7，№087）と述べている。また，高
齢者施設内でも実施可能であることについて，
「具体的には，母子保健法施行規則におきま
して，居室，カウンセリングを行う部屋，乳
児の保育を行う部屋，その他事業の実施に必
要な設備を設置することといった基準を定め
ているところでございます。／こうした設備
等に関する**実施基準を満たし，市町村が適当
と認める場合には，お尋ねのような高齢者施
設内においても産後ケア事業を実施して差し
支えがない**ものというふうに認識をしており
ます」（同，№91）と答弁している。

(2)「こども未来戦略方針」への位置づけ

今後の方向性としての「産後ケア事業」の
ユニバーサル化を端的に示したのが，こども
「未来戦略方針」（2023.6.13閣議決定）への位置
づけである。特に，こども家庭庁が作成した
「こども未来戦略方針リーフレット」の「MAP」
（本書序章の**資料序-3-3**，本書終章の**資料終-1-1**
参照）[17]には，「妊娠～（伴走型相談支援スタート）
～出産～産後ケア～こども誰でも通園制度～
小学校入学～……」のように「産後ケア」が
ユニバーサルサービスとして描かれている。

(3)「産後ケアを必要とする者」を対象へ

2023年6月30日付で，こども家庭庁成育局母子保健課から各自治体の母子保健主管部局宛に出された事務連絡「産後ケア事業の更なる推進について」では，「産後ケア事業」の対象者について，「産後に心身の不調又は育児不安等がある者」「その他，特に支援が必要と認められる者」から「産後ケアを必要とする者」に見直しを行い，本事業が「支援を必要とする全ての方が利用できる」事業であることを明確化したとある。国の施策は急展開を見せた。図9-1-1で説明したような，従来のサービス上の包含関係等はどのようになるのか十分に説明されたとは言い難いが，産後ケア事業のユニバーサル化の方向性が国から各自治体への発信として確認できる。

5. 総合考察

実施主体は市町村であり，実施も努力義務である「産後ケア事業」であるが，関心の高さもあって2019年の母子保健法改正以来，実施率が急速に上がってきた。そして，2023年4月のこども家庭庁発足により，国の施策としても予算措置としても急展開をみせている。このようなユニバーサル化の方向性は歓迎すべきであろう。所得にかかわらず利用者の負担をなくする鳥取県の無償化の試みは先駆的であり，国も非課税世帯以外のすべての利用者を対象とする負担軽減措置を打ち出している。

他方，鳥取県東部にもみたように自治体の規模や出生数はさまざまであり，圏域・県下での連携は必須であるが，利用者からみれば，たとえ無償となったとしても交通手段の確保など現実的な問題は山積している。また，助産所など産後ケアを提供する側も，助産師など専門職の複数体制をとりつつ委託料の範囲内で採算が合う経営は困難を極めている。

「産後ケア事業」の内容は，子育ての第一歩への支援として，当面利用しない者にとっても安心感を与える非常に魅力的なものである。費用負担のハードルが低くなるとともに，必要な時に確実に利用できることが肝要であり，保育・幼児教育・就学へと接続する支援の全体像が利用者に理解できることも欠かせないだろう。

産後ケアの需要供給と質の維持向上を，いかに両立させていくのか，国・都道府県・市町村の各レベルの施策と取り組み，そして民間の取り組みの往還が期待される。鳥取県におけるパブリックコメントとそれへの県の対応，滋賀県草津市における日本版ネウボラの発信と部署ごとの意識的な連携など参考事例として貴重である。

※以下のウェブサイトは，特に記しているもの以外は，改めてすべて2024年9月1日閲覧にて確認済み。ただし調査日から内容が更新されている場合もあるので，最新の情報については要確認。

1) 総務省行政評価局「子育て支援に関する行政評価・監視－産前・産後の支援を中心として－結果報告書」2022年1月。https://www.soumu.go.jp/menu_news/s-news/hyouka_040121000154426.html#kekkahoukoku
2) 藤原朋子こども家庭庁成育局長の国会答弁（第211回国会，参議院・決算委員会第4号，2023年4月10日，No.098）https://kokkai.ndl.go.jp/#/detail?minId=121114103X00420230410&spkNum=98&current=2
3) 鳥取県福祉保健部子育て王国推進局子育て応援課「産前・産後ケアに関するアンケート調査報告書」（調査期間2014年10月30日～11月12日）2014年12月。https://www.pref.tottori.lg.jp/secure/787368/sannzennsanngohoukokusyo.pdf
4) ちなみに2020年において，就業助産師数46.4人／人口10万人（全国2位），就業保健師数64.0人／人口10万人（全国10位），就業看護師数1365.4人／人口10万人（全国7位）となっている。厚生労働省「令和2年衛生行政報告例（就業医療関係者）の概況」2022年1月27日。https://www.mhlw.go.jp/toukei/saikin/hw/eisei/20/
5) 鳥取県『とっとり子育て応援ガイドブック（令和3年度改訂版）』の説明は詳細であるが，県と市町村の広報にタイムラグがあり，市町村ホームページでは確認できない自治体もあった。
6) 鳥取県子育て・人材局子育て王国課『とっとり子育て応援ガイドブック（令和4年度改訂版）』のp.6「産後ケア事業　各市町村の実施状況（令和4年4月1日時点）」https://www.pref.tottori.lg.jp/secure/1305046/01ninshintoshussan4-8.pdf（2023年9月11日閲覧）2024年10月1日現在は2024（令和6）年度改訂版が発行されている。https://www.pref.tottori.lg.jp/278814.htm（2024年10月1日閲覧）
7) 「鳥取県令和4年度一般会計当初予算説明資料」の「4 款衛生費／1項 公衆衛生費／5目 母子衛生費」「事業名 産前産後のパパママほっとずっと応援事業」「主な事業内容」「産後ケア無償化事業」「助産所施設・設備整備事業」https://www.pref.tottori.lg.jp/secure/1274775/05-0802kosodate.pdf
8) 鳥取県新時代創造課「第2期戦略『鳥取県令和新時代創生戦略』（素案）に係るパブリックコメントの実施結果について」2020年3月31日。https://www.pref.tottori.lg.jp/secure/1245226/kekkaitiran.pdf
9) 滋賀県「滋賀県の人口と世帯数：令和6年（2024年）」の「月報令和6年7月」https://www.pref.shiga.lg.jp/kensei/tokei/jinkou/maitsuki/335781.html
10) 滋賀県「人口動態調査」の「5．出生・死亡・乳児死亡・死産・周産期死亡・婚姻・離婚の実数・保健所・市町別」の「R04」https://www.pref.shiga.lg.jp/eiseikagaku/toukei/zinkoudoutai/315249.html
11) 総務省「我が国のこどもの数：『こどもの日』にちなんで（「人口推計」から）」によると，2021年10月1日現在で①沖縄県16.5％，②滋賀県13.4％，③佐賀県13.3％（全国平均11.8％）となっている。https://www.stat.go.jp/data/jinsui/topics/topi1312.html#aII-2
12) たとえば，NHK「おうみ発630」2023年6月23日放映「巨大マンションが次々と…なぜ今，子育て世帯は滋賀に集まる？」（大津放送局・秋吉香奈）では，「大津に次々と巨大マンション／なぜ滋賀にマイホーム？／スーパーもJRもないけれど・・・／"消滅可能性都市"からの復活／保育園に入れない！／全国に広がる子育て世帯の流入／将来的には問題も／子育てしやすいまちをつくるには」という内容で報じられた。https://www.nhk.jp/p/ts/8RG6LZ736N/blog/bl/pdVzWyQwed/bp/pGVQQzP76l/（2023年9月11日閲覧）
13) たとえば，田中昌人（1978）「自治体における障害乳幼児対策の研究」『障害者問題研究』（15），10-51，稲沢潤子（1981）『涙より美しいもの：大津方式による障害児の発達』大月書店，田中杉恵（1990）『発達診断と大津方式』青木書店，田中昌人監修（2007）『要求で育ちあう子ら：近江学園の実践記録：発達保障の芽生え』大月書店，など参照のこと。
14) 高島市は，広報誌には載っているがホームページでは確認できなかったが，通所型に分類している。高島市では，母乳指導に特色を出して対象者を広げていた。https://www.city.takashima.lg.jp/soshiki/kenkofukushibu/kenkosuishinka/1/5/1613.html
15) 滋賀県（2020）「淡海子ども・若者プラン～子どもの笑顔と幸せあふれる滋賀を目指して～」https://www.pref.shiga.lg.jp/file/attachment/5238487.pdf
16) 2024年度現在，草津市では7回までのサービス利用のうち5回は利用料の助成があり，対象期間は産後1年未満となっている。
17) こども家庭庁「こども未来戦略方針リーフレット」のスライド1枚目が「MAP」である。現在は2023年12月22日閣議決定の改訂版（本書終章の資料終-1-1）になっている。https://www.cfa.go.jp/resources/kodomo-mirai/

第10章 高校・大学等修学支援に係る自治体施策
── 大阪府・鳥取県・滋賀県・京都府を例に ──

0. はじめに

　子育て・教育の地域共同システムとして，前章の産後ケア事業に続き，本章では義務教育以降の高校・大学等の修学支援に係る自治体施策に焦点をあてる。

　2022年以降に着手した国―都道府県（一圏域・郡）―市町村といった重層的な把握は，都道府県単位でそのもとにある市町村を含めてトータルにみていく手法である。したがって，都道府県内の自治体の実態や関係性をある程度承知したうえで，ホームページ（以下，HP）やウェブ上にある教育費支援情報を読み解いていく技が要る。そこで，土地勘のある大阪府下，鳥取県下，滋賀県下，京都府下まで進めた形になっている。

　残る都道県に関しても全国の研究者仲間や本書の読者有志の協力をえながら，調査対象を広げていきたいと考えている。

　ところで，独自に試作した「漸進的無償化プログラム2017」（**表10-0-1**）では，**タテ軸**

表10-0-1　漸進的無償化プログラム2017

区分	小区分／レベル	国	地方	法人	民間
A 学費	A1：学費自体の軽減化				
	A2：学費減免制の拡充				
B 奨学金・学生ローン等	B1：給付型奨学金の拡充				
	B2：無利子学生ローンの改善				
	B3：有利子学生ローンの縮減				
	B4：学内勤労奨学金等の拡充				
C 修学支援	C1：学習費の支援				
	C2：学生生活費の支援				
D 就労支援・生活保障	D1：就労支援				
	D2：生活保障				

に4つの区分，すなわちA学費（A1：学費自体の軽減化，A2：学費減免制の拡充），B奨学金・学生ローン等（B1：給付型奨学金の拡充，B2：無利子学生ローンの改善，B3：有利子学生ローンの縮減，B4：学内勤労奨学金等の拡充），C修学支援（C1：学習費の支援，C2：学生生活費の支援），D就労支援・生活保障（D1：就労支援，D2：生活保障）を設け，**ヨコ軸に4つのレベル**，すなわち国，地方（都道府県・市町村），法人（学校法人・大学法人），民間を置いている。この分析ツールを活用して，4大区分・10小区分別に，国の政策，地方の施策，法人や民間の事業等の現状と課題を明らかにし，漸進的無償化を総体的に推し進めようというのである[1]。

　本章では，この「漸進的無償化プログラム2017」を自治体施策の分析に活用する。なお，国は国際人権A規約の漸進的無償化条項を誠実に遵守・履行する義務を持つとともに，自治体や法人等が漸進的無償化に係る諸方策を打つよう促すとともに，必要な支援を講ずべきといえよう。また，自治体における先導的な試みを積極的にヨコ展開して全国に広げることもその一つである。

1. 大阪府における高校・大学等に係る修学支援施策

　第5章（2021年調査）でみたように，大阪府下には2政令市（大阪・堺市），7中核市（豊中・吹田・高槻・枚方・八尾・寝屋川・東大阪市），2施行時特例市（岸和田・茨木市），その他22市

9町1村がある（第5章の**図5-0-1**参照）。

(1) 大阪府レベルの施策 ─────

大阪府（次頁の**表10-1-1**：大阪府，法人）には，大阪府育英会奨学金（高校生等貸付），大阪府地域医療確保修学資金（府内の救急医療・周産期医療に従事意思のある者／返還免除あり），大阪府社会福祉協議会が行う保育士・介護福祉士・社会福祉士向けの貸付事業（返還免除あり）がある。

大阪公立大学は入学料の府民設定，授業料等支援（学部・大学院／住所要件を満たす年収目安590万円未満：全額免除，590〜800万円未満：3分の2免除，800〜910万円未満：3分の1免除）を行っている[2]。

(2) 市町村レベルの施策 ─────

市町村レベルの施策（次頁の**表10-1-1**：43市町村）についてみると，「B1：給付型奨学金」関連で9市（大阪・堺・枚方・八尾・茨木・泉佐野・富田林・河内長野・箕面［・廃止の門真を除く］：実施率21%）が，「B2：無利子／B3：有利子学生ローン」関連で11市（豊中・高槻・枚方・東大阪・茨木・貝塚・大東・和泉・柏原・四條畷・交野：26%）が，「C1：学習費の支援」関連で1市（摂津［私立高校学習支援金］：2%）が，「D1：就労支援」関連で保育士確保・就労支援策を12市町（豊中・八尾・寝屋川・池田・守口・泉佐野・松原・箕面・門真・摂津・交野・島本：28%）が，「D2：生活保障」関連で2市町（堺［生活保護世帯応援冊子］・河南［22歳まで医療費助成］：5%）が，取り組んでいる。「B2／B3」の具体例は，奨学金返還支援を5市（高槻［保育士等］・茨木［同］・四條畷［同］・大東・和泉［企業への呼びかけにとどまる枚方を除く］：12%）が，利子補給を2

市（茨木・交野：5%）が行っている。

後でみる鳥取県下・滋賀県下では町村による奨学金返還支援施策も多くみられたが，大阪府下では町村レベルの施策は稀であった。

2. 鳥取県における高校・大学等に係る修学支援施策

第6章（2022年調査）でみたように，全国人口最少県の鳥取県には4市14町1村があり，東部（鳥取市［中核市］と4町）・中部（倉吉市と4町）・西部（米子・境港市と6町1村）の3圏域を構成している（第6章の**図6-0-1**参照）。

(1) 鳥取県レベルの施策 ─────

鳥取県（235頁の**表10-2-1**：鳥取県，法人）は，高校生通学費助成（自己負担7000円超過額の助成），鳥取県未来人材育成奨学金支援助成金（募集180人／製造業，IT企業，薬剤師，建設業，建設コンサルタント業，旅館ホテル業，民間の保育士・幼稚園教諭，農林水産業への正規雇用を対象に最大216万円），医療従事者を目指す人への貸付（医師・看護師・理学療法士PT・作業療法士OT・言語聴覚士ST／返還免除あり），鳥取県保育士等修学資金貸付／保育士修学資金貸付（保育士・幼稚園教諭／返還免除あり），などを設けている。高校生通学費助成（2020.4〜）は県と市町村が2分の1ずつ負担し合うもので，全19市町村で要綱等を作成している。しかし，細部に違いがあり，高校生が倉吉市に陳情して県要項にある圏域外への通学を認めさせた例もあった。

公立鳥取環境大学は入学料の県内者設定（A2：学費減免）を行っている。

第III部　子育て・教育の地域共同システム　233

表10-1-1　大阪府及び府下43市町村における高校・大学等の修学支援施策

	区分	大阪府	43市町村 （政令市：太字，中核市：斜体，施行時特例市：下線，その他の市：波線，町村：なし）	大学法人 ・学校法人
A 学費	A1：学費自体の軽減化			
	A2：学費減免制の拡充			【大阪公立大学】 入学料：大阪府民18万8000円／それ以外38万2000円 ・授業料等支援制度（学部・大学院）住所要件を満たす年収目安590万円未満：全額免除, 590～800万円未満：3分の2免除, 800～910万円未満：3分の1免除）
B 奨学金・学生ローン等	B1：給付型奨学金の拡充	【大阪府】大阪府育英会夢みらい奨学金（大学生等） ・大阪府育英会USJ奨学金（同） ・特別奨励金（同：児童養護施設等入所児）	【大阪市】大阪市奨学費（高校生等：入学生年10万7000円，その他年7万2000円） 【堺市】堺市奨学金（同年3万2000円） 【枚方市】枚方市奨学金（同月4500円[国公立]，月6500円[私立]） 【八尾市】八尾市奨学金（同年2万円）／コロナに負けるな修学支援事業（3万円） 【茨木市】茨木市奨学金（同入学支度金第1子10万円，第2子以降18万円） 【泉佐野市】給付型奨学金（同入学時10万円） 【富田林市】富田林市奨学金制度（同入学生年5万円，その他年4万円） 【河内長野市】河内長野市奨学金（同年3万6000円） 【箕面市】箕面市給付型奨学金（同年5万円） 【門真市】給付型奨学金の廃止（2021.9に廃止決定）	
	B2：無利子学生ローンの改善	【大阪府】大阪府育英会奨学金貸付（高校生等） ・大阪府地域医療確保修学資金（救急医療・周産期医療従事希望者：返還免除あり） ・大阪府社会福祉協議会貸付事業（保育士・介護福祉士・社会福祉士：返還免除あり）	【豊中市】無利子貸与奨学金（高校生等） 【高槻市】無利子貸与奨学金（同） ・高槻市保育士等奨学金返済支援事業（大学生等） 【枚方市】企業の奨学金返還支援（JASSOの代理返還）制度活用の事業者への呼びかけ 【東大阪市】貸与奨学金（高校生・大学生等） ・入学準備金貸付（同） 【茨木市】大学奨学金利子補給事業（大学生等） ・保育士奨学金返済支援事業（同） 【貝塚市】奨学資金貸付制度（高校生・大学生等） 【大東市】貸与奨学金（高校生・大学生等：入学一時金，修学金） ・大東未来人材奨学金返還支援補助金 【和泉市】和泉市奨学金返還支援事業 【柏原市】貸与型奨学金（高校生等） 【四條畷市】保育士等奨学金返済支援事業 【交野市】奨学金貸付（高校生・大学生等） ・おりひめ教育ローン補助制度（同：年利0.4％相当を補助）	
	B3：有利子学生ローンの縮減			
	B4：学内勤労奨学金等の拡充			
C 修学支援	C1：学習費の支援		【摂津市】私立高等学校学習支援金（府の奨学給付金の対象外者年4万2000円）	
	C2：学生生活費の支援			
D 就労支援・生活保障	D1：就労支援		【豊中市】とよなか保育士助成金（新任・復職者応援手当，転入者歓迎一時金） 【八尾市】やお保育士サポート手当（八尾市保育士確保事業費補助金） 【寝屋川市】保育士処遇改善事業（2017-21採用） 【池田市】池田市保育士等就職支援補助金（就職お祝い金） ・池田市保育士等キャリアアップ事業補助金（国の事業に上乗せ） 【守口市】守口市民間保育士緊急確保支援事業 【泉佐野市】泉佐野市保育士等就職支援補助金 【松原市】保育士住宅借り上げ支援事業（保育士アパート等の借上げ費補助） 【箕面市】保育士支援事業（学生支援，生活支援，家賃支援の補助金） 【門真市】保育士等確保事業（定着支援事業，宿舎借上げ支援） 【摂津市】摂津市保育士就職支援補助金制度 【交野市】保育士確保策（資格取得支援金・就労支援金） 【島本町】新規採用保育士等臨時給付金制度	
	D2：生活保障		【堺市】生活保護世帯の中高生向け未来応援BOOKココから！（全24頁） 【河南町】かなん医療U-22（所得制限なしの22歳までの医療費助成）	

表10-2-1　鳥取県及び県下19市町村における高校・大学等の修学支援施策

	区分	鳥取県	19市町村 (東部・太字, 中部・斜体, 西部・下線)	大学法人 ・学校法人
A 学費	A1：学費自体の 軽減化			
	A2：学費減免制の 拡充			【公立鳥取環境大学】 入学料：鳥取県内者 18万8000円／それ 以外28万2000円
B 奨学金・学生ローン等	B1：給付型奨学金 の拡充		【北栄町】給付型奨学金（工業高専・大学・大学院への進学者） 【南部町】進学奨励金（高校生・大学生等）～2022年度末に廃止予定 【日野町】給付型奨学金（高校生等年2万5000円） 【江府町】進学奨励金（高校生・大学生等月4000円[自宅], 6000円[自宅外]）	
	B2：無利子学生 ローンの改善 ・成績要件の緩和 ・所得連動返還型 ・返還免除／猶予 ・救済制度　　等	【鳥取県】未来人材 育成奨学金支援助 成金 ・医療従事者を目 指す方への貸付 制度（医師・看 護師・理学療法 士・作業療法 士・言語聴覚士 ／返還免除あり） ・保育士等修学資 金貸付制度／保 育士修学資金貸 付（同）	【鳥取市】中小企業等奨学金返済支援事業補助金 ・市立病院の医師奨学金制度（返還免除あり） 【岩美町】無利子貸与奨学金（高校生・大学生等） ・看護師奨学金（岩美町国民健康保険岩美病院／返還免除あり） ・薬剤師等奨学金支援事業（岩美病院／薬学部5・6年生分, 県事業補填） 【若桜町】大学等奨学資金貸付制度（無利子）, 同返還支援事業 【倉吉市】無利子貸与奨学金2種（大学生等） 【三朝町】無利子貸与奨学金（高校生等） ・中部医師会立三朝温泉病院奨学金返還支援（薬剤師：県事業補填） 【湯梨浜町】ふるさと人材育成奨学金支援助成金（補助率で県事業補填） 【琴浦町】貸与奨学金（高校生・大学生等／入学支度金を含む） ・未来人材奨学金支援事業（補助率で県事業補填） 【日吉津村】無利子貸与奨学金（高校生・大学生等） ・地元人材育成奨学金支援事業（上記奨学金返還支援＋県事業補填） 【大山町】未来人材育成奨学金支援助成金（県事業補填） 【日南町】人材育成奨学金（大学生等・保健師養成所生・にちなん中国山地 林業アカデミー生：貸与奨学金／返還免除あり） 【日野町】介護福祉士養成奨学金貸付事業（返還免除あり） 【江府町】奥大山Welcome奨学金返還支援事業（最大年18万円×10年間）	
	B3：有利子学生 ローンの縮減			
	B4：学内勤労奨学 金等の拡充 ・学生雇用 ・SA, TA, RA　等			
C 修学支援	C1：学習費の支援 ・教科書代補助 ・実験実習費補助 ・留学費補助 ・学会活動費補助 　　　　　　等		【日南町・日野町・江府町】日野郡ふるさと教育公営塾「まなびや縁側」	
	C2：学生生活費の 支援 ・学生寮の整備・ 拡充 ・家賃補助（学割拡 大を含む） ・交通費補助（学割 拡大を含む） ・まかない費補助 （100円朝食）　等	【鳥取県】高校生通 学費保障（定期券 購入助成[自己負 担7千円超過分]） ⇒19市町村で実施	【鳥取市】ふるさと鳥取市Uターン学生応援便 【岩美町】岩美がんばれ若者小包 【若桜町】高校生等通学費助成金（県基準＋県内下宿生補助月1万円） 【南部町】高校等通学定期兼等助成（定期券・回数券の半額） 【伯耆町】高等学校等通学費助成金（＋通学支援助成金月1000円） 【日南町】高校生通学費等補助金（＋寮・下宿代） 【日野町】高校生等通学費助成（6000円超過分） 【江府町】高校等通学定期券購入補助制度（半額）	
D 就労支援・生活保障	D1：就労支援 ・就活・インターン シップ費支援 ・起業経費支援　等		【智頭町】おせっかい奨学パッケージ（町民登録制, 就職＆起業支援事業[地 元でのインターンの提供を含む]など）	
	D2：生活保障 ・生活保障制度 ・若者手当／年金 　　　　　　等			

第Ⅲ部　子育て・教育の地域共同システム

第10章　高校・大学等修学支援に係る自治体施策

（2）市町村レベルの施策

市町村レベルの施策（**表10-2-1**：19市町村）についてみると、「B1：給付型奨学金」関連で4町（北栄・南部・日野・江府：実施率21%）が、「B2：無利子／B3：有利子学生ローン」関連で12市町村（鳥取・岩美・若桜・倉吉・三朝・湯梨浜・琴浦・日吉津・大山・日南・日野・江府：63%）が、「C1：学習費の支援」関連で3町（日南・日野・江府：16%）が、「C2：学生生活費の支援」関連で高校生通学費保障（19市町村：100%／若桜・南部・伯耆・日南・日野・江府の6町は県基準に上乗せ［補助率］・横出し［回数券，寮・下宿代］：32%）のほかにふるさと物産品の送付を2市町（鳥取・岩美：11%）が、「D1：就労支援」関連で1町（智頭：5%）が、取り組んでいる。「B2／B3」の具体例は、奨学金返還支援を9市町村（鳥取・岩美［薬剤師］・若桜・三朝［薬剤師］・湯梨浜・琴浦・日吉津・大山・江府：47%）が、特定職種（医師・看護師・保健師＆林業者・介護福祉士）に係る返還免除を3市町（鳥取・日南・日野：16%）が行っている。

郡内の連携協力や圏域で施策に類似点のあることが分かる。

3. 滋賀県における高校・大学等に係る修学支援施策

第7章（2022年調査）でみたように、滋賀県には琵琶湖を囲む形で13市6町があり（**図7-0-1**参照）、大津地域（大津市［中核市］）、南部地域（草津・守山・栗東・野洲市）、甲賀地域（甲賀・湖南市）、東近江地域（近江八幡・東近江市と2町）、湖東地域（彦根市と4町）、湖北地域（長浜・米原市）、高島地域（高島市）の7地域に分けられる。

（1）滋賀県レベルの施策

滋賀県（**表10-3-1**：滋賀県，法人）は、私立高等学校等特別修学補助金（授業料を減免する法人への補助），奨学資金（高校生等への貸与），看護職員修学資金（返還免除あり），県立看護師等養成所授業料資金（同），滋賀県福祉系高校修学資金（同），滋賀県保育士／介護福祉士修学資金（同）などを設けている。

滋賀県立大学は入学料の県内者設定，大学院生の授業料減免，博士後期課程奨学金給付を行っている。

（2）市町レベルの施策

市町レベルの施策（**表10-3-1**：19市町）についてみると、「B1：給付型奨学金」関連で6市町（大津・守山・甲賀・湖南・多賀・米原：実施率32%）が、「B2：無利子／B3：有利子学生ローン」関連で12市町（大津・守山・野洲・甲賀・湖南・近江八幡・東近江・日野・彦根・愛荘・長浜・高島：63%）が、「C2：学生生活費の支援」関連で2町（愛荘［定期券補助］・竜王［同＋夜間代行］・愛荘：11%）が、「D1：就労支援」関連で2市町（野洲・豊郷：11%）が、取り組んでいる。「B2／B3」の具体例は、奨学金返還支援を6市町（甲賀・湖南［保育士等］・東近江［同］・愛荘［同］・長浜［同］・彦根［同＋定住・移住］：32%）が、特定職種（看護師等・医学生・保育士等）に係る返還免除を5市（大津・野洲・近江八幡・東近江・彦根：26%）が行っている。

表10-3-1　滋賀県及び県下19市町における高校・大学等の修学支援施策

区分		滋賀県	19市町 （大津・南部地域：太字，甲賀・東近江地域：斜体， 湖東地域：下線，湖北・高島地域：波線）	大学法人・学校法人
A 学費	A1：学費自体の軽減化			
	A2：学費減免制の拡充	【滋賀県】滋賀県私立高等学校等特別修学補助金（授業料を減免する学校法人への補助）		【滋賀県立大学】入学料：滋賀県内者28万2000円／それ以外42万3000円 ・大学院生の授業料減免：大学等修学支援法の減免基準を院生にも適用 ・滋賀県立大学大学院博士後期課程奨学金：研究活動支援の目的で月2万5000円給付
B 奨学金・学生ローン等	B1：給付型奨学金の拡充		【大津市】大津市奨学生（高校生等月1万円） 【守山市】守山市育英奨学生（大学生等月3万円） 【甲賀市】甲賀市奨学資金給付制度（高校生等月5000円・大学生等月1万5000円） 【湖南市】湖南市奨学資金給付制度（高校生等［通学費を含む］・大学生等［入学支度金を含む]） 【多賀町】多賀町育英資金奨学生（高校生等月7000円・大学生等月1万4000円／認定者は町内のボランティア活動等に従事） 米原市 給付型奨学金（卒業後に米原市に定住意思のある者）	
	B2：無利子学生ローンの改善	【滋賀県】滋賀県奨学資金（貸与：高校生等） ・滋賀県看護職員修学資金（返還免除あり） ・滋賀県立看護師等養成所授業料資金（返還免除あり） ・滋賀県高等学校等定時制課程および通信制課程修学奨励金貸与（返還免除あり） ・滋賀県社会福祉協議会：滋賀県福祉系高校修学資金（返還免除あり） ・同：滋賀県保育士修学資金貸付事業（返還免除あり） ・同：滋賀県介護福祉士修学資金貸付制度（返還免除あり）	【大津市】看護師奨学金制度（市立大津市民病院／返還免除あり） 【守山市】貸与奨学金（高校生等・大学生等／入学［留学］支度金・緊急学資金を含む） 【野洲市】病院事業看護学生修学資金貸付（返還免除あり） 甲賀市 甲賀市奨学金返還支援金 湖南市 湖南市保育士奨学金返還支援事業 近江八幡市 近江八幡市看護師等修学資金貸与制度（返還免除あり） 東近江市 東近江市医学生奨学金貸与条例 ・東近江市保育士等奨学金返還支援事業費補助金交付要綱（ともにHPでの利用案内は未確認） 日野町 無利子貸与奨学金（高校生等・大学生等） 彦根市 彦根市保育士等奨学金 ・移住・定住促進奨学金返還支援補助金（滋賀大学彦根キャンパス・滋賀県立大学・聖泉大学卒業生） ・彦根市病院事業看護師等奨学金（返還免除あり） 愛荘町 愛荘町保育士等奨学金返還支援事業費補助金交付要綱（HPでの利用案内は未確認） 長浜市 長浜市保育士等奨学金返還支援金 高島市 育英資金3種（高校生等・大学生等）
	B3：有利子学生ローンの縮減			
	B4：学内勤労奨学金等の拡充			
C 修学支援	C1：学習費の支援			
	C2：学生生活費の支援		【竜王町】路線バス通学定期利用促進プロジェクト（通学定期半額補助，バス代行の夜間特別便［相乗りタクシー]） 愛荘町 近江鉄道＆路線バス通学定期券補助（高校生等・大学生等，20％補助）	
D 就労支援・生活保障	D1：就労支援		【野洲市】保育士等保育料補助事業 豊郷町 保育士支援（就職準備金）	
	D2：生活保障			

4. 京都府における高校・大学等に係る修学支援施策

第8章（2023年調査）でみたように，京都府下には15市10町1村がある（**図8-0-1**参照）。そして，政令指定都市の京都市ないし4つの京都府広域振興局の管轄エリアに重なる5地域に区分されることが多い。すなわち京都市

地域（1市），山城地域（7市7町1村），南丹地域（2市1町），中丹地域（3市），丹後地域（2市2町）である。

(1)「A学費」項目[A1学費自体の軽減化，A2学費減免制の拡充]

　京都府（**表10-4-1**）は公立大の無償化方針を示していないが，府下公立大4校に地域枠等の入学金減免制度がある。北から順に，①

福知山公立大学（入学金28万2000円及び授業料53万5800円＋実践教育実習費4万円／<u>市内者は学部入学金の3分の1相当額［9万4000円］を還付，福知山公立大学の卒業生の大学院入学金免除</u>），②京都府立大学（学部・大学院の<u>入学料：府内者16万9200円</u>，府外者28万2000円／授業料：一律53万5800円），③京都府立医科大学（<u>入学料</u>：学部医学科**府内者28万2000円**・府外者49万3000円，看護学科**府内者16万9200円**・府外者28万2000円，

表10-4-1　京都府及び府下26市町村における高校・大学等の修学支援施策

	区分	京都府	26市町村 （丹後地域：太字，中丹地域：斜体，南丹地域：下線，京都市：波線，山城地域：破線）	大学法人・民間企業等
A 学費	A1：学費自体の軽減化	・私立高等学校授業料支援（あんしん修学支援事業）[国の高校等就学支援金に最大19万8800円上乗せ等：授業料減免／学費軽減]		【福知山公立大学】入学金28万2000円及び授業料53万5800円＋実践教育実習費4万円／減免：市内者は学部入学金の3分の1相当額（9万4000円）を還付，福知山公立大学の卒業生の大学院入学金免除。 【京都府立大学】学部・大学院の入学料：府内者16万9200円，府外者28万2000円／授業料：一律53万5800円 【京都府立医科大学】入学料：学部医学科府内者28万2000円・府外者49万3000円，看護学科府内者16万9200円・府外者28万2000円，大学院一律28万2000円／授業料：一律53万5800円 【京都市立芸術大学】学部・大学院の入学料：市内者28万2000円，市外者48万2000円／授業料：一律53万5800円
	A2：学費減免制の拡充			
B 奨学金・学生ローン等	B1：給付型奨学金の拡充	・京都府高校生給付型奨学金（高等学校等奨学金）[生活保護世帯・市町村民税非課税世帯：入学支度金（入学時）・支援金等（毎年）の支給]	【京丹後市】給付奨学金[大学生等：市民税非課税世帯月額1万2000円，市民税所得割非課税世帯月額1万円] 【福知山市】高等学校等入学支援金支給事業[通信制2万2500円，他3万,500円] 【舞鶴市】育英資金[通学費補助金：経費の2分の1以内，入学支度金：] 【亀岡市】高校生まなび応援のための支援金[高校生ら2人以上家庭，国の高等学校等就学支援金を受けていない高校生を対象に公立高校授業料相当分を支給] 【京丹波町】育英金[高校・高専1年生12万円以内，同2-3年生6万円以内，高専4-5年生・看護専門・保健師専門学校・農業又は林業大学校・大学生等：18万円以内] 【城陽市】奨学金(高校・高専)[学力優良で学資支出困難な1年生対象：5万円] 【和束町】奨学金支給制度[大学等：年額国公立6万円以内，私立12万円以内] 【精華町】高校奨学金及び社会福祉奨学金の令和4年度分から新規募集停止	
	B2：無利子学生ローンの改善	・保育士確保のための貸付事業（1.保育士修学資金貸付事業）[月額5万円以内・入学準備金20万円以内・就職準備金20万円以内，返還免除あり] ・京都府看護師等修学資金貸付制度[保健師・助産師・看護：国公立3万2000円・私立3万6000円，准看護士：1万5000円・2万1000円，返還免除あり] ・京都府地域医療確保奨学金[医師・医学生：年額180万円，返還免除あり]	【宮津市】未来を担う人財応援奨学金[年額上限60万円，返還免除あり] ・地域医療確保奨学金貸与制度[医師1人：月額15万円又は特定診療科月額20万円，返還免除あり] 【京丹後市】無利子奨学金[修学支援金100万円以内，入学支度金70万円以内] ・市立病院看護師等修学資金制度(看護師・助産師)[月額5万円，返還免除あり] 【伊根町】伊根町奨学金[大学，短大，高専(4-5年)，専修学校専門課程／詳細不明] 【与謝野町】与謝野町奨学資金[大学・専修学校生，月額3万5000円以内]	
	B3：有利子学生ローンの縮減		【福知山市】保育士確保支援制度[修学資金2年間で最大60万円，返還免除あり] 【舞鶴市】介護福祉士育成修学資金[年間100万円上限，2年間，返還免除あり] 地域医療確保奨学金等貸付制度(医師)[月額15万円，返還免除あり] 【綾部市】介護福祉士育成修学資金制度[年間100万円上限，2年間，返還免除あり] ・保育士修学資金[年間100万円上限，2年間，返還免除あり] 【宇治市】奨学資金貸与[大学生，無利子] 【向日市】保育士奨学金貸与事業[月額2万円まで，減免あり]	
	B4：学内勤労奨学金等の拡充			
C 修学支援	C1：学習費の支援		【京都市】京都市高校進学・修学支援金支給事業[学用品費等：上限14万4000円]	
	C2：学生生活費の支援		【伊根町】高等学校生徒下宿費等補助金[生徒1人当たり年額7万円] 【綾部市】鉄道利用通学費補助金[大学生等：定期券代の3割，1人上限5万円] 【宇治田原町】高校通学費補助金[非課税世帯：定期券代全額，課税世帯：半額] 【和束町】高校生等通学費補助金[定期券代3分の2]	

238

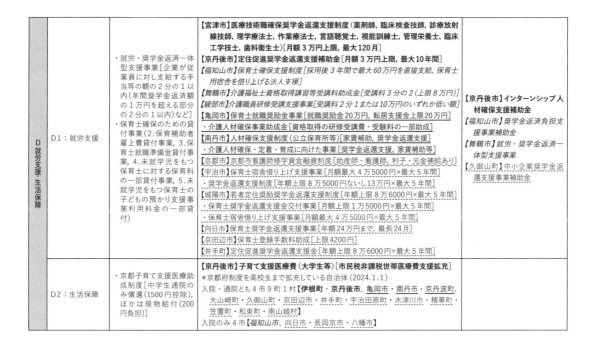

資料10-4-2 亀岡市高校生まなび応援のための支援金（イメージ図）

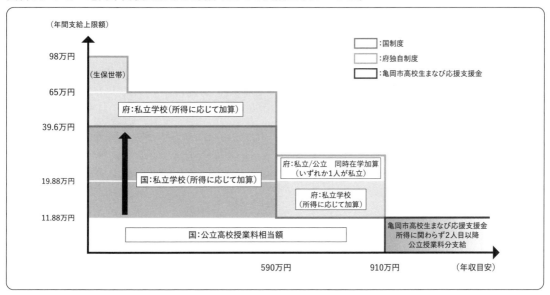

出典：亀岡市「亀岡市高校生まなび応援のための支援金について」．https://www.city.kameoka.kyoto.jp/soshiki/44/55306.html（2024年9月1日閲覧）

大学院一律28万2000円／授業料：一律53万5800円），④京都市立芸術大学（学部・大学院の**入学料：市内者28万2000円**，市外者48万2000円／授業料：一律53万5800円）という状況である。

高校等に関しては，私立校に関して国の就学支援金制度に上乗せする**京都府あんしん修学支援制度**がある（**資料10-4-2**「亀岡市高校生まなび応援のための支援金」の図をかりて説明すると，土台の「国」部分は国制度，上乗せの「府」部分が府制度）。

第III部 子育て・教育の地域共同システム 239

（2）「B 奨学金・学生ローン等」項目

［B1 給付型奨学金の拡充, B2 無利子学生ローンの改善, B3 有利子学生ローンの縮減, B4 学内勤労奨学金等の改善］——

【B1 給付型奨学金】

京都府高校生給付型奨学金（高等学校奨学金）とは，生活保護世帯や市町村民税非課税の母子父子世帯などを対象に入学支度金や支援金等を支給するものである。京都府では，就・修学，技能修得や就職を支援する各種の援護制度をまとめた『就・修学及び進学・就職を支援するための援護制度一覧』（冊子版・PDF版，日本語，英語，韓国・朝鮮語，中国語版）を出している。

市町村で給付型奨学金を設けていたのは5市2町であった（城陽市・和束町［精華町は廃止の広報あり］，亀岡市・京丹波町，福知山市・舞鶴市，京丹後市）。多くは経済的理由による修学困難者を支援するものであるが，亀岡市高校生まなび応援のための支援金（資料10-4-2）は，国の高校等修学支援金制度（「国」部分）及び京都府あんしん修学支援制度（「府」部分）の非該当世帯（年収目安910万円以上）の2人目以降（大学生等［申請年度4月1日時点において22歳未満の者］を含む）の高校生に対象を拡げて市独自に横出し支援を行うものである（下右端の「亀岡市」部分／公立高校授業料相当分［11万8800円］を支給）。

【B2・B3 学生ローン】

京都府は特定職種養成（保育士，保健師・助産師・看護師，地域医療医師）の修学資金等（Uターン等による返還免除あり）を設けている。

市町村では，保育士3市（向日市，福知山市・綾部市），介護福祉士2市（舞鶴市・綾部市），看護師等1市（京丹後市），医師2市（舞鶴市，宮津市），未来人材1市（宮津市）確保を目指すもの，ないしその他一般2市2町（宇治市，京丹後市・伊根町・与謝野町）であった。

宮津市ではUターン促進策とUJI促進策の2種類の施策を用意している。まず，宮津市未来を担う人財応援奨学金（資料10-4-3）は，Uターン促進策である。これは，ふるさと宮津の未来の担い手として活き活きと活躍する若者を応援するため，大学・短期大学・専門学校等に進学する学生に対して，独自の奨学金を貸与するもの（1学年につき60万円上限［ただし住民税非課税世帯は30万円上限］／資料10-4-3の斜線のある「市奨学金」部分）で，卒業後に宮津市に戻り，貸与期間と同じ年数だけ宮津市に定住すると返還免除となる。

次に，後述する「D1就労支援」に相当する，医療技術職確保奨学金返還支援制度というUIJターン促進策である（宮津市・伊根町・与謝野町共同事業）。対象は北部医療センターに医療技術者（薬剤師，臨床検査技師，診療放射線技師，理学療法士，作業療法士，言語聴覚士，技能訓練士，管理栄養士，臨床工学技士，歯科衛生士／定員年5人）として勤務し1週間の所定労働時間が30時間以上の者で，独立行政法人日本学生支援機構第一種奨学金，同第二種奨学金，国又は地方公共団体奨学金，大学等独自の奨学金，その他市長が認める奨学金の返還について，月額3万円を上限に最大120カ月にわたって補助を行う。

（3）「C 修学支援」項目［C1 学習費の支援, C2 学生生活費の支援］——

【C1 学習費の支援】

京都市高校進学・修学支援金支給事業とは，市民税非課税世帯の高校等修学支援を目的に学用品費等を助成するものである（京都府奨学給付金と併給調整のうえで合わせて14万4000円）。

【C2 学生生活費の支援】

通学費補助が1市2町（宇治田原町・和束町，綾部市），下宿費等補助が1町（伊根町）あった。

資料10-4-3　宮津市未来を担う人財応援奨学金

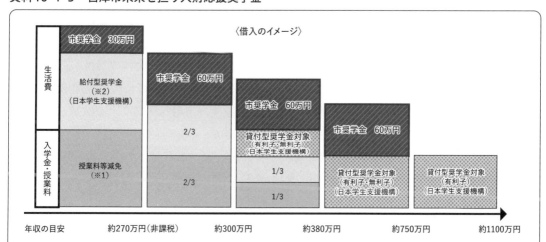

出典：宮津市「～令和5年4月に大学等へ入学予定の方へ～宮津市未来を担う人財応援 奨学生の募集」リーフレットp.2より（宮津市からの情報提供をもとに作成）。

(4)「D就労支援・生活保障」項目
[D1就労支援, D2生活保障]

【D1就労支援】

京都府就労・奨学金返済一体型支援事業は、中小企業等の人材確保と若手従業員の定着及び経済的負担軽減を図るため、奨学金返済支援として従業員に支給した手当等の一部を補助するものである[3]。3市1町（久御山町, 福知山市・舞鶴市, 京丹後市）が関連事業を行っている。

また、京都府は保育士確保事業（京都府社会福祉協議会）を数種類用意している。市町村では**定住促進及び特定職種確保**などの事業がある（地元出身か否かを問わずUIJターン促進を志向）。定住促進2市1町（城陽市・井手町, 京丹後市）、保育士7市（宇治市・城陽市・向日市・京田辺市、亀岡市・南丹市, 福知山市）、介護職員4市（亀岡市・南丹市, 舞鶴市・綾部市）、看護師1市（京都市）、医療技術職1市（宮津市：毎年約5名～薬剤師・臨床検査技師・診療放射線技師・理学療法士・作業療法士・言語聴覚士・視能訓練士・管理栄養士・臨床工学技士・歯科衛生士）である。

【D2生活保障】

若者年金等の事業は発見できなかった。子ども医療費助成に関しては、**京丹後市子育て支援医療費助成制度**として、京都府下の自治体で唯一、市民税非課税世帯の大学生等（22歳年度末, 2020.8～）までを助成対象に拡充していた。

5. 自治体の役割と可能性

従来からみられた公立大学の学費減免（A2），給付奨学金（B1）・貸与奨学金［返還免除あり］（B2・B3）に加えて，奨学金返還支援（B2・B3），ローン利子補填（B3），公営塾の設置・私学学習支援金（C1），通学費支援／通学手段保障やふるさと物産品送付（C2），保育士等の特定職種の就労支援策・地元インターンの提供（D1），医療費助成（D2）など多彩な支援策が展開されている。

また，地方創生の観点からの特定職種（医師・看護師等・PT・OT・ST・薬剤師，保育士等，介護福祉士など）や移住定住する若者の確保策も修学支援／漸進的無償化の一環に位置づけ得る。

6. 重層的把握の試み

(1) 就労・奨学金返済一体型支援事業にみる促進的・拡充的な補完関係 ──

府と市町の事業の補完関係は，たとえば京都府−久御山町（**資料10-6-1**，府補助額の2分の1を上限として補助金を交付），京都府−福知山市（**資料10-6-2**，府補助額の2分の1を交付［産業観光課］／さらに保育士については事業者負担分の4.5万円についても追加で上乗せ［子ども政策室］，従業員の負担0円）のようである。

京都府事業はまち・ひと・しごと創生総合

戦略（2014.12.27）のもとで基金を設置した例に当たる。基金設置の経費は自治体にとって持ち出し（出損）であったが，特別交付税（奨学金を活用した若者の地方定着促進に係る特別交付税）が用意された今では<u>国の促進措置→府事業の展開→市町村事業による拡充</u>という関係となっている。

「国→府→市町村」の関係は，国の保育士確保プランのもとで進行展開する自治体の保育士確保事業にもみることができる。

(2) 子ども医療費助成にみる自治体による拡充及び国によるペナルティ措置の撤回へ ──

子ども医療費助成について，「京都府内の子育て支援医療費助成制度一覧」（**資料10-6-3**）が京都府保険医協会調べで公表されている。最上段の「京都府」の助成制度をベースに，府下26市町村が横出し・上乗せして拡充していることがわかる。

ところで，「異次元の少子化対策」が焦点となった2023年，子ども医療費助成に関わって国の方針が変更されるという大きな変化があった。全国知事会・全国市長会・全国町村会はこれまで，「子どもの医療費助成に係る国民健康保険の国庫負担減額調整措置の廃止を要請」（3団体，2015.11.18），「子どもの医療に関わる制度に関する要望」（3団体，2016.3.29），「こども政策の充実に向けた緊急提言」

資料10-6-1　久御山町の奨学金返還支援事業

例：対象従業員の年間の返済額が18万円，事業者が3分の2を支援している場合			
従業員年間返済額 18万円	農業者の支援総額 12万円		
【府制度のみ利用】	府 6万円	事業者 6万円	本人負担 6万円
【町制度との併用】	府 6万円	町 3万円　事業者 3万円	

出典：久御山町「久御山町中小企業奨学金返還支援事業補助金 制度利用の例」。https://www.town.kumiyama.lg.jp/0000004976.html（2024年9月1日閲覧）

資料10-6-2　福知山市の奨学金返還支援制度

	事業者負担　4.5万円
企業からの手当額 18万円	市補助額　4.5万円 ［産業観光課］
	京都府補助額 9万円

出典：福知山市「福知山市奨学金返還負担支援事業補助金案内チラシ」。https://www.city.fukuchiyama.lg.jp/uploaded/attachment/43225.pdf（2024年9月1日閲覧）

資料10-6-3 京都府内の子育て支援医療費助成制度一覧

京都府保険医協会調べ（2024年9月1日）

（対象）	3歳未満	就学前	小学生	中学生	18歳まで	大学生	
京 都 府 入院 通院	現物給付（200円負担）			償還（1500円控除）			
京 都 市 入院 通院	現物給付（200円負担）			現物給付（1500円負担）注1			
向 日 市 入院	現物給付（負担なし）				償還		
通院	現物給付（200円負担）						
長 岡 京 市 入院 通院	現物給付（200円負担）				償還（200円控除）		
大 山 崎 町 入院 通院	現物給付（200円負担）						
宇 治 市 入院 通院	現物給付（200円負担）						
城 陽 市 入院 通院	現物給付（200円負担）						
久 御 山 町 入院 通院	現物給付（負担なし）						
八 幡 市 入院 通院	現物給付（200円負担）						※
京 田 辺 市 入院 通院	現物給付（200円負担）						
井 手 町 入院 通院	現物給付（負担なし）注2						
宇 治 田 原 町 入院 通院	現物給付（200円負担）						
木 津 川 市 入院 通院	現物給付（200円負担）						
精 華 町 入院 通院	現物給付（200円負担）						
笠 置 町 入院 通院	現物給付（負担なし）						※
和 束 町 入院 通院	現物給付（負担なし）注2						
南 山 城 村 入院 通院	現物給付（負担なし）注2						
亀 岡 市 入院 通院	現物給付（負担なし）						
南 丹 市 入院 通院	現物給付（200円負担）				償還 （800円控除）		
京 丹 波 町 入院 通院	現物給付（負担なし）				償還		
綾 部 市 入院 通院	現物給付（200円負担）				償還（200円控除）		※
福 知 山 市 入院 通院	現物給付（200円負担）注3				償還（200円控除）		
舞 鶴 市 入院 通院	現物給付（200円負担）						※
宮 津 市 入院 通院	現物給付（200円負担）						
伊 根 町 入院 通院	現物給付（負担なし）注2				償還		
与 謝 野 町 入院 通院	現物給付（200円負担）				償還 （200円控除）		※
京 丹 後 市 入院 通院	現物給付（200円負担）				償還 （200円控除）	注4	

注1　京都市の通院中学生は、月1500円超額の償還も適用。小学生までの調剤薬局での一部負担金は不要
注2　井手町、和束町、南山城村、伊根町は窓口負担なし（受給者証にその旨のシール貼付）
注3　福知山市は、住民税非課税世帯の中学生までの入院・通院とも自己負担なし。通院中学生は月1500円超額の償還も適用
注4　京丹後市の市民税非課税世帯の大学生等を対象
※は2024年度からの変更分

出典：京都府保険医協会「京都府内の子育て支援医療費助成制度一覧（2024年9月1日現在）」。https://healthnet.jp/wp-content/
uploads/2017/04/edd636cda5d9a8ba951cdbf329296fb5.pdf（2024年9月1日閲覧）

（全国知事会，2023.2.28，全国一律の医療費助成制度をはじめとする経済的支援の強化を含む），「こども家庭庁創設を踏まえたこども政策の充実に向けて」（3団体，2023.3.14，減額調整措置を直ちに全廃）などに取り組んできた。そして，「こども・子育て政策の強化について（試案）」（3団体，2023.3.31）の公表を受けて，こどもの医療費助成に係る国民健康保険の減額調整措置の廃止などについても盛り込まれたことを評価する声明を発した。すなわち，ついに国にペナルティ（国民健康保険の減額調整措置）廃止を表明させた（211衆・厚生労働委7・2023.4.5，伊原和人保険局長）のである。

今後さらに，国による無償化，大学生等への拡充を注視したい。

（3）圏域・郡における子育て教育に係る地域共同・広域連携の可能性

鳥取県における産後ケア事業の展開では，近隣自治体や郡・圏域において子育て・教育の知見や情報を共有し限られた社会資源を融通し合う様子がみて取れた。

高校・大学等の修学支援策について京都府をみた場合も，過疎化が進む北部圏域での医師等の養成確保，修学支援に係る類似事業の近隣自治体への伝播や協力的（ないし切磋琢磨的）な展開が確認できた。

子育て・教育の地域共同システム創出の観点から，圏域・郡における地域共同・広域連携の可能性について，引き続き検討を深めたい。

1) 「2017」と付けているのは，JSPS科学研究費・基盤研究（B）「後期中等・高等教育における『無償教育の漸進的導入』の原理と具体策に係る総合的研究」15H03474（研究代表者・渡部昭男 2015-17）による共同研究の成果の一端として，日本教育学会第76回大会のラウンドテーブルで中間報告を行い（2017.8.25），その後に神戸大学大学院人間発達環境学研究科研究紀要第11巻第2号（2018.3.31）において公表したからである。渡部昭男・光本滋・細川孝・水谷勇・渡部（君和田）容子 2017「『漸進的無償化プログラム』の中間提案：教育学と経営学による共創作業」『日本教育学会大會研究発表要項』76（0），96-97，https://doi.org/10.11555/taikaip.76.0_96，渡部昭男 2018「後期中等・高等教育における「無償教育の漸進的導入」の原理と具体策（3）2016-17年度の研究成果と課題：漸進的無償化プログラムの提言にむけて」『神戸大学大学院人間発達環境学研究科紀要』11（2），153-16．https://doi.org/10.24546/81010229．なお，小区分の施策例を表10-2-1に掲げたので参照してほしい。
2) 公立大学等無償化方針の自治体は，①大阪府：2020年度実施済み→拡充方針／大阪公立大学・大阪府立大学・大阪市立大学に通う府民の学部・大学院生について所得制限を設けず無償化：2024年度の在学生高学年より段階的に開始し2026年度に完成予定方針，②兵庫県：若者・Z世代応援パッケージ／兵庫県立大学・芸術文化観光専門職大学の県民の学部・大学院生について所得制限を設けず無償化：2024年度の在学生高学年より段階的に開始し2026年度に完成予定方針，③東京都：「未来の東京」戦略／東京都立大学の学部生・博士前期課程・法科大学院及び助産学専攻科生，東京都立産業技術大学院大学の専門職学位課程生，東京都立産業技術高等専門学校の本科4-5年生及び専攻科生の都民の新入生・在校生について，2024年度から年収目安910万円未満世帯の場合：授業料を全額免除，3人以上の多子世帯の場合：年収目安910万円以上でも半額免除，である。
3) 2024年9月3日現在，導入企業・事業所は275社。京都府ホームページ「奨学金返済負担軽減支援制度の導入企業の御紹介」https://www.pref.kyoto.jp/rosei/syuurousyougakukin/seidodonyukigyou.html（2024年10月1日閲覧）

終章 切れ目ない一体的・総合的な支援へ
―「こども未来戦略」―

0. はじめに

こども基本法（2023年度施行）は「こども」を「心身の発達の過程にある者をいう」（2条1項）と定義し，一律に18歳ないし20歳で区切ってはいない。このことによって，18歳以降の学生・青年・若者も「心身の発達の過程にある者」に含めて，新生児・乳幼児期からおとなになるまでをトータルにとらえる道をひらいている。

そして，「『こども施策』とは，次に掲げる施策その他のこどもに関する施策及びこれと一体的に講ずべき施策をいう」として，以下の3つを掲げている（2条2項）。

一　新生児期，乳幼児期，学童期及び思春期の各段階を経て，おとなになるまでの心身の発達の過程を通じて切れ目なく行われるこどもの健やかな成長に対する支援

二　子育てに伴う喜びを実感できる社会の実現に資するため，就労，結婚，妊娠，出産，育児等の各段階に応じて行われる支援

三　家庭における養育環境その他のこどもの養育環境の整備

すなわち，切れ目ない一体的・総合的な（シームレスでトータルな）支援のあり方を吟味・検討し，創出する課題が生まれている。

本書の最後に，「異次元の少子化対策」に係る特記事項（**表 終-0-1**）の中から，直近（序章で述べた以降）の「こども未来戦略」の動向をまとめておこう。

表 終-0-1 「異次元の少子化対策」関連の特記事項（2023年1月～2024年7月）

2023.1.4	岸田首相年頭会見「異次元の少子化対策」
2023.1.19	「異次元の少子化対策」の実現に向けた関係府省会議の初会合
2023.1.23	第211回通常国会召集（～6.21），岸田首相の施政方針演説
2023.2.28	人口動態統計速報（2022年12月分）（厚生労働省公表）（出生数80万人割れ）
2023.3.31	こども・子育て政策の強化について（試案）～次元の異なる少子化対策の実現について～（関係府省会議，こども政策担当大臣）（加速化プランを含む）
2023.4.1	こども基本法の施行，こども家庭庁の創設
2023.6.2	2022年人口動態統計月報年計（概数）の概況（厚生労働省報道発表）（出生数77万747人／出生率（人口千対）6.3／合計特殊出生率1.26）
2023.6.13	こども未来戦略方針決定（閣議決定）
2023.6.16	経済財政運営と改革の基本方針2023（骨太方針2023／閣議決定）（少子化対策・こども政策の抜本強化を含む）
2023.10.20	第212回臨時国会召集（～12.13），岸田首相の所信表明演説（10.23）
2023.12.22	こども大綱（閣議決定），こども未来戦略（閣議決定），幼児期までのこどもの育ちに係る基本的なビジョン（はじめの100か月の育ちビジョン）（閣議決定），こどもの居場所づくりに関する指針（閣議決定）
2024.1.26	第213回通常国会召集（～6.23），岸田首相の施政方針演説（1.30）
2024.4.1	改正児童福祉法施行（市町村にこども家庭センター設置の努力義務化）
2024.5.24	自治体こども計画策定のためのガイドライン公表（こども家庭庁）
2024.5.31	こどもまんなか実行計画2024（こども政策推進会議決定）
2024.6.5	2023年人口動態統計月報年計（概数）の概況（厚生労働省報道発表）（出生数72万7277人［▼4万3470人］／出生率6.0［▼0.3］／合計特殊出生率1.20［▼0.06］）
2024.6.12	子ども・子育て支援法等の一部を改正する法律公布（支援金制度創設等を含む）
2024.6.21	2024年こども白書（2023年度）（閣議決定し国会提出）
2024.7.8	こども政策に関する国と地方の協議の場（2024度第1回）

注：網掛け部分は序章で言及済み

1. すべてのこども・子育て世帯，ライフステージに沿って切れ目なく，横串を刺す

「こども未来戦略方針」（2023.6.13閣議決定）をたたき台として決定した「こども未来戦略～次元の異なる少子化対応の実現に向けて」（2023.12.22閣議決定）は，「3つの基本理念」の一つに「全てのこども・子育て世帯を切れ目なく支援する」を位置づけ，「親の就業形態にかかわらず，どのような家庭状況にあっても分け隔てなく，ライフステージに沿って切れ目なく支援を行い，多様な支援ニーズにはよりきめ細かい対応をしていく」としている。

それをイメージ化して「こども未来戦略方針MAP」（序章の**資料 序-3-3**）をもとに，妊娠・出産から大学院までを連続的にさらに充実させて描き直したのが，「こども未来戦略MAP」（**資料 終-1-1**）である。また，「こども未来戦略MAP」にある施策を実施するための法案も成立し，いつ実施されるか，どの法に依拠するのかも明確に示されている（**資料 終-1-2**）。

一元的なアクションプラン「こどもまんなか実行計画」（2024.5.31こども計画推進会議決定）は具体的な工程表，数値目標を提示しており，KPI（重要業績評価指標）を設定して政策効果を検証しながらPDCA（計画―実行―評価―改善）を推進していくとしている。

なお，「はじめに」で述べたように，こども基本法は，都道府県・市町村に「こども大綱」（2023.12.22閣議決定）を勘案したこども計画の策定を努力義務化（10条）している。「自治体こども計画策定のためのガイドライン」（2024.5.24

資料 終-1-1　こども未来戦略MAP

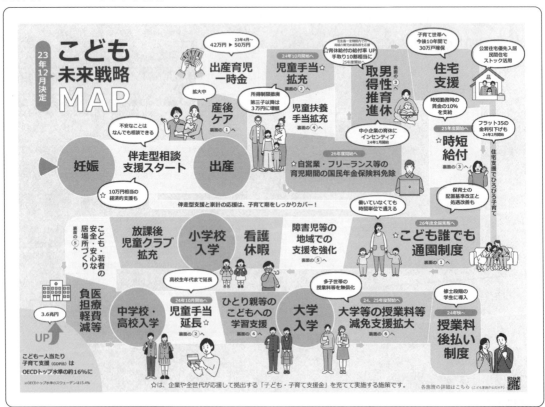

出典：こども家庭庁「こども未来戦略方針リーフレット等」（2023年12月22日閣議決定）。(2024年9月1日閲覧）

資料 終-1-2

こども家庭庁

第5回子ども・子育て支援等分科会
2024年2月19日　資料2

子ども・子育て支援法等の一部を改正する法律案の概要

法案の趣旨

こども未来戦略（令和5年12月22日閣議決定）の加速化プランに盛り込まれた施策を着実に実行するため、ライフステージを通じた子育てに係る経済的支援の強化、全てのこども・子育て世帯を対象とする支援の拡充、共働き・共育ての推進に資する施策の実施に必要な措置を講じるとともに、こども・子育て政策の全体像と費用負担の見える化を進めるための子ども・子育て支援特別会計を創設し、妊娠期からの切れ目のない支援等を講ずるための子ども・子育て支援金制度を創設する。

法案の概要

1.「加速化プラン」において実施する具体的な施策

(1) ライフステージを通じた子育てに係る経済的支援の強化　【①児童手当法　②子ども・子育て支援法】

①児童手当について、(1)支給期間を中学生までから高校生年代まで延長する、(2)支給要件のうち所得制限を撤廃する、(3)第3子以降の児童に係る支給額を月額3万円とする、(4)支払月を年6回とする抜本的拡充を行う。

②妊娠期の負担軽減のため、妊娠・出産の支援給付を創設し、当該給付と妊婦等包括相談支援事業とを効果的に組み合わせることで総合的な支援を行う。

(2) 全てのこども・子育て世帯を対象とする支援の拡充　【①②⑧児童福祉法、子ども・子育て支援法　③～⑤子ども・子育て支援法　⑥⑦子ども・若者育成支援推進法　⑧子ども・子育て支援法の一部を改正する法律】

①妊婦のための支援給付とあわせて、妊婦等に対する相談支援事業（妊婦等包括相談支援事業）を創設する。

②保育所等に通っていない満3歳未満の子どもの通園のための給付（こども誰でも通園制度）を創設する。

③産後ケア事業を地域子ども・子育て支援事業に位置付け、国、都道府県、市町村の役割を明確化し、計画的な提供体制の整備を行う。

④教育・保育を提供する施設・事業者に経営情報等の報告を義務付ける（経営情報の継続的な見える化）。

⑤施設型給付費等支給費用の第3子以降に係る上限額等の引上げ、拠出金率の法定上限の引下げを行う。

⑥児童扶養手当の第3子以降の児童に係る加算額の引上げ、若者支援の法定年率に引き上げる。

⑦ヤングケアラーを国・地方公共団体による子ども・若者支援の対象に明記。

⑧基準を満たさない認可外保育施設の無償化に関する経過措置の期限到来に対する対応を行う。

(3) 共働き・共育ての推進　【①雇用保険法　②国民年金法】

①両親ともに育児休業を取得した場合に支給する出生後休業支援給付及び育児期に時短勤務を行った場合に支給する育児時短就業給付を創設する。

②自営業・フリーランス等の育児期間中の経済的な給付に相当する支援措置として、国民年金第1号被保険者の育児期間に係る保険料の免除措置を創設する。

2. 子ども・子育て支援特別会計（いわゆる「こども金庫」）の創設　【特別会計に関する法律】

こども・子育て政策の全体像と費用負担の見える化を進めるため、年金特別会計の子ども・子育て支援勘定及び労働保険特別会計の雇用勘定（育児休業給付関係）を統合し、子ども・子育て支援特別会計を創設する。

3. 子ども・子育て支援金制度の創設　【①④子ども・子育て支援法　②医療保険各法等】

①国は、1 (1)①②、(2)②、(3)①②　(＊)に必要な費用に充てるため、子ども・子育て支援納付金を徴収することとし、額の算定方法、徴収の方法等を定める。

②医療保険者が被保険者から徴収する保険料に納付金に充てるため、医療保険料に係る費用（子ども・子育て支援金）を合めることとし、医療保険制度の取扱いを踏まえた被保険者への賦課・徴収の方法、国民健康保険等における任意徴収措置等を定める。

③歳出改革等を進め上げることによって実質的な社会保険負担軽減の効果を生じさせ、令和8年度から令和10年度にかけて段階的に公債を発行することができることとする。

④令和6年度から令和10年度までの各年度について、子ども・子育て支援特別会計に充てるため、子ども・子育て支援特例公債を発行することができることとする。

(＊) を子ども・子育て支援法に位置付ける外、同法の目的・定義に、こども・子育て支援特別会計に充てる外、子ども・子育て支援が目的・子ども・子育て支援を希望する者が安心してできる社会の実現・環境の整備を追加し、同法の趣旨を明確化する。

施行期日

令和6年10月1日（ただし、1(2)⑧は公布日、1(2)③は令和6年11月1日、1(1)②、(2)①③④⑤、(3)①、②は令和7年4月1日、1(2)②、③は令和8年4月1日、1(2)②、③は令和8年10月1日に施行する。

※その他、子ども・子育て支援法第58条の9第6項について、規定の修正を行う。

切れ目のない一体的・総合的な支援へ　終章

出典：こども家庭庁「子ども・子育て支援法等の一部を改正する法律（概要）」。https://www.cfa.go.jp/assets/contents/node/basic_page/field_ref_resources/eb0e61c2-8279-448d-81b9-e3b4ed4d8130/75e4930a/20240711_councils_jigyounushi-kyougi_eb0e61c2_09.pdf（2024年9月1日閲覧）

こども家庭庁）は，こども計画が従来の子ども・若者計画，子どもの貧困対策計画などの諸計画を一体化することによって，「こども施策」に全体として横串を刺し，住民にとってわかりやすいものになるとしている。

2. 全てのこども・子育て世帯を対象とする支援の拡充

「こども未来戦略」[1]は，「全てのこども・子育て世帯を対象とする支援の拡充」の筆頭に，「妊娠期からの切れ目ない支援の拡充～伴走型支援と産前・産後ケアの拡充」を明記している（p.18）。その中で，①伴走型相談支援の制度化，及び②産後ケア事業の拡大，を打ち出している。

伴走型相談支援の制度化とは，**資料 終-2-1** のようなイメージである。すなわち，現在は予算事業にとどまっている「出産・子育て応援給付金」（国3分の2，都道府県6分の1，市町村6分の1），「伴走型相談支援」（国2分の1，都道府県4分の1，市町村4分の1）を，2025年度から「妊婦のための支援給付金」（子ども・子育て支援法第10条の二，国10分の10），「妊婦等包括相談支援事業」（児童福祉法第6条の三㉒，費用負担は2025年度予算の編成過程で検討）として法定事業化する。

産後ケア事業の拡大とは，第9章で述べたユニバーサル化のことである。非課税世帯以外の利用者負担の軽減措置については，すでに2023年度予算から2500円／回（上限5回）が導入されている。

資料 終-2-1　伴走型相談支援の制度化イメージ

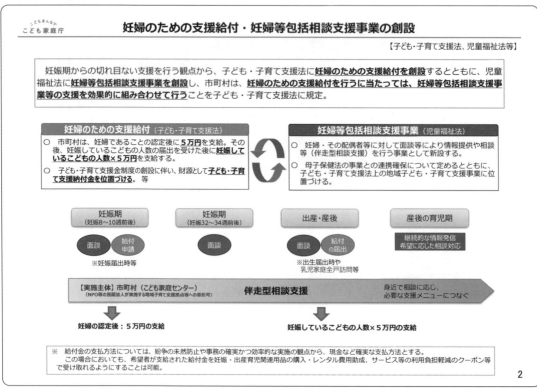

出典：こども家庭庁 成育局成育環境課「出産・子育て応援交付金の制度化についての自治体説明会」2024年2月22日，p. 3。https://www.cfa.go.jp/assets/contents/node/basic_page/field_ref_resources/be80930d-51d1-4084-aa3e-b80930646538/d87a6f41/20240227_policies_shussan-kosodate_38.pdf（2024年9月1日閲覧）

国の施策では，こども家庭センターの設置努力義務化（2024年度～）とあわせて，切れ目ない一体的・総合的な支援，ユニバーサル化が推進されている。しかしながら，自治体のホームページ情報を見る限り，広報も追いついてはいない。対象が広がることによって，従来のハイリスク層ケアとの腑分け，伴走型相談支援や産前・産後ケアの実施にあたる助産師はじめ保健師，看護師，管理栄養士，心理職等の専門職者及び講習等受講者など非専門職者の養成や配置，それぞれの専門性を踏まえた役割分担や連携，さらには民間業者の参入やその質の確保などが当面の検討課題である。加えて，乳幼児期の発達相談や保育等との接続の在り方を吟味し展望する必要もあろう。

3. 加速化プラン等における主な負担軽減策及び無償化策

「こども未来戦略」は，「加速化プラン～今後3年間の集中的な取組～」の中で主な負担軽減策として，児童手当の拡充（所得制限の撤廃，高校生年代まで延長，第三子以降3万円，等），出産等の経済的負担の軽減（出産・子育て応援交付金10万円，伴走型相談支援，出産育児一時金の引き上げ，等），医療費等の負担軽減（実施自治体への減額調整措置［ペナルティ措置］の廃止），高等教育費の負担軽減（中間層への支援拡大，授業料後払い制度，等）などを掲げている（pp.14-16）。

一方，無償化策について，「無償化」の用語は幼児教育・保育の無償化（ただし0～2歳は住民税非課税世帯限定），学校給食費の無償化（当面は実態調査実施と結果公表），多子世帯の授業料等の無償化（ただし扶養される子どもが3人以上の世帯）にとどめている。

本書ですでにみたように，自治体施策には

これら国の負担軽減策及び無償化策にさらに横出し・上乗せして拡大・充実しようと企図したものも少なくなかった。

4. 2023年第212回及び2024年第213回国会における審議の特徴

政府側の構想に対して日本国憲法等の法規範から検討を加え，必要な場合には修正を迫り，中長期的な観点に立ってより良き政策にするのが，国権の最高機関たる国会の役割である。

国会会議録検索システム（http://kokkai.go.jp/#）において「加速化プラン＆無償化」で検索すると，第122回（2023年10月20日～12月13日）：14件90か所，第123回（2024年1月26日～6月23日）：69件606カ所がヒットする（2024年7月24日現在／第123回は議事録公開が進行中であり未確定）。各政党・会派の教育無償化に係る主張・論点は以下のようである（以下，会議録の引用に際しては，漢数字を算用数字とし，回次と院・会議名と号数・年月日・発言者の順で略記した。「……」は中略，「／」は段落区分を示し，必要な場合には括弧内に語句を補った）。

自由民主党「安倍政権で，消費税を2度引き上げ，その財源で社会保障の充実や幼児教育の無償化を実現……岸田政権では，少子化対策の予算の増額を始め，歴史的な政策決定を行い，その財源確保にも取り組んでい（る）」（212衆・本会議3号・2023.10.24，稲田朋美）

公明党「来年度から……多子世帯や理工農系の中間層へと拡大……これにとどまらず，経済的な理由で学びを諦めることがない社会を構築し，安心感を持って子育てができるよう，2030年代までに大学等の無償化を実現すべき……／まずは入学金や教材購入，転居費用などで特に経済的負担が大きい大学や専門学校

等の１年生の前期分の授業料を無償化」（212参・本会議・4号2023.10.26，山口那津男）

立憲民主党「児童手当は第３子以降に限らず第１子から増額する，大学授業料無償化は子供の数に限らず実施する……／児童手当について，第１子から，高校卒業年次まで月１万5000円を支給すべき……／全ての子供の，国公立大学の授業料を無償化し，私立大学生や専門学校生にも国公立大学と同額程度の負担軽減を行う……／公立小中学校の給食費無償化」（213衆・本会議3号・2024.1.31，泉健太）

日本維新の会「大阪で進む子育て世帯支援策のうち，地方創生臨時交付金による地方自治体を通した小中学校の給食費無償化と，就学支援金の引上げ，又は教育バウチャーによる高校授業料の無償化を今回の経済政策として提案」（212衆・本会議4号・2023.10.25，馬場伸幸）

国民民主党「教育，科学技術など人的資本形成に資する予算には教育国債という新たな国債を充てる……（教育国債で）望む全ての学生が大学や大学院に無償で通えるようにすべき」（同，玉木雄一郎）

日本共産党「高等教育無償化を目指し，直ちに大学等の学費を半額にし，入学金制度を廃止し，奨学金を給付制中心に改め，奨学金返済の半額を免除すべき」（同，志位和夫）

れいわ新選組「高校は当然国の制度として無償化……／自治体間格差をなくし，公私立問わず親の収入に関係なく無償に……福井県，東京都は……所得制限を撤廃」（213参・文教科学委3号・2024.3.22，舩後靖彦）

このように，いずれの政党・会派も負担軽減策及び無償化策を掲げている。注目すべきは，与党の公明党から「2030年代までに無償化を実現」，「まずは１年生の前期分の授業料無償化」という形で，高等教育の漸進的無償化に向けた工程表（ロードマップ）が示されたことである（2024年度から新規拡充は第１章の**資料1-1-4**参照）。

おわりに——「こどもの学ぶ権利」及び「少子化対策」はいずれも重要

「こども」に18歳以降の青年・学生・若者を含み込んだ場合に，高等教育（大学等）段階における負担軽減及び無償化はどこまで進展しているのであろうか。

国会会議録を「高等教育（の）無償」で検索すると，①国際人権規約（無償化留保論議1978年～），②国難突破解散（少子高齢化対策/第4次安倍政権 2017年～），③異次元の少子化対策（岸田政権 2023年～）の大きく3期に質疑の系譜を区分することができる。権利保障の視点からのアプローチをスタート（ないしベース）に，少子化対策の論点に移行（ないし重層）してきた。

その点，「『高等教育の私費負担を軽減する』ことは，様々な目的の達成に資するものであると考えており，その上で……『こどもの学ぶ権利の保障』及び『少子化対策』は，いずれも同様に重要」[2]との答弁は，高等教育の漸進的無償化に係る重要な到達点である。

自治体では本書でみたように，「こどもの学ぶ権利の保障」及び「少子化対策」の双方の目的に資する先導的な施策に着手しており，子育て・教育の地域共同システムの萌芽・創出として評価しうるものであろう。

1）内閣府官房 https://www.cas.go.jp/jp/seisaku/kodomo_mirai/pdf/kakugikettei_20231222.pdf（2024年9月1日閲覧）
2）「衆議院議員宮本徹君提出高等教育の無償化に関する質問に対する答弁書」内閣衆質212第135号2023年12月22日。https://www.shugiin.go.jp/internet/itdb_shitsumon.nsf/html/shitsumon/b212135.htm（2024年9月1日閲覧）

おわりに

　随分前の個人的な話になるが，長男が生まれる前，当時まだ大学院生だった私（渡部容子）は，緊張しながら京都の役所の窓口を訪ねていた。「大学院生でも保育所に子どもを預けられますか」……私が聞きたいことはそれだけだった。奨学金をもらい授業料を払っている自分は働いているとはいえず，災害に遭ったわけでもない。けれど門前払いをされたら，私も家族も本当に困るのだ。年配の職員の方は，話を聴いて，恐る恐る尋ねる私に，「ご事情はどうあれ，昼間育児をできる方がいないわけですから」，「確かに認可保育所の途中入所は難しいですが，昼間里親制度など方法はいろいろあります」，「保育に欠ける子どもたちに保育の場を探すのは，私たちの仕事です，行政の責任です」ときっぱり言われた。想像していた対応とはまったく違っていた。心底安堵した。

　保育所措置制度という当時の背景があるかもしれないが，教育行政学を専攻する私は，これが「行政姿勢」というものかと後々何度も思い出した。困っているときは，不安で心細い。よく分からないのだ。その日は，貰ったパンフレットをしっかりと握り，「チューカンサトオヤ」と聞きなれない制度名を唱えつつ帰路についたのをよく覚えている。

　この本に収録した221自治体の子育て・教育費支援の一覧は，AIを使ったものではなく，また人海戦術で情報を集めたものでもなく，自治体のホームページをひとつひとつ開いて，昔風の手作業で作ったものである。最初から公刊するつもりなら，もう少し効率的に進めたであろうに。科学研究費補助金を得て最初は郵送調査を予定していたが，ホームページを見たら案外情報があることに気づき，訪問調査と組み合わせて始めた。ところが，コロナ禍で県外出張が止められたり，自治体の方でも対応の余裕がない状況になったりで，こもって作業を進めた。

　著者の一人の渡部昭男は，発達保障や特別ニーズ教育の理論と実践をベースに漸進的無償化施策に関心があった。私は，保育士養成や教員養成，保健師・助産師養成などの教育研究のキャリアと，小さな県での各種の審議会や行政委員会の経験，そして自分も経験した子育ての問題を総合して考えたいと思っていた。

　子育て・教育費支援情報は自治体の複数の部署にまたがって作成・広報・発信がなされている。閲覧して状況を把握することに苦労することが多かった。けれども，総じて自治体の情報は数年間の間にも，かなり見やすくなってきた。内容的にも，漸進的無償化の方向で自治体総合施策を志向し探っている事例もみられる。

　しかし，ウェブであれチラシであれ情報はどんどん古くなるし，情報間でのタイム

ラグもある。この本に載せた221例も，すでに更新されている部分も少なくないであろう。それでも，どこかで全体像を誰かが示す必要があるのではないかと考えていた。そして，こども基本法でこども計画策定が努力義務化された今こそ，その時ではないかと考えた次第である。

　それぞれの自治体に工夫や努力があり，事情があり，こだわりがある。この本に載せたそれぞれの自治体の支援情報は，それぞれの地域における子育て・教育をサポートしていくやり方で，いわば「レシピ」ではないだろうか。その時の処方箋であり，わが家の料理（われわれの地域の子育て・教育支援）の「レシピ」である。情報を総合化し，リンクを張るなどの工夫がなされている例があったり，国・都道府県・市区町村の施策を関連付けて総合的に閲覧・検索できるようにしたり，「妊娠出産期―乳幼児期―学童期―思春期―青年期―成人期」という形で一覧にして，切れ目のない情報提供に心掛けている例もあった。ローカルで小さな支援例も種々あった。221の「レシピ」からアイデアをもらい，参考にしていけば，よりよい施策が生まれてくるのではなかろうか。こども計画の充実に，ぜひ役立ててほしいと思う。

　特色ある自治体の工夫や配慮が参照されて広がり，全国いずれの自治体においても住民の福祉の増進をはかる方向での施策や広報の改善充実が進めばと思う。本書が各自治体図書館や議会図書室に納められ，関連の担当者や議員の方々の目にもとまり，回覧され広く活用されると嬉しい限りである。そして，子育てをする側や自治体の住民にとっても，刺激となって，地元にあってほしい施策を創り出し，また多くのメニューから，わが家の子育てに合ったサービスを選び，きちんと活用していきたい。

　ところで，筆者による情報収集の不足や誤読・誤解，さらには執筆上の誤植・誤記，などのあることが危惧される。そのような場合には失礼を，お詫びしたい。そして，お気づきの点があれば，ご指摘・ご教示をたまわればと思う。

　最後に，訪問調査等にご協力いただきました自治体，関係の方々には心より御礼を申し上げます。また，諸物価高騰という事情のもとで刊行を実現してくださった株式会社日本標準，ならびに細部にわたり丁寧に編集を進めてくださった郷田栄樹さんと松井理恵さんに心より感謝を申し上げます。読み手に伝わりやすい工夫があり，手にとって活用しやすい体裁の，そして素敵な表紙の本に仕上がりました。

　2024年秋

渡部（君和田）容子
渡部昭男

初出一覧

はじめに	書き下ろし
序　章	渡部昭男「少子化対応と無償化方策 ―2022年第210回及び2023年第211回の国会審議分析から―」大阪成蹊大学紀要 教育学部篇 (10) 139-150, 2024.02
第1章	渡部昭男・渡部（君和田）容子「教育費支援情報に関する都道府県の広報のあり方 ―漸進的無償化に係る自治体総合施策の研究（1）―」神戸大学大学院人間発達環境学研究科研究紀要 13（2）129-148, 2020.03
第2章	渡部（君和田）容子・渡部昭男「教育費支援情報に関する政令指定都市の広報のあり方 ―漸進的無償化に係る自治体総合施策の研究(2)―」近畿大学生物理工学部紀要 (44) 9-25, 2020.10
第3章	渡部（君和田）容子・渡部昭男「教育費支援情報に関する中核市の広報のあり方 ―漸進的無償化に係る自治体総合施策の研究(3)―」近畿大学生物理工学部紀要 (45) 11-26, 2021.03
第4章	渡部（君和田）容子・渡部昭男「教育費支援情報に関する施行時特例市の広報のあり方 ―漸進的無償化に係る自治体総合施策の研究(4)―」近畿大学生物理工学部紀要 (46) 9-25, 2021.10
第5章	渡部昭男「大阪府及び府下43市町村における教育費支援情報に係る広報のあり方」教育科学論集(25)23-36, 2022.02
第6章	渡部（君和田）容子・渡部昭男「鳥取県及び県下19市町村における教育費支援情報に係る広報のあり方 ― 漸進的無償化に係る自治体総合施策の研究(5)―」近畿大学生物理工学部紀要 (48) 13-28, 2022.05
第7章	渡部（君和田）容子・渡部昭男「滋賀県及び県下19市町における教育費支援情報に係る広報のあり方 ―漸進的無償化に係る自治体総合施策の研究(6)―」近畿大学生物理工学部紀要 (50)45-60, 2023.03
第8章	渡部（君和田）容子・渡部昭男「京都府及び府下26市町村における教育費支援情報に係る広報のあり方」（科学研究費報告書）神戸大学学術成果リポジトリKernel, 1-24, 2024.04, https://hdl.handle.net/20.500.14094/0100487742
第9章	渡部（君和田）容子「産後ケア事業と自治体施策 ―鳥取県及び滋賀県の取り組みを事例に―」名古屋女子大学紀要(70)71-84, 2024.03
第10章	渡部昭男・渡部（君和田）容子「自治体における義務教育後の高校・大学等に係る修学支援施策―鳥取県・滋賀県・大阪府調査から―」大学評価学会第20回全国大会予稿集12-15, 2023.03 渡部（君和田）容子・渡部昭男「子育て教育の地域共同システムからみた高校・大学等に係る修学支援施策 ―京都府調査を中心に―」大学評価学会第21回全国大会予稿集54-57, 2024.03
終　章	渡部（君和田）容子「産後ケア事業と自治体施策（3）―京都府を事例に―」日本教育学会大会研究発表要項 83（0)288-289, 2024.08 渡部昭男「こども基本法と教育無償化論議 ―2023年第212回～2024年第213回の国会審議から―」日本教育学会大會研究発表要項 83 (0) 286-287, 2024.08

図表・資料一覧

*自治体施策一覧は除く

表　序-2-1	「異次元の少子化対策」関連の特記事項	20
資料 序-2-1	「こども・子育て政策の強化について(試案)」目次	20
資料 序-2-2	「こども・子育て政策の目指す社会像と基本理念とは～次元の異なる少子化対策の実現に向けて～」	21
資料 序-3-1	「こども未来戦略方針」目次	25
資料 序-3-2	「こども未来戦略方針」概要	25
資料 序-3-3	こども未来戦略方針MAP	25
資料 1-1-1	経済的,社会的及び文化的権利に関する国際規約(社会権規約)第13条2(b)及び(c)の規定に係る留保の撤回(国連への通告)について	30
資料 1-1-2	保育園・認定こども園・幼稚園など	31
資料 1-1-3	私立高校授業料実質無償化	32
資料 1-1-4	世帯収入によって支援を受けられる額が変わるの?	33
図　 2-0-1	全国の政令指定都市	68
資料 3-0-1	指定都市・中核市・施行時特例市の主な事務	89
資料 3-0-2	中核市の人口及び各都道府県人口に占める中核市の人口割合	90
資料 3-2-1	豊橋市の支援サービス一覧	107
図　 5-0-1	大阪府下自治体マップ	130
資料 5-7-1	子育て世代包括支援センターのイメージ	152
資料 5-7-2	子ども・子育て支援新制度の概要	152
資料 5-7-3	『池田市発達支援Map』「年齢別チャート図」	153
図　 6-0-1	鳥取県下自治体マップ	155
資料 6-1-1	「子どもの成長に応じた主な子育て支援」一覧	156
図　 7-0-1	滋賀県下自治体マップ	173
図　 8-0-1	京都府下自治体マップ	189
資料 8-7-1	井手町「令和6年度 井手町独自事業一覧」	213
資料 8-7-2	京田辺市子育て応援事業	215
資料 8-7-3	久御山町子育て支援システム	215
資料 8-7-4	大山崎町　5つの基本目標	216
図　 9-1-1	利用者の包含関係	222
資料 9-2-1	とっとり県の子育て安心マップ	223
表　 9-2-1	鳥取県下19市町村における産後ケア事業の取り組み	224
表　 9-2-2	鳥取県東部圏域における産科・助産施設と産後ケア事業	224
図　 9-3-1	滋賀県下自治体マップ(再掲)	226
表　 9-3-1	滋賀県下19市町における産後ケア事業の取り組み	226
資料 9-3-1	草津市版ネウボラ(イメージ図)	227
表　 10-0-1	漸進的無償化プログラム2017	232
表　 10-1-1	大阪府及び府下43市町村における高校・大学等の修学支援施策	234
表　 10-2-1	鳥取県及び県下19市町村における高校・大学等の修学支援施策	235
表　 10-3-1	滋賀県及び県下19市町における高校・大学等の修学支援施策	237
表　 10-4-1	京都府及び府下26市町村における高校・大学等の修学支援施策	238-239
資料 10-4-2	亀岡市高校生まなび応援のための支援金(イメージ図)	239
資料 10-4-3	宮津市未来を担う人財応援奨学金	241
資料 10-6-1	久御山町の奨学金返還支援事業	242
資料 10-6-2	福知山市の奨学金返還支援制度	242
資料 10-6-3	京都府内の子育て支援医療費助成制度一覧	243
表　 終-0-1	「異次元の少子化対策」関連の特記事項(2023年1月～2024年7月)	245
資料 終-1-1	こども未来戦略MAP	246
資料 終-1-2	子ども・子育て支援法等の一部を改正する法律案の概要	247
資料 終-2-1	伴走型相談支援の制度化イメージ	248

自治体索引

・政令指定都市は(政), 中核市は(中), 施行時特例市は(施)と略記した。

団体コード・自治体名

010006 北海道⋯⋯⋯⋯⋯⋯⋯⋯34, 64-65, 67
011002 札幌市 (政)⋯⋯⋯⋯⋯⋯⋯68-70, 87-88
012025 函館市 (中)⋯⋯⋯⋯⋯90-91, 106, 108
020001 青森県⋯⋯⋯⋯⋯⋯⋯34-35, 64, 67
022039 八戸市 (中)⋯⋯⋯⋯35, 90, 92, 106, 108
030007 岩手県⋯⋯⋯⋯⋯⋯⋯⋯⋯⋯⋯35
040002 宮城県⋯⋯⋯⋯⋯⋯⋯⋯⋯⋯36, 70
041009 仙台市 (政)⋯⋯⋯36, 68, 70-71, 87-88
050008 秋田県⋯⋯⋯⋯⋯⋯⋯⋯⋯⋯36-37
060003 山形県⋯⋯⋯⋯⋯⋯⋯⋯⋯⋯37, 93
062014 山形市 (中)⋯⋯⋯⋯90, 92-93, 106, 108
070009 福島県⋯⋯⋯⋯⋯⋯⋯⋯⋯⋯⋯⋯38
072044 いわき市 (中)⋯⋯⋯90, 93-94, 106, 108
080004 茨城県⋯⋯⋯⋯⋯⋯⋯⋯⋯⋯38-39
082201 つくば市 (施)⋯⋯⋯109-110, 125-127
090000 栃木県⋯⋯⋯⋯⋯⋯⋯⋯⋯39, 65, 67
100005 群馬県⋯⋯⋯⋯8, 40, 61, 63, 66-67, 95
102016 前橋市 (中)⋯⋯⋯⋯90, 94-95, 106, 108
102041 伊勢崎市 (施)⋯⋯⋯110-111, 125-127
102059 太田市 (施)⋯⋯⋯⋯⋯40, 111, 125-127
110001 埼玉県⋯⋯⋯⋯⋯⋯40, 61-67, 113-114
111007 さいたま市 (政)⋯⋯40, 68, 71-72, 87-88
112020 熊谷市 (施)⋯⋯⋯⋯⋯40, 112, 125-127
112038 川口市 (中)⋯⋯⋯⋯90, 95-96, 106, 108
112089 所沢市 (施)⋯⋯⋯40, 112-113, 125-127
112143 春日部市 (施)⋯⋯⋯40, 113, 126-127
112216 草加市 (施)⋯⋯⋯⋯⋯40, 114, 125-127
120006 千葉県⋯⋯⋯⋯⋯⋯⋯⋯⋯41, 72, 97
121002 千葉市 (政)⋯⋯⋯41, 68, 72-73, 87-88
122173 柏市 (中)⋯⋯⋯⋯⋯90, 96-97, 106, 108
130001 東京都⋯⋯⋯⋯⋯⋯31, 41-42, 244, 250
140007 神奈川県⋯⋯⋯⋯8, 42, 62, 67, 75, 115-116
141003 横浜市 (政)⋯⋯⋯⋯⋯⋯68, 73-74, 87-88
141305 川崎市 (政)⋯⋯⋯⋯42, 68, 74-75, 87-88
141500 相模原市 (政)⋯⋯⋯⋯⋯68, 75-76, 87-88
142034 平塚市 (施)⋯⋯⋯42, 114-115, 125-127
142069 小田原市 (施)⋯⋯⋯⋯⋯115, 125-127
142077 茅ヶ崎市 (施)⋯⋯⋯⋯⋯⋯116, 125-127
142123 厚木市 (施)⋯⋯⋯⋯⋯116-117, 125-127
142131 大和市 (施)⋯⋯⋯⋯⋯117-118, 125-127
150002 新潟県⋯⋯⋯⋯⋯⋯⋯⋯⋯42, 65, 67
151009 新潟市 (政)⋯⋯⋯⋯43, 68, 76-77, 87-88
152021 長岡市 (施)⋯⋯⋯⋯⋯⋯118, 125-127
152226 上越市 (施)⋯⋯⋯⋯⋯118-119, 125-127
160008 富山県⋯⋯⋯⋯⋯⋯⋯⋯⋯⋯⋯43, 66
162019 富山市 (中)⋯⋯⋯⋯43, 90, 97, 106, 108
170003 石川県⋯⋯⋯⋯⋯⋯⋯⋯⋯⋯⋯⋯⋯44
180009 福井県⋯⋯⋯⋯⋯⋯⋯⋯⋯⋯44-45, 250
190004 山梨県⋯⋯⋯⋯⋯⋯⋯⋯⋯⋯⋯⋯⋯45
192015 甲府市 (中)⋯⋯⋯⋯90, 97-98, 106, 108
200000 長野県⋯⋯⋯⋯⋯⋯⋯⋯⋯⋯⋯45-46
210005 岐阜県⋯⋯⋯⋯⋯⋯⋯⋯⋯⋯⋯⋯⋯46
220001 静岡県⋯⋯⋯⋯⋯⋯⋯⋯⋯⋯⋯⋯⋯47
221007 静岡市 (政)⋯⋯⋯⋯⋯47, 68, 77-78, 87
221309 浜松市 (政)⋯⋯⋯⋯⋯⋯68, 78-79, 87

222038 沼津市 (施)⋯⋯⋯⋯⋯⋯119, 125-126
222101 富士市 (施)⋯⋯⋯⋯⋯⋯120, 125-127
230006 愛知県⋯⋯⋯⋯⋯⋯⋯⋯⋯⋯⋯47, 99
231002 名古屋市 (政)⋯⋯⋯47, 68, 79, 87-88
232017 豊橋市 (中)⋯⋯⋯⋯90, 98-99, 106-108
232068 春日井市 (施)⋯⋯⋯120-121, 125-126
240001 三重県⋯⋯⋯⋯⋯47-48, 61-62, 67, 214
242021 四日市市 (施)⋯⋯⋯48, 121-122, 125-127
250007 滋賀県⋯⋯⋯⋯9, 48, 173-174, 178-179,
　182-184, 187-188, 214, 220, 225-227, 230-232,
　236-237, 253
252018 大津市 (中)⋯⋯⋯⋯⋯9, 90, 99-100, 106, 108,
　173-175, 226, 236-237
252026 彦根市⋯⋯⋯173, 182-183, 226, 236-237
252034 長浜市⋯⋯⋯173, 185-186, 226, 237
252042 近江八幡市⋯⋯⋯173, 180, 226, 237
252069 草津市⋯⋯⋯173, 175-178, 226-228, 230
252077 守山市⋯⋯⋯173, 176-177, 226-227, 237
252085 栗東市⋯⋯⋯⋯⋯⋯⋯173, 177, 226
252093 甲賀市⋯⋯⋯48, 173, 178-179, 226, 237
252107 野洲市⋯⋯⋯173, 178, 226, 236-237
252115 湖南市⋯⋯⋯173, 179-180, 226, 236-237
252123 高島市⋯⋯48, 173, 186-187, 226-227, 231,
　236-237
252131 東近江市⋯⋯⋯48, 173, 180-181, 226, 236-237
252140 米原市⋯⋯⋯173, 186, 226, 236-237
253839 日野町⋯⋯⋯48, 173, 181, 226, 236
253847 竜王町⋯⋯⋯173, 182, 226, 237
254258 愛荘町⋯⋯⋯173, 183-184, 226, 237
254410 豊郷町⋯⋯⋯173, 183-184, 226, 237
254428 甲良町⋯⋯⋯173, 183-185, 226
254436 多賀町⋯⋯⋯173, 183, 185, 226, 237
260002 京都府⋯9, 49, 61, 65-67, 189-192, 194, 197,
　199, 201-203, 209-210, 214, 217, 232, 237-244, 253
261009 京都市 (政)⋯⋯⋯⋯9, 49, 68, 80, 87-88, 189,
　191-192, 237-239, 241, 243
262013 福知山市⋯⋯⋯49, 189, 206-207, 238-243
262021 舞鶴市⋯⋯⋯189, 207-208, 238-241, 243
262030 綾部市⋯⋯⋯31, 189, 208-209, 216-217,
　238-241, 243
262048 宇治市⋯⋯189, 192, 238-239, 240-241, 243
262056 宮津市⋯⋯⋯189, 209-210, 238-241, 243
262064 亀岡市⋯⋯⋯49, 189, 204, 238-241, 243
262072 城陽市⋯49, 162, 189, 193-194, 238-241, 243
262081 向日市⋯⋯⋯189, 194, 238-241, 243
262099 長岡京市⋯⋯⋯189, 195, 239, 243
262102 八幡市⋯⋯⋯189, 195-196, 239, 243
262111 京田辺市⋯189, 196, 214-215, 239, 241, 243
262129 京丹後市⋯⋯⋯49, 189, 210-211, 238-241, 243
262137 南丹市⋯⋯189, 204-205, 217, 239, 241, 243
262145 木津川市⋯⋯⋯189, 197, 239, 243
263036 大山崎町⋯⋯⋯147, 189, 197-198, 216-217,
　239, 243
263222 久御山町⋯⋯⋯189, 198-199, 214-216, 239,
　241-243
263435 井手町⋯⋯189, 199-200, 213, 239, 241, 243
263443 宇治田原町⋯⋯⋯49, 189, 200-201, 239, 243

255

263648 笠置町	189, 201, 214, 239, 243	
263656 和束町	49, 189, 202, 214, 238-240, 243	
263664 精華町	189, 202-203, 238-240, 243	
263672 南山城村	189, 203, 214, 239, 243	
264075 京丹波町	49, 189, 205-206, 238-240, 243	
264636 伊根町	189, 210-212, 214, 217, 238-239, 240, 243	
264652 与謝野町	189, 210, 212-213, 238, 240, 243	
270008 大阪府	8-9, 49, 63-64, 67, 81, 101, 130-132, 135, 137, 139,148, 151, 154, 232-234, 244, 253	
271004 大阪市 (政)	9, 49, 68, 81, 87-88, 130-132, 216, 244	
271403 堺市 (政)	49, 68, 82, 87-88, 130, 132-133, 234	
272027 岸和田市 (施)	122, 125, 127, 130, 137	
272035 豊中市 (中)	49, 90, 130, 133-134, 234	
272043 池田市	130, 138, 151, 153, 234	
272051 吹田市 (中)	90, 130, 134	
272060 泉大津市	130, 138	
272078 高槻市 (中)	49, 90, 100, 106, 108, 130, 134, 234	
272086 貝塚市	49, 130, 139, 234	
272094 守口市	130, 139, 234	
272108 枚方市 (中)	49, 90, 130, 135, 234	
272116 茨木市 (施)	49, 122-123, 126-127, 130, 137, 151, 234	
272124 八尾市 (中)	49, 90, 130, 135, 234	
272132 泉佐野市	49, 130, 139-140, 234	
272141 富田林市	130, 140, 234	
272159 寝屋川市 (中)	90, 101, 106, 108, 130, 136, 234	
272167 河内長野市	49, 130, 140-141, 234	
272175 松原市	130, 141, 234	
272183 大東市	49, 130, 141-142, 234	
272191 和泉市	130, 142, 234	
272205 箕面市	49, 130, 142-143, 234	
272213 柏原市	130, 143, 234	
272221 羽曳野市	130, 143	
272230 門真市	130, 143-144, 234	
272248 摂津市	130, 144, 234	
272256 高石市	130, 144	
272264 藤井寺市	130, 145, 151	
272272 東大阪市 (中)	90, 130, 136, 234	
272281 泉南市	130, 145	
272299 四條畷市	130, 145, 234	
272302 交野市	130, 146, 234	
272311 大阪狭山市	130, 146	
272329 阪南市	130, 146-147	
273015 島本町	130, 147, 234	
273210 豊能町	130, 147	
273228 能勢町	130, 147-148	
273414 忠岡町	130, 148	
273619 熊取町	130, 148	
273627 田尻町	130, 148-149	
273660 岬町	130, 149	
273813 太子町	130, 149	
273821 河南町	130, 150, 234	

273830 千早赤阪村	130, 150	
280003 兵庫県	50, 63-65, 67, 124, 244	
281000 神戸市 (政)	50, 68, 82-83, 87-88	
282022 尼崎市 (中)	50, 90, 101-102, 106, 108	
282103 加古川市 (施)	123, 125-127	
282146 宝塚市 (施)	50, 124-127	
290009 奈良県	50, 63-64, 67, 102-103, 214	
292010 奈良市 (中)	90, 102-103, 106, 108	
300004 和歌山県	51, 61, 66	
310000 鳥取県	8-9, 51-52, 61-62, 65, 67, 155-159, 162-167,170-172, 188, 220, 222-225, 230-233, 235, 244,253	
312011 鳥取市 (中)	90, 155, 158, 222, 224-225, 233, 235	
312029 米子市	155, 165, 222, 224, 233	
312037 倉吉市	51, 155, 161-162, 222, 224, 233, 235	
312045 境港市	155, 165, 222, 224, 233	
313025 岩美町	51, 155, 158-159, 170, 222, 224, 235	
313254 若桜町	51, 155, 159-160, 170, 222, 224, 235	
313289 智頭町	155, 160, 172, 222, 224, 235	
313297 八頭町	155, 161, 170, 222, 224	
313645 三朝町	155, 162-163, 170, 222, 224, 235	
313700 湯梨浜町	155, 163, 222, 224, 235	
313718 琴浦町	51, 155, 163-164, 222, 224, 235	
313726 北栄町	155, 164, 171, 222, 224, 235	
313840 日吉津村	51, 155, 166, 222, 224, 235	
313866 大山町	155, 167, 222, 224, 235	
313891 南部町	155, 167-168, 170-171, 222, 224, 235	
313904 伯耆町	155, 168, 222, 224, 235	
314013 日南町	155, 168-170, 172, 222, 224, 235	
314021 日野町	51, 155, 169-170, 172, 222, 224, 235	
314030 江府町	155, 170, 172, 222, 224, 235	
320005 島根県	52, 61, 66, 165	
322016 松江市 (中)	52, 90, 103, 106, 108	
330001 岡山県	52-53, 83, 165	
331007 岡山市 (政)	52, 68, 83-84, 87-88	
340006 広島県	53	
341002 広島市 (政)	53, 68, 84, 87-88	
342076 福山市 (中)	90, 103-104, 106, 108	
350001 山口県	53-54	
360007 徳島県	54-55	
370002 香川県	55	
380008 愛媛県	55-56	
382019 松山市 (中)	56, 90, 104-106, 108	
390003 高知県	56	
400009 福岡県	57	
401005 北九州市 (政)	68, 85, 87-88	
401307 福岡市 (政)	68, 86-88	
410004 佐賀県	57, 231	
412015 佐賀市 (施)	124-127	
420000 長崎県	57-58, 105	
422011 長崎市 (中)	58, 90, 105-106, 108	
430005 熊本県	58	
440001 大分県	58-59	
450006 宮崎県	59	
452017 宮崎市 (中)	90, 105-106, 108	
460001 鹿児島県	60	
470007 沖縄県	60, 65-67, 225, 231	

事項索引

- 大きく6区分，すなわち①国など，②47都道府県(第1章)，③20政令指定都市(第2章)，④抽出20中核市(第3章)，⑤23施行時特例市(第4章)，⑥大阪府・鳥取県・滋賀県・京都府及び府県下市町村(第5～8章)の別に設けた。
- 区分①は「異次元の少子化対策」「こども未来戦略」「こども基本法」「こども計画」などに関連した項目を選定し，基本概念や政策動向に係るキーワードが見つけられるようにした。設定項目を主に「はじめに，序章，第III部：第9～10章，終章，おわりに」から検索して頁を収集している。
- 区分②～⑥は子育て・教育の自治体施策に関連した項目を選定し，切れ目ない一体的・総合的な支援を創っていくうえでヒントになるキーワードが見つけられるようにした。設定項目を該当章で検索して頁を収集している。
- 区分②～⑥から，都道府県，政令指定都市，中核市，施行時特例市という自治体規模別の施策の相違や特徴がみてとれる。
- 区分⑥(第II部)も本来なら章別に掲載して4府県別の相違や特徴が分かる

ようにすべきであったが，紙数の関係で一括した。大阪府下(第5章 pp. 130-154)，鳥取県下(第6章 pp. 155-172)，滋賀県下(第7章 pp. 173-188)，京都府下(第8章 pp. 189-217)のように，記載のある頁で推測してほしい。なお，第9～10章について区分①「国など」で収集できなかった項目は，区分⑥「大阪府…(略)」に適宜含めて記載してある。
- 本文と併せて，図表・資料・注記についても網羅して列記した。
- 見出し語と同じ語が続く場合はスラッシュで区切り，「──」として省略して続けた。
- 見出し語と関連した他の用語はスラッシュで区切り続けた。
- その語句があったりなかったりする場合は〈 〉で，もとの用語についている場合は( )で，その語句の簡単な解説は[ ]で囲んだ。
- 事項索引の利便性や精度を高めるために，漏れのある頁や加えてほしい項目などをお知らせいただければありがたい。

国など【はじめに，序章，第9-10章，終章，おわりに】

安定的な財源…………………………………… 3，25-27
異次元の少子化対策…… 3，8，13-15，17，19-20，26，242，245，250
N分N乗方式……………………………………… 15，17-18
閣議決定………… 3-5，20，24，191，229，231，245-246
加速化プラン………… 4，20-21，23，25，245，249
学校給食費の無償化……………………… 23，132，249
関係府省会議……………………………… 15，20，245
義務教育無償……………………………… 4，30，217
教育基本法………………………………………… 30-32
教育国債………………………… 3，18，23，250
教育の機会均等…………………………… 30，171
教育扶助制度……………………………………… 31-32
教科用図書／教科書……………… 31-32，35-36，235
切れ目〈の〉ない…… 4，6-7，28，93，103，106，112，115，126，134，140，145，151，171-172，175-177，187，189，193，220-221，227，245，248-249，252
減額調整措置…………………… 22-23，242，244，249
広域連携……………………………………………… 244
合計特殊出生率……………………………… 20，245
高等学校等就学支援金の支給に関する法律……………… 32
高等学校等奨学給付金……………… 32，43，59
国際人権〈A〉規約……………… 4，30，232，250
子育て応援トータルプラン……………………… 16
子育て世帯訪問支援事業……………………………… 228
国会会議録…………… 13-14，228，249-250
「こども」………………………………… 245，250
こども家庭センター………………… 226，245，249
こども基本法…… 3-6，20，66，217，245-246，252-253
子ども・子育て支援新制度……… 82，152，189-190，196
子ども・子育て支援法…… 5，30，154，187，217，247-248
こども・子育て政策の強化について(試案)… 20，244-245
こども施策………………………… 5，245，248
こども大綱……………………… 4-7，9，20，245-246
こども誰でも通園………………… 21，25，229
こどもの居場所づくりに関する指針…………… 5，245
子どもの貧困対策の推進に関する法律…………… 5，217
こどもまんなか実行計画〈2024〉…………… 245-246
こどもまんなか社会………………………………… 5
こども未来戦略／──MAP…… 3，245-246，248-249
こども未来戦略会議………………………… 20-21，24
こども未来戦略方針／──MAP…… 20，24-25，27，229，231，245-246
子ども・若者育成支援推進法………………………… 5
産後ケア事業ガイドライン…………………… 220-222

産後ケアを必要とする〈者〉…………… 22，228-230
産前・産後サポート事業ガイドライン……………… 221-222
次元の異なる少子化対策……… 14-15，17，20-21，24，228，245
次世代育成支援対策推進法………………………… 5，217
自治体ガチャ……………………………………………… 18
自治体こども計画策定のためのガイドライン…… 4，9，245
自治体総合施策……………… 3-4，8-9，66，251，253
児童権利条約／こ〈子〉ども〈の〉権利条約…… 4-5，88，100，122
出産費用の保険適用…………………………………… 22
奨学金を活用した若者の地方定着促進に係る特別交付税…… 242
奨学の措置／奨学の方法………………………… 30，32
少子化社会に関する国際意識調査……………………… 18
少子化に対処するための施策の指針………………… 5
私立高校実質無償化……………………………………… 32
私立小中学校等に通う児童生徒への経済的支援に関する
 実証事業……………………………………………… 31
生活保護法………………………………………… 31-32
漸進的無償化プログラム………………… 8，232，244
選択的夫婦別姓制度／選択的夫婦別氏制度………… 17
大学等修学支援新制度………………… 3，28，178
大学等における修学の支援に関する法律………………… 33
多子世帯の授業料等の無償化…………………………… 249
地域共同システム… 3-4，8-9，130，232，244，250，253
地方創生……………… 3，33，66，85，93，149，242，250
チルドレンファースト……………………………… 16
努力義務化…… 4-5，151，217，222，245-246，249，252
2030年は少子化対策の分水嶺………………………… 21
日本国憲法…………………………… 4-5，30，249
妊婦等包括相談支援事業…………………………… 248
妊婦のための支援給付金…………………………… 248
伴走型相談支援…………… 16，191，193，229，248-249
ベーシックインカム……………………………… 17
保育士確保プラン…………………………………… 242
防衛費……………………………………… 16，18，24
母子保健法……………… 22，151，220，228-230
骨太方針…………… 14-15，20，24，245
〇カツ！～あなたの〇活応援します～ (厚生労働省)
 72-73
無償教育の漸進的導入………………… 4，172，244
ユニバーサル化／──サービス…… 22，228-230，248-249
要介入支援層………………………………………… 222
幼児期までのこどもの育ちに係る基本的なビジョン…………
 5，245

ライフステージ········ 4, 6-9, 16, 20-21, 25, 71, 75, 82, 106-107, 126, 151, 191, 246
留保撤回············30
「レシピ」············252
若者年金／──手当············235, 241

47都道府県【第1章】

青森県が行う主な奨学金制度等について ········ 34-35, 64
秋田県奨学金返還助成制度············37
育英会············37, 39, 52, 57, 62, 64
石川県ものづくり人材奨学金返還支援助成制度············44
医師を目指〈めざ〉す〈高校生〉の方へ············45, 53, 56
医療従事者を目指す方への貸付制度············51-52, 65, 67
いわて産業人材奨学金返還支援制度············35-36
ウェルカム奨励金············36
愛媛県中核産業人材のための奨学金返還支援制度··· 55-56
岡山県の高校生のための奨学金・貸付金・給付金制度·······52-53
介護福祉士／──職············33, 35, 37-38, 40-60, 66
拡大教科書相談窓口············36
鹿児島県大学等奨学金返還支援制度············60
学校生活ガイドブック············51, 62, 67
看護師等修学資金···35, 38, 42, 44-45, 48-49, 54, 57-60
看護職員············34-39, 43, 45-48, 51, 57-58, 65
岐阜県医学生修学資金············46
京都府北部地域看護職魅力発信ガイドブック··· 49, 65, 67
高校生等に対する修学支援制度ガイドブック··· 50, 63, 67
高知県産業人材定着支援事業············56
高等学校生徒遠距離通学費等補助事業············34
「子育て」に関するお助け制度の一覧············40, 61
産業人材育成奨学金返済アシスト事業············58
児童養護施設入所者自立支援資金貸付············44-45
社会福祉士············42, 45-46, 51-53, 55, 58
獣医師············34-35, 43, 56, 59-60, 65
就学・修学・就職のための給付・貸付・減免制度等の概要／──給付・貸付制度のご案内············51-52, 61, 66
就学を支援する事業のご案内············41
就・修学及び進学・就職を支援するための援護制度一覧····49, 61, 66
就労・奨学金返済一体型支援事業············49
奨学金ガイド············43, 64-65, 67
奨学金を借りるには············38-39
奨学生等指導資料············49
私立小中学生等に対する支援············56
進学後の教育費負担をサポートします············48, 62, 67
大学進学のための経済的支援ガイド············40, 64, 67
大学等修学のための経済的支援の手引き··· 34, 64, 67
地域医療確保修学資金············43, 47
千葉県の修学援助制度············41
テレビCM／ラジオCM············60, 66
栃木県は未来のドクターを応援します············39, 65, 67
鳥取県未来人材育成奨学金支援助成金············51, 65, 67
富山県理工系・薬学部生対象奨学金返還助成制度··· 43
長野県飛び立て若者奨学金············46
奈良県文化芸術振興奨学金事業············50

ひとり親家庭〈世帯〉／──〈等〉支援〈制度〉／──等福祉のしおり／──の〈健康〉福祉／──の〈ための〉しおり／──のための〈に関する〉支援〈制度〉········32, 34-60, 65-66
ひなた創生のための奨学金返還支援事業············59
福井県U・Iターン奨学金返還支援補助金············44
福祉系高校修学資金············63
福祉人材確保及び自立支援のための返還免除付き貸付事業のご案内············51
福島県の将来を担う産業人材確保のための奨学金返還支援事業············38
ふるさとくまもと創造人材奨学金返還等サポート制度··· 58
保育士修学資金············35, 39-42, 45-49, 51-52, 54-60
保育人材確保対策貸付事業············50
法科大学院進学者地域貢献奨学金············35-36
ほっかいどう子育て応援ガイド············34
薬剤師············52
山形県内奨学金事業一覧············37
山形県若者定着奨学金返還支援事業············37
山口県高度産業人材奨学金返還助成制度············54
山梨県ものづくり人材就業支援事業············45
離島高校生修学支援費補助金············57-58
わたくしたちの生活と進路············42, 62, 67

20政令指定都市【第2章】

遠距離通学費補助金············77-78
看護師〈等〉············75-78
看護専門学校············84
キッズステーション············79
給食············76
結婚············80, 87
高校進学・修学支援金············80
交通遺児············71-72, 85
高等学校奨学生············73-74
高等学校等修学資金借入支援制度············70-71
高等学校等生徒通学交通費助成············69-70
子育て応援団············83
子育て応援パンフレット············76
子育てガイドブック············74
子育て情報サイト············69, 78
子育てタウン／──ネット／──マップ········81, 85, 87
札幌市奨学金············69-70
社会的養護············75, 88
就学奨励金············76
授業料〈の〉減免／──軽減／──支援／──免除 69-75, 79-85, 88
奨学金返還支援事業／──サポート·····69-71, 73, 85, 88
シングルママ・パパのためのくらしのガイド············70
人材確保············85-86
生活福祉資金············69-81, 83, 85-86
生活保護············69, 80, 82, 87
地域医療············76
入学準備金············69-77, 79, 82
入学料············79-81, 84
保育士············69-70, 72-78, 83, 86
無償化ガイドブック············74
若者はぐくみウェブサイト············80

抽出20中核市【第3章】

赤ちゃん応援給付金……………………97-98, 108
育児応援助・家事援助ヘルパー派遣……………101, 108
医師修学資金……………………………………94
遺児等への弔慰金／──激励金／──入学卒業祝金……92, 94, 108
看護師等修学資金／看護学生等奨学金……92, 95-96
給付型奨学金……………91, 96, 102, 108
教育支援基金…………………………95-96
クーポン………………………101-102, 108
減免制度………………………………95, 108
子育て応援ブック／──ガイド／──ハンドブック……91, 94-95, 104
子育てガイド／──ブック／こそだてハンドブック……92-93, 95-98, 106
子育て住まいづくり支援費補助金………105, 108
子育てナビ………………………………101, 105
子ども応援給付金………………………………98
子ども食堂………………………………………91
こんにちは赤ちゃん事業／──訪問……98, 102
3人乗り〈幼児2人同乗用〉自転車貸出〈貸し出し〉／──購入費助成……93-94, 98-99, 102-103, 106
就職支援事業………………………………93-94
奨学金返還支援………………………93-94, 108
奨学資金〈貸付〉…………94-97, 104, 108
商品券[子育て世帯応援券]…………………100
助産師／──就学資金〈／奨学金〉…………94, 96
進学するならマツヤマ………………………104-105
新生児特別給付金…………………………95-96
新入学学用品費………92-94, 97, 99-100, 102-104, 108
健やか教育手当…………………………………93
スタディサポートセンター……………………92
生活福祉資金貸付…………96-97, 99, 101-104, 106
第3子[補助/無料化]………………91, 93-94
貸与型[奨学金/奨学生]………91-92, 94-95, 105, 108
特待生〈減免〉……………………95, 102, 108
難聴児補聴器購入費補助………………105, 108
入学支援〈保幼小連携〉支援システム……93-94
入学準備金貸付……………………………91, 108
入学料減免／──減額……………………95, 98
ネウボラ……………………93-94, 103-104, 106
ひとり親家庭応援ガイド／──ガイドブック／──サポートガイド／──支援ブック／──〈等〉のしおり／──のために……91, 94-98, 101, 103-105
副食費免除…………………………………99-100
父子手帳………………………………………99, 106
保育士応援奨学金／──資格等の取得支援事業…………92
保育士修学資金／──・保育教諭のための支援事業…96-97
放課後児童クラブ保育料補助……………93, 108
母子・父子・寡婦のしおり……………………106
民営児童クラブ利用料助成……………………98-99
若者の創業支援…………………………91, 108
若者〈の〉定着…………………………………93-94

23施行時期特例市【第4章】

遺児手当／──就学奨励金／──奨学金…112-113, 124, 126
医療費助成………………111-113, 115-121, 123-126
外国人学校通学補助／──児童生徒保護者補助金……114, 126
介護職人材確保支援事業…………………………117
科学教育奨学金…………………………121-122
紙おむつやおしりふきを支給………………117, 125
看護師〈等〉／看護職員……114-115, 120-121, 126
救急ハンドブック……………………………120
給食費助成／──補助／──無償化……111-113, 117-118, 126
高校進学のしおり……………………………115
子育て・子育て応援／──ガイドブック／──情報誌／──ハンドブック……109-110, 112-113, 115-125
子育て支援ノートブック／──パンフレット……110-111
子育てジョイカード……………………118-119
子ども食堂支援〈事業〉………………116, 126
こどもの青い羽根学習会……………………110
米百俵財団……………………………………118
自転車購入費〈一部〉補助…109-110, 112, 125
自転車保険加入………………………117-118, 126
児童館生活クラブ・児童クラブ保育料の減免……113
児童クラブ〈放課後児童クラブ〉利用費補助……110-111, 113, 120-121, 126
塾代助成金………………………………110, 126
奨学金[給付]……………111, 113, 118, 124
奨学金[貸与]……………………………111-126
奨学金返還支援／──返済支援………117, 119, 123, 126
奨学資金……………………………………111-112
奨学生……………………………110, 115, 119
ショートステイ……111, 116, 122, 124-125
助産師／──修学資金……………115, 120, 126
相談機関への道しるべ…………………123, 126
大会等出場者報奨金…………………118, 126
第3〈三〉子〈以降〉……110-113, 117-118, 125-126
多子世帯／──の保育料の軽減／──への補助制度／──を応援……112-114, 118, 125-126
短期支援事業……………111, 116, 122
誕生祝金……………………………112, 125
トワイライトステイ………………111, 116
難聴児補聴器購入費〈等〉助成…116-117, 124-125
入学祝…………………………………120, 126
入学準備金…………110-114, 122-123, 126
ひきこもり支援……………………………123
ひとり親家庭／──医療費助成／──ガイドブック／──サポートガイド／──しおり／──児童入学祝金／──小学校入学準備金／──大学生等奨学給付金／──福祉手当…109-111, 113-115, 119-121, 124-127
不育症治療費助成……………………………123
ブックスタート……………………………117
不妊治療助成…………………………………125
ヘルメット購入補助事業…………109-110, 125
保育士就労支援交付金／──修学資金／──就労奨励金／──等就労支援一時金……114-116, 123-124, 126
母子家庭等児童入学祝金……………………120

事項索引　259

めがね購入費の補助‥‥‥‥‥‥‥‥‥‥117, 125
ゆめ実現支援事業／夢を実現する奨学金‥‥‥‥122-123
利子支援事業／──補給事業‥‥‥‥112, 122-123, 126
留学奨学金／──授業料減免／──奨励‥‥‥110-111, 118,
　　122, 126
レスパイトケア事業‥‥‥‥‥‥‥‥‥‥‥‥‥121

大阪府・鳥取県・滋賀県・京都府及び府県下市町村【第5-8章】

愛のりタクシー‥‥‥‥‥‥‥‥‥‥183-185, 188
赤ちゃん登校日‥‥‥‥‥‥‥‥‥‥‥‥‥165-166
医学生／──奨学金‥‥‥‥‥‥‥‥158, 181, 236-238
育英奨学生‥‥‥‥‥‥‥‥‥‥‥161-162, 177, 237
育児スタートアップ‥‥‥‥‥‥‥‥‥‥‥‥‥170
育児パッケージ／はじめてばこ‥‥‥‥‥161-162, 164-165,
　　167-168, 171
育児用品購入費用一部助成‥‥‥‥‥‥‥‥‥200-201
医師／医療技術職／医療従事者‥‥‥‥157-158, 171, 190,
　　209-210, 233, 235-236, 238-242, 244
遺児手当／──育成基金／──奨学金‥‥‥‥165, 171,
　　193-196
移住支援金‥‥‥‥‥‥‥‥‥‥‥‥‥‥‥185
居場所‥‥‥133-134, 138, 140, 143, 146-147, 179, 188
医療的ケア児‥‥‥‥‥‥‥‥‥‥‥‥‥144, 151
インクルーシブ教育‥‥‥‥‥‥‥‥‥‥‥‥‥179
インターンシップ人材確保支援補助金‥‥‥‥211, 239
インフルエンザ予防接種〈費〉助成／──軽減‥‥‥142,
　　159-160, 165-168, 170-171, 202-203
ウェルカムベビー事業‥‥‥‥‥‥‥‥‥‥‥149
エアサポート事業‥‥‥‥‥‥‥‥‥‥‥157, 165
英語検定受験〈料〉助成‥‥‥159-160, 168, 182, 199, 212
英語村／英語寺子屋‥‥‥‥‥‥‥‥‥141, 169, 171
絵本／──贈呈／──読み聞かせ‥‥‥136, 150, 160, 162,
　　164, 167-170, 176, 199-200, 208-209
遠距離通学費補助‥‥‥‥‥‥‥‥‥‥‥161-162, 197
エンゼル祝品支給／──車提供‥‥‥‥‥‥‥‥‥138
おいしい給食‥‥‥‥‥‥‥‥‥‥‥‥‥‥200-201
おせっかい奨学パッケージ‥‥‥‥‥‥‥160, 172, 235
おっぱい相談‥‥‥‥‥‥‥‥‥‥‥‥‥‥‥181
おもちゃ修理隊／──貸し出し／──図書館‥‥‥‥140,
　　163-164, 169, 181, 188, 199-202
オンライン学習通信〈環境整備〉費‥‥‥175-176, 185-186,
　　188, 192, 208-210
海外交流事業‥‥‥‥‥‥‥‥‥‥‥‥‥‥162
介護福祉士／──職／──人材‥131, 151, 157, 169-171,
　　174, 176, 188, 204-205, 207-210, 233-242
買い物応援事業‥‥‥‥‥‥‥‥‥‥‥‥‥161-162
輝く学生応援プロジェクト／──アワード‥‥‥191-192
学習支援教室‥‥‥‥‥‥‥‥159-160, 171, 188, 196
楽器寄附ふるさと納税‥‥‥‥‥‥‥‥‥‥‥203
家庭教育協力企業協定〈制度〉‥‥‥‥‥‥‥183, 188
家庭保育応援事業‥‥‥‥‥‥‥‥‥‥‥‥‥162
紙おむつ〈おむつ〉／おしりふき‥‥141, 148, 150, 158-159,
　　165-166, 171, 181, 184-186, 188, 209-210
看護師等修学資金‥‥‥‥‥‥‥‥‥‥131, 180, 211
漢字検定[検定料補助]‥‥‥‥‥‥‥‥‥‥212, 214
きこえとことばの発達‥‥‥‥‥‥‥‥‥‥‥177-178
記念苗木‥‥‥‥‥‥‥‥‥‥‥‥‥‥‥‥135

木のグッズ‥‥‥‥‥‥‥‥‥‥‥‥‥‥‥164
給食費無償化‥‥‥‥‥‥132, 149, 176, 212, 214, 250
給食レシピ‥‥‥‥‥‥‥‥‥‥‥‥‥‥‥201
京都版母子健康手帳‥‥‥‥‥‥‥‥‥‥190, 203
京都府あんしん修学支援‥‥‥‥‥‥‥‥190, 240
郡民会議‥‥‥‥‥‥‥‥‥‥‥‥‥‥‥172
軽自動車購入助成‥‥‥‥‥‥‥‥‥‥‥‥182
下宿制度／里山留学‥‥‥‥‥‥‥‥‥‥‥148
下宿費〈代〉‥‥‥160, 169-170, 211-212, 214, 235-236,
　　238, 240
結婚‥‥‥‥130, 140, 145, 149, 161, 165-166, 168-169,
　　173, 176-177, 184-187, 189-190, 193, 200-201,
　　203, 205-206, 209-211
元気っ子クラブ‥‥‥‥‥‥‥‥‥‥‥‥‥201
公営〈学習〉塾‥‥‥‥‥‥‥‥‥169-171, 235, 242
高校生通学費助成‥‥‥‥‥157, 160, 162-164, 166, 233
高校生派遣事業‥‥‥‥‥‥‥‥‥‥‥‥‥212
高校生みらい会議‥‥‥‥‥‥‥‥‥‥‥209-210
交流教室[未満児保育交流]‥‥‥‥‥‥‥‥‥145
子育て応援〈給付〉金〈券〉／──世帯応援給付金〈券〉／
　　──世帯支援給付金／家庭保育支援給付金／在宅育児支
　　援事業／妊婦〈新生児誕生／産後ママ・育児パパ〉応援給
　　付金‥‥100, 108, 139, 143-144, 148, 150, 158-161,
　　163-164, 167-169, 184-188
子育て応援パスポート‥‥‥‥‥‥‥‥156-158, 195
子育てコンシェルジュ‥‥‥‥‥‥‥‥‥181, 194
子育て支援品提供制度‥‥‥‥‥‥‥‥‥‥‥201
子育て短期支援‥‥‥‥‥‥‥‥‥‥138-139, 178, 187
子育て手当‥‥‥‥‥‥‥‥‥‥‥‥‥‥‥205
子宝祝金‥‥‥‥‥‥‥‥‥‥‥‥‥‥‥205
子ども医療費‥‥130, 151, 175, 180, 186, 191-192, 204
子どもサポートタクシー‥‥‥‥‥‥‥‥‥‥‥165
子ども食堂‥‥132-134, 138, 147, 158, 171, 181, 188
粉ミルク‥‥‥‥‥‥‥‥‥‥‥‥‥‥166, 185
ごみ／──シール／──指定袋／──処理券‥‥‥141, 148,
　　150, 161-162, 164-165, 169, 171, 186, 188, 214
コミュニティスクール‥‥‥‥‥‥‥‥‥‥‥‥182
里帰り〈出産〉‥‥‥‥‥‥‥161-162, 164, 170-171
サポートファイル[支援の必要な子の支援ファイル]‥‥‥181
サル撃退グッズ無料貸し出し‥‥‥‥‥‥‥‥‥186
産後ケア事業／──サービス‥‥‥187, 191-200, 202-203,
　　205-212
産後ケア専門員／──訪問支援員‥‥‥‥‥‥‥190
産後リフレッシュ事業‥‥‥‥‥‥‥‥‥‥‥212
三世代同居／──家族／──近居‥‥‥133-134, 141-142,
　　149, 155, 159-160, 167-168
産前産後ヘルパー‥‥‥‥‥‥‥‥‥‥‥191, 203
自学自習サポート‥‥‥‥‥‥‥‥‥‥‥‥‥143
しがこども体験学校‥‥‥‥‥‥‥‥‥‥‥‥174
司書‥‥‥‥‥‥‥‥‥‥‥‥‥‥143, 157, 200
次世代〈人材〉育成‥‥‥‥‥‥137, 140, 144, 185, 208, 217
自転車通学助成／──定期／──ヘルメット／──保険‥‥
　　140, 142, 145, 159-161, 163-164, 168, 171, 179,
　　183, 188
児童育児一時金‥‥‥‥‥‥‥‥‥‥‥‥‥181
児童虐待‥‥‥‥‥‥‥‥‥‥‥‥‥192, 195, 208
児童生徒支援室‥‥‥‥‥‥‥‥‥‥‥‥‥177-178

修学資金………131, 157, 174, 176, 178, 180, 182, 188, 190-192, 207-209, 211, 233-240

修学旅行費………………199, 203-204, 212, 214, 217

住宅取得／──確保／──借り上げ／──購入／──新築／──家賃／──リフォーム………133-134, 140-141, 149, 159, 161-162, 164, 187, 189-190, 201, 203, 205, 207-208, 210, 212

授業料等支援制度………………131-132

塾代助成………………132

出産〈お〉祝／出生祝／誕生〈たんじょう〉祝………149-150, 158-161, 163, 167-171, 180, 185, 188, 205, 211

出産応援ギフト／子育て応援ギフト………191, 195-196, 198, 204, 206, 208

出産・子育て応援交付金／──給付金………191-194, 196-197, 204, 206, 209-210

障害児者支援手帳………………133

奨学金返還／──返済………134-135, 137-138, 142, 145-146, 158-159, 163, 166-167, 170-171, 179-181, 183-184, 186, 188, 192-194, 198-200, 205-207, 210-211, 213, 233-237, 239, 241-242

奨学資金／──貸付〈給付／貸与〉………139, 142-143, 159-163, 162-163, 166, 174, 179-180, 188, 192-193, 212-213, 234-238

小児在宅支援ネットワークマップ………166

私立高等学校等学習支援金／──特別修学補助金／──に通学される場合の支援制度について………144, 174, 190, 234, 236-238

進学奨励金………………167-168, 170-171, 235

新幹線通勤者定期券等補助金………………186

新婚 140, 167-168, 171, 188, 200-201, 205, 207-208

新生活応援奨励金………………168-169

新生児聴覚検査事業の手引き／──体制整備事業………154

進路選択支援事業／──支援相談………132, 140-141, 143-144

スキー場リフト券………………159-160

すこやか子育て支援金事業／──医療費助成………205-206

すこやか訪問………………176, 228

スポーツクラブ／──交流………143, 162, 165, 171

住まい………………182

青少年劇場開催事業………………162

生理用品………………149-150

全国大会等参加費補助／大会出場激励金………162-163, 171, 182, 188

送迎保育ステーション………………141-142

待機児童ZEROプランR………………136

第3子………132, 137-138, 148-149, 156-157, 159-160, 162-163, 169, 179-180, 185, 191, 193, 198, 205, 212, 250

第2子………132, 137-138, 148, 150, 157, 159, 161-164, 169, 180, 182, 185, 199-200, 205, 212, 234

タクシー料金／──助成／──チケット〈乗車券〉………132-133, 136-137, 141, 146, 161, 165-166, 171, 174, 182-185, 188, 198-199, 237

多言語………………181, 185-186

多子〈世帯〉………132, 136-137, 142, 150, 209-210, 244, 249

多胎児………132-134, 136, 166, 175, 180-181, 188

ダルビッシュ有子ども福祉基金事業………143

短期留学／海外派遣／国内留学………177, 199, 206-208

誕生記念樹………………144

地域医療………………131, 207-210, 233-234, 238, 240

地域おこし協力隊………………210-211

地域学校協働本部………………182

地域公共交通利用料助成………………150

地域子育てモデル事業………………198

地域支え愛ポイント制度………………183-184, 188

チャイルドシート／ジュニアシート………158-159, 162-168, 171, 199-200, 202, 206-207, 212

中学校給食／スクールランチ………………177, 198, 214

町外居住学生支援事業………………147

通学支援〈事業／助成金〉………168, 176, 214

通学定期〈券〉／──助成／──補助………160, 165, 167-170, 176, 182-184, 188, 208, 235, 237

通学路交通安全プログラム………………166

定住自立圏構想／──共生ビジョン………184, 188, 203-204

定住促進／転入促進………140, 142, 144, 157, 167, 169, 183, 205, 211-212, 237, 239, 241

図書カード配布事業………………148, 150-151

トワイライトステイ………………138-139, 178

難聴児………………132-133, 137, 149-150, 158

日常生活用具給付等事業[小児慢性特定疾患児童]………209-210

入院無料………………194

入学祝金………………145, 205

入学準備金………130, 136-137, 177, 181-182, 234, 238

乳幼児健康診査／──マニュアル………157, 177-179, 191

妊産婦タクシー／──交通費補助〈助成〉／──チケット交付………146, 165-166, 198-199

妊娠届〈け〉………………191-198, 203, 205-206

妊婦健康診査[公費負担の拡大／助成]………147, 155-156, 158, 163, 169, 175-179, 181-182, 187-188, 191, 194-195, 202-203, 205, 210-212

妊婦歯科健康診査〈健診／助成／無料〉139, 150, 158-164, 169, 171, 192-193, 196, 198-199, 204, 210-211

ネウボラ………134, 141, 145, 151, 171-172, 175-177, 227, 230

のってこタクシー／──優タクシー………198-199

ハートフル駐車場利用証………………157, 165

発達支援Map／カレンダーマップ／子育て支援カレンダー／年齢別索引表………138, 151, 153, 198, 214

ひきこもり………………134, 137, 151, 190

ひとり親家庭／母子・父子家庭………130-139, 145-146, 155-157, 159, 168, 171, 173-176, 188-195, 197, 202, 205-206, 208-212

病児／病後児………133-135, 137, 147, 174, 176-177, 180, 183, 187, 191, 203

貧困対策………130, 137, 145, 149, 155, 165, 189, 204, 208, 217

ファーストシューズ………………165-166

ファミリーサポートセンター………………133, 181

風しん〈風疹〉………162, 165-167, 170-171, 175-176, 184, 188, 203, 210-211

プール無料券………………159-160

複合型子育て拠点施設………………166

福祉年金[母子・父子]………………182

副食費／──補助〈助成／無償化／免除〉…………133, 139,
　141-144, 148, 150, 159, 161, 166, 175, 177-178,
　193, 195, 198-199
ふくまる子ども券／［一時預かり施設利用補助券］……138
ブックスタート／──セカンド〈サード〉………134, 148,
　158-162, 164-167, 169, 171, 176, 180, 182-183,
　186-188, 191, 208
不妊〈特定〉治療……157, 174, 176-179, 184, 188, 190,
　201-202
フリースクール…………………………146, 163-164, 176, 188
ふるさと便／──学／──教育公営塾／──広域連合／
　──奨学金／──納税………147, 161-163, 169, 172,
　186, 200, 203, 209-210, 235-236, 240, 242
プレママ／──パパ……………139, 173, 191, 194, 202
分娩前ウイルス検査…………………………175, 184, 188
ベビーギフト……………………………………145-146, 150
ベビーファースト運動…………………………………203
ヘルメット／──購入助成〈支給／補助〉／──貸与…140,
　142, 159-160, 163-164, 168, 171, 182-183, 188,
　199, 214
保育士〈等〉助成金／──貸付事業／──緊急確保支援／
　──サポート手当／──修学資金／──就職支援／
　──奨学金／──処遇改善事業／──登録手数料助成／
　──保育料補助／──家賃補助……131, 133-144,
　146-147, 157, 174, 178-184, 186, 188, 190,
　193-194, 196, 204-205, 207-209, 233-242
放課後児童室／──子ども教室／──児童クラブ／──児
　童健全育成／学童保育／子どもの家……135, 139, 143,
　150-151, 159-160, 171, 178-180, 187-188, 195,
　197, 201
防犯ブザーの配布……………………………………161, 171
母子〈健康〉手帳／親子手帳／すくすく手帳／すこやか手帳
　／祖父母手帳／父子健康手帳／まご育て応援手帳…133,
　135-136, 138, 141, 147-148, 155, 161-167, 171,
　176-178, 190-205, 207-208, 210-212
補装具費の支給［難聴児］…………………………………150
補聴器［交付, 購入・修理の補助・助成］……132-133, 137,
　149-150, 158, 171
マイホーム取得補助……………………………………141
マタニティフェア………………………………………202-203
まなび応援のために支援金………………………204, 238-240
まなび教室…………………………………………195, 200
まなび舎／まなびや縁側…………139, 169-170, 172, 235
見守りシステム…………………………………………142-143
民族学校児童生徒就学援助……………………………193
ものづくり「たから者」育成奨学金……………………207-208
薬剤師…157, 159, 163, 171, 210, 233, 235-236, 239,
　240-242
ヤングケアラー／子ども・若者ケアラー…………157, 176,
　179-180, 188, 190
夢未来応援金／夢応援プロジェクト…………209-210, 212
ゆりかごタクシー……………………………174, 183, 188
幼稚園奨励費……………………………………………184-185
要保護／準要保護……………………………………179, 184
よさの乗合交通事業／いねタク……………………211-213
予防接種［助成］……133, 136, 142, 158-160, 162-171,
　174-176, 179, 184, 188, 193, 195, 201-203,
　209-211

リフォーム［助成／補助］…141-142, 159, 162, 164, 168,
　201, 203, 205, 207, 209-210
リユース支援［ベビー子ども用品］………………………161
ローン補助制度…………………………………………146, 234
若者小包［町内産品詰合せ送付］………………159, 171, 235
若者定住新築住宅減免制度……………………………161-162

［著者紹介］

渡部（君和田）容子（わたなべ［きみわだ］ようこ）

京都市生まれ。
京都大学大学院教育学研究科博士後期課程（教育方法学）1986年研究指導認定退学。
鳥取短期大学，東京医療保健大学，近畿大学生物理工学部を経て現在，名古屋女子大学・専任特任
教授。
専門：教育学，教育行政学，保育幼児教育，産業教育／職業教育（日本職業教育学会監事）。
活動歴：鳥取県立倉吉総合看護専門学校（助産学科）非常勤講師，法務省・鳥取県保護司選考会委員，
鳥取労働局・鳥取地方労働審議会委員／会長（厚生労働大臣表彰2009），鳥取県・公安委員会委員／
委員長，同・自治研修所運営審議会委員，同・青少年問題協議会委員，同・私立学校審議会委員など。
主著：『教育費支援情報に関する自治体の広報のあり方』（科学研究費報告書，麦の郷印刷，2022），『保
育原理：保育者になるための基本　第二版』（共著，同文社，2009），『現代の幼児教育を考える　改訂新
版』（共著，北樹出版，2007），『教育行政学』（共著，八千代出版，1993）など。

渡部 昭男（わたなべ あきお）

愛媛県生まれ。
京都大学大学院教育学研究科博士後期課程（教育方法学）1982年研究指導認定退学。
鳥取大学，神戸大学大学院人間発達環境学研究科，大阪成蹊大学を経て現在，大阪信愛学院大学・
教授。
専門：教育学，教育行政学，発達保障論，特別ニーズ教育（日本教育行政学会理事，大学評価学会顧
問，人間発達研究所副所長）。
活動歴：鳥取大学附属養護学校校長，鳥取県・障害者施策推進協議会会長，神戸大学附属特別支援学
校校長，滋賀県草津市・発達障害者等支援システム推進協議会委員，兵庫県三木市・教育委員会学力
向上推進委員会委員長，兵庫県芦屋市・青少年愛護センター運営委員会委員長，同・青少年問題協議
会委員／委員長など。
主著：『改訂新版　障がいのある子の就学・進学ガイドブック』（日本標準，2022），『能力・貧困から
必要・幸福追求へ』（日本標準，2019），『障がい青年の自分づくり』（日本標準，2009），『格差問題と「教
育の機会均等」』（日本標準，2006／大学評価学会第1回田中昌人記念学会賞受賞2010）など。

「こども計画」に活かせる自治体総合施策221例
子育て・教育の地域共同システム

2024年12月20日　第1刷発行

著　者————渡部（君和田）容子／渡部昭男
発行者————河野晋三
発行所————株式会社 **日本標準**
　　　　　　〒350-1221　埼玉県日高市下大谷沢91-5
　　　　　　電話　04-2935-4671
　　　　　　FAX　050-3737-8750
　　　　　　URL　https://www.nipponhyojun.co.jp/
印刷・製本——株式会社 リーブルテック

©Watanabe Yoko　Watanabe Akio　2024　　　　Printed in Japan
ISBN 978-4-8208-0763-6
◆乱丁・落丁の場合はお取り替えいたします。
◆定価はカバーに表示してあります。